Bodo Scheurig
Ewald von Kleist-Schmenzin

BODO SCHEURIG

Ewald
von Kleist-Schmenzin

Ein Konservativer gegen Hitler

Biographie

PROPYLÄEN

© 1994 Verlag Ullstein GmbH, Frankfurt am Main
Propyläen Verlag
Satz: Benens & Co., Berlin
Druck und buchbinderische Verarbeitung: Wiener Verlag,
Himberg bei Wien
Printed in Austria 1994
ISBN 3 549 05324 X

Gedruckt auf alterungsbeständigem Papier
mit chlorfrei gebleichtem Zellstoff

Die Deutsche Bibliothek – CIP-Einheitsaufnahme

Scheurig, Bodo:
Ewald von Kleist-Schmenzin : Ein Konservativer gegen Hitler
Biographie / Bodo Scheurig. – Berlin ; Frankfurt am Main : Propyläen, 1994
ISBN 3 549 05324 X

Meiner Frau Geraldine

INHALT

VORWORT

Die vorliegende Biographie gilt dem pommerschen Edelmann
Ewald von Kleist-Schmenzin, einem der unbedingten Gegner Hitlers. Konservativer von Geburt und aus Glaubensüberzeugung,
war er der Opposition weit voraus. Was im Jahre 1944 die Fronde
zum Aufstand trieb, hatte ihn bereits seit Hitlers Machtantritt bewegt. Wenn jene, die er von Anfang an beschwor zu handeln, gehandelt hätten, wäre der Zweite Weltkrieg vermieden worden.
    Die Quellenlage blieb lange schwierig. Mehrere Dokumente,
die Beamte der Gestapo beschlagnahmt hatten, sind verlorengegangen. Andere wurden vernichtet, um Gefahren für Mitver-
schworene abzuwenden. Hinzu kam der Verlust pommerscher
Archive, den gerettete Bruchstücke nicht wettmachten. So war
das Material, das erschlossen und zusammengetragen werden
konnte, durch Zeugenaussagen und -mitteilungen zu ergänzen:
hier schließlich eine ertragreiche Methode. Tief hat sich vielen
Kleists Persönlichkeit eingeprägt.
    Von denen, die meiner Arbeit halfen, nun aber meist nicht mehr
leben, darf ich hervorheben: Frau Alice von Kleist, Hans-Jürgen
von Kleist-Retzow, Reinold von Thadden-Trieglaff, K. H. Reimer,
Fabian von Schlabrendorff und Wolfgang Freiherr Senfft von Pilsach. Die Neuausgabe dieses Buches, das 1968 zum ersten Mal
herauskam, erscheint gründlich bearbeitet, doch sachlich unverändert. Weitere verwertbare Zeugen-Berichte sind ausgeblieben.
Auch nach dem gegenwärtigen Forschungsstand war der Darstellung nichts hinzuzufügen.

Berlin, im Herbst 1993   Bodo Scheurig

ERSTES KAPITEL

Jugend und Erster Weltkrieg

.

Der Anfang weist nach Pommern, nach Groß-Dubberow im Kreis Belgard. Hier wird Kleist – Abkomme eines sieben Jahrhunderte alten Geschlechts – am 22. März 1890 geboren.[1] Sein Geburtstag fällt auf den des »alten Kaisers«, den die Eltern als würdigen Monarchen verehren – für sie Grund genug, in diesem Geburtstag ein Symbol zu erblicken. Wenige Wochen später taufen sie ihren zweiten Sohn auf die Namen Ewald Albert Friedrich Karl Leopold Arnold von Kleist.

Der Vater Hermann, 1849 geboren, diente zunächst als aktiver Offizier: Im Bromberger Grenadier-Regiment zu Pferde Freiherr von Derfflinger stieg er zum Rittmeister auf.[2] Später hatte er den Abschied genommen, um seinen Grundbesitz zu verwalten. Hermann von Kleist besaß nicht nur Groß-Dubberow und im Kreis Deutsch-Krone Märkisch-Friedland mit zwei Nebengütern; um die Jahrhundertwende erwarb er auch Klein-Dubberow, das ihm aus dem Konkurs eines Namensvetters zufiel. So bewirtschaftete er nach Größe und Fruchtbarkeit eine Bodenfläche, die ihn über viele seiner pommerschen Standesgenossen hob.

Hermann von Kleist – nur mittelgroß, doch von breiter und stämmiger Statur – lebte als schlichter Gutsherr. Nichts erinnerte bei ihm an den Grandseigneur, den man auf seinem Besitz vermutet hätte. Eher glich er einem Großbauern oder dem, was seine Zeit als Prototyp des Krautjunkers empfand. Seine Liebe galt der Scholle, seine Leidenschaft dem Gedeihen der Güter. Der tüchtige Landwirt genoß Vertrauen und stand in dem Ruf, ein rechtlich denkender Herr zu sein. Sparsamkeit blieb ihm Gesetz. Stets mied er Schulden oder Spekulationen. Als er Klein-Dubberow in

der Nähe seines Stammsitzes erwarb, ließ er einen noch nicht hieb-
reifen Forst kahlschlagen: Er erwarb neues Land nur ohne Hypotheken.[3] Nirgendwo wollte er den »Kapitalisten« gleichen, die mit
waghalsigen Risiken nach oben strebten. Konservativ und an-
spruchslos, stemmte er sich gegen solch »anrüchige« Tendenzen
seiner Zeit.

Als Preuße von Geburt hing er seinem Königshaus an. Nicht nur
der Offizier, auch der Landwirt blieb monarchistisch gesinnt. Hermann von Kleists Glaube war von gerader, unpietistischer Frömmigkeit. Ihm entsprang seine patriarchalische Sorge für die ansäs-
sigen Gutsleute und das Gesinde des Hauses. Er half, wo er helfen
mußte, und gewann – trotz seiner Derbheit – Menschen und Herzen. Die Untergebenen dankten es ihm mit Anhänglichkeit. Fast
schien es, als arbeiteten sie auf eigenem Besitz. Es waren »ihre
Pferde, Schafe, Kühe und Schweine, ihr Betrieb und ihre Herrschaft, auf die sie stolz waren« und die weder Nachbarn noch Umgebung übertreffen sollten.[4]

Als Gutshaus diente ein alter, einstöckiger Fachwerkbau.[5] In-
mitten des Hofes gelegen, widerstrebte er allem Komfort. Die
Wände der Zimmer waren weiß gekalkt; rohe Ziegelsteine, allwö-
chentlich mit neuem Sand bestreut, deckten den Boden. Das Mobiliar blieb dürftig: Tische und Stühle, Betten und Kommoden waren aus grobem Holz zusammengefügt. Nur die besseren Stuben
zierten Dielen und einige Stilmöbel. Doch auch hier überwog jene
Anspruchslosigkeit, die das ganze Haus durchdrang. Brach die
Kälte des Winters herein, wurden Ziegel- und Kachelöfen mit Torf
und Kiefernholz geheizt. Zum Torf und Kiefernholz legte man ge-
trocknete Wacholderzweige, die den stechenden Geruch zu tilgen
hatten. Wie das Mobiliar war die Kleidung von größter Einfachheit.[6] Auf allen Gütern standen Schafherden oder wurde Flachs
angebaut. So trug man nicht nur selbstgewebtes Leinen, sondern
auch selbstgestrickte Jacken und Strümpfe. Den Lebensunterhalt
sicherte die Scholle. Was sie nicht hergab, wurde beim Krämer in
Belgard gekauft.

In diese Welt holte Hermann von Kleist seine junge Frau Lili,
geb. Gräfin von Kleist.[7] 1863 im kurländischen Alt Autz geboren,

Tochter des Grafen Konrad Adolf von Kleist vom Loss und seiner Frau Elisabeth, einer geborenen Gräfin von Medem, war sie noch als Kind auf langer Wagenfahrt nach Pommern gekommen, nachdem ihr Vater den baltischen Besitz verkauft und im Kreis Belgard die Schmenziner Güter erworben hatte. Lili von Kleist, 1913 Witwe geworden, gab sich als stolze Aristokratin. Die stattliche Frau, die sich dunkel kleidete und stets in hochgeschlossenen Blusen mit Fischbeinstäbchen zeigte, schien unnahbar zu sein. Gleichwohl verbarg sie hinter Haltung ein schäumendes Temperament. Lili von Kleist konnte hassen und lieben, und sie konnte es mit einer Leidenschaft, die der Schroffheit wie des Überschwangs fähig war. Sie besaß einen scharfen Verstand, aber auch untrügliche Instinkte. Wenn sie mit ihrer leisen Stimme, der man nur mühsam folgen konnte, über Menschen und Verhältnisse sprach, so wußte sie zumeist treffend zu urteilen. Geistig von ungewöhnlicher Aufgeschlossenheit, fesselten sie Fragen der Politik, Geschichte, Religion und Literatur. All diese Interessen wiesen über die Selbstgenügsamkeit ihres Hauses hinaus. Lili von Kleist war eine Hasserin Cromwells. Tief verabscheute sie jede politische Diktatur. Doch in Preußen erblickte sie das Maß aller Dinge. Nie wurde sie müde, in ihrem baltischen Tonfall zu bekennen, daß sie es mehr als Deutschland liebe. Richtschnur blieb ihr der Konservatismus, mit dem sie aufgewachsen war.

Lili von Kleist hatte zwei Söhne: Hermann-Conrad und den vier Jahre jüngeren Ewald.[8] Beiden stand sie in gleicher Liebe nahe. Aber auch gleiche Liebe konnte nicht verdecken, daß Ewald im besonderen Maße ihr Sohn und geistiger Erbe war. Mit tiefer Zuneigung hing er an der Mutter. Sie wurde ihm Vorbild; ihr wollte er nacheifern. Zwar regte sich in ihm auch der rechnende Sinn des Vaters, wenn er als Junge im Pferdestall Kaninchen züchtete und bei deren Verkauf einen guten Preis verlangte.[9] Doch das, was ihn wahrhaft erfüllte, band ihn an die Mutter. Von ihr – so konnte er später bekennen – stamme er ab; mit ihr sei er identisch. Wie sie stolz auf ihren Sohn war, so setzte er seinen Stolz daran, sie nicht zu enttäuschen. Als er einmal in Geschichte »nur« ein »Gut« nach Hause bringt, bedarf es lediglich einer kurzen Ermahnung, um

ihn von neuem zum gewohnten »Sehr gut« anzuspornen.[10] Auch
das Andenken des Mannes gilt der Mutter. Noch in der Haft erinnert er sich, »wie Mama, als ich fünf Jahre alt war, im Entree in
Dubberow Bücher mit Tierbildern besah und die Bilder erklärte.
Jetzt nach 50 Jahren weiß ich noch, wie damals das kleine Herz
vor Glück und Seligkeit überquoll und noch lange, lange dieser
Abend eine selige Erinnerung war.«[11]

Kaum weniger glücklich fühlte sich der junge Ewald von Kleist,
wenn er, der kein Stubenhocker war, in der Natur spielen und
toben durfte. Zeitlebens hat er die herben und versteckten Reize
seiner pommerschen Heimat geliebt. Obwohl eher zart als robust
und auf ältere Spielgefährten angewiesen, war er »immer der An-
führer, bestimmte er die Unternehmungen der einzelnen Ferien-
tage«.[12] Selbst einen Zirkus führte er den Eltern vor. Da ließ er
dann als »Direktor« dressierte Ponys, Hunde und Ziegenböcke
springen: eine vielbeklatschte Vorstellung. Zwölfjährig, auf einer
Pirsch mit dem Schmenziner Oberförster, schoß er seinen ersten
Rehbock, ein Jahr später das erste Stück Schwarzwild. Stolz
wurde die Beute eingeholt und vor dem Gutshaus »Strecke« gelegt.[13] All das waren Ereignisse und Freuden, die ihm als innerer
Besitz verblieben.

Die Welt aber, die Ewald von Kleist prägte, war nicht nur die
Natur Pommerns mit ihren Äckern, Wiesen und Wäldern, die ein
weiter, schier grenzenloser Himmel überspannte; mehr noch
formte ihn die Idee Preußens, der seine Heimat folgte. Gewiß war
diese Welt längst bedroht.[14] Allenthalben wuchsen Kräfte und
Mächte des Umbruchs. Nur wenige Tage vor Kleists Geburt hatte
Wilhelm II. Bismarck entlassen. Mit ihm war der Staatsmann abgetreten, der das Reich in konservativer Vorsicht gebändigt hatte.
Seitdem triumphierte der »Neue Kurs«, mit dem Deutschland
seine Grenzen zu sprengen trachtete. Das Reich hörte auf, sich
saturiert zu fühlen. Es suchte – von mangelndem Augenmaß verführt – zur Weltmacht unter Weltmächten aufzurücken. Und nicht
genug, daß unpreußischer Imperialismus nach außen drängte; im
Inneren vollzog sich eine Revolution der Wirtschaft. Die Technik
erlebte ihren Siegeszug. Sie überzog das Land mit Fabriken und

14

Werkhallen, verdoppelte die Städte und veränderte das Bewußtsein. Sie stärkte den Einfluß des Bürgertums und die Macht der Arbeiterklasse, die auf grundstürzenden politischen Rechten bestand. Diese Revolution der Technik und Ökonomie unterhöhlte kunstvoll erhaltene Traditionen. Ihr Sog rüttelte an Privilegien und Klassenschranken. Nicht nur die Wandlungen, die sie heraufführte, auch die Fähigkeiten, mit denen sie zu meistern war, verlangten neue demokratische Freiheiten. Und Deutschland, allmählich eine Großmacht der Industrie, begann reich zu werden. Immer rascher erlag es den Gesetzen des Kapitals und schierem Materialismus. Das Dienen wich dem Verdienen; der Glaube an das Gottesgnadentum erlosch. All diese Umbrüche waren nicht zu bremsen, geschweige denn aufzuhalten; sie forderten einen Ausgleich oder Kompromiß, wollte man Fundamente des Konservatismus bewahren. Deutschlands Führungsschicht indes beseitigte weder das unsoziale Dreiklassenwahlrecht, noch willigte sie in Reformen, die eine wirkliche Einheit aller Schichten begründet hätten. Im Gegenteil: Lähmte sie nicht bange Ratlosigkeit, floh sie in starre Abwehr.

Doch so eindeutig die Zeichen einer Zeitwende: Pommern konnten sie nicht beirren. Die entlegene Provinz blieb dem industriellen und gesellschaftlichen Umbruch entzogen; sie behauptete ihr agrarisches Gefüge, auf dem seit je Preußens Ordnung beruhte.[15] Hier fühlte man sich nicht auf dem Rückzug vor einer »neuen Zeit«. Hier gehörte, wie bisher, alle Loyalität dem König. Er symbolisierte den Staat, zu dem man sich bekannte. Noch immer war Preußen in dieser Ostprovinz auf Pflicht und Glauben gestellt. Die Pflicht verlangte Dienst und Arbeit; der Glaube hatte sie vor Gott zu verantworten. Das wies dem Dasein die Richtung. Die besten Tugenden hießen Hingabe und Bescheidenheit. Mehr als äußere Güter zählten Ansehen und Ehre aus erfüllter Pflicht.

Auch das äußere Leben zeigte keine Risse. Pommerns soziale Klassenpyramide schien fest gefügt.[16] An der Spitze seiner Gesellschaft stand der adlige Gutsherr. Repräsentant des »Junkertums«, war er dem König Gehorsam schuldig und ergeben. Gleichwohl beflügelte ihn das Bewußtsein, Herr auf eigenem Grund und Boden zu sein. Solch ein Bewußtsein verlieh Unabhängigkeit genug, um nach Ehre und Gewissen zu leben. Die privilegierte Stellung des Gutsherrn wurzelte in Vorrechten, aber seine Vorrechte waren mit Fürsorgepflichten für die Untergebenen verbunden. Was den Gutsherrn im Lebensstil über andere Schichten hob, stützte sein Selbstgefühl. Aufwand und Luxus konnten sich jedoch nur auf wenigen Landsitzen entfalten. Auch wo keine Mittellosigkeit vorherrschte, galt das Gebot der Sparsamkeit.

Wie die Stellung des Gutsherrn, so hatte sich die der Arbeiter und Bauern nicht geändert.[17] Ihr Leben verlief in gewohnten Bahnen. Es war ein Leben schwerer Arbeit und kargen Lohnes. Oft regierten Armut und Not, aber selbst Armut und Not vermochten die Sozialordnung nicht umzustülpen. Wer Erfolg und Glück in der Stadt suchte, brach auf und kehrte dem Lande den Rücken. Wer ihm die Treue hielt, fügte sich auf dem Platz, der ihm zugewiesen war. Streng blieben die Stände voneinander geschieden. Man verharrte in seinen Lebenskreisen; denn man konnte sie nicht verlassen, ohne Hilfen und Rückhalt zu verlieren. Haltung und Gebaren, Kleidung und Umgang spiegelten die sozialen Schranken. Sie markierten die »Ordnung«, die man anerkannte oder hinnahm, weil »Ordnung« sein mußte.

Diese Ordnung war herrisch und hart; sie konnte jene, die von unten her aufzusteigen begehrten, niederdrücken oder herausfordern, ja zum Radikalismus treiben. Die gegliederte Gesellschaft bot wie jede andere Angriffsflächen. Auch entschiedener Reformwille hatte Gewaltiges zu leisten, um Schwächen, Schattenseiten und Ungereimtheiten zu tilgen. Gleichwohl war Preußen kein totalitärer Staat. Seine Gesetze verpflichteten zur Gerechtigkeit; sie gewährleisteten Freiheiten und Toleranz. Die ganze Wahrheit war allein bei Gott. Preußen schwor auf keine diesseitige Ideologie, sondern mißtraute – bösen Erfahrungen voraus – irdischen Wahrheitspächtern. Was es jedoch verweigerte und als Unmöglichkeit empfand, war die Souveränität des Volkes. Preußen stellte Autorität über Majorität. Nicht das Volk, das zudem in Pommern wie seine Herren wählte und oft mit Stolz der militärischen Dienst-

16

zeit gedachte, war souverän, sondern der Monarch. Nicht das Volk regierte, sondern der König; denn nur er, so glaubte man, vermochte die Rechte und Freiheiten des Volkes zu sichern.

Diese Welt empfand Kleist als seine Welt. Sie durchdrang und lenkte ihn. Gewiß hat er später Preußen nicht zu seinem religiösen Schibboleth gemacht. Für ihn, den Christen, konnten Staaten dem Glauben nur dienen. Zudem bewunderte er, älter geworden, die Republik der Römer. Da faszinierte ihn deren »beste Zeit« zwischen dem zweiten und dritten Punischen Krieg, als Senat und Volk eine Einheit bildeten und noch nicht in Parteien auseinandergefallen waren. Aber Preußen wurde ihm der sittlichste politische Gedanke, »der je auf Erden Macht gewonnen hat«.[18] Diesen Satz hat er nicht angezweifelt. Ihn haben alle seine historischen, literarischen und philosophischen Studien erhärtet.

Schon der junge Mann besitzt ein hochgespanntes Ehrgefühl, aber auch den Willen, Ehre nur dort gelten zu lassen, wo sie sich in Charakter und Haltung offenbart.[19] Mit untrüglichem Instinkt erkennt er, ob das, was ihm begegnet, echt ist oder nicht. Spürt er Wahrhaftigkeit und Hingabe für eine Sache, wird seine Achtung gewonnen. Dann mag es auch um Überzeugungen gehen, die er seinem Wesen nach nicht billigen kann. Um so schroffer fällt seine Verachtung aus, wenn er Halbheit oder Unsicherheit gewahrt. Von früh an hält er sich an die Hingabe des einzelnen.

Der Schüler lebte in Greifenberg an der Rega, einer biederen Kleinstadt mit mittelalterlichen Stadttoren.[20] Ihr Gymnasium stand in gutem Ruf und zog viele Söhne des hinterpommerschen Adels an. Kleist lernte mühelos und hat – überzeugter Anhänger der humanistischen Bildung – seiner Schule ein dankbares Andenken bewahrt. Vom Geiste der Antike nahm er nur auf, was sich mit seiner Eigenwilligkeit deckte. Aber er verehrte Sokrates als den größten Menschen, und er liebte Platon, von dem er gestand, daß »dieser Philosoph 400 Jahre vor Christus wesentliche Erkenntnisse des Christentums vorweggenommen« habe. Greifenberg, wo er in einer schlichten Pension wohnte, war auch die Zeit der Freundschaft, die ihn mit Henning von Blanckenburg verband. Blanckenburg, im Ersten Weltkrieg als Leutnant gefallen, hat

Ewald von Kleist in seinen Anlagen bestärkt. Nachhaltig war der Einfluß, den er auf ihn ausübte. Zimmerhausen, das Blanckenburgische Gut im Kreis Greifenberg, wurde häufiges Ziel der Freunde. Hier lasen sie die Briefe des Feldmarschalls von Roon, die sich im Original erhalten hatten. Ewald von Kleist war bewegt. Roon – so empfand er – war nicht nur Soldat, sondern dachte und handelte noch aus unverfälschtem konservativen Geist. Diese Briefe Roons sollte Kleist nicht vergessen. An ihnen maß er künftig jede Offiziersgeneration; sie legten auch den Keim für seine Verachtung jener Generalität, die später Hitler ehr- und gewissenlos erlag.

Nicht minder wurden die Bibelstunden zum Erlebnis, die ein frommer alter Gutsbesitzer aus der Nachbarschaft, der ehemalige General Oskar von der Marwitz, mit den beiden Freunden abhielt.[21] Marwitz gehörte zur »Gemeinschaft«; sie pflegte – im Gegensatz zum pommerschen Pietismus – ein Christentum, in dem Subjektivität und Gefühl überwogen. Naiv im Auslegen der Bibel, erfüllte die »Gemeinschaft« ein besonderer Glaube an die Erlösung durch Christi Blut. Das war ein Bekenntnis, das Ewald von Kleist eher befremden mußte. Trotzdem haben ihn auch diese Bibelstunden beeindruckt, denn er gewahrte und erkannte, daß der ganze Marwitz hinter seinen Worten stand.

Als Primaner erkrankte Kleist an einer schweren Blinddarmentzündung.[22] Sie führte zu totalem Durchbruch. »Tassenweise« wurde der Eiter aus der Bauchhöhle herausgeholt. Längere Zeit kämpfte er mit dem Tode. Später hat er einem anderen Freund bekannt, daß er seine unerwartete Lebensrettung als »verpflichtende Gabe Gottes« angesehen habe. Ostern 1908 bestand er das Abitur. Sein Direktor sagte von ihm: »Der junge Kleist hat das Zeug dazu, Bedeutendes zu leisten. Klug und begabt, kann er Großes leisten, und ich will annehmen: nur in gutem Sinne.«[23]

Wäre es nach seinen Anlagen und Gaben gegangen, hätte Ewald von Kleist wohl Geschichte, Literatur und Philosophie studiert. Was seine Mutter anzog, fesselte auch ihn. Aber die Traditionen seines Standes waren stärker und drängten ihn zum Studium der Jurisprudenz. Gerade achtzehn Jahre alt, verließ er zum ersten

Male Pommern, um sich in Leipzig als Student der Rechte einzuschreiben.[24] Die Universität, ehrwürdig und vielgerühmt, galt als Zierde der Wissenschaft. Was sie Kleist zu lehren vermochte, lernte er ohne Mühen. Mitunter freilich schien ihn die gravitätische Langeweile mancher Vorlesungen abzuschrecken. Da griff er lieber zu solchen Büchern, die ihm Freude und Gewinn versprachen. So las er Ranke, Treitschke, Mommsen, Eduard Meyer und Houston Stewart Chamberlain, Goethe, Schiller, Shakespeare und vor allem Heinrich von Kleist. Früh hat diese Lektüre über seine Zu- und Abneigungen entschieden. Obgleich er kritisch und bereit war, sich zu überprüfen, konnten alle Werke und Autoren nur seinen vorgeformten Charakter bilden. Unter den großen Historikern liebte er Eduard Meyer, dessen althistorische Arbeiten konservativen Geist verrieten. Dagegen witterte er – trotz aller Faszination – in Treitschke stets den Liberalen, der ihm bei seiner Definition des Staates allzu stark die Macht betonte. Immer wieder muß er sich auch in die Bibel vertieft haben, die ihm zur entscheidenden Quelle seiner Weltauffassung wurde und in der er eine zunehmende Festigkeit gewann.[25]

Sein Wille zur Selbständigkeit hinderte ihn, Korpsstudent zu werden.[26] Er fühlte sich reif genug, um über den Mensuren zu stehen, die er früher oder später in einer Verbindung hätte ausfechten müssen. Nicht als ob er hier schroff seiner Zeit widerstanden und jeden Zweikampf abgelehnt hätte. Als ihm in späteren Jahren ein führender Nationalsozialist begegnet, der seinen Gruß mit verletzender Nonchalance erwidert, zögert er keinen Augenblick, ihn auf Pistolen fordern zu lassen. Seinem Kartellträger bedeutet er, dieser Sorte wolle er einmal zeigen, »daß sie sich solche Flegeleien mir gegenüber nicht ungestraft herausnehmen darf«. Doch schon der Student meinte, daß die Mensur eine sinnlose Einrichtung ist – ungeeignet, »Ehrenfragen zu entscheiden«. Ehre, erklärte er, bleibe Sache des Mannes; allein dessen Handeln könne sie bewahren oder verspielen.

Die Bürger der Stadt schätzten den jungen Studenten und luden ihn zu Festen in ihre Häuser ein.[27] Er aber konnte weder tanzen, noch interessierten ihn junge Damen. Auch waren ihm laute Vergnügungen zuwider. So ging er mit einsetzender Musik heimlich nach Hause und las bei Zigarren in einem Buch. Das schien ihm nützlicher und gewinnbringender. Erst gegen Mitternacht, zur Zeit des kalten Büfetts, erschien er von neuem, um sich noch einmal zu zeigen und höflich zu verabschieden. Um so mehr zog ihn die Gesellschaft der »Canitzer« an, jene angesehene Gemeinschaft freier Studenten in Leipzig, in der sich die studierenden Söhne des Adels zu treffen pflegten.[28] Häufig stieg nun auch er über eine halsbrecherische Wendeltreppe in die Kellerkneipe des Wirtes Canitz am Peters-Schießgraben hinab. Hier saß er scharf zechend, aber mit klarem Kopf oft nächtelang in lebhaftem Streitgespräch. Ewald von Kleist war ein Mensch der Diskussion. So schwer es ihm fiel, die Feder zu führen, auch wenn sein Verstand schließlich eine gute Prosa erzwang: das gesprochene Wort erweckte seine Leidenschaft und riß ihn fort. Dieses Wort liebte er, schon weil er fand, daß Gespräche seine Gedanken klärten. Früh sicherte ihm Überlegenheit die Autorität, die er erst recht später gewann. Dabei dachte er weder abstrakt noch rezeptiv. Sein selbständiger Geist, der ihn hartnäckig zum Kern der Probleme drängte, war der Geist eines Mannes, der vor allem auf die Praxis abzielte.

Auch für Kleist spiegelte Leipzig – mit Pommern verglichen – ein anderes Leben wider.[29] Hochburg der Industrie und eine der bedeutendsten Handelsstädte Deutschlands, strebte es entschlossen in eine Zeit, in der Kleists nur ländliche Heimat keinen Platz zu haben schien. Hier zählte weniger der Dienst des Adels als der Verdienst der Menge in Produktion und Erwerb. Die Hunderttausende, die in der Stadt zusammengeballt waren, folgten dem Rhythmus der Maschinenwelt. Sie diktierte ihren Alltag und erweckte Wünsche nach Fortschritt und Wohlstand; sie dokumentierte auch die Welt des sozialen, gesellschaftlichen und politischen Wandels, von dem das Wilhelminische Deutschland ergriffen war, mochte es sich ihn eingestehen oder nicht. Aber diese Eindrücke, die in zunehmendem Maße »national-deutsche« Eindrücke wurden, konnten Kleist in seinem Konservatismus und Preußentum nicht wankend machen. Er war als Herr geboren und

20

entschlossen, Herrentum vorzuleben. Herren waren für ihn Menschen, die im Innersten gebunden und dadurch frei waren. Zu ihnen gehörten echter Glaube, tiefe Überzeugungen und selbstlose Gesinnungen. Ohne sie, bekannte er, könnten weder Staaten noch Völker überleben. Das galt auch für seine Zeit.

Kleist wich ihr nicht aus. Bereits der junge Mann erkannte: Auf jede ihrer politischen Realitäten würde eine überzeugende konservative Antwort zu finden sein. Doch zunächst waren es ihre Fragwürdigkeiten, die ihm ins Auge fielen. Wohin er blickte, gewahrte er Materialismus. Es schien ihm ein widergöttlicher und richtungsloser Materialismus, der alle besseren Werte zu verderben drohte. Immer quälender wurde ihm bewußt, daß das neue Deutschland sein Preußen verdrängte und zu einem Reich ohne Idee geworden war. Immer deutlicher erkannte er, daß hier jene versagten, die zu führen verpflichtet gewesen wären. Schon Wilhelm II., dem er als Monarchen Loyalität bezeugte, erweckte seine herbe Kritik. Was wollte er? Er war für Kleist dem Großbürgertum und dem Kapitalismus verfallen, er begehrte mit ihnen die »Neue Zeit«, doch zugleich bestand er auf seinem Gottesgnadentum und selbst überholten Traditionen, ohne sich einzugestehen, wie derartige Widersprüche die Autorität der Krone untergruben. Solche Halbheiten verrieten einen schwankenden Charakter und erbitterten Kleist. Nicht minder geißelte er Wilhelms II. Unrast, Genußsucht und rhetorisches Blendwerk. Dieses imperatorische Gehabe war ihm nicht mehr königlich; es verleugnete wahre Größe und mußte zudem jede ernste Arbeit verhindern.

Und was sollte des Kaisers hohles Schaugepränge, seine ständige Sucht nach unförmiger Kostümierung und Repräsentation, mit der er – auch darin ganz unpreußisch – den Schein über das Sein erhob? Schmerzlich berührte Kleist der Abstand, der diesen Hohenzollern von der würdevollen Schlichtheit seines Großvaters trennte. »Wir haben keine Männer mehr«, äußerte er zum Studiengenossen Reinold von Thadden-Trieglaff, »und mehr noch: wir haben auch keine Herren mehr.«[30] Denn noch trauriger jene, die Wilhelm II. als Diener duldete. Kleist verabscheute Bernhard von Bülow. Mochte man Bülow als Diplomaten preisen, dessen taktisches Geschick schwerlich zu übertreffen sei: Kleist gewahrte, daß dieser gleisnerische Reichskanzler, der Deutschlands Isolierung vollenden half, ein Mann ohne Glauben und Tiefe war.

Und wie Bülow, so verwarf er die Tirpitzsche Flottenpolitik; instinktiv spürte er, daß sie den Interessen des Reiches zuwiderlief. Gewiß war Ewald von Kleist zu jung, um die außenpolitische Lage Deutschlands ohne Illusionen zu sehen. Gleich den meisten überschaute er das Bedrohliche nur unvollkommen. Doch wenn er seinem Urteil vertraute, so mußte er für die Zukunft Schlimmes befürchten. Daß Wilhelm II. eine Epoche repräsentierte, ja dem Geschmack vieler Kraftmeier entsprach, hat er sich wohl nie ganz bewußt gemacht. Vom »Zeitgeist« nahm auch er lediglich Bruchstücke wahr. Altpreußische Substanz freilich hinderte ihn immer daran zu glauben, daß Deutschland zur Weltmacht unter Weltmächten aufsteigen müsse.

Diese Substanz leitete ihn ebenso innenpolitisch: zunächst unbewußt, später dann um so entschiedener. Er leugnete nicht die Macht der Industriewirtschaft, die endgültig schon vor seiner Geburt gesiegt hatte, aber er meinte, daß sie konservativ zu bändigen sei. Wille zu kontrolliertem Ausgleich blieb ihm da Vorbild, auch über längst abgelaufene Fristen hinaus. Die Triumphzüge der Maschinenwelt waren ihm kein Einwand, die Thesen vom »schlechterdings Neuen der Moderne« undurchdachte Schwärmerei. Früh ahnte er hinter dem Abbau aller Traditionen zerstörerische Gruppen- und Weltanschauungskämpfe, die nirgendwo noch eine »höhere« Instanz dämpfte. Doch gegen Weltuntergangsstimmungen mobilisierte er Trotz und Leidenschaft. Was ihn leitete, empfand er nicht als Donquichotterie.

Nach vier Semestern verließ er Leipzig, um an der einzigen Universität Pommerns, in Greifswald, sein Studium zu beenden.[31] Hier schrieb er eine Seminararbeit über die Landarbeiterfrage, in der sich sein Denken und Wollen spiegelte. Die Arbeit, die höchstes Lob fand, ist verlorengegangen. Wenn Kleist später auch von einigen Formulierungen abrückte, so bekannte er doch noch 1944, in der Haft: »Es wird so viel von der Bekämpfung der Landflucht gesprochen und geschrieben. Alle Ausführungen sind nahezu wertlos. Es gibt nur eine Hilfe. Erst wenn der Glaube an Gott wieder herrschend ist und das Leben, Denken und Trachten der Menschen bestimmt, wenn sie nicht mehr begehren, was die Stadt bietet, wenn Beständigkeit der Zustände wieder einkehrt, erst dann wird das Streben zur Stadt und die Gefahr des Volkstodes beseitigt sein. Nicht früher. Daran zu arbeiten, ist unsere Aufgabe. Das Gelingen liegt nicht in Menschenhand, sondern allein bei Gott.«[32]

Der Referendar lernt in Greifswald, später im westpreußischen Karthaus.[33] In Greifswald arbeitet er am Gericht, in Karthaus im Landratsamt. Hier wie dort erwirbt er Kenntnisse, sammelt er Erfahrungen, gewinnt er neue Freunde. Aber seine Lehrjahre gleichen jetzt auch Leidensjahren, da er sich an den Grenzen reibt, die ihn und sein Wirken beengen. Die Verwaltung, in die er eintritt, ist innerlich erstarrt. Einst ein revolutionierendes Element, das Preußen früher zu einem fortschrittlichen Staatswesen gemacht hatte, ruht sie ohne Initiative auf ihren Lorbeeren aus. Wohl leben in ihr noch immer Pflichtgefühl und Sauberkeit; Subalternität und Liebedienerei aber ersticken die Antriebe, die zu Reformen drängen. Mut, Wendigkeit und Entschlußfreudigkeit gehören der Vergangenheit an: Sie sind Tugenden, die man eher fürchtet.

Ewald von Kleist hätte sich in jede Verwaltung nur schwer eingefügt. Wesen und Begabung wiesen ihn in andere Bahnen. Er wollte nicht ausführen, sondern führen und strebte in die Politik. Er hatte das Zeug zu einem Botschafter und mehr noch zu einem Innenminister, der sich am liebsten in Kampfkabinetten geschlagen hätte. So war, da die preußische Verwaltung nicht einmal ertrug, was ihr als Verwaltung vorangeholfen hätte, ein Zusammenstoß mit ihr geradezu unvermeidlich. Zunächst quälte Kleist die Gewohnheit strikter Unterordnung, der er sich immer weniger – und schon gar nicht gedankenlos – fügen wollte. Dann geriet er – über unbekannte Vorfälle – in einen ernsten Konflikt mit seiner vorgesetzten Behörde. »Es ging hart am Rande eines Disziplinarverfahrens und des schlichten Abschiedes aus dem Staatsdienst vorbei.« Der Landrat wollte ihn halten, aber Kleist nahm den Abschied. Auch seine juristische Laufbahn brach er ab. Nach allen

Erfahrungen schien es ihm sinnlos, Assessor zu werden und sich in die Käfige der Bürokratie einsperren zu lassen.

Der Konflikt blieb für ihn Episode. Noch bevor er die Konsequenzen bedenken konnte, brach der Erste Weltkrieg aus, der ihn zum Waffendienst verpflichtete. Ewald von Kleist war keine soldatische Natur: Körperlich anfällig und schmächtig, hatte ihn im Frieden die Rekrutierungskommission zurückgestellt.[34] Er war auch nicht das, was man militärfromm nannte. Für ihn rangierte der Soldat nie vor dem Zivilisten. Doch jetzt, im August 1914, will er nur Soldat sein. Der Aufbruch seiner Nation, die sich zur Verteidigung herausgefordert fühlt, zieht ihn in ihren Bann. Freiwillig rückt er bei den Bromberger Grenadieren zu Pferde ein, bei denen einst der Vater als Rittmeister gedient hatte.[35] Die Ausbildung, die er durchlaufen muß, ist hart und strapazenreich. Der Wachtmeister seiner Schwadron überfordert die Kräfte der Rekruten durch Laufübungen bis zu völliger Erschöpfung. Aber diesmal beugt sich Kleist nicht nur der Disziplin. Geradezu freudig erfährt er, daß er seine körperlichen Leistungen durch Willensimpulse »fast unbegrenzt« steigern kann.

Die Truppe, mit der er hinauszog, gehörte zur Ersten Armee.[36] Tapfer kämpfte sie 1914 im Westen auf dem rechten Flügel, der nach Schlieffens Plan die Feldheere Frankreichs und Englands umfassen sollte, später bei Soissons, an der Somme und in Flandern. Kleist wurde ausgezeichnet und Leutnant. Damit zählte er zu dem Offizierskorps, das sich in besonderem Maße mit dem Kaiser und König als seinem Obersten Befehlshaber verbunden fühlte. Doch während eines Biwaks lähmte ihn Rheuma: Er konnte nicht mehr aufsitzen oder im Schützengraben Dienst tun. Als Ordonnanz-Offizier wurde er zu einer Infanterie-Division versetzt.

Begriff er, daß Trommelfeuer und Grabenkampf das Heer seines Königs in ein Volksheer verwandelten, in dem Vorrechte und Klassenschranken schwanden? Gewahrte er, daß dieser Weltkrieg die überkommene Ordnung aushöhlte und der Demokratie alle Wege ebnete? Selbst wenn er weiter in vorderster Linie hätte kämpfen können, hätte er an seinem Konservatismus festgehalten. Längst

24

war er so tief in ihm verwurzelt, daß nicht einmal der Krieg seine Weltanschauung anzutasten vermochte.[37] Der glaubensstarke Konservatismus gehorchte für ihn Gottes Schöpfungsprinzipien und war damit dem Wandel entzogen. So machte Kleist Front gegen jene, die es wagten, die Konservativen um Heydebrand und Westarp zu verunglimpfen. So setzte er – nicht blind für die ernste militärische Lage, in die Deutschland nach vier Kriegsjahren geraten war – seine Hoffnungen auf Ludendorff. Er mochte zum Sieg führen oder wenigstens eine Niederlage abwenden, die Kleist unausdenkbar schien. Darauf setzte er noch 1918. Unauslöschlich blieb ihm das Erlebnis einer Truppenübung vor der großen Frühjahrsoffensive jenes Jahres, mit der die feindliche Front durchstoßen und der Triumph des schwerringenden Reiches erzwungen werden sollte. Ludendorffs Schlußkritik, erinnerte er sich, habe aus einem Satz bestanden: »Ich werde Seiner Majestät melden, daß die Truppe für die vor ihr liegenden Aufgaben bereit ist.«[38] Damals sei eine Welle der Zuversicht von dieser überragenden und willensstarken Persönlichkeit ausgegangen. Niemand – nicht einmal der als Heerführer hochgeschätzte bayerische Kronprinz Rupprecht – habe sich Ludendorffs militärischer Autorität entziehen können. Um so tiefer traf Kleist der Mißerfolg des Angriffs. Als die Offensive bei Amiens scheiterte, erlebte er nicht nur eine niederdrückende Enttäuschung, sondern einen der schwärzesten Augenblicke seines Lebens.

Der hochgespannte Wille, der sich zuletzt in Ludendorff verkörpert hatte, jener Wille, auf den Kleist so eingeschworen war, daß er dazu neigte, auch utopisch anmutende Ziele für erreichbar zu halten – er ist an der Wirklichkeit zuschanden geworden. Nun führt der Weg in den Zusammenbruch. Der November 1918 wird Kleist zum Trauma. Er versteht nicht, daß der Kaiser und König kampflos abdanken kann. Er fühlt, wie der weichende Monarch sein Preußen schier unheilbar verwundet.[39] Doch der Revolution oder dem, was sich Revolution schimpft, setzt er Trotz entgegen. Ihr gegenüber bäumt er sich auf, weil sie es wagt, eine Welt zu stürzen, die nicht stürzen darf. Das geschieht ohne Umschweife, aber unter dramatischen Umständen. Gemäß strikter höherer

Weisung übergibt ihm sein Divisionskommandeur einen Befehl, der dazu auffordert, Soldatenräte zu bilden.[40] Der General ist so erschüttert, daß er mit dem Oberkörper über den Tisch fällt. Kleist hat den Befehl in der Hand, weigert sich jedoch, ihn an die Truppe weiterzuleiten. Noch im Zimmer des Divisionskommandeurs zerreißt er das Schriftstück.

ZWEITES KAPITEL

Konservativer Frondeur

Der zerrissene revolutionäre Befehl blieb keine Geste. Für Ewald von Kleist wurde er zu einem Symbol, das sein künftiges Leben beherrschte. Niemals wird er den Zusammenbruch der Monarchie als unumkehrbares Schicksal hinnehmen. Im Gegenteil: Entschlossen will er diese Staatsform zurückerkämpfen.[1] Er glaubt an kein Gedeihen der Demokratie. Zukunft, erklärt er, kann dem deutschen Volk nur unter einem erneuerten König- und Kaisertum beschieden sein. Mögen jetzt andere die Republik für unabwendbar halten: Kleist erkennt nicht an, daß er ihr seine Weltanschauung zu opfern habe. So wird er in der Republik zu dem konservativen Frondeur, der unbeirrbar verficht, was zu verfechten Sache der preußischen Krone gewesen wäre.

Die Revolution warf Kleist weit zurück und verurteilte ihn zu einem Royalisten ohne König. Sie hatte nicht allein die Monarchie, das Dreiklassenwahlrecht und die Vorrangstellung des Adels im Offizierskorps, Gutsbezirk und Herrenhaus beseitigt, sondern auch die Selbstregierung des Volkes proklamiert, von dem künftig jede Gewalt ausgehen sollte.[2] Obschon die Verfassung der Weimarer Republik zumeist nur einlöste, was das Bürgertum 1848 hatte erreichen wollen, sanktionierte sie eine Wirklichkeit, mit der überkommener Kontinuität abgeschworen war. Niemand konnte den raschen Triumph der Revolution leugnen. Mühelos hatte diese Revolution gesiegt. Selbst die Kräfte der Beharrung erlagen der Vehemenz des Umbruchs. Kuno Graf von Westarp – Führer der Konservativen, die sich in einer Deutschnationalen Volkspartei zu sammeln begannen – nannte die Monarchie eine Staatsform, die für den Augenblick inopportun geworden sei.[3] Die Neue Preußische Kreuz-Zeitung, das Organ der Partei, tilgte aus ihrem Kopf den Spruch: »Mit Gott für König und Vaterland!«

Kleist konnte über den November 1918 nur Erbitterung empfinden, aber sein Blick war nicht so schmerzgetrübt, daß er die Wegbereiter der Revolution übersehen hätte. Wenn ihn heiliger Zorn packte, so traf er vor allem Wilhelm II. und den Kronprinzen.[4] Er verhehlte sich nicht: Beide hatten die Monarchie verspielt. Während der Souverän kampflos ins holländische Exil entwich, vergnügte sich sein präsumtiver Nachfolger in den Tagen des Umbruchs mit einer Französin. Hindenburg und Groener aber hatten Wilhelm II. zur Flucht gedrängt. Statt ihn am »Portepee« zu fassen, brachen sie in Kleists Sicht ihren Eid.[5] Nicht einmal Schulenburg, der als einziger General zum Monarchen und seiner Sache stand, wollte für Einsicht und Ehre kämpfen. Auch er beugte sich dem »Argument«, daß zur bloßen Idee geworden sei, was er als Soldat beschworen hatte. Ohne Glauben und Überzeugung mußte solch eine Führungsschicht von der Revolution bezwungen werden.

Kleist war sich bewußt, daß nicht allein die Kriegsjahre der Monarchie den Todesstoß versetzt hatten. Wenn er – um strenge Rechenschaft bemüht – den Blick zurückwandte, so sah er bereits unter Bismarck abschüssige Wege.[6] Nicht als ob er die Schöpfung des Reiches verurteilte. Er bejahte sie. So spürbar dieses Reich Preußens Substanz bedroht hatte: Kleist glaubte, daß es sich hätte behaupten können, wenn Preußens Geist bewahrt worden wäre. Auch der Bismarckschen Außenpolitik, die keine Starrheit kannte, stimmte er weithin zu. Hier blieb er Pragmatiker, der Mut und Wendigkeit schätzte. Hier unterschied er sich von Ludwig von Gerlach, der auf orthodoxen Grundsätzen beharrte.[7] Aber war Bismarck, der Innenpolitiker, ein Konservativer, der dieses Prädikat wirklich verdiente? Kleist empfand ihn eher als Opportunisten.[8] Schon dessen Indemnitätsvorlage von 1866 offenbarte ihm einen Bruch: Ohne zwingende Not gab sie den Rechtsstandpunkt preis, der in der Konfliktszeit erstritten worden war. Später hatte Bismarck vollends eine Politik eingeschlagen, mit der die Liberalen an Boden gewannen. Sie verriet in Kleists Augen ein Regiment, welches nicht führte, sondern lavierte. Das war eine herrische und auch ungerechte Analyse, doch sie zeugte für die Härte, die der Konservative Kleist von einer Regierung verlangte. Und was der Student gefühlt hatte, war dem Mann bewußt geworden: Die Persönlichkeit des Kaisers hatte die Monarchie unterhöhlt, noch bevor sie gestürzt werden konnte. Wilhelm II. war der Verderber Preußens und des Reiches.[9] Obgleich äußerlich an erprobte Traditionen gebunden, hatte er sie entmachten helfen, Materialismus über Glauben gestellt und mit alledem liberale Denkungsarten großgezogen. Erst recht schien Kleist Wilhelms II. außenpolitischer Kurs, der Europas Flügelmächte zu Feinden Deutschlands machte, ein Katastrophenkurs gewesen zu sein. Die Folge war – ob nun gewollt oder nicht – der Weltkrieg, der gegen die Interessen und Möglichkeiten des Reiches verstieß. Dieser Krieg mußte mit seinen entfesselten Gewalten nicht nur überkommene Ordnungen entthronen; mehr noch hatte er zu Kriegszielen verführt, die das europäische Kräftegleichgewicht erschütterten.

Der tiefgreifende Verfall, den diese Bilanz widerspiegelte, forderte Konsequenzen. Kleist war kein Reaktionär. Er wußte: Der Reaktionär würde der Totengräber der Krone sein.[10] Es gab kein Zurück zu den alten verfassungsmäßigen Zuständen Preußens und des Reiches, zu dem schwärenden Widerspruch zwischen gesellschaftlicher Struktur und politischer Wirklichkeit. Hier hatte der Umbruch zu Recht hinweggefegt, was sich weder halten noch verteidigen ließ. Nicht minder schien Kleist ein engstirniger Legitimismus überholt zu sein. Er stand loyal zur Monarchie der Hohenzollern; sie sollte – zumindest in konstitutioneller Form – die Spitze des Reiches repräsentieren. Doch von der Person Wilhelms II. setzte er sich ab. Wenn er bei festlichen Anlässen sein erstes Glas hob, so hob er es zu Ehren des »Trägers der Krone«.[11] Wilhelm II. war für ihn kein Vorbild, und erst recht nicht nach den ersten historischen Darstellungen, die einen schreckenerregenden Charakter enthüllten. Konsequent verwarf er fortan die Primogenitur. Wichtiger als die Person wurde ihm die Institution der Krone.[12] Auch sie aber forderte einen Neuanfang, den keine Schwächen der Vergangenheit belasten durften. Nur unter solchen

Voraussetzungen wollte Kleist für die Wiederkehr der Monarchie kämpfen – überzeugt davon, daß sie die beste aller Staatsformen sei.

Er leugnete das Recht der Revolution, weil es anmaßendem Aufruhr entstammte. Nie traute er der Republik zu, sich durch politisch-sittliche Leistungen zu legitimieren.[13] Um so mehr glaubte er an Chancen seines eigenen Kampfes. Kleist – kühler Beobachter – erkannte: Diese Revolution war im Grunde kaum mehr als Revolte und auf halbem Wege steckengeblieben.[14] Produkt des Zusammenbruchs und der Siegermächte, hatte sie das Volk weder bewegt noch angesprochen. Sie war nicht Ursache, sondern Folge der militärischen Niederlage; sie empfing ihre Impulse nicht von innen, sondern von außen; ihr Hergang bestätigte, daß nicht Revolution, sondern Reform das Ziel der kriegsmüden Massen und ihrer Sprecher war. Einzig die Spartakus-Gruppe verfügte über ein Konzept, von dem her ein Umsturz aller gewohnten Ordnungen drohte. Die Spartakus-Gruppe aber, die einen radikalen Umschwung ertrotzen wollte, wurde unterdrückt und geschlagen. Die Mehrheitssozialdemokratie unter Ebert folgte gemäßigter »Evolution« und hatte das Bündnis mit der Armee gesucht, um das republikanische System zu festigen. Sie ließ das Berufsbeamtentum in seinen Ämtern und Rechten, verbürgte das Privateigentum und hoffte alle Schichten des Volkes für den neuen Staat zu gewinnen. Sicher entsprang ihr Verzicht auf eine radikale Sozialrevolution schwerwiegenden Gründen.[15] Nicht nur zwangen die materielle Not und des Reiches Gesellschaftsstruktur zu zurückhaltenden Reformen; mehr noch erschreckte die »Diktatur des Proletariats« der russischen Oktober-Revolution. Doch wenn auch Not und Furcht Elemente des Obrigkeitsstaates erhielten, so retteten sie immerhin einige der Zentren, auf die sich der Konservatismus stützen konnte. Dessen Kampf, der ein Kampf gegen das »System« sein mußte, blieb für Kleist aussichtsreich und Gebot. Denn Deutschland, so betonte er, war nicht für die Demokratie geschaffen, die Selbstregierung dem Volk zu abrupt auferlegt worden. Nirgendwo glaubte er das Volk – und zumal ohne Einübung – zu einheitlicher politischer Willensbildung imstande. Fehlte der

Nation die Monarchie »als ordnende Mitte«, drohte sie ihr Gleichgewicht zu verlieren und vom Parlamentarismus zersetzt zu werden.[16]

Mit dieser Auffassung stand er nicht allein. Wollte nicht auch Ebert Gefahren bannen, als er im November 1918 eine konstitutionelle Monarchie zu retten versuchte? Und hatte die Verfassung den Reichspräsidenten zufällig mit Rechten ausgestattet, die ihn zu einer Art Ersatzkaiser erhoben? Freilich, was Kleist von der Weimarer Verfassung unterschied, war sein bewußter, ja vorsätzlicher Unwille zur Demokratie. Er versuchte erst gar nicht, sich mit ihr zu befreunden. Daran hinderte ihn nicht nur sein Selbstgefühl, sondern mehr noch seine Weltanschauung. Jede Herrschaft des Volkes schien ihm unmöglich und widersinnig.[17] Wer immer sich gegen die »göttliche Ordnung« auflehnte, nach der Menschen zu handeln verpflichtet waren, den sah er unabsehbare Katastrophen heraufbeschwören. So beherrschte ihn seit 1918 auch die Vision, daß die deutsche Demokratie in einer Herrschaft des Pöbels enden werde[18] – einer Herrschaft, die einzig konservative Revolution abwandte.

Kleist ist Realist genug, um zu erkennen, daß der konservativen Revolution zunächst keine Chance winkt. Aber es kommt »darauf an, auf Dinge und Menschen so einzuwirken, daß das Gewollte möglich wird. Das Werkzeug dazu ist Macht, sichtbare und unsichtbare. Daher muß der Adel, um seine lebenswichtigen Aufgaben erfüllen zu können, ein gewisses Maß von Macht erringen und behaupten auf allen mit Politik irgendwie in Berührung stehenden Gebieten. Er darf nichts davon ohne innere Notwendigkeit aus der Hand geben. Er muß bereit sein, für jeden Fetzen des ihm zustehenden Einflusses zu kämpfen«.[19] Seine Ansprüche freilich durften nicht nur Ansprüche bleiben; sie mußten gerechtfertigt und begründet sein. Wieder hielt sich Kleist vor Augen, was seinem Stand vorgeworfen werden konnte. Wieder war er aber auch davon durchdrungen, daß der Adel, der einst den Staat groß gemacht hatte, jetzt mithelfen mußte, den Staat zu neuer Größe emporzuführen.[20] Dazu schien ihm der Adel um so unentbehrlicher, als er zu dienen gelernt hatte und in der Demokratie ein

Kampf aller gegen alle drohte. Kleist wußte, daß Deutschland, vielfältig in seiner Landschaft und in seinen Stämmen, nicht nur von preußischem Geist beherrscht wurde. Er achtete die berechtigte Eigenart jener deutschen Länder, die eine andere geschichtliche Entwicklung geformt hatte.[21] Doch der Adel, den er meinte und der Rechte geltend machen konnte, mußte preußisch sein. In dieser Gestalt, glaubte Kleist, verkörperte er heilsame, zeitlose Werte, vermochte ihn niemand zu übertreffen und zu ersetzen.[22]

Der Adel aber durfte nicht in bloßer Abwehr verharren. Konservatismus duldete keine bloße Verteidigung, er verpflichtete zum Angriff, mit dem entschlossen zu siegen war. Damit fing für Kleist alle politische Weisheit an.[23] Sein eigener Stand indes genügte nicht, um den Sieg zu erringen; er mußte auch andere Schichten gewinnen. Kleist übersah nicht, daß der Adel schlecht gerüstet war. Im Dienst des Königs erzogen, hatte er die Politik zunehmend dem Monarchen überlassen. Nun, da er statt des Monarchen handeln sollte, mußte er gleichsam den eigenen Schatten überspringen. Oft zog er sich jetzt grollend zurück, um allein die Erinnerung an »bessere Tage« zu pflegen. Groll stellte jedoch Ohnmacht und keine Antwort dar. Kleist forderte Hingabe und Aktivität. Immer wieder kämpfte er gegen die räsonierende Selbstgenügsamkeit seiner Standesgenossen an. »Der Adel«, so hämmerte er ihnen ein, »muß bestrebt sein, seine geistige Bildung zu erweitern. Denn sein Führerberuf verlangt es, daß er sich in den Stand setzt, den geistigen Kampf mit Waffen aus eigener Schmiede zu führen und an Bildung es mit jedem aufzunehmen. Insbesondere ist eingehende Geschichtskenntnis nötig.« Ferner muß er »auf allen einschlägigen Gebieten Einfluß gewinnen, also auch in politischen Versammlungen und in parlamentarischer Tätigkeit. Die Technik und Taktik der neuzeitlichen politischen Methoden muß ihm bekannt sein«.[24] Nur Geist und Vielseitigkeit verbürgen Zukunft; sie haben politisch voranzuhelfen und dürfen allein dort enden, wo die »Wurzelfestigkeit und Stoßkraft« des Handelns bedroht wird.[25] »Die Sache, für die der Konservative kämpfen muß, verlangt innere Festigkeit und erträgt keine Karrieristen, die den Menschen zu sagen vergessen, was dem Vaterlande nottut.«

Grundlage des Kampfes aber bleibt Kleist der Landbesitz. Ihn hat der Adel zu erhalten; denn nur er verleiht ihm Rückhalt und Selbstbewußtsein. »In einem großen Landbesitz liegen die Wurzeln seiner Kraft und werden sie immer liegen. Die Führung auf dem Lande darf nie verloren gehen; sonst ist über kurz oder lang der Bestand des Adels gefährdet. Denn von dem Lande strömen ohne Unterlaß seelisch und körperlich verjüngende Kräfte. Dort liegt letzten Endes zum größten Teil die preußisch-junkerliche Anschauungsweise begründet, die der modernen Welt völlig entgegengesetzt und sie zur Rettung unseres Volkes zu überwinden bestimmt ist.«[26] Kleist kann nur hoffen, mit diesen Worten das Ohr seiner Standesgenossen zu erreichen. Er jedenfalls wird auf ihnen beharren und nach seinen eigenen Forderungen leben.

Dafür bot sich Gelegenheit genug. Schon im November 1918 hatte ihn seine Großmutter mit der Verwaltung ihres Grundbesitzes betraut.[27] Zu ihm gehörten außer Schmenzin die Güter Hopfenberg, Wilhelmshöhe, Dimkuhlen und Groß-Freienstein in einer Gesamtgröße von etwa 14 000 preußischen Morgen. Der Besitz, den er erben wird, fordert ungewohnte Pflichten. Er nimmt sie auf sich und ist entschlossen, den Besitz zu erhalten. Kaum aus dem Krieg nach Pommern zurückgekehrt, versammelt er die Arbeiterschaft von Schmenzin, um ihr feierlich zu erklären: »Solange der König von Preußen widerrechtlich an der Ausübung der Regierung gehindert ist, übernehme ich diese hiermit stellvertretend für Schmenzin.«[28] Seine Worte erinnern an die des alten Courbière: Wenn es keinen König von Preußen mehr gäbe, dann sei er der König von Graudenz. Sie verraten Hochmut, Trotz und unbeugsamen Stolz. Kleist meint sie ernst, nicht aber im Sinne steifnackiger Reaktion. Immer bleibt ihm bewußt, daß Schmenzin für das Gemeinwohl verpflichtet. Herrschen heißt für ihn dienen. Später wird er einem Freund bekennen: »Das alles darf man nur besitzen, wenn man jeden Augenblick bereit ist, es zu verlieren.«[29]

Schmenzin wurde Kleists Heimat. Er verwuchs mit ihr so sehr, daß jeder wußte, wer gemeint war, wenn man vom »Schmenziner« sprach. Seine Güter – auf der Höhe des Pommerschen Landrückens im äußersten Südosten des Belgarder Kreises gelegen –

waren kaum gesegnet.[30] Rauh war das Klima, karg der Boden, der nur mäßige Erträge spendete. Die Hälfte des Besitzes deckte Mischwald: In ihm steckte der Reichtum, der Schmenzin – eines der schönsten Hochwildreviere Hinterpommerns – am Leben erhielt. Wohl hatte man im Krieg zahllose Bäume gefällt; doch noch immer bargen die Wälder wertvolle Altholzbestände. Wurden sie pfleglich behandelt, konnten sie Schmenzin ernähren.

Als Ewald von Kleist die Verwaltung übernimmt, muß er die gesamte Landfläche bestellen.[31] Nach den bitteren Hungerjahren des Krieges gilt die Mehrerzeugung von Nahrungsmitteln als höchster Trumpf. Mangel und Not rechtfertigen selbst unorthodoxe Maßnahmen. Kleist verbessert die Produktionsmethoden und sucht die Schmenziner Güter rentabler zu machen. Auch das soziale Problem seines Betriebes packt er an.[32] Ihm, der oft genug über die Landflucht nachgedacht hat, ist bewußt, daß der Grundbesitz dem Arbeiter entgegenkommen muß. Entschiedener als andere Standesgenossen beteiligt er seine Arbeiter am Naturalertrag.

Schon früher hatte er, sein Studium unterbrechend, ein Jahr bei einem tüchtigen Forstmeister gelernt.[33] Die Forstwirtschaft entsprach seinem Wesen. Nach Anlage und Neigung empfand er den Waldbau als »beste Form konservativer Bodenbenutzung«.[34] Liebevoll hegte er die Bestände, für die er als Verwalter und Besitzer verantwortlich war. Konnte er sie nicht vermehren, suchte er sie wenigstens zu erhalten. Als ihn einmal sein Inspektor bat, einen alten krummen Baum fällen zu dürfen, der – mitten auf dem Acker – die Arbeit des Dampfpfluges behinderte, entschied er: »Wir wollen ihn stehen lassen; er ist immerhin noch ein Ruhepunkt für das Auge.«[35] Dabei schmückten Schmenzin prachtvolle Baumalleen, die durch die Felder von einem Waldrand zum anderen liefen.

Auch der künftige Landwirt hatte einen ungewöhnlichen Lehrer gefunden: 1919 lernte er auf Rat und Wunsch seiner Mutter bei Herrn von Rekowsky in Tietzow.[36] Das Gut in der Nachbarschaft Schmenzins war ein Musterbetrieb: Vielseitig und wohlausgerüstet, spiegelte es den Ideenreichtum seines Besitzers wider. Rekowsky hielt Kleist, den er zum Freund gewann, auch wenn er nicht immer dessen schroffe Ansichten teilte, zu harter Arbeit an. Der Lernende folgte ihm ohne Passion. Unbewegt konnte er mit der Uhr hinter einem Busch stehen, um die Arbeitsleistung einer zweispännigen Egge zu berechnen.[37] Das verriet allenfalls Bemühen. Nie ist Ewald von Kleist ein überragender Landwirt geworden. Was ihm an Passion fehlte, hatte sein Verstand zu ersetzen.

Kleists Tietzower Lehrjahr fiel in eine stürmische Zeit. Die Wirren der Revolution griffen auf Pommern über. Kampf entzündete sich an Lohnforderungen der Arbeiterschaft.[38] Bisher hatte in der konservativen Provinz ein leidlicher Sozialfriede geherrscht. Man wußte wenig von dem Landarbeiterverband, den Otto Braun – nunmehr preußischer Ministerpräsident – vor dem Krieg mitgegründet hatte und der auf dem Koalitionsrecht des Landarbeiters bestand. Jetzt jedoch kehrten die Gutsarbeiter aus den Schützengräben zurück, in denen sie – Schulter an Schulter mit marxistisch geschulten Industriearbeitern – Jahre des Elends durchlitten hatten. Ein bislang unbekannter Geist sozialer Aufsässigkeit zog in die Dörfer des preußischen Ostens ein. Wohl wußten die Arbeiter mit ihrer Freiheit wenig anzufangen: Im Grunde auf die herkömmliche Ordnung eingeschworen, dachten sie eher praktisch als ideologisch.[39] Aber wenn sie auch nur besseren Lohn begehrten: jetzt schienen sie entschlossen, dem Landarbeiterverband zu folgen und ihre Forderungen mit einem Streik durchzusetzen.

Kleist spürte die Gefahren, die den Stand der Gutsbesitzer bedrohten.[40] Er übersah nicht, was die Masse der Arbeiter vor allem bewegte. Er kannte den pommerschen Menschenschlag. Nur widerwillig mochte dieser Menschenschlag der aufpeitschenden Agitation gefolgt sein, die ihn zum Streik zu bekehren suchte. Doch auf seiten des Landarbeiterverbandes sah Kleist kommunistische Funktionäre am Werk: Sie aber kämpften nicht nur um Lohn oder Arbeitszeit, sondern trachteten seinen Stand zu beseitigen. Damit gedieh die Streikbewegung zu einem Angriff auf politische Fundamente, die er – der überzeugte Konservative – nicht preiszugeben gewillt war.

Ohne zu zögern, entschließt er sich, derartigen Anfängen zu wehren. In Belgard stellt er sich an die Spitze der Großgrundbesitzer seines Heimatkreises.[41] Zunächst hat er Widerstände in den eigenen Reihen zu überwinden. Seine Standesgenossen – oft ohne politisches Gespür, unsicher und zu Kompromissen bereit – zeigen Mißtrauen und Vorbehalte. Aber es gelingt ihm, sie zu einer Entscheidung zu bewegen. Einmütig lehnen sie es ab, sich zu einer Arbeitgeber-Organisation zusammenzuschließen. Damit fehlt dem Landarbeiterverband der Tarifgegner. Nun muß er sich entscheiden, ob er aufgeben oder kämpfen will. Im August 1919 ruft er auf zum Streik.

Der Kampf wird von den Landarbeitern nicht ohne Härte geführt.[42] Oft entlädt sich ihr Groll in sinnlosen Gewalttaten. Disziplin und Solidarität der Großgrundbesitzer drohen zu erlahmen. Der Streik fällt in herrliche, sonnige Erntetage. Auf allen Feldern stehen Weizen und Sommerkorn in Stiegen zum Einfahren bereit. Die Arbeitgeber fürchten erhebliche Verluste, doch Kleist verwirft jeden Kompromiß. Unbeirrt fordert er Widerstand. Nach vier Tagen bricht der Streik ohne Konzessionen der Gutsbesitzer zusammen. Der gewählte Arbeiter-Sekretär verschwindet auf Nimmerwiedersehen und heißt dabei die Kasse des Landarbeiterverbandes mitgehen. Kleist fühlt sich durch den Erfolg bestätigt und verlangt von den Großgrundbesitzern seines Kreises die Zusage, nie wieder mit dem Landarbeiterverband zu verhandeln. Diese Zusage wird gegeben und gehalten.[43]

Der Belgarder Landarbeiterstreik blieb der erste und einzige in Deutschland, der mit einem Sieg der Gutsbesitzer endete. Kleist war jedoch weise genug, aus ihm kein kaudinisches Joch zu machen. Gewiß, er hatte den Streik, den er soeben bestanden hatte, nicht als Lohnkampf, sondern als politische Aktion gewertet. Die radikale politische Linke war in seinen Augen nicht als Tarifpartner anzuerkennen. Die konservative Sache ertrug keine Klassenfronten, die den inneren Frieden bedrohten. Aber wenn Kleist den Landarbeiterverband verdrängte, so gedachte er ihn durch eine bessere Organisation zu ersetzen. Im Herbst 1919 kam es zur Gründung des Pommerschen Landbundes, der in der Provinz Schule machte. Kleist wurde Vorsitzender der Arbeitgebergruppe; sein älterer Bruder Hermann-Conrad, dem nach der väterlichen

36

Erbteilung Groß-Dubberow zugefallen war, übernahm den Vorsitz der Kreisgruppe Belgard.[44]

Der Landbund erstrebte einen Ausgleich in den materiellen Interessen, die zum Vorwand des Streiks geworden waren.[45] Er suchte jede Parteipolitik aus den Lohnverhandlungen zu verbannen. Die Arbeitgebergruppe, die sich in ihm organisierte, hatte Gewicht: Nicht einer der Gutsbesitzer, die im Kreis oft die einzigen Brotherren waren, hatte sich dem Zusammenschluß entzogen. Den Arbeitgebern aber stand eine starke Arbeitnehmergruppe gegenüber: Selbständig und von jeder Bevormundung frei, bildete auch sie eine anerkannte Tarifpartei. Beide Seiten verpflichteten sich zur Loyalität. Beide verzichteten auf Streik- und Aussperrungsrechte. Das hatte bedeutsame Folgen, von denen jede Seite profitierte. Da auf Streiks verzichtet wurde, entfiel für die Arbeitgeber das Risiko von Ausfallprämien.[46] Sie konnten den Landarbeitern Löhne gewähren, die bald die Tarife des Landarbeiterverbandes in reicheren Gegenden Deutschlands überstiegen. Langsam kehrten – wenngleich auf veränderter Basis – gewohnte Zustände zurück. Daß sich mit ihnen – wieder – auch gleiche politische Auffassungen ergaben, mochte zunächst nur ein Nebenprodukt sein. Für Kleist war dieses Resultat Hauptsache und das Ziel, das er sich gesteckt hatte.[47]

Schritt um Schritt gewann der Landbund an Boden, aber noch hatte er die Gegenwehr des Landarbeiterverbandes zu überwinden, der in ihm nur eine abartige »weiße« Gewerkschaft erblicken konnte.[48] Im Frühjahr 1920 entfesselt er weitere Streiks, die nun für Wochen den Arbeitsfrieden untergraben. Abermals entsetzen Ausschreitungen. In Groß-Tychow – einem größeren Dorf des Kreises – muß Reichswehr anrücken, um die öffentliche Ordnung zu sichern. Diesmal zielt der Streik auf den Landbund, der getroffen und gesprengt werden soll. Doch von neuem wird der Linken unter Kleist Widerstand entgegengesetzt.[49] Unnachgiebig besteht er darauf, daß nur unter Ausschluß des Landarbeiterverbandes verhandelt wird. Einzig der Landbund könne über Löhne und Tarife entscheiden. Dabei fühlt er die Mehrheit seiner Standesgenossen hinter sich. Wo sie zu versagen drohen, hält er sie mit festem

Willen zusammen. Er selbst weiß, daß er keine Furcht zeigen darf, sondern Herr bleiben muß. »Herren schlagen sie nicht tot.«[50] Nach einer Verhandlung gerät er in einen Haufen tobender Kommunisten. Als einer von ihnen seinen Kopf fordert, schleudert er seine Akten zu Boden: »Wenn Ihnen das nicht paßt, dann machen Sie sich Ihren Kram alleine.«[51] Darauf öffnen sich die Reihen, und er kann ungehindert passieren. Schließlich erloschen auch diese Streiks. Der Landarbeiterverband räumte das Feld und verschwand aus dem Kreis. Unter dem Pommerschen Landbund begann eine friedliche soziale Entwicklung, die erst der Nationalsozialismus jäh beenden sollte.

Aber die Erfolge, die vor allem Kleist errungen hatte, blieben bescheidene Erfolge. Denn noch immer war im großen der Bestand Preußens und des Reiches bedroht. Seit 1919 tobten heftige Kämpfe um die Grenze im Osten.[52] Polen versuchte mit Gewalt, sie zu seinen Gunsten festzulegen. Unter Korfanty drangen Truppen und Freischärler in Oberschlesien ein. Auch Pommern war durch den Versailler Vertrag zur Grenzprovinz geworden. Mochten im Nordosten zunächst nur Ostpreußen unmittelbare Gefahren drohen: auch Pommern hatte mit polnischen Einfällen zu rechnen. Kleist war ein zu glühender Patriot, als daß er bereit gewesen wäre, deutschen Boden kampflos preiszugeben. Den polnischen Ansprüchen bestritt er jegliche Legitimität. Der Krieg hatte Deutschland schon zu viele Quadratkilometer entrissen. Ihnen durften keine neuen Einbußen folgen. Daher hatte man alle Kräfte anzuspannen, um die verbliebene Substanz zu retten. So unterstützte er den Grenzschutz, der sich in Pommern unter Major von Briesen bildete.[53] So entzog er Heereswaffen dem Zugriff der Westmächte, um sie auf Gütern und in Depots seines Kreises zu horten. Auch der »Schwarzen Reichswehr« half er.[54] Und wie ihr gewährte er den Freikorps und der Brigade Ehrhardt Unterschlupf.[55] Oft waren es rauhe, wenn nicht gar zwielichtige Gestalten, die als »Landarbeiter« monatelang seinen Besitz und andere Güter bevölkerten. Aber er wollte sie zur Hand haben, um Überfälle, die von linksradikaler oder polnischer Seite drohten, abwehren zu können.

38

Als Kapp am 13. März 1920 seinen Putsch auslöst, durch den er und die politische Rechte die Republik zu stürzen versuchen, tritt Kleist sofort auf dessen Seite.[56] In Belgard brechen Kämpfe aus. Vom Balkon des Kreishauses wird eine Reichswehrpatrouille unter Maschinengewehrfeuer genommen und zusammengeschossen. Kleist reißt vorübergehend die politische Gewalt an sich. Er sperrt den Landrat, der Einwohnerwehr-Waffen den Kommunisten zugespielt hatte, in einer Kaserne ein. Doch diesmal bleibt er nicht Herr der Lage. Der Putsch scheitert. Kapp, nur für wenige Tage »Reichskanzler«, flieht ins Ausland. Auch seine Anhänger müssen aufgeben oder ihre Gefolgschaft widerrufen.

Kleist bereute nicht, daß er vorgesprungen war. Alle Versuche der Rechten, von Kapp abzurücken, konnte er nur verachten.[57] Wer sich nicht zu dem bekannte, was Überzeugung und Pflicht geboten, der war in seinen Augen unwürdig, die Geschicke des Landes zu lenken. Gewiß erstrebte er keine Kampffronten, die ihn zu blutiger Unterdrückung der Arbeiterschaft zwangen. Solch ein Zwang hätte sein politisches Konzept verhöhnt. Erst recht verabscheute er Mord. Als im Juni 1922 Walther Rathenau ermordet wurde, gestand er betroffen, daß politischer Mord das verwerflichste aller Mittel sei. Wenn die vaterländische Rechte siegen wolle, so habe sie mit Argumenten zu siegen.[58] Bot sich indes die Chance eines Wandels, so war er zum Sturz der »verhaßten Republik« bereit. Freilich mußten nun wirkliche Chancen locken. Ein abermaliger dilettantischer Putsch begrub alle Hoffnungen der konservativen Fronde.

Schon 1923, scheint es, naht eine bessere Gelegenheit heran. Ruhrbesetzung, Inflation und Ausnahmezustand treiben das Reich dem Zusammenbruch entgegen. Jetzt wittern jene, welche die schwankende Demokratie durch eine feste Autorität zu ersetzen suchen, ihre größte Chance. Kleist folgt den aufwühlenden Ereignissen von der Peripherie. Er ist ohne Amt und in Pommern unabkömmlich. Gleichwohl hofft er, daß es Seeckt – dem mit diktatorischen Vollmachten ausgestatteten Chef der Heeresleitung – gelingt, die Republik zu Fall zu bringen. Doch als er von Hitlers Münchener Auftritt erfährt, erkennt er, daß alle Aussichten geschwunden sind. Der Putsch vom 9. November, meint er, habe eine geordnete Aufstandsbewegung zunichte gemacht.[59] Diese Tatsache, die Hitler selbst bestätigte, erweckte Kleists Empörung. Fortan begegnete er dem »Führer« der Nationalsozialisten mit Abneigung und Mißtrauen. Hitlers Auftritt im Bürgerbräukeller, bei dem der Agitator in die Decke schoß, nannte er den Auftritt eines Hanswurst, seine Flucht vor der Feldherrnhalle Feigheit.[60] Kläglich habe dieser Hitler im Gegensatz zu Ludendorff versagt, der wenigstens mutig auf die Kette der feuernden Polizei zugeschritten sei.

Nach Hitlers Putsch war auch Kleist auf enge Kreise zurückgeworfen. Um so mehr suchte er sie mit konservativem Geist zu erfüllen. Er fand Kontakt zum »Hochschulring Deutscher Art«, mit dem er in Schmenzin wehrpolitische Studentenlager ins Leben rief. Er knüpfte Fäden zum Stahlhelm, zur Deutschnationalen Volkspartei, zur Fichtegesellschaft und zur Gruppe »Der Nahe Osten«, die später – unter der Chefredaktion des Dichters Hans Schwarz – eine Zeitschrift gleichen Namens herausgab.[61] Wo immer er konnte, wirkte er auf diese konservativ gesinnten Organisationen und Zirkel ein. Selbst zu den Deutsch-Völkischen und Alldeutschen wagte er sich.[62] Als Preuße und Junker konnte er gewiß weder die einen noch anderen ertragen. Ihre Ideen schienen ihm nicht nur verblasen, sondern auch gefährlich zu sein. Nie wurde er von dem Irrglauben gepeinigt, daß die Welt an deutschem Wesen genesen müsse. Rang und Bedeutung erkannte er nur nüchternem preußischen Ethos zu. Aber für die Sache, die ihn verpflichtete, wollte er überall werben.

Intellekt und Temperament sicherten ihm Einflüsse.[63] Einmal im Angriff, wußte er zu packen und zu überzeugen. Langsam drang sein Name über die Grenzen Pommerns. Ende 1924 schrieb Hauptmann Graf Brockdorff, Generalstabsoffizier beim Stettiner Wehrkreis II, in einem Bericht an Schleicher: »Den Namen eines Herrn aus Hinterpommern möchte ich noch erwähnen, weil er turmhoch über seinen Kollegen steht, ein Herr von Kleist-Schmenzin bei Belgard – Mitte 30 – *sehr* kluger und vernünftiger Mann – politisch nur hinter den Kulissen tätig. – Ich werde zu-

40

sehen, daß Herr Oberstleutnant ihn kennen lernen.«[64] Schleicher – damals Leiter des Politischen Referats im Reichswehrministerium – lernte ihn kennen. 1925 war er Gast in Schmenzin. Später wurde er zu Vorträgen und Aussprachen eingeladen, die aktuellen Fragen, meist jedoch der politischen Lage galten.[65] Über Schleicher fand Kleist den Weg zu Seeckt. Mehrfach muß er ihm begegnet sein. Aber nicht nur zur Reichswehr, auch zur Casino-Gesellschaft, zum Herrenclub, zwei ultrakonservativen Vereinigungen, sowie zu wichtigen Politikern, Diplomaten und Journalisten fand er Kontakt.[66] Oft reiste er nach Berlin oder in andere Provinzen des Reiches. Bald kannten ihn dort jene, die in hohen Ämtern saßen oder über Einflüsse verfügten. Das war keine Wichtigtuerei, sondern diente seinen Zielen. Alle Aufschlüsse, die er einholte oder gewann, verschafften ihm Übersicht. Selbst wenn er Zentren der Macht mied, blieb er über die meisten politischen Absichten wohlinformiert.

DRITTES KAPITEL

Der Guts- und Patronatsherr

Revolution und Streiks zwangen Kleist zur Gegenwehr. Doch die Jahre, in denen er für seine Welt kämpfte, waren nicht nur Jahre der Politik. Immer mußte er sich in Schmenzin auch als Guts- und Patronatsherr bewähren. Das hinterpommersche Gut war sein Erbe, das er als Aristokrat regieren wollte, und Adel hieß für ihn: edel und Herr sein.[1] Dieser Adel hatte an seinem Herrentum festzuhalten. Nie durfte er vergessen, daß er »oben« war und führen mußte, aber ebenso sollte er – im »ganzen Auftreten« – durch Vornehmheit und Würde überzeugen, kurz: Vorbild sein. Nichts empörte Kleist mehr als Schwäche, Frivolität und Zweideutigkeit. Jedes Versagen seines Standes traf ihn, als sei er selbst schuldig geworden. Die Tanzfreudigkeit des hinterpommerschen Adels nach 1918 wurde von ihm scharf verurteilt. Zwei Großgrundbesitzer, die sich am Verkauf verschrotteten Kriegsmaterials bereicherten, verachtete er.[2]

Seine Welt blieb von der seiner Beamten und Arbeiter geschieden.[3] Die Autorität, die er von sich forderte, verlangte Abstand. Das erwarteten vor allem seine Arbeiter, in denen – dem neuen Zeitgeist zum Trotz – konservatives Denken tief verwurzelt war. Wie sie ihre Pflichten und Rechte nach dem Stand bemaßen, dem sie durch Geburt zugehörten, so wollten sie auch ihren Herrn achten können. Der Herr, dem sie dienten und Gehorsam schuldeten, mochte »wunderlich«, aber er sollte ein Herr sein. Zu Kleist, einem Herrn, »durften sie aufsehen«. Er verkörperte noch die Welt, in der Treue ohne Mißbrauch gedieh. Kleist zeigte Strenge und duldete keine Verfehlungen. Er konnte schelten, rügen, tadeln. Niemand drängte ihn bei Verhandlungen über die Grenze, die er sich selbst gesetzt hatte. Aber er war weder abweisend noch unnahbar. Feierte man das Erntefest auf dem Kornspeicher, saß er bei Musik und Tanz unter seinen Arbeitern, hörte er sich mit Ausdauer ihre Sorgen und Wünsche an. Dann trank er mit ihnen, ohne je seine Trinkfestigkeit einzubüßen. Alle »positiven Züge« wurden ihm hoch angerechnet.

Seine Beamten und Arbeiter durften keine Reichtümer erwarten. Doch was ihm möglich schien, gestand er zu. Sein Wort galt. Hatte er Verträge abgeschlossen, hielt er sie unverbrüchlich ein. Nach Kräften war er bemüht, für die Arbeiter zu sorgen, die auf dem Gut lebten und Schmenzin zumeist erst 1945 verließen. Schon 1920 begann er, neue Arbeiterwohnungen und Ställe zu bauen.[4] Er haßte dumpfe Behausungen, von denen er wußte, daß sie »Menschen erschlagen« konnten. Bei Viehverlusten durch Wetter und Diebstahl half er aus eigenen Beständen. Keine dieser Hilfen forderte er je zurück. Die Altersversorgung seiner Arbeiter war bis zur Höchstgrenze gesichert. Löhne und Deputate galten als Vorbilder. Stellte er Kräfte ein, vertraute er weniger dem Leumund als seinen Augen. Kündigungen nahm er oft erst entgegen, wenn auf einen anderen Arbeitsplatz zu hoffen war. Jederzeit zeigte er sich für sinnvolle Vorschläge zugänglich. Häufig freilich mußte er Wunschlisten kürzen. Seine Mittel gestatteten ihm nur das Notwendige oder Unaufschiebbare zu tun.

Der Landwirt scheute Risiken und technische Neuerungen.[5] Der Maschinenpark wurde zögernd ergänzt. Gleichwohl suchte Kleist die Erträge des Gutes zu steigern. Dabei hätte er sogar auf seine Fohlen verzichtet, in denen er »Quecken des Pferdestalls« erblickte.[6] Seinen mäßigen Betriebswagemut ersetzte er durch Sparsamkeit. Er war ein kluger, manchmal fast zu starrer Rechner. Immer legte er kunstvolle Bilanzen vor. Das wußte auch der Kösliner Finanzpräsident zu schätzen. Oft hat er in merk-würdigem Berufseifer erklärt, daß er sich die Akten des Schmenziners mit nach Hause nähme, wenn er einen guten Sonntag verbringen wolle.[7] Nach der Inflation baten Kleist seine Arbeiter um wertbeständige Anlagen ihres Einkommens. Er verfuhr so geschickt, daß sie ihn dankbar ihre »Sparkasse« nannten. Nie mußte er ab 1933 fürchten, von einem der alten Arbeiter denunziert zu werden.

Auch mit seinen Inspektoren hatte er Glück.[8] Stets konnte er ihnen die Aufgaben überlassen, um die er sich nicht kümmern wollte. Hatten sie ihren Bestellungsplan vorgelegt, ließ er ihnen weitgehend freie Hand. Was er auftrug, wurde korrekt ausgeführt. Die Inspektoren teilten die Arbeit ein, überwachten das Tagewerk, nahmen Wünsche und Beschwerden entgegen. Allabendlich erstatteten sie Bericht. Selten empfing Kleist sie unvorbereitet; kaum ein Tag, an dem er nicht seine Felder und Ställe inspiziert hätte. Wo er – zumeist im Lodenmantel, mit grünem Hut und Eichenstock – auftauchte, stellte er kurze und klare Fragen. Stets wollte er nur das Wesentliche erfahren. Sooft er von seinen Inspektoren lernte: nie zeigte er Unsicherheiten oder Blößen. Selbst wenn er dem Rat anderer folgte, fällte er seine eigenen Entscheidungen.

Wie den Beamten und Arbeitern fühlte er sich der Kirche verpflichtet. Was er ihr als Patronatsherr von Schmenzin schuldete, nahm er ernst. Auch die Pfarrer seiner Gemeinde degradierte er nicht zu Befehlsempfängern.[9] Wann immer sie Wünsche äußerten, deren Notwendigkeit er einsah oder begriff, durften sie seiner Hilfe und Unterstützung sicher sein. Freilich lehnte er es ab, den Abendmahlsgroschen, den die Gemeinde zu entrichten pflegte, auch nur um Pfennige zu erhöhen. Hier schien es ihm christlicher, das Abendmahl, das jedem zugänglich sein sollte, nicht vom Geld abhängig zu machen. Er war ein regelmäßiger Kirchgänger und folgte dem Gottesdienst mit aufmerksamer Kritik. Seine Pfarrer mußten sich anstrengen. Predigten sie zu lang, konnte er seine Uhr hervorziehen und ungeduldig mit dem Deckel klappen. Diese Geste genügte dann auch zumeist, um den Redestrom in einem raschen Schlußgebet enden zu lassen.

Seinen Glauben vermochte keine Heimsuchung anzutasten.[10] Gottes Gebote suchte er zu erfüllen. Wenn er bei Tisch die Hände übereinanderlegte, so »fühlte man, wie aus tiefem Glauben und ehrlichem Herzen der Segen wirklich erbeten wurde«.[11] Er wollte, wenn er betete, nicht um die »geringfügigsten Dinge« bitten.

Lange schien ihm, als dürfe er nur für innere Gaben ein inständiges Gebet sprechen, »weil Gott in seiner Weisheit, unbeeinflußbar durch ein Gebet, gäbe oder verweigere«. Aber er glaubte daran, daß ein ernstes Gebet erhört würde, und schöpfte aus dem zweiten Satz des Vaterunser Kraft und Trost. Kleist war ein Feind der Dogmatik, die ihm den Glauben, »der so viel einfacher ist«, zu verschütten schien.[12] Er erblickte in Jesus einen der großen Propheten Gottes. Er hatte keine Einwände, wenn man ihn den größten nannte. Doch die Gottessohnschaft Christi, wie sie die Kirche als Dogma versteht, wagte er zu bestreiten. Für ihn offenbarte sich Gott ohne Unterlaß in der Geschichte, ja in allem Geschehen, um den Menschen zur Unterwerfung zu zwingen. Dieses Wort »Unterwerfung« liebte er besonders. Streitbar hielt er an dem fest, was er als Wahrheit erkannt zu haben glaubte. Wo er die Gottessohnschaft Christi anzweifelte, berief er sich auf die Stellen des Neuen Testaments, durch die er sich bestätigt fühlte. Seinen Gegnern warf er vor, nicht nur das Selbstverständnis Jesu, sondern auch die Paulinische Theologie verfälscht zu haben. Daß die Kirche viele Ergebnisse der wissenschaftlichen Bibelkritik verleugnete, stimmte ihn zornig. Er wußte: Keiner der Geistlichen war einfältig genug, um all die Dogmen beschwören zu können, die sie auf Kanzeln und im Konfirmationsunterricht verkündeten. So verlangte er, daß sie wenigstens jene ausklammerten, an die sie selbst nicht mehr glauben konnten. »Auch dann«, meinte er, »bleibt immer noch genug Stoff für die Predigten übrig.«[13]

Derartige Auffassungen mußten ihn von den »Orthodoxen« trennen. Aber er konnte sich nicht verleugnen. So unnachsichtig er politisch auf dem Konservatismus bestand: als Christ gehörte er zu den »Liberalen«. Er war ein Anhänger Adolf von Harnacks, mit dem er daran glaubte, daß nur der »Vater«, nicht aber der »Sohn« in das Evangelium gehöre.[14] Er liebte Paul Althaus' theozentrische Lehren, die seine eigenen Einsichten widerspiegelten. Freimütig bekannte er sich als Antipoden Karl Barths. Gewiß zollte er der politischen Opposition Anerkennung, mit der Barth von vornherein dem Nationalsozialismus begegnete. Warm empfahl er einen Aufsatz Barths in der Zeitschrift »Theologische Existenz heute«, in dem sich der Bonner Theologe 1933 offen und scharf gegen Hitler wandte. Hier gestand Kleist sogar zu, daß die Reformierten politisch offenbar klarer sähen als Lutheraner und Unierte. Doch über eine der dogmatischen Schriften Barths urteilte er: »Das glaubt Barth selber nicht.«[15] Religion blieb ihm in erster Linie die subjektive Bindung an Gott. »Glaube ist nichts anderes«, schrieb er, »als unbedingter Gehorsam gegen Gott und unbedingtes Vertrauen. Darum können Dogmen und Bekenntnisfragen nur mittelbar mit Glauben etwas zu tun haben. Für das Leben des Menschen ist das Bekenntnis, das er für richtig hält, an sich ziemlich belanglos, und damit sind Bekenntnisstreitigkeiten überhaupt Fragen zweiter Ordnung. Für denjenigen, der sich mit Recht ›Christ‹ nennen will, kann hieran kein Zweifel bestehen, denn Christus verlangt stets nur Glauben, aber kein Fürwahrhalten. Das ist aber die Gefahr aller Kirchen, daß sie das Bekenntnis, also Menschenwerk, anstelle des Glaubens in den Mittelpunkt rücken. Das bedeutet aber Abfall vom Christentum, Abfall vom Glauben, und ist Pharisäertum.«[16]

Dies war kein leichtfertiges, sondern ein erarbeitetes Bekenntnis. Kleist durchforschte und kannte seine Bibel. Nie wollte er sie als das größte aller Bücher entbehren. Im Alten Testament erblickte er eine wertvolle, wenn auch zeitbedingte Quelle der Offenbarung.[17] Die Psalmen und der Prophet Jeremia sprachen ihn in besonderer Weise an. Die Lehre von der Prädestination nannte er »den schwersten Anstoß und zugleich die tiefste Weisheit«. Im Neuen Testament stand ihm von den Synoptikern Markus am nächsten, während sich seinem Gesetzesglauben die Johanneische Theologie weniger erschloß. Das Bekenntnis zur Liebe wurde ihm schwer. Er war ein Mann, der entschlossen für seine politischen Ideale kämpfte. Da kamen Milde und Güte leicht abhanden. Als aber zuletzt die politische Anspannung von ihm wich, wurde er innerlich auch für die Botschaft der Liebe bereit, die er eher verdrängt als mißachtet zu haben schien.[18]

Als Guts- und Patronatsherr tat er seine Pflicht. Leidenschaft war hier indes selten im Spiel. Seine Leidenschaft gehörte dem

46

Wald und der Jagd.[19] Wenn er glücklich war, so in seinen Wäldern. In ihrer Einsamkeit – so gestand er – kämen ihm die besten Gedanken. Kleist wußte Städten wenig abzugewinnen. Er fühlte, wie sie entwurzelten und zerrieben. Obgleich er selbst wie ein Großstädter aussah und es ihn oft nach Berlin zog, konnte er »Steinwüsten« nur für kurze Zeit ertragen. Stets trieb es ihn in die Natur zurück, die seinem Wesen und Konservatismus vor allem entsprach. Die gleiche Passion galt der Jagd. Kleist war ein ausgezeichneter Weidmann, der sein Rot- und Schwarzwildrevier zu nutzen verstand. Er wollte jedoch nicht nur Jäger, sondern mehr noch Heger sein. Umsichtig erhielt er die Wildbestände seines Besitzes. Seine Förster, denen er ein hervorragender Dienstherr war, banden strenge Grundsätze: Sie durften nur reife, alte Hirsche oder schwaches, abschußreifes Wild erlegen, das sich nicht zur Nachzucht eignete. Als Weidmann war er seiner Zeit voraus. Das Jagdgesetz des Jahres 1934 brachte ihm keine Neuigkeiten mehr.[20] Gab er Wild frei, lud er Förster und Gäste zum Abschuß ein. Oft verbrachte er nicht nur Stunden, sondern ganze Tage in seinem Revier. Ein Verwandter, der noch 1943 eine Hirschbrunft erlebte, erinnert sich: »Früh um drei Uhr rasselte der Wecker. Kurze Zeit später trafen sich mein Schwager und ich im Eßzimmer, wo Brot, Butter und heißer, starker Tee bereitstanden. Kurzer Imbiß, Zigarre, Büchse, Patronen, Glas, dunkle Handschuhe, dann ging es hinaus vor die Tür in die nächtliche Frische. Draußen sah man einen rot glimmenden Punkt: die Zigarre des Försters Wetzel, der uns schon erwartete. Begrüßung, Verhören der Hirsche, Lagebesprechung und Einteilung des Reviers, dann schluckte uns die Dunkelheit: nach der einen Seite Schwager Ewald, nach der anderen Förster Wetzel und mich. Bei der Ausdehnung der Waldungen hatten wir oft einen Anmarsch bis zu einer Stunde, ehe wir den erwählten Revierteil erreichten. Nach der Rückkehr wurde dann bei ausgiebigem Frühstück alles Gesehene und Erlebte berichtet und besprochen. Jeder prüfte die Geweihe der gestreckten Hirsche, schätzte die Nadlerpunkte, maß Rosenumfang, Stangenlänge und Auslage. Da die Nachtruhe meistens nicht länger als drei Stunden dauerte, schlief man nach dem Mittagessen ein Stündchen. Nach dem Kaffee ging es dann rechtzeitig wieder ins Revier zu Pirsch oder Ansitz. Erst bei Dunkelheit waren wir wieder im Hause.«[21]

Das Gutshaus – am Rande des Dorfes Schmenzin gelegen – glich den unauffälligen Herrensitzen, die in den Ostprovinzen des Reiches überwogen.[22] Obgleich zu ebener Erde breit angelegt und von ausladender Gedrungenheit, verriet es mit seiner schlichten, weiß gestrichenen Fensterfront weder Aufwand noch Prunk. Der turmartige Mitteltrakt, an den sich das hohe Giebeldach lehnte, wirkte massiv und trutzig, aber auch ihn zierten nur Fenster und das Kleistsche Familienwappen. So eigensinnig Kleist um jeden Baum kämpfte: dem Gutshaus schuf oder ließ er Platz. Zum Eingang mit der geschwungenen Flügeltür lenkte eine großzügige Auffahrt. Vor ihr dehnte sich eine Rasenfläche, die jedes Gefährt in ausholendem Bogen umrunden mußte. Die Rückseite des Hauses blickte auf eine weite Wiese, die rings von Wald umsäumt war. Hier trat das Wild heraus, um zu äsen. Wann immer Kleist vom Schreibtisch des Herrenzimmers aufsah, hatte er ein Bild stiller Schönheit vor Augen. Dieses Bild liebte er. Oft wird es ihn bewegt, aber auch mit stolzem Selbstbewußtsein erfüllt haben. Wer über solch einen Besitz gebot, durfte wohl glauben, daß ohne oder gar gegen ihn nicht zu regieren sei.

Das Haus durchzog eine Flucht von Räumen.[23] Herren-, Eß- und Besuchszimmer, Salons und ein Saal mit Ahnenbildern, an den sich eine Glasveranda anschloß, erlaubten in stilvoller Repräsentation zu leben. Die Möbel und Bilder waren von Generationen zusammengetragen. Überall hingen Geweihe starker Hirsche und andere Jagdtrophäen. Die Wände des Eßzimmers schmückte wertvolles Porzellan oder ausgesuchtes Kristall, das Herrenzimmer eine Bibliothek mit Schätzen alter französischer Literatur. Kleist war Aristokrat genug, um diese Lebenskultur nicht entbehren zu können. Er schätzte eine gepflegte Umgebung und Freuden der Tafel. Immer wollte er auch korrekt gekleidet sein.[24] Wenn er im schwarzen Anzug erschien, aus dem ein steifer Kragen hervorsah, bestach er durch unaufdringliche Eleganz. Aber der Preuße in ihm konnte auch äußeres Dekor souverän verachten. Die schlichten oder gar ärmlichen Räume seines Hauses ließ er unver-

48

ändert. Jedem Anschein eines größeren Luxus widerstrebte er. Was für seine Vorfahren ausgereicht hatte, genügte auch ihm. Selbst zu Reparaturen bequemte er sich nicht ohne Not oder Vorhaltungen. Da er selten persönliche Wünsche kannte, begriff er nicht, wie andere in seinem Haus von Wünschen geplagt sein konnten. Fuhr er aus, wählte er den klapprigen Wagen seines Großvaters, den in abgewetztem Geschirr »zwei mehr als bescheidene« Pferde zogen. Als später ein Automobil unumgänglich wurde, konnte er sich nur zu einem Opel aus zweiter Hand entschließen.[25] Seine nächsten Bediensteten erweckten nicht den Eindruck, als ob sie zu einer Herrschaft gehörten. Sein betagter, wortkarger Kutscher glich einem derben Bauern, sein stotternder Diener trotz bester Manieren kaum einem Butler. Beiden hielt Kleist aus Anhänglichkeit und Gewohnheit die Treue. Als nach 1933 sein Diener der Partei Hitlers beitrat, wollte er sich nicht von ihm trennen. So prägte das Schmenziner Gutshaus jenes Gemisch von Vornehmheit und Bescheidenheit, das den Lebensstil hinterpommerscher Aristokraten beherrschte. Dieser Stil besaß trotz mancher Gegensätze seine Harmonie, weil er Vergangenheit und Gegenwart miteinander zu vereinen wußte.

Ewald von Kleist liebte sein Gut; in ihm hatte er seine Heimat gefunden. Sooft er verreiste: immer kehrte er gern in die Stille seines Hauses zurück. Helle und Wärme aber empfing Schmenzin erst durch seine Frau Anning, die er Ende September 1921 geheiratet hatte.[26] Anning von Kleist war eine Tochter Oscar von der Ostens. Einst Landrat, nun Herr auf Warnitz, galt er als Führer der neumärkischen Konservativen. Dieser Ruf hatte den Schwiegersohn in sein Haus gezogen. Kleist traf eine glückliche Wahl: Kaum konnte er sich eine bessere Lebensgefährtin wünschen. Leidenschaftlich im Willen, verband seine Frau Klugheit mit Mut. Vorbehaltlos bejahte sie die politischen Ziele ihres Mannes. Seine Feinde waren ihre Feinde, seine Freunde die ihren. Doch ihr weiblicher Instinkt erfühlte auch bedrohliche Situationen. Oft noch sollte er aus Gefahren helfen, bei denen der Mann dazu neigte, in starrem Stolz zu trotzen.

Anning von Kleist – zehn Jahre jünger als ihr Mann – war eine hochgewachsene Frau mit feinen Zügen. Wo immer sie auftrat, gewann sie durch ihre natürliche Würde. Mangel an Anstand und Form konnte sie verletzen; aber sie lebte und lachte zu gern, als daß sie je einer unnahbaren Steifheit verfallen wäre. Sie hatte Freude an ihrer Altstimme und der Musik. Sie liebte es, zu tanzen und fröhliche Gesellschaften um sich zu sehen – Vergnügungen, die ihr Kleist nicht mißgönnte, auch wenn er ihnen wenig abgewann. Denn sie war neben allem, was ihm fremd war und bleiben mochte, nicht nur eine pflichtbewußte Haus- und Gutsfrau, sondern ebenso eine gute Mutter. Anning und Ewald von Kleist wurden sechs Kinder geboren: drei Söhne und drei Töchter.[27] Auch bei ihrer Erziehung ging die Frau eigene Wege – Wege, die der Mann schon deshalb tolerierte, weil ihn die Politik oder das, was er das »Überindividuelle« nannte, oft ganz und gar gefangennahm. Er hing an seinen Kindern mit der Verschlossenheit, die zu seinem Wesen gehörte. Nie hat er ihnen seine Fürsorge entzogen, doch über ihren Alltag sollte die Mutter wachen. Sie erzog sie im Glauben ihrer Eltern und zu den Tugenden, die den Adel erst zum Adel erhoben. Trotz pädagogischer Strenge aber genossen alle Kinder auch ihre Freiheit. Sie tollten im Haus, im Park oder Wald, ritten auf dem Pony und verübten die Streiche, zu denen der große Besitz ermunterte.

Ewald von Kleists Gestalt überragte kaum die Größe seiner Frau. Er war gertenschlank und gewandt. Sein schmaler Kopf, den dunkelblondes Haar bedeckte, wurde von einer hohen Stirn geprägt. Die Augen – oft nur halb geöffnet – blickten scharf und konnten unnachsichtig verwirren. Seine gerade, breit auslaufende Nase, der kräftige Schnurrbart, den er trug, dünne Lippen und ein gewölbtes Kinn: all das verriet Energie und Willenskraft. Sein Gesicht spiegelte Geist, Härte und unerschrockenes Selbstbewußtsein, aber auch Erregbarkeit und jene Sensibilität, die leicht zu verletzen war. Seine Bewegungen kamen schnell und unvermittelt. War er unterwegs, holte er mit eiligen Schritten aus, denen andere nur mühsam folgen konnten.[28] Dabei ging er leicht vornübergeneigt, zog er seine Schultern an, als ob er fröstelte oder fröre. Gleichwohl wirkte er weder geduckt noch verkrampft, sondern sicher und sprungbereit. Er sprach leise und gedämpft, rasch und mit ausdrucksstarken Gesten. Auch wenn er sich beherrscht gab, zeigte sein Mienenspiel, was ihn bewegte.

Sein Tag begann spät.[29] Er pflegte lange zu schlafen und die Landwirtschaft in wenigen Stunden abzutun. Oft schien er einer Faulheit zu frönen, die er »produktiv« genannt haben würde, wenn man gewagt hätte, sie zu verurteilen. Er hielt es für Aberglauben, daß Fleiß Intelligenz ersetzen könne oder ihr gar vorzuziehen sei. Seine Muße nutzte er, um zu denken. Wichtig blieben ihm eigene Einsichten und Urteile. Immer aber häuften sich auf seinem Schreibtisch Bücher, die er mit kritischer Wachheit las und durcharbeitete. Sein Gedächtnis ließ nicht mehr los, was es einmal aufgefaßt hatte. In der Geschichte, Nationalökonomie und Philosophie »war er zu Hause«. Seine Bildung erstaunte Politiker und Professoren. Mit ihr und seiner geistigen Regsamkeit widerlegte er Karikaturen vom »Junker«. Viele haben bezeugt, daß sie in Schmenzin für ihr Leben gelernt hätten.[30]

Sein Wissen entfaltete sich vor allem in abendlichen oder nächtlichen Gesprächen. Dann schien er in seinem Element und ohne die skeptische Reserviertheit, mit der er sonst den Menschen begegnete. Kleist konnte zuhören und achtete sein Gegenüber. Er, der für die ständisch gegliederte, von oben geführte Gesellschaft kämpfte, kam nach des Apostels Mahnung dem anderen in geradezu gewinnender Ehrerbietung entgegen.[31] In sich gekehrt und an seiner Zigarre ziehend, ließ er fundierten Argumenten Raum. Er wollte keinen Zuspruch, er suchte geradezu den »Gegner«, um sich mit ihm messen zu können. Mitunter freilich hatte es den Anschein, als nähme er nur wahr, was den eigenen Gedankengang befeuerte. Trotzdem hinderte ihn sein Intellekt, den »schrecklichen« Vereinfachungen zu erliegen, zu denen Ideologen oder eilfertige Köpfe neigen. Er beharrte auf der Pflicht zur Vernunft, dachte klar und formulierte treffend.

Da er nach seiner Überzeugung handelte, zögerte er nicht mit Kritik an anderen.[32] Sie konnte ätzend, ja von vernichtender Schärfe sein. Fühlte er sich durch Unwürdigkeit, Schwächen oder Versagen herausgefordert, kannte sein scharfzüngiger Sarkasmus keine Grenzen. Nie war er in Hohn oder Spott um drastische Worte verlegen. Oft schien er die beleidigende Form geradezu zu lieben, wenn sie nur annähernd ausdrückte, was er an Unwillen oder Verachtung empfand. Das war gewiß nicht aristokratisch, aber aus der Leidenschaft geboren, mit der er auf verpflichtenden Werten bestand. Seine Kritik traf nicht nur Menschen, die, in anderen Lagern stehend, ihn und seine Welt bekämpften; sie richtete vor allem die Lauen und Zögernden, die er unter seinen Standesgenossen wußte. Da konnte er einer Aggressivität erliegen, die kaum zu übertreffen war.

So selten um Kleist Lachen oder Heiterkeit aufkam: als Gastgeber in Schmenzin zeigte er sich liebenswürdig und ritterlich.[33] Großzügig gönnte er seinen Gästen, was er ihnen zu bieten vermochte. Stets empfing er sie mit seiner Familie vor dem Haus. Auch wenn es beim Abschied regnete oder stürmte, hielt es ihn so lange draußen, bis sie seinen Blicken entschwunden waren. Kleist war kein Charmeur. Seine Gespräche, bei denen man sich nicht nur behaglich fühlen sollte, verlangten anspruchsvolle Menschen. Immer beherrschten Politik und Glauben die Runde. Gleichwohl wußte auch er von Jagden und – freilich mit distanziertem Lächeln – über die Gesellschaft zu plaudern, deren Ondits andere unmäßig in Atem hielten.

Trotz aller Härte, die zu ihm gehörte, war er kein amusischer Mensch. Sicher setzten ihm sein Wesen und Standesbewußtsein im Kunstverständnis Grenzen.[34] Er fand keinen Zugang zur Musik, von der er bekannte, daß sie nur Lärm verursache und ihn störe. In der Malerei und Literatur verwarf er alles, was Form und Kontur aufzulösen drohte. Wo seine Phantasie versagte, witterte er Dekadenz. Maßstab blieb ihm die sittliche und politische Wirkung auf den Menschen. So konnte er sogar Lanzen für die Romane der Hedwig Courths-Mahler brechen.[35] Sie entsprächen, meinte er, in ihrer Sentimentalität dem nun einmal gegebenen Bedürfnis des Volkes. Ihre Tendenz sei indes immerhin staats- und gesellschaftserhaltend. Es sei und bleibe wichtig, daß durch sie nichts verdorben würde, was man von manchen Erzeugnissen der Literatur nicht behaupten könne. Umgekehrt warf er der Gesellschaft des

52

Wiener Kongresses vor, sich zu den Aufführungen von »Figaros Hochzeit« gedrängt zu haben, obwohl das schlüpfrige, ja destruktive Libretto der Oper die Aristokratie hätte abschrecken müssen.[36]

Aber so eigenwillig er blieb: Einfachheit, Echtheit und Würde imponierten ihm. Preuße in Stil und Lebensart, schätzte er »verhaltene Schönheit«. Tief beeindruckte ihn die klassische Literatur.[37] In ihren Dramen und Schauspielen fand er die mitreißende Darstellung der menschlichen Probleme und Konflikte, die nie aufhörten, auch ihn zu bewegen. Oft griff er zu den Werken Goethes, Schillers, Lessings und Shakespeares, aus denen er mit unpathetischer Eindringlichkeit zu zitieren wußte. Sie prägten seine Ansprüche und seinen Geschmack, und sie formten seine Sprache, mit der er – ob im Vortrag oder Gespräch – Freunde und Zuhörer fesselte. Das sogenannte zeitgenössische Schrifttum ließ er fast ganz beiseite. Kein Sympathisant des Dunklen, Feierlichen, der Seher oder Hüter des »heiligen« Feuers, mißfielen ihm vor allem die Autoren, die dem Scharfsinn abgeschworen hatten und dem Tiefsinn verfallen waren. »Erlösung« suchte er auf seinen eigenen Wegen, nicht bei den Brauenden und Brodelnden. Früh schon gestand er, daß das Leben zu kurz und zu schade sei, um es an Durchschnitt zu verschwenden.[38]

Kleist liebte sein Schmenzin. Gern hätte er nur für diesen Besitz gelebt, denn er war ein Mensch des Landes und wollte dem Rhythmus der Natur nahe sein. Doch die Zeit war weder seiner Welt noch den Idealen gewogen, an denen er festzuhalten suchte. So trieb sie ihn, der ein Mann des Kampfes war, immer wieder zu dem, was man sein Schicksal nennen könnte: zur Politik.

VIERTES KAPITEL

Weltanschauung und Politik

Politik war für Kleist keine Sache der Meinungen, sondern ein Feld, auf dem sich Überzeugungen zu bewähren hatten. Mochte die Taktik des Tageskampfes Händel oder Vergleiche erzwingen: er verwarf sie und blieb ihnen abgeneigt. In diesem Willen offenbarte sich weniger Starrheit als jener Imperativ, der ihn drängte, keinen Fußbreit seiner Weltanschauung preiszugeben. Denn Konservatismus war für ihn etwas Unbedingtes, das keine Halbheit zuließ, eine Gesamtschau »aller Dinge aus einer Wurzel und von einem festen Punkt« aus.[1] Wie alle Konservativen war er davon durchdrungen, daß wirklicher Konservatismus Gottes Schöpfungsordnung widerspiegele, und wie seine Vorläufer seit der Französischen Revolution erblickte er in ihm ein Axiom, das der Vernunft voraus war. Konservatismus, wie er ihn verstand, ließ sich nicht vom Menschen, sondern allein von Gott her begründen. Daher zählte für ihn nur eine Aufgabe: den »Willen Gottes zu erkennen und zu tun oder, mit anderen Worten, Religion zu leben«.[2] Es schien ihm Anmaßung zu glauben, daß den irdischen Dingen eine Eigengesetzlichkeit zukäme. Leben und Welt blieben in seinen Augen dem Willen Gottes unterworfen. »Es gibt«, schrieb er, »nur zwei Weltanschauungen seit Anbeginn der Welt an: den Glauben und den Unglauben. Entweder wird Gott allein in den Mittelpunkt gestellt oder etwas Anderes allein oder neben ihn. Der Kampf dieser beiden Welten ist der einzige Gegenstand aller Geschichte.«[3] Nach Kleists Analyse hatten die Konservativen des 19. Jahrhunderts den Konservatismus oft »eigenartig« begründet. Wo sie den festen Boden der Religion verließen, sah er sie in Gefahr, sich mit Kräften zu verbünden, die diesseitigen oder gar

54

eudämonistischen Ordnungsprinzipien huldigten. Er erkannte als Grundlage seiner Weltanschauung nur das Christentum an, ohne das der Konservatismus Halt und Sinn verlor.

Leitbild war ihm mehr denn je das Preußentum, in dem »der Glaube die bisher vollkommenste politische Darstellung gefunden« hatte.[4] Dieses Preußentum deutete er als die »bedingungslose Unterwerfung des ganzen Menschen unter ein geglaubtes höheres, nicht von Menschen gemachtes Gesetz«. Ersetzte man »Gesetz« durch »Gott«, hatte man »den Begriff des Glaubens«. Für Kleist, den Konservativen, konnte es keinen unbedingten Glauben an Menschen geben. Unbedingter Glaube gebührte allein Gott. So empfand er es als die segenbringende Größe preußischer Könige, »die wahrlich zu den größten Führern aller Zeiten gehören, daß sie keine Verehrung für sich forderten, sondern auch sich bedingungslos unterwarfen dem göttlichen Gesetz und nur vor ihm Verehrung und Unterwerfung forderten«.[5] Solch ein Ethos, postulierte er, ließ persönlichem Glücksstreben keinen Raum. Der wirkliche Konservative diente selbstlos dem Volk, in das ihn Gott gestellt hatte.[6] Auch im »Suum cuique« blieb Preußen Kleists Vorbild. Dieses »Jedem das Seine« empfand er als bindendes Gesetz und zugleich als tiefsten Ausdruck konservativen Denkens.[7] Nie übersetzte er Preußens Leitspruch mit »Jedem das Gleiche«. Zur Sünde katexochen wurde Kleist das »Begehren«, jener Wunsch nicht nach metaphysischer, sondern irdischer Gleichheit, die dem Menschen kraft höheren Ratschlusses versagt war.[8] Jedem, glaubte er, war im Sozialgefüge sein Platz zugewiesen. Hier mußte der Stärkere dem Schwächeren Hilfen gewähren. Hier aber waren auch die verschiedenen Ränge anzuerkennen, in denen sich eine »göttliche und darum gerechte Weltordnung« widerspiegelte.

Kleist begriff, daß wirtschaftlicher Notstand Revolutionen auslöste, aber er erblickte in Revolutionen Enteignungsakte, mit denen ein Volksteil den anderen ausplünderte. Keine Gesetzgebung hielt er je für imstande, das menschliche Elend ganz zu beseitigen. Niemand vermochte ihm auch einzureden, daß Glück – ein subjektives Gefühl – durch Verwaltungsakte zu schaffen sei.

Im Glück der Sozialisten, »dieser Utopie«, witterte er »das Glück des Zuchthauses«. Mit Tocqueville teilte er die Sorge, daß sich in der modernen Demokratie die Werte von Tradition und Religion auflösten. Mehrheitsentscheide und Kompromisse waren ihm Prinzipien, die moralische Inhalte, menschliche Eigenart und Größe zersetzten. Egalität hieß in seinen Augen Mediokrität und Despotismus. Wie alle Konservativen, die nach 1789 ihre Weltanschauung zu begründen suchten, entsetzte Kleist das Beispiel der Französischen Revolution, die, statt die Freiheit zu bringen, mit Terror und Unterdrückung gewütet hatte.[9] Solch ein Geschick, meinte er, würde jedem widergöttlichen Experiment beschieden sein. Er konnte, wenn er wollte, nun zusätzlich auf die bolschewistische Revolution in Rußland verweisen, deren Auswüchse nicht zuletzt Sozialdemokraten erschreckten und abstießen. Da offenbarten sich erneut, ja noch nachdrücklicher die Nachtseiten angemaßter irdischer Omnipotenz. Für Kleist gewährleistete allein eine organisch gegliederte Gesellschaft des Menschen Würde und »das hohe Maß an Freiheit, die nie abstrakte, sondern stets soziale Freiheit« war.

Er behauptete nicht, daß nur ein Stand zur konservativen Herrschaft fähig sei. Auch in seinem sich aufbäumenden Trotz nach 1918 wußte er: Pflichtwille und Begabung waren nicht an eine Schicht gebunden. Er wäre der letzte gewesen, der hervorragenden Köpfen des Bürgertums und der Arbeiterklasse den Weg verlegt hätte. Im Gegenteil: Er glaubte mit Wilhelm Raabe daran, daß die Retter der Menschheit »aus der Tiefe aufsteigen«.[10] Niemand könne wissen – gestand er –, ob sich Gott nicht in einem russischen Muschik offenbaren werde, einer tolstoischen Figur, die – wie Luther – durch religiöse Prophetie einen neuen Äon einleite und damit auch den Konservatismus erneuere. Und noch deutlicher: »Wir werden eines Tages in Deutschland einem Menschentyp folgen, der große Führerqualitäten besitzt. Alles spricht dafür, daß dieser Mensch nicht dem Adel, schon gar nicht dem Bürgertum, wohl aber dem Proletariat entstammen wird.«[11] Entscheidend blieb, das »Not-Wendige« heraufzuführen – jenes »ganz Andere«, von dem er erwartete, daß es gegen diesseitige Mächte

56

abschirme. Mit alledem zielte er auf einen Umbruch, vor dem selbst die Mehrheitssozialdemokratie zurückgeschreckt wäre. Wenn Kleist die Weimarer Demokratie verwarf, so auch deshalb, weil sie ihm zu kleinbürgerlich, nicht radikal genug war. Gleichwohl erklärte er, daß der Staat bewährte Schichten nicht entbehren könne, und hier dachte er wiederum an den Adel. Gewiß spürte er, daß dieser Stand zu erlahmen drohte. Längst war jede umwälzende Aktivität auf andere Schichten übergegangen. Deshalb zögerte er nicht, über alle abwegige Traditionspflege die Lauge seines ätzenden Spottes zu gießen. Doch der Adel, meinte er, war für das Ganze erzogen. Dieser Stand mußte dafür kämpfen, daß auch die Nation dem Ganzen diente.

Kleist huldigte nicht dem Aberglauben, daß es je eine endgültige konservative Ordnung geben könne. Das vollkommene Spiegelbild göttlicher Schöpfungsordnung blieb ihm ein Ziel, das politisch und gesellschaftlich nicht zu erreichen war. Jede Nation – und nicht zuletzt die deutsche – besaß und machte ihre Fehler. Mängel zu bekämpfen, empfand daher Kleist als »gottverordnete vaterländische Pflicht«.[12] Zugleich war ihm bewußt, daß sich die Beziehungen der Menschen zueinander änderten. Kein Volk konnte seine Eigenart unverändert bewahren. So hatten sich auch die Erscheinungsformen des konservativen Geistes dem Wandel der Zeit anzupassen. Nichts haßte Kleist mehr als leblose oder untauglich gewordene Formen. Jene, die sich an sie klammerten, bezichtigte er der unverhüllten Reaktion.[13] Sicher hatte auch für ihn nur Bestand, was naturhaft aus dem Alten gewachsen war, aber jede Starrheit, die Fragwürdigkeiten verabsolutierte, empfand er als Übel. In seinen Augen gehörte zum Konservatismus notwendiger Umbruch, nie jedoch der Unbelehrbare, der die konservative Weltanschauung aushöhlte und zu Grabe trug.

Kleist wußte: Wer versuchte, Gottes Willen zu erkennen, konnte irren.[14] Kaum verkannte er, daß dem Menschen eine volle Gotteserkenntnis verwehrt war. Der Mensch konnte fehlen, wo er am sichersten glaubte, den Willen Gottes zu erfüllen. Zu jeder Stunde war er auf die Gnade seines Schöpfers angewiesen. Aber wenn es auch keinen »objektiven Leitfaden« gab: kraft des Glaubens verlor Kleist die Furcht vor Irrtümern. Sein Konservatismus zielte »auf das Optimum an Ordnung, das sonst jeder von Menschen ausgehenden Satzung verwehrt« war. Diese Gewißheit bestimmte sein Handeln. Hierbei konnten Instinkte oder gar Intuitionen überwiegen. Zumeist entschied er sich nach dem Augenblick. Hatte er seine Entschlüsse anderen zu erklären, so folgte die theoretische Rechtfertigung oft erst als zweiter Schritt.

Eine Analyse seines Standortes muß Kleist den Konservativen zuordnen, die ihre Weltanschauung nur aus Leitsätzen der Religion gewannen.[15] Obgleich er seine geistigen Vorfahren nie namentlich erwähnte, hielt er sich doch an entscheidende Prämissen Adam Heinrich Müllers und Friedrich Julius Stahls. Adam Heinrich Müller hätte er darin zugestimmt, daß eine »theologische Grundlage der gesamten Staatswissenschaften und der Staatswirtschaft insbesondere« unerläßlich sei. Mit Friedrich Julius Stahl einte ihn die Überzeugung, daß »die Persönlichkeit Gottes als Prinzip der Welt« und die »göttliche Institution des Staates« als konservative Hauptmaximen anzuerkennen sind. Im Grunde ist Kleist nie über die Kernsätze hinausgelangt, welche die beiden größten Denker des Konservatismus im frühen und mittleren 19. Jahrhundert formuliert hatten. Das wollte er auch nicht, weil ihm hier längst schlüssig dargelegt schien, was seine eigene Weltanschauung begründete. So hat er häufig nur an Wahrheiten erinnert, die verblaßt waren oder verschüttet zu werden drohten. Wenn man indes dem Konservatismus vorwarf, er habe weder eine Lehre noch eine Definition hinterlassen: Kleist wußte ihn als die Erfüllung göttlichen Willens zu erklären. Konservatismus aber fand er vor allem im monarchischen Preußen. Dieser Staat blieb ihm klassisches Modell, und da er in einer Provinz lebte, die konservative Lebensart am ehesten erhalten hatte, konnte er sich auf Fundamente stützen.

Trotz seiner tiefgreifenden Prägung verwechselte er Preußen nicht mit der Welt. Hinzu kam, daß er sich – je länger, desto mehr – seinem ganzen Volk zugehörig fühlte. Mochte er später auf Reisen – wie in England – die Vorzüge anderer Völker anerkennen: er wollte ein Deutscher sein. Gleichwohl war er davon überzeugt, daß ohne Preußens Ordnung nicht auszukommen sei. All seine Postulate wären nachvollziehbar gewesen, aber als Typus schien er unverwechselbar und originär. Kleist unterschied sich von allen Gruppierungen der sogenannten »Konservativen Revolution«.[16] Gewiß berührte er sich mit den Deutschvölkischen, den Jungkonservativen und Nationalrevolutionären. Deren Opposition gegen jedes lineare Weltbild war die seine; mit ihnen verwarf er Liberalismus und kurzatmigen Fortschrittsglauben, doch der angebliche Konservatismus jener Gruppen vermochte ihn nur abzuschrecken. Während die Deutschvölkischen und Jungkonservativen Germanentum, Rasse oder das mittelalterliche Reich zu Inbegriffen ihres Denkens erhoben, suchten die Nationalrevolutionäre jede hergebrachte Form zu zertrümmern und – nebulos genug – eine Welt neuer revolutionärer Maße zu schaffen. All das schien Kleist flach, irrig und gefährlich zu sein. Germanentum und Rasse konnte er nicht einmal als nachgeordnete Faktoren anerkennen. Die gleiche Distanz trennte ihn von den Zauberformeln, mit denen die Jungkonservativen ihr »Reich des Mittelalters« beschworen. Nicht im Mittelalter und einem ausschweifenden Universalismus erblickte er das Ideal des Konservativen, sondern im Reich Bismarcks, jenem gewachsenen, festumgrenzten Nationalstaat, der dem eigenen Volk und den Völkern Europas am besten diente. Vollends schienen ihm die Nationalrevolutionäre einem falschen Konzept zu folgen. Wenn sie den Geist Potsdams mit dem Moskaus zu vereinen suchten, so konnten sie nur gegen Potsdam verstoßen und dem Nihilismus erliegen. Hier gab es weder Brücken noch Verstehen. So selbstgewiß all diese Gruppen auf ihrer »Konservativen Revolution« bestanden: Kleist war entschlossen, seine eigene siegen zu lassen und heterogener Wirrköpfigkeit aus dem Weg zu gehen.

Was er glaubte, wollte er bezeugen. Der Konservatismus, dem er anhing, verlangte Hingabe und vor allem Taten. Für seinen Glauben, forderte Kleist, müsse man bereit sein, alles zu opfern, das Leben, Besitz und auch wohl das Schwerste: die Familie.[17] Da gäbe es keine Grenzen, sondern – als stärkste Waffe – nur den »heldischen Willen«, der in seinen Handlungen »unabsehbar

nachwirke«. Häufig beschwor er das Beispiel der beiden Fahnenjunker, die sich 1806 in der Saale ertränkt hatten, »um ihre
Fahne nicht in Feindeshand fallen zu lassen«. In diesem Beispiel
symbolisierte sich für Kleist die »gewaltige Bedeutung des Unwägbaren«, mit dem man allein Begeisterung zu erwecken und politisch zu siegen vermochte. Seine unbedingte Haltung machte ihn
hart und sogar unduldsam. Oft wirkte er angespannt und düster.
Nicht selten war er seiner Familie eine Last. Doch er konnte sich
nur als ein Mann fester Überzeugungen achten. Das erkannten
selbst jene an, die seiner Weltanschauung kaum folgen konnten.
»Wer auch nur ein wenig fähig war, Ehrfurcht zu fühlen«, schreibt
der ihm verbundene Völkerrechtler Arthur Wegner, der ihn zeitlebens als wegweisenden Lehrer verehrte, »beugte sich vor einer
Größe, die unantastbar schien.«[18] Kleists Ansprüchen und Maß-
stäben hielten nur wenige stand. Gleichwohl handelte und sprach
er auch künftig für die Standesgenossen, die seit den überwunde-
nen Streiks von seinen politischen Gaben überzeugt waren. Unter
ihnen stachen hervor: Eberhard und Vollrath von Braunschweig,
zwei Zwillingsbrüder, die, in Lübzow (Stolp) und Standemin (Belgard) ansässig, später dem Nationalsozialismus widerstanden,
Hans-Jürgen von Kleist-Retzow, ein Vetter auf Kieckow, Herr
von Rekowsky, Kleists landwirtschaftlicher Lehrmeister, und der
Darsower Gutsherr Leo-Robert von Bonin. Das war gewiß keine
überwältigende Phalanx, immerhin aber eine zuverlässige
Gruppe, die einigen Einfluß und auch Rückendeckung sicherte.

Kleist bekämpfte die Weimarer Republik nicht aus bloßem Res-
sentiment. Gewiß erbitterte ihn die Entmachtung seiner Schicht.
Diese Schicht hatte im Kaiserreich so unangefochten geführt, daß
sie sich überwiegend mit ihrem jähen Sturz nicht abfinden wollte.
Weiter folgte auch Kleist eigenen Interessen, wenn er die unabdingbare Führerrolle des Adels betonte. Aber wie er Besitz und
Privilegien nur als Voraussetzungen für Pflicht und Dienst gelten
ließ, so war auch seine Feindschaft gegen die Demokratie vom
Konservatismus her begründet. Die Republik stellte für ihn den
Antipoden seiner Weltanschauung dar.[19] Sie gehorchte ihm nicht
dem Willen Gottes, sondern einer Menschensatzung; sie spiegelte

60

nicht die Schöpfungsordnung, sondern glaubte, eigene Gesetze kodifizieren zu können. Statt sich an Ränge und Unterschiede zu halten, postulierte sie mit kühner Stirn die Gleichheit. Ausdruck des individualistischen Liberalismus, leugnete sie für Kleist die Eigengesetzlichkeit aller Dinge, in der die göttliche Weltordnung beschlossen lag. All das konnte er weder ertragen noch hinnehmen.

Kleist räumte der Weimarer Republik keine Chancen ein. Auch wo er von seinem Konservatismus absah, bezweifelte er, daß die Republik dem Reich Segen bringen könne. Gleichwohl hatte es zunächst den Anschein, als würde er in seinen Prognosen widerlegt. Trotz aller Krisen war die junge Staatsschöpfung nicht zugrunde gegangen.[20] 1920 mußte sie – neben dem Kapp-Putsch – auch eine sozialistisch-kommunistische Aufstandsbewegung im Rheinland abwehren: Durch Generalstreik und Reichswehr war sie beiden Anschlagsversuchen Herr geworden. Als Frankreich 1923 das Ruhrgebiet besetzte, die Währung zusammenbrach, der Separatismus an Boden gewann, Sachsen, Thüringen und Bayern sich dem von der Reichsregierung verkündeten Ausnahmezustand widersetzten, schien das Ende der Demokratie nahe zu sein. Aber wieder gelang es ihr, alle Widerstände zu brechen und den Bestand der Nation zu retten. Und nicht nur hatte das »Wunder der Rentenmark« die Währung stabilisiert, die zuvor im Strudel der Inflation versunken war; in Stresemann war der Republik auch ein Staatsmann erwachsen, der sie aus ihrer politischen Isolation herauszuführen versprach. Schritt um Schritt suchte er den deutsch-französischen Ausgleich voranzutreiben, ohne den ihm Deutschlands Zukunft aussichtslos erschien. Sowenig die Verträge von Locarno befriedigten: sie verhießen einen außenpolitischen Neuanfang und ebneten den Weg zum Völkerbund. Mit diesen Erfolgen hatte die Republik die Fährnisse ihrer ersten Jahre überwunden; sie erholte und festigte sich. Ihre Anhänger begannen zu glauben, daß der Demokratie Dauer beschieden sei.

Aber war sie wirklich im Volk verwurzelt? Ihre Erfolge, die oft weder als Erfolge empfunden noch gewertet wurden, hatten keine Staatsgesinnung erweckt.[21] Schwerer als alle Triumphe wogen die

Hypotheken, die der Republik auferlegt blieben und eine Atmosphäre des Hasses und der Zerrissenheit erzeugten. Schon der Versailler Diktatfriede, der das Reich verstümmelte und ihm Opfer über Opfer abverlangte, wühlte auf und forderte heraus. Seine Hinnahme belastete die Republik und ihre Koalition mit dem Odium des Verrats. Wenige nur wollten wahrhaben, daß für einen verlorenen Krieg zu zahlen war. Das Bürgertum glaubte zu wissen, daß die Anerkennung von Versailles und der deutschen Alleinschuld am Krieg die Sozialisten belaste, die den Zusammenbruch »verursacht« hatten. Der gedemütigte Nationalismus erfand die Legende vom Dolchstoß und begann das »vaterlandsbewußte« Lager von der Linken und linken Mitte zu trennen. Nicht weniger als des Reiches Niedergang aber schmerzte seine Ohnmacht. Nirgendwo wurden die Fesseln gelockert, die Deutschland seit Versailles ertragen mußte. Zumeist wußte man sich nur den Feinden von gestern gegenüber, die Deutschland niederhielten und unnachsichtig darauf bestanden, daß es die astronomischen Summen seiner Reparationen bezahle. Wenn auch die Haltung der Alliierten zur »Erfüllungspolitik« zwang: daß die Republik diese Politik »wählte«, machte sie vielen abstoßend und verächtlich. Vollends mußte die Inflation erbittern. Sie hatte nicht nur Vermögen und Ersparnisse verschlungen, sondern auch das Selbstgefühl des Bürgertums erschüttert, das sich um Rang und Einfluß gebracht sah. Auch diese Not erweckte die Feindschaft, mit der man die Republik als Schuldigen allen Elends verdammte. So hielten die vergiftenden Spannungen im Inneren an. Obgleich Sozialdemokratie, Zentrum und Demokraten zum Staat standen, versagte sich ihnen die Mehrheit des Volkes. Schon seit 1920 wurde es zusehends schwerer, arbeits- oder tragfähige Regierungen zu bilden. Bereits vor dem Ruhrkampf blieb nur der Ausweg eines Kabinetts der Fachminister. Die Republik lebte, aber sie lebte als »Republik ohne Republikaner«.

Kleist zählte nicht zu den blindwütigen Eiferern, die keinen Erfolg anerkennen wollten. Er wußte: Deutschland war entmachtet.[22] Jede Sprosse des Aufstiegs hatte es zäh zu erkämpfen. So bitter er Frankreichs Intransigenz beklagte, dessen Sicherheitsbedürfnis in einer unsinnigen Politik gipfelte, sowenig täuschte er sich, daß sie dem Reich kaum Spielraum ließ. Nie fiel er in den Chor derer ein, die lautstark die »Erfüllungspolitiker« verunglimpften. Nicht nur begrüßte er das deutsch-sowjetische Abkommen von Rapallo, er achtete auch – wenngleich ohne Vorliebe für Stresemann – die Verträge von Locarno, mit denen sich die wichtigste Verständigung anbahnte. Er bejahte diese Verständigung, weil er weniger als andere an Realitätsverlusten litt. Für ihn hatte sich, rückblickend, das Deutsche Reich des Weltkrieges übernommen. Daß es geglaubt hatte, gegen Rußland, Frankreich, England und Amerika siegen zu können, schien ihm – je länger, desto mehr – purer Aberwitz, die Politik, die solch eine Feindkoalition zusammengeschmiedet hatte, bodenlos und verdammenswert. Verantwortung maß er den wirklich Verantwortlichen zu. Die Proteste der Deutschnationalen, daß auf Elsaß-Lothringen und damit auf deutsches Land verzichtet worden sei, berührten ihn nicht. Seit je empfand er die Annexion Elsaß-Lothringens als einen Kardinalfehler Bismarckscher Politik. Und wie die Verträge von Rapallo und Locarno begrüßte er Deutschlands Eintritt in den Völkerbund, da auch dieser Schritt die Isolation überwinden half, der das Reich nie wieder verfallen durfte.

Um so mehr ergrimmte Kleist die innenpolitische Szene, trotz der Wahl Hindenburgs zum Reichspräsidenten. Die soziale Sicherheit, die für ihn einst die Krone verbürgt hatte, war geschwunden. Wohin er schaute, tobte ein Kampf aller gegen alle, der das Volk trennte und zerriß.[23] Seine Analyse ergab: Mit dem zügellosen Parlamentarismus siegte die Herrschaft der Interessen. Diese Herrschaft blieb in ihren Entscheidungen von Zufällen abhängig, ja zu Entscheidungen schlechtweg unfähig. Allmächtige Parteien schufen unüberbrückbare Gegensätze. Die Parteien aber begriffen nicht mehr, was dem Gemeinwohl frommte, und stritten für Klassen oder Wünsche, die ohne Rücksicht auf das Ganze triumphieren sollten. Der Staat war ihnen entrückt. Gerade wo sich die Parteien mit ihm gleichsetzten, untergruben sie die Kräfte, auf die der Staat angewiesen war. Allein die ewigen Kabinettskrisen bewiesen Kleist, daß das Weimarer »System« zu legitimierender

Leistung außerstande schien. Unfähig zu führen, »hatte es beste Impulse und die Botschaft verschüttet«, daß Leben, auch das politische, einen Sinn hat, für den es sich lohnt, zu kämpfen und zu leiden, zu siegen und zu sterben.[24] Es schien Kleist abwegig, zu erwarten, daß gute Vorsätze die Republik bessern könnten. Da die Republik nicht göttlicher Ordnung, sondern menschlicher Satzung gehorchte, glaubte er sie zu den Wegen verurteilt, die sie eingeschlagen hatte. Alle Reformen, welche die Verfassung unangetastet ließen, blieben in seiner Sicht fruchtlos.

Kleists unbedingte Opposition wies ihn in die Deutschnationale Volkspartei. Er gehörte ihr auch als nominelles Mitglied an.[25] Diese Partei unterstützte er, wo er es konnte. Nie sollte sie den starken Rückhalt einbüßen, den sie namentlich in seiner Heimat Pommern besaß. Die DNVP war ihm zwar leidiger organisatorischer Zusammenschluß der Konservativen, doch immerhin Reservoir der antirepublikanischen »vaterländischen Kräfte«. Trotzdem konnte er sich auch mit dieser Partei nicht vorbehaltlos verbünden. Es war nicht Kleists Sache, mit Parteien und ihren Regeln zu leben. So blieb er allenfalls bereit, die deutschnationale Partei als ein Mittel anzuerkennen, das man benutzen mußte, um den politischen Umbruch vorzubereiten[26], aber konnte die bisherige Entwicklung der DNVP beglücken?

Schon die Gründung der Deutschnationalen Volkspartei war von Hypotheken belastet.[27] In dieser Partei hatten sich nicht nur die Deutschkonservativen des agrarischen Ostens, sondern ebenso die Deutschvölkischen, Freikonservativen und Christlich-Sozialen gesammelt, die den industrialisierten und nichtkonservativen Westen repräsentierten. Solch ein Sammelbecken ungleichartiger Elemente mußte die Einheit und Stoßkraft der DNVP belasten. Die Folge war auch eine Zerfahrenheit, der sich Auftrieb und Erfolg versagten. Kaum ein Entschluß oder Schritt, der nicht bekämpft, widerrufen oder umgestoßen worden wäre! Zielsetzung und soziale Interessen waren auf keinen eindeutigen Nenner zu bringen. Gewiß bekannte sich die Partei zur Opposition gegen die Republik: Der Staat, in den sie sich versetzt fand, war nicht ihr Staat. Aber während der rechte Flügel zur Opposition entschlossen

64

blieb, drängte der linke – von wirtschaftlichen Interessen angetrieben – zur Verantwortung und Mitarbeit. Grundsatztreue rang mit Opportunismus, verbissene Opposition mit dem Argument, daß den Staat nur ändern könne, wer ihn mitzuregieren gewillt sei. Als die DNVP – um die Mitte der Republik mit 103 und 110 Mandaten eine der stärksten Parteien – 1925 und 1927 in die Kabinette Luther und Marx eintrat, schien die gemäßigte Richtung obsiegt zu haben. Doch deren Triumph glich einem Pyrrhussieg. Einmal in der Verantwortung, mußte die DNVP widerrufen, was sie sonst als schädlich verdammte. Nicht nur hatten ihre Minister den Eid auf die Verfassung zu leisten, in der die politische Rechte das Ärgernis aller Ärgernisse erblickte; mehr noch mußte die Partei den Dawesplan, Stresemanns »Erfüllungspolitik« und jenes Republikschutzgesetz gutheißen, das eine Rückkehr Wilhelms II. nach Deutschland verbot. All das stürzte die DNVP in heillose Widersprüche und untergrub ihre Glaubwürdigkeit. Statt den Staat zu ändern, half sie ihn festigen. Statt Anerkennung erntete sie Mißtrauen und Hohn.

Diese Bilanz, die neue Richtungskämpfe entfesselte, spiegelte das Dilemma aller Konservativen. Einerseits veranlaßte sie die Republik zu unbedingter Opposition, andererseits fühlten sie ihre Einflüsse schwinden, wenn sie starrsinnig abseits standen. Stets appellierte auch das Reich an ihr Gewissen. Mochte der bestehende Staat wenig Liebe erwecken: immer blieb er noch Staat genug, um ihm dienen zu müssen. So schwankten sie hin und her, ohne einen allseits überzeugenden oder befriedigenden Weg zu wissen. Derartige Schwankungen entstammten dem äußerst brüchigen Gefüge der Partei; mehr aber noch wurden sie von ihren Vorsitzenden kultiviert. Verleugnete Hergt – ein redegewandter Finanzfachmann und Bürokrat – revolutionäres Temperament, war sein Nachfolger Graf Westarp bemüht, die DNVP um jeden Preis zusammenzuhalten. Obwohl überzeugter Monarchist, verfiel auch er dem »Loyalismus«, der sich mit der Republik auszusöhnen begann. Damit hatte die Partei ihr eigenes Schwergewicht gewonnen. Nicht mehr die Zielsetzung entschied, sondern der Apparat und die Organisation.

Solch eine Entwicklung mußte in Kleist Empörung wachrufen. Da er einzig überzeugenden Gesinnungen eine Chance gab, sah er mit diesen Halbheiten Unheil wachsen. Es war ihm bewußt, daß politisches Handeln Vernunft voraussetzte, doch er verachtete die »Vernünftler«, die Glauben durch »Gründe« ersetzen zu können wähnten.[28] Der bisherige Weg der DNVP verriet ihm jene Glaubensschwäche, die er seit je als Sünde gegeißelt hatte. Alle Fehler, meinte er, spiegelten einen Abfall von dem Geist wider, an dem festzuhalten gewesen wäre. Gewiß gestand er zu, daß es vor allem für den Konservativen schmerzlich war, abseits stehen zu müssen, wo er sich nach Haltung und Ethos zum Dienen verpflichtet fühlte. Mit diesem Staat aber, der den »echten Konservativen« zur Opposition zwang, wollte Kleist nicht paktieren. Nie hoffte er darauf, daß sich das Volk gesund wählen werde. Stets betrachtete er die DNVP nur als eine Kraft unter anderen Kräften. Selbst konstruktive Mitarbeit verurteilte sie in seinen Augen zur Erfolglosigkeit.

Kleist konnte das Gefüge der Deutschnationalen Volkspartei nicht ändern. Alle Entscheidungen, für die sie zu büßen hatte, waren im Schatten der November-Revolution gefallen. Er hätte die Partei gewiß gern auf die Deutsch-Konservativen beschränkt, um eine in sich gefestigte DNVP zu gewinnen. Dabei hätte sie den Ballast jener linken »Interessen«-gruppen verloren, die er längst von dem infiziert wußte, was entschieden bekämpft werden mußte. Aber wären Appelle zur Abspaltung nicht mit einem Entrüstungssturm beantwortet worden? Nahm Kleist die Tatsachen, mußte er es glauben. Überall unterdrückte die DNVP Strömungen, die dem Weimarer »System« gefährlich werden konnten.[29] Dafür duldete sie die markauszehrenden Richtungskämpfe ihrer Flügel, ohne zu Entschlüssen fähig zu sein, die in die Zukunft wiesen. Solange Westarp – dieser schwerblütige Mann mit den melancholischen Zügen – die Partei lenkte, sah Kleist solche Kalamitäten nicht enden.[30] So hielt er von der DNVP Abstand, entschlossen, im engsten Kreis für seine Ideen zu arbeiten und eine bessere Stunde abzuwarten.

Und die Stunde kam. Als mit der Wahl vom 20. Mai 1928 die DNVP von 110 auf 78 Reichstagsmandate zurückfiel, lief ihr rechter

66

Flügel gegen Westarps bisherige Führung Sturm.[31] Für diesen Flügel hatte die Wahl bewiesen, daß der Wähler Opportunismus verwarf. Kompromisse um des Ausgleichs willen sollten ein Ende haben. Wenn auch die Partei nicht die »Sehnsüchte nach einer Änderung aller Verhältnisse« erfüllen konnte: künftig hatte sie einer eindeutigen Linie zu folgen. Von neuem rangen die Fronten miteinander, aber jetzt besaß die Fronde Aufwind genug, um ihre Forderungen durchzufechten. Am 20. Oktober 1928 wurde Alfred Hugenberg Vorsitzender der Deutschnationalen Volkspartei.[32]

Hugenberg war gewillt, die DNVP auf den Kurs unbedingter Opposition zurückzuzwingen. Antidemokrat vom Scheitel bis zur Sohle, wollte er den »Brei« in einen »Block« verwandeln, der geschlossen kämpfen und siegen sollte. Sofort machte er Front gegen die demokratischen Formen und Bestrebungen der Partei, die er als »Plunder« abzuschütteln gedachte. »Ist es nicht Zeitvergeudung allergrößten Ranges«, so rief er in seiner Antrittsrede als Vorsitzender aus, »wenn wir in den Fraktionssitzungen der Partei stunden- und tagelang sitzen und reden, und jeder fühlt sich durch den Zwang der Verhältnisse genötigt, sein Sprüchlein zu sagen? Gibt es nicht eine Möglichkeit, die Kräfte zur Lösung größerer Aufgaben frei zu machen?«[33] Hugenberg drang darauf, daß die Partei einen starken Block formiere, »der wie mit Klammern zusammengehalten wird durch die großen Grundgedanken, die unserer Partei innewohnen. Einen Block, der nicht toter Klotz sein darf, sondern ein schwingendes Gewicht, das Kräfte auslöst«. Wie seine Vorgänger wußte er sich bei seinen Entscheidungen von verschiedenen Parteigremien abhängig. Aber auch hier gedachte er Wandel zu schaffen. Wollte die DNVP von neuem aufsteigen, bedurfte sie eines Führers, der in seiner Willensbildung unabhängig war. Der Kurs, den Hugenberg zu steuern begann, traf auf Gegenwehr.[34] Weder der linke Flügel noch die Reichstagsfraktion zeigten Neigung, sich Hugenberg zu unterwerfen. Beide hofften weiterhin, innerhalb des abgelehnten Verfassungssystems mitarbeiten zu können. Damit deutete sich bereits die Sezession in der Deutschnationalen Volkspartei an, die künftig ihre Kräfte spalten sollte. Zunächst jedoch bezwang Hugenbergs Hartnäckigkeit alle Widerstände. Die DNVP ermächtigte ihn, die Parteispitze zu vereinfachen und – freilich mit dem Vorstand – die Richtlinien der Deutschnationalen Volkspartei »entscheidend festzulegen«.[35]

Kleist verehrte in Hugenberg nicht die »Führergestalt« der DNVP. Früh hat er ihn gegenüber nahen Freunden einen »ganz spießigen Kerl« genannt.[36] All seine »Junker«-Instinkte mußten sich gegen ihn kehren. Dieser Geheimrat entstammte nicht seiner Schicht. Leiter des Scherl- und Ufa-Konzerns, Herr über Presse und Film, repräsentierte er jene Wirtschaftsmächte, die Kleist seit je verdächtigte, ihre Interessen über die des Gemeinwohls zu stellen. Sein Mißtrauen war nicht unbegründet.[37] Wenngleich Alfred Hugenberg die Millionen, über die er verfügen konnte, für die DNVP einsetzte: zugleich sollten sie den Konzernen Nutzen bringen, in denen er zu führenden Stellungen aufgestiegen war. Auch die Gestalt vermochte Kleist kaum zu versöhnen. Klein und gedrungen, ohne Ausstrahlung und Charisma, glich Hugenberg mit seiner Brille, dem Bürstenhaar und der unvermeidlichen Aktentasche einem Bürokraten, der vielleicht zu managen, nicht aber zu führen verstand. Nie würde er, fürchtete Kleist, die Jugend gewinnen. Sofern es eine Idee gab, die für die Deutschnationale Volkspartei warb, hatte sie eher gegen den neuen Vorsitzenden zu siegen. Doch trotz aller Schwächen hatte Hugenbergs Dynamik ausgereicht, um die DNVP auf einen anderen Kurs zu zwingen: Lau- oder Halbheiten schienen von ihr abgestreift. Fortan sollte sie in unbedingter Opposition verharren. Ein nochmaliger Eintritt in die Regierung wurde aufgeschoben, bis ein Kabinett »wahrhaft nationaler Männer« gesichert war. Diese Schwenkung gab für Kleist den Ausschlag.[38]

FÜNFTES KAPITEL

Revolution statt Reformation

So nachdrücklich Hugenbergs Erfolg Kleist zur Aktivität anspornte: auch jetzt strebte er nicht nach einem Reichstagsmandat. Für ihn bleibt die Fraktion der Partei ein notwendiges Übel. Immer wird er ihre Anfälligkeit für parlamentarische Kompromisse und Taktiken fürchten, welche die Unbedingtheit seiner Ziele bedrohen. Nie kann sie in seinen Augen erwarten, den Staat auf evolutionärem Wege ummodeln zu können. Hoffnungen dieser Art, schreibt er, hegen nur die »Harmlosen«, denen Illusionen auszutreiben sind.[1] Aber wenn er auch gegenüber der DNVP in gewohnter Distanz verharrt, so will er doch jetzt die »Bewegung« schaffen helfen, von der Hugenberg als dringlichster Aufgabe gesprochen hat.

Am 13. April 1929 wird er vom »Weiteren Vorstand« zum neuen Vorsitzenden des »Hauptvereins der Konservativen« gewählt.[2] Da alle Stimmen für ihn abgegeben werden, ist er bereit, die Nachfolge des zurückgetretenen Grafen von Seidlitz anzutreten. Kleist weiß: Der »Hauptverein«, einst eine bedeutsame Organisation der Deutschkonservativen, hat seinen früheren Einfluß verloren. Oft vermag diese Vereinigung nicht einmal mehr auf die Deutschnationale Volkspartei einzuwirken. Um so mehr ist Kleist gewillt, aller Enge und Isolation ein Ende zu machen. Seine zupackende Energie verhilft zu neuer Aktivität. Gewiß sucht auch er den Hauptverein nicht in eine Partei umzuwandeln.[3] Konservatismus ist Kleist keine Partei, sondern muß in alle Schichten des Volkes eindringen. Doch sofort entwirft er »Konservative Richtlinien«, die den Hauptverein und jeden Konservativen binden sollen. Diese Richtlinien, am 2. Mai 1929 in Berlin beschlossen, spiegeln

69

vor allem sein Denken wider. Hier definiert er, was ihm höchstes Gesetz ist: der Wille Gottes, »maßgebend für alles menschliche Handeln«. Aufgabe des Staates sei es, erklärt er, »das Volk zu dem höchstmöglichen Grade innerer Vollkommenheit gelangen zu lassen. In diesem Rahmen haben staatspolitische Gesichtspunkte vor allen anderen den Vorrang. Unter dem parlamentarischen System geht das deutsche Volk unaufhaltsam politisch, sittlich und wirtschaftlich zugrunde. Daher ist seine Beseitigung vaterländische und religiöse Pflicht. Was sich aus Verfassungsbruch entwickelt und an Stelle des Gestürzten nirgends Besseres gesetzt hat, kann in seinem gesetzlichen Mangel nicht durch die Zeit geheilt werden«.[4] Pflicht der Konservativen sei es daher, für einen Staat zu kämpfen, in dem die Gesetze nicht das Recht verletzten, die Behörden Obrigkeit seien, Patriotismus und Wehrwille nicht bekämpft würden, kurz: für einen Staat, in dem es keinen Gegensatz zwischen einem System und dem Vaterland geben dürfe. Daß solch ein Staat nur mit der Krone gedeihen kann, bedarf für Kleist keines Beweises. Der Hauptverein, so betont er, »kämpft für den monarchischen Gedanken, für die Wiederherstellung der Hohenzollern-Monarchie nicht nur als einer Frage der Staatsform, sondern als einer Frage des Staatsinhalts und der Zukunft des deutschen Volkes schlechthin«.[5] Nicht weniger zwingend als die Monarchie aber bleibt auch eine Selbstverwaltung, der »weitestgehend Raum gegeben« werden müsse – auch dies eine Forderung, der Kleist als Konservativer seit je mit leidenschaftlichem Herzen anhing. Wie der »volktötenden Entwicklung zur Großstadt Einhalt« zu gebieten sei, so müsse auch den »geschichtswidrigen Bestrebungen zur Zentralisierung auf Kosten berechtigter Eigenart gewehrt werden«.[6]

Den »Konservativen Richtlinien« folgt am 10. Dezember 1929 Kleists eindringliche Rede über »Grundsätze und Aufgaben konservativer Arbeit«.[7] Obwohl sie hinsichtlich der »Grundsätze« nur bekräftigt, was bereits die »Richtlinien« widerspiegeln, wird sie mit besonderem Beifall aufgenommen. Fast hat es den Anschein, als habe erst Kleist wieder die Quellen freigelegt, aus denen ein entschlossener Konservatismus seine Kräfte schöpfen muß. Seine

70

Berliner Rede wird zu einer vielbeachteten Manifestation und von der »Neuen Preußischen Kreuz-Zeitung« auf einer ganzen Seite wiedergegeben.[8] Voller Leidenschaft weist Kleist darauf hin, daß dem Konservatismus eine große Mission erwachsen sei. Er habe »eine zusammenbrechende und gemein gewordene Welt durch eine neue abzulösen, in der es wieder Glauben, Überzeugungen und vor allem jenes Heldentum gibt«, das den verderblichen Geschäftsgeist und sein Nützlichkeitsdenken überwinden müsse.[9] Zugleich aber fühlt er sich auch gedrängt, zum Problem der Sozialpolitik zu sprechen – einem heiklen Thema. Hier hatte der Konservative seit je Farbe zu bekennen. Hier wurde er am ehesten als »Reaktionär« verdammt, sofern er sich dem »Fortschritt« entgegenzustemmen wagte. Auch jetzt – in einer Stunde zunehmender materieller Not – kann Kleist sein Denken nicht verleugnen. Gleichwohl sucht er in der Sozialpolitik nach neuen Wegen. »Das Wort ›Sozial‹ bedeutet«, so legt er dar, »nichts anderes als: Das Zusammenleben der Menschen in Staat und Gesellschaft betreffend. Eine soziale Frage entsteht, wenn sich hierin ein erheblicher Mißstand zeigt. Sozialpolitik ist zwar die Politik, die diesen Mißstand beseitigen will, aber dem Begriff Sozialpolitik ist ein ethisches Moment beigelegt worden, also kann nicht der Notleidende selber Sozialpolitik treiben, sondern nur andere.«[10]

Wieder bleibt für ihn die Interessenpolitik das Übel aller Übel. Sowenig er verkennt, daß mit ihr die Arbeiterschaft der Wirtschaft folgen mußte: nirgendwo traut er der Wirtschaft Lösungen zu, für die nicht bitter zu zahlen ist. Als Konservativer erblickt er in der sozialen Frage eine Frucht kapitalistischen Geistes, dem sich die Volkswirtschaft mit Haut und Haaren verschrieben hat. »Unsere soziale Frage ist nicht zu lösen, solange nicht das Verhältnis der Menschen zueinander sich allerseits ändert, man mag die Verhältnisse selbst ändern, wie man will. Dieses Verhältnis zueinander wird sich nur ändern, wenn die Menschen wieder aus dem Bewußtsein leben, daß sie füreinander verantwortlich sind. Diese Verantwortung trifft besonders die sozial Höherstehenden, deren gesamtes Leben Ausdruck eines Verantwortlichkeitsgefühls sein muß. Erst wenn die Arbeitgeberschaft die Arbeiter als Menschen, für die sie verantwortlich ist, ansieht, und nicht nur als Produktionsfaktor, und für ihre Wirtschaft auch noch ein anderes Interesse hat als nur das des Geldverdienens, kann die soziale Frage gelöst werden. Allerdings auch erst dann, wenn die Arbeiterschaft ihrerseits die Ungleichheit unter den Menschen und in der Besitzverteilung als göttliche und darum gerechte Weltordnung betrachtet. Das mögen sich auch alle Weltverbesserer gesagt sein lassen, die trotz bester Absicht das religiöse Fundament zerstören helfen. Wenn gesagt wird, daß das für Obenstehende leicht gesagt ist, so ist das wohl richtig, aber eine Wahrheit wird dadurch, daß ihre Erkenntnis dem einen leichter gemacht wird, nicht weniger wertvoll. Solange Menschen ihr Glück gar nicht mehr in der Erfüllung ihrer Aufgaben sehen, werden die unser Volk zerfleischenden sozialen und wirtschaftlichen Interessengegensätze nicht überbrückt werden können.«[11]

Auffassungen dieser Art schienen die Gesetze zu leugnen, denen die Wirtschaft gehorchte. Kleist jedoch, der Konservative, hielt sich an die Prioritäten des Gemeinwohls.[12] Nie war ihm dieses Gemeinwohl bloße Worthülse. Ohne eine Vorstellung von dem, was der Gesellschaft als Ganzer nutzte und zustand, konnte in seinen Augen kein Staatswesen zurechtkommen. Ob eine Gesellschaft politische Kultur besaß, entschied sich für ihn – begrifflich und vollends von der Sache her – am praktizierten Gemeinwohl. Wo dessen Werte verhöhnt, ja verleugnet wurden, drohten über den Eigennutz Nichtsnutzigkeit, Chaos, Zusammenbruch. Hier war ein Konservatismus in die Schranken gefordert, der noch wußte, »was Politik eigentlich ist«. Kleist begriff: Mit wirtschaftlicher Not mußten Furcht und Radikalität anwachsen. Die Gelddecke war so kurz geworden, daß jede Gruppe zum härtesten Kampf »um die Selbsterhaltung und damit gegen nahezu alle anderen Gruppen gezwungen« war.[13] Es schien ihm unbillig, von einer Schicht die Einstellung dieses Kampfes zu fordern, wenn andere Schichten nicht aufhörten, verbissen und verzweifelt für ihre Belange zu kämpfen. Doch selbst fortdauernde wirtschaftliche Gegensätze brauchten in seiner Sicht nirgendwo Bündnisse gegen die Republik zu verhindern, in der er die tiefste Quelle des Unheils erblickte.

Kleists programmatische Rede ergänzt seine Broschüre »Reformation oder Revolution?«.[14] Die Schrift hält sich an vertraute Grundzüge seines Denkens, aber sie sucht nicht nur den Konservativen einzuhämmern, was die Stunde an Einsichten und Entschlüssen verlangt. Wieder kann er sich keinen Wandel durch Mehrheitsverhältnisse versprechen. Selbst wenn die DNVP zwei Dutzend oder mehr Mandate zurückgewänne: nie wird sie, glaubt er, jene Mehrheit bezwingen, die den Staat von Weimar stützt.[15] Allenfalls könnte eine Rechtsregierung den Weg zum Untergang verlangsamen. Auch die Machterweiterung des Reichspräsidenten kann er nur verwerfen. »Da der nächste Reichspräsident ein Mann des heutigen Systems sein wird, so bedeutet eine Machterweiterung zu seinen Gunsten eine Befestigung des Parlamentarismus. Denn in schwierigen Augenblicken wird es einem einzelnen stets leichter sein, einen Ausweg zu finden, als verschieden denkenden Parteien. Dadurch würde eine große Zahl von Regierungskrisen, die das System diskreditieren, vermieden werden.«[16] Kaum weniger skeptisch begegnet er einer ersten Kammer. Gewiß schiene es ihm wünschenswert, sie zu schaffen, wenn sie »zweckmäßig« zusammengesetzt würde. In den Staatsaufbau eingefügt, wäre sie »in der Lage, die schädliche Gesetzgebungsarbeit des Reichstages zu hindern«.[17] Aber wie die vaterländische Rechte, schreibt er, so könnte auch Gesetzgebungsarbeit den bestehenden Zustand nicht ändern. Vollends mißtraut er Änderungen des Wahlrechts. Reformen solcher Art nennt er nicht nur unwesentlich, sondern »unter der Herrschaft des heutigen Systems eben undurchführbar«.[18] So bleibe statt der Reformation nur die Revolution. Für sie habe der Konservative mit allen Mitteln zu kämpfen.

Kleist erstrebt nicht die Wiedergeburt des Wilhelminismus. Der Konservatismus, auf den er abzielt, hat sich aus dem Glauben und den Überzeugungen zu erneuern, die im Zweiten Kaiserreich längst verschüttet worden waren.[19] So dringt er abermals auf eine Erweckung der religiösen und weltanschaulichen Kräfte, ohne die er Konservatismus nicht zu begründen vermag. Das Gericht, das er über seine Zeit hält, ist unnachsichtig. Nirgendwo läßt er einen Zweifel daran, daß dem Geist der Diesseitigkeit und des Materialismus auch jene frönen, die berufen wären, ihn zu überwinden.[20] Wenngleich die vaterländische Rechte vorgibt, eine Weltanschauung zu besitzen, die zum Kampf gegen die Republik verpflichtet: für Kleist verrät ihr Handeln schädliches liberalistisches Denken. Um so mehr fordert er die Einheit von Wort und Tat. Der Glaube, der ihn durchpulst, ist so kraftvoll, daß er die Tiefe des Abfalls ermißt, durch den sich die scheinbar Konservativen am Konservatismus schuldig gemacht haben. Im Willen, nur dem Staat und den überpersönlichen Werten zu dienen, mahnt er leidenschaftlich zur Umkehr. Macht, doziert er, werde nur dem zufallen, der als Vorbild Menschen anzurühren wisse – Menschen, von denen man nicht glauben solle, daß ihr Gefühl für höhere Gesichtspunkte erstorben sei.[21]

Kleist durfte nicht hoffen, mit seinem Konservatismus überall verstanden zu werden. Daß er ihn eindringlich beschwören mußte, offenbarte die Isolation, in die er geraten war. Aber daß Glaubensschwäche zu politischen Rückschlägen führen und die Jugend abschrecken mußte, deren Unbedingtheit vor allem feste Überzeugungen begehrte: dieser Einsicht, hoffte er, mußten auch jene fähig sein, an die er sich wandte. Von neuem machte er deutlich, daß zunächst und vor allem das Weimarer System zu beseitigen sei. Nicht allein die Linke, dieses ganze System des Kompromisses, der Interessen und des Klassenkampfes blieb der Feind, den man aus dem Feld zu schlagen hatte. Abermals betonte er, daß die Republik an »die Stelle des Beseitigten nichts annähernd Gleichwertiges, nichts Daseinsberechtigtes« gesetzt habe.[22] Für Kleist war die »tatsächliche Machtbehauptung« den Beweis ihrer sittlichen Legitimation schuldig geblieben. Ziel mußte eine konservative, parlamentsunabhängige Regierung sein, die allein die Not des Vaterlandes überwinden konnte. Auch Kleist vermochte nicht daran zu glauben, daß dieses Ziel rasch zu erreichen sei. Doch er bestand darauf, es unbeirrt anzustreben, um für die Stunde des Umbruchs vorbereitet zu sein. »Denn daß die Republik, so wie sie sich heute darstellt, in absehbarer Zeit verschwunden sein wird, mag es sich um zwei, zehn Jahre oder ein paar mehr oder wahrscheinlich weniger handeln«, schien ihm sicher und ausgemacht.[23]

74

Auch in seiner Schrift kann er der Deutschnationalen Volkspartei keine überragende Bedeutung zuerkennen.[24] Nicht als ob sie – so die Argumentation – nebensächlich oder gar entbehrlich wäre. Da die Gesetze einstweilen vom Parlament beschlossen werden, hat sie dafür zu sorgen, daß die Gesetzesarbeit nicht völlig mißrät. Überließe sie dieses Feld der Linken, käme es vollends zu dem Zusammenbruch, der die Rettung des Vaterlandes unmöglich macht. Freilich, nie mehr soll die Partei ihre unbedingte Opposition verleugnen. Wann immer die DNVP in die Regierungskoalition eingetreten war: stets hatte sie die Republik und auch die Sozialdemokratie unterstützt. Jetzt mußte sie für Kleist von ihrer bisherigen Linie abrücken, damit die Mittelparteien gezwungen wären, sich für die Linke oder die Rechte zu entscheiden.[25] Generell kann die DNVP – »unfähig, je mehr als beschränkte Macht zu gewinnen« – lediglich erste »Zwischenmaßnahmen« verwirklichen. Das »Eigentliche«, postuliert Kleist, bleibt die Revolution; sie vermag einzig und allein eine »Bewegung« zu erkämpfen. Wenn bislang das Heil von den vaterländischen Parteien und Organisationen erwartet wurde: Kleist sucht Macht außerhalb des Parlaments zu schaffen. So fordert er – wider seine Natur, nicht aber gegen seine Überzeugung –, »eine antiparlamentarische nationalrevolutionäre Parole nicht nur auszugeben, sondern auch allen Widerständen zum Trotz zu verwirklichen«.[26] Planmäßige Einzelarbeit von Mund zu Mund soll jene tatkräftigen Elemente erobern und sammeln, ohne die »ein Aufschwung schwerlich gelingen« wird. Als Pommer und Preuße ist er davon überzeugt, daß dieser Arbeit auf dem Lande die größten Chancen winken. Konservativ nach Lebens- und Denkungsart, von wirtschaftlichen Interessengegensätzen kaum zerrissen, wird das Land am ehesten für die konservative Revolution zu mobilisieren sein.

Dabei hat man zunächst mit kleinen Aufgaben zu beginnen. Hier denkt Kleist vor allem an die kommunale Selbstverwaltung, die Eingriffe abzuwehren und damit den großen vaterländischen Zielen zu dienen hat. »Wo ernsthaft gearbeitet wird, lassen sich auch positive Erfolge aufweisen, die zu Zielen anspornen und benachbarte Gegenden zur Nachahmung reizen. Den Gemeindevorstehern zum Beispiel ist jede Furcht vor den Behörden gründlich auszutreiben. Es ist zu verhindern, daß Regierungsbeamte, insbesondere Landräte, ohne Rücksicht auf Parteizugehörigkeit, irgendwelchen Einfluß auf die Bevölkerung bekommen. In den Kreisausschüssen oder Vorständen der Kreissparkassen muß der Wille der gewählten Mitglieder bestimmen, auf die sich das Ansehen des Kreises zu konzentrieren hat, und nicht etwa auf den beamteten Vorsitzenden. Von allen Organen der Selbstverwaltung ist jede vaterländische Bewegung in engster Zusammenarbeit mit Rat und Tat zu unterstützen.«[27] Die gleiche, nur auf die Sache bezogene Arbeit fordert er für die Städte.[28] Mögen ihr da besondere Widerstände erwachsen: auch die Städte haben die konservative Revolution vorzubereiten. Nicht minder sucht Kleist auf die Wirtschaft einzuwirken. Bislang eng ihren Interessen verschworen, soll sie sich künftig mit den aktivistischen Strömungen der Rechten verbinden. Wirtschaft und Partei blieben – so erklärt er – aufeinander angewiesen. Mehr als je hätten sie voneinander zu lernen. Denn während die Wirtschaft zumeist ohne Glauben und politischen Instinkt handele, fehlten der Partei und ihren Organisationen Sachkenntnis, Klarheit und Gestaltungskraft.[29] Wieder und wieder betont er, daß sich Macht »unten« bilde. Um so dringlicher sei daher die schmale elitäre Basis: Sie aber habe die Rechte schon deshalb zu schaffen, weil sie gerüstet sein müsse, auch einen Bürgerkrieg zu bestehen. Niemand könne leugnen, argumentiert er, daß »gewaltsame Entladungen« bevorstünden. »Das Aussaugen der Wirtschaft hat einmal ein Ende. Und wenn die Gelder für Sozialausgaben, Gehälter und Renten nicht mehr aufzubringen sind, dann verschwindet der heutige Staat auf ungesetzlichem Wege, und zwar aller Voraussicht nach durch eine zweite kommunistische Revolution.«[30]

Obgleich er in einer Zeit lebte, deren Gesellschaft zum Pluralismus drängte, schienen ihm seine Ziele nicht utopisch zu sein. Da er selbst auf den Glauben und Willen setzte, blieb er vom Erfolg jeder Bewegung überzeugt, die von den gleichen Kräften erfüllt war. Unablässig prägte er Anhängern und Zuhörern ein, daß sie die mechanistische Staatsauffassung zugunsten einer geschlossenen Weltanschauung überwinden müßten, »aus der wir tatsächlich leben und werten«.[31] Für ihn strömte den Menschen dann kraftvolles Leben zu, wenn sie »in letzten Dingen wurzelten« und das Dasein – unbeschadet aller Konflikte – als harmonisches, sinnvolles Ganzes betrachteten. Aus toter Norm erwuchs ihm kein bergeversetzender Wille. Sie befähigte allenfalls zu Ansichten und Zweckmäßigkeitserwägungen, zum Kompromisseln und Verhandeln. Damit verlor man – zu ewiger Verteidigung verurteilt – Stellung um Stellung. Werbende Kraft sprach er allein der erneuerten konservativen Idee zu: Nur sie konnte in seinen Augen jenen »unfruchtbaren Typ« verdrängen, der, ohne Tiefe und Leidenschaft, zu inneren Eroberungen unfähig war.

Wenn Kleist von »Bewegung« sprach, so dachte er nicht an Zügellosigkeit. Eine politische Bewegung hatte das Bestehende durch eine bessere Staatsordnung zu ersetzen.[32] Nie durfte man, mahnte er, lediglich Teilprobleme oder das Wohl einer Volksklasse im Auge haben. Solch eine Bewegung hätte nichts mit Staatspolitik gemein. Sie gliche einem Marxismus mit nationalem Einschlag und verriete den gleichen Geist, »der gerade überwunden werden muß«. Ziel allen Strebens hatten Staat und Volk zu sein, die im ganzen und um des Ganzen willen zu revolutionieren waren. Hierbei mußte man *erprobte* Überlieferungen erhalten. Ging jede geschichtliche Tradition verloren – und da dachte er insbesondere an Hitler –, drohte die Bewegung Führern in die Hand zu fallen, »die wohl über Begeisterung, Entschlossenheit und guten Willen verfügen können, aber schließlich doch nur Demagogen ohne politisches Können sind«.[33] Dieser Gefahr wollte er vor allem begegnen. Sicherheit bot ihm nur jene innere Erneuerung, die der konservativen Revolution vorauszugehen hatte.

Den Kampf, zu dem er anspornte, nannte er »heilig«.[34] Er maßte sich nicht an, Gottes Willen zu kennen. Aber wo er der konservativen Weltanschauung gehorchte, konnte er gestehen, daß Gott seinen Kampf wolle. Rettung des Vaterlandes schien ihm einzig auf den Wegen möglich, die er vorgezeichnet hatte. Seine Überzeugungskraft verhalf ihm zu Erfolgen. Er stärkte Schwankende und »eroberte« Köpfe – unter ihnen den Völkerrechtler Arthur Wegner, den Juristen Fabian von Schlabrendorff, der ihm Freund und Vertrauter wurde, den Publizisten Harald Laeuen, den Dichter Hans Schwarz und vorübergehend sogar den hochbegabten Journalisten Hans Schwarz van Berk, der später zu Hitler abschwenkte und seine Feder in den Dienst des Nationalsozialismus stellte.[35] Auch andere, die zuvor liberalen oder sozialistischen Anschauungen gefolgt waren, machte er zu konservativen Menschen.[36] Selbst zu Ernst Niekisch, der die Zeitschrift »Widerstand« herausgab und eine Annäherung an die Sowjetunion verfocht, und zu Ernst Jünger, dem jungen *Pour le mérite*-Träger und literarischen Idol der Frontgeneration, spann er Fäden. Vermochte er diese beiden auch nicht zu gewinnen, so beeindruckte sie doch die Konsequenz seines Denkens. Jünger notierte: Es sei ein seltsamer Junker bei ihm gewesen, wie er noch keinen erlebt habe – einer, dessen Anschauungen und Pläne sich keinem Schema fügen wollten.[37] Die meisten der Männer, die Kleist überzeugte und die ihm verbunden blieben, waren ideenreiche und temperamentvolle Persönlichkeiten – fähig und gewillt, den Kampf gegen das »System« mit Argumenten zu führen, die sich von flacher Polemik unterschieden. Allenthalben, schien es, war man auch sonst der Parteienherrschaft müde.[38] Unüberhörbar Stimmen der Enttäuschung und des Überdrusses; zusehends schwand auch der Glaube, mit dem Stimmzettel ein besseres System erzwingen zu können.

Aber kämpfte Kleist in seinem Bestreben, die Gebrechen des Landes aus konservativem Geist zu heilen und die Klassen des Volkes miteinander zu versöhnen, nicht gegen schier erdrückende Hypotheken an? Konnte er je die organisierte Arbeiterschaft überzeugen, ohne die seine Revolution Stückwerk bleiben mußte? Einst hatte seine Schicht die Sozialdemokratie nicht an den Staat herangeführt, sondern sie verstoßen, angeprangert und unterdrückt. Als national unzuverlässig geschmäht, war sie in eine Opposition gezwungen worden, mit der sie mühsam ihre Errungenschaften erkämpfen mußte. Seitdem hatten sich die politischen Gräben so vertieft, daß nach Bewußtsein und Realität kaum

78

noch eine Versöhnung, sondern allein der Sieg einer Schicht über die andere denkbar schien. Wenn auch Kleist nicht die törichten Sünden belasteten, die das Wilhelminische Deutschland auf sich geladen hatte: als Aristokrat mußte er fürchten, der »Reaktion« geziehen zu werden, die nach marxistischer Orthodoxie nicht wiederkehren durfte. Niemals glaubte die Linke, daß sein Konservatismus des Sozialismus fähig sei. Darin konnte sie auch schwerlich irren. Kleist war kein Demokrat. Er verurteilte die Herrschaft der Masse als System wider Gottes Schöpfungsordnung. Er erblickte im weltanschaulichen Sozialismus das sicherste Mittel, um das Volk auseinanderzusprengen. Allenfalls erkannte er die Notwendigkeit sozialer Reformen aus konservativem Geist an. Doch wie er überzeugt war, weder Relikt noch Reaktionär zu sein, so blieb er auch von seinem Konservatismus durchdrungen.[39] Nur dieser Konservatismus konnte in seinen Augen den Klassenkampf, ideologische Besessenheit, Not und Existenzangst tilgen. Nur ihm traute er zu, das zerklüftete Parteienfeld und auch die Skepsis des Arbeiters zu überwinden: zugunsten des inneren Friedens der Nation und aller Stände.

Kleist wußte, was er anstrebte. Mehr als einmal gestand er: Sein Ziel erfordere Anstrengungen, vor denen er ebenso versagen könne.[40] Aber selbst wenn er nicht daran geglaubt hätte, daß eine konservative Regierung auch den Arbeiter gewinnen werde: Umstände konnten ihn nicht entmutigen. Er bekannte sich zur Willenskraft mit den Worten: »Die Politik ist nicht eine Sache der Zweckmäßigkeit, sondern eine Sache der Religion, wie jede menschliche Betätigung ... In diesem Sinne aufgefaßt, wird Politik wieder zu einer heroischen Angelegenheit, wo Glaube und Idee als die realsten Mächte der Geschichte wieder erkannt und betätigt werden, weil der Glaube den leidenschaftlichen, vollen Einsatz fordert und eine Grenze des Opfernmüssens nicht kennt. Dann ist die Sorge um Stellung, Gehalt, Familie, Vermögen, persönliche Freiheit oder sonst etwas keine Entschuldigung mehr für Unterstützung oder Duldung einer verwerflichen Politik. Unsere Zeit glaubt nur an das, was sich berechnen läßt, weil sie selber ohne Glauben und Heldentum ist. Es bricht aber eine neue stärkere Zeit an. Die nationale Revolution muß eine religiös-konservative sein. Aus festem Gottesglauben soll sie die Kraft schöpfen, bis an die Grenze des Menschenmöglichen zu kämpfen und zu opfern, in zähem, hartem, rücksichtslosem Willen, mit nüchternem Tatsachensinn.«[41]

Kleists Worte fallen in eine aufgewühlte Zeit. Seit dem New Yorker Börsenkrach Ende Oktober 1929 steht die Welt im Zeichen der tiefsten Wirtschaftskrise.[42] Die Anleihen und Kredite, die das Ausland gewährt hat, sind verbraucht. Deutschland ist zahlungsunfähig und muß seine Gläubiger enttäuschen, die jetzt erregt ihre Gelder zurückbegehren. Dörfer und Kleinstädte werden am ehesten in den Sog gerissen. Aber auch in den Industriezentren stocken Produktion und Handel. Fabriken und Geschäfte schließen. Die Arbeitslöhne sinken. Angst, Ratlosigkeit, Unruhe und Bitternis ergreifen alle Stände. Viele fürchten, von einer neuen Katastrophe zerrieben und – wie in der kaum verwundenen Inflation – aller Substanzen beraubt zu werden. 1929 sind es zwei, 1930 drei Millionen, die sich um Lohn und Brot gebracht sehen. Um diese Arbeitslosenheere unterstützen zu können, ist der Staat gezwungen, seine Steuerschrauben anzuziehen. Trotzdem drohen die Belastungen den Reichshaushalt zu sprengen. Selbst größere Zuschüsse steigern die Fehlbeträge. Bald kommt es zu Defiziten von Milliarden.

Der Einbruch dieser Krise traf nicht nur die Wirtschaft, er rührte an die Fundamente des Staates und der Demokratie. Von neuem brachen die Kampffronten auf, die man bereits ermattet oder gar überwunden glaubte. Mit der materiellen Not begannen die Zentren der politischen Willensbildung zu versagen. Obgleich die gefahrvolle Stunde zu festem Zusammenhalt mahnte, konnte die Große Koalition des Sozialdemokraten Hermann Müller ihre Gegensätze nicht überwinden.[43] Unfähig, sich über eine Erhöhung der Beiträge zur Sozialversicherung um 0,5 Prozent zu einigen, brach sie am 27. März 1930 gegen bessere Einsichten auseinander. Die Krise des Parteienstaates stand im Zenit. Da alle Parteien – Sozialdemokratie wie Rechtsparteien – wähnten, bis an den Rand des Möglichen vorgeprellt zu sein, schien eine neue Koalition

unmöglich geworden. Hindenburg wollte fortan ohne Sozialdemokraten regieren lassen und berief Heinrich Brüning. Versagte
sich diesem Kanzler die Mehrheit, hatte Brüning Gesetze mit der
Notstandsgewalt des Reichspräsidenten durchzubringen. Damit
war die Ära der Präsidialkabinette eingeleitet, die den Reichstag
als Legislative entmachteten.

Heinrich Brüning – dem Zentrum entstammend, lauter und
pflichtbewußt – packte seine Aufgaben mit Ernst und Zähigkeit
an.[44] Umgehend arbeitete er die Vorlagen aus, mit denen er den
Haushalt zu ordnen suchte. Wichtigstes seiner Ziele blieben ausge-
glichene Reichsfinanzen, ohne die er keine Chance gegenüber der
Arbeitslosigkeit sah. Rigoros begann er, Ausgaben zu kürzen und
Steuern zu erhöhen, vor allem aber ein Ende der Reparationen
anzustreben, die – in dieser Krise – Deutschlands Nöte zu ver-
ewigen drohten. Mochten andere die Weisheit der Deflationspolitik bezweifeln: Brüning wußte sich auf dem rechten Weg. Von
hohem Selbstbewußtsein erfüllt, blieb er entschlossen, keine ver-
zögernden Widerstände zu dulden, sondern sie um des Staats- und
Volkswohles willen zu brechen. Als Kanzler war er bereit, dem Parlament eine letzte Chance zu fairer Mitarbeit einzuräumen. Als
sich ihm jedoch am 18. Juli 1930 die Mehrheit versagte, erhob er –
den Reichstag auflösend – seine Vorlagen durch reichspräsidiale
Notverordnungen zum Gesetz.[45] Der Artikel 48 begann den Parlamentarismus zu verdrängen.

Schwer nur konnte man den Charakter Brünings verkennen.
Erstmals waren die Parteien zurückgedrängt, deren Omnipotenz
Kleist seit je erbittert hatte. Statt Gesetze zu beschließen, mußten
sie Verordnungen ertragen. Statt zu diskutieren, durften sie allenfalls noch »Stellung nehmen«. Brüning aber regierte nicht nur
selbstherrlich und mit einer Unabhängigkeit, die lediglich der
Reichspräsident begrenzte; dieser Kanzler riß auch die Budgetrechte an sich, über die sonst jede Volksvertretung eifersüchtig
wachte. Damit fiel der Reichstag hinter die Zeit des kaiserlichen
Deutschland zurück. Mehr und mehr büßte er selbst jene Funktionen ein, die ihm nicht einmal Kleist geraubt haben würde, wenn
er seine Staatsideen hätte verwirklichen können.[46] All diese Ein-

griffe und Taten offenbaren, daß Brüning einem autoritären Regiment zustrebte. Sein Sinn für das staatspolitisch Notwendige verriet konservative Geistesart.

Kleist achtete Brünings Sachverstand und Unbeirrbarkeit. In seiner Vorliebe für Sparsamkeit, wenn nicht gar Geiz billigte er innerlich von vornherein dessen Notverordnungen.[47] Doch sowenig er in persönliche Verunglimpfungen des neuen Kanzlers einstimmte: von dem Politiker Brüning trennten ihn tiefe Gräben. Dieser westfälische Katholik gehörte dem Zentrum an, das Kleist – ebenso wie die Sozialdemokratie – zu nationaler Politik unfähig glaubte. Reichsfeindschaft war der »Entstehungsgrund« des Zentrums.[48] Reichsfeindschaft hatte diese Partei auch in Bismarcks Staat gelenkt. Es schien Kleist Illusion, anzunehmen, daß das Zentrum je freiwillige Reichspolitik treiben könne, ohne »seinen Daseinsgrund preiszugeben«. Wann immer es sich zwischen Rechts und Links zu entscheiden hatte: stets würde es, mutmaßte er, der Bundesgenosse »vaterlandsverleugnender« Kräfte sein. Schon die antirömischen Affekte des preußischen Konservativen hielten Kleist gefangen. Noch mehr aber stieß ihn ab, daß sich Brüning jede seiner Notverordnungen bestätigen ließ, also Tolerierung durch den Reichstag suchte.[49] Wenn auch des Kanzlers Kabinett entschied, was zu geschehen habe: nirgendwo konnte Kleist erkennen, daß Brüning die Verfassung ändern wollte. Im Gegenteil: Eher schien beabsichtigt, mit dem »Parlamentarismus des Artikels 48« die bestehende Ordnung zu retten. Das aber war, wie Kleist meinte, weder nationale noch konservative Politik. So stellte er sich hinter Hugenberg, der nach anfänglichem Schwanken Brüning den Kampf ansagte.[50] Leidenschaftlich verfemte Kleist die 25 Abgeordneten um Westarp, die sich dem Kurs der Mehrheit widersetzten und von der DNVP abfielen.[51] Den Auszug der deutschnationalen Fraktion aus dem Reichstag bejahte er: als einen durch »die Lage gebotenen, richtigen Schritt«.[52] Wenn Brüning nur mehr auf »ultimativer« Annahme seiner Gesetze bestand, so war jede Möglichkeit einer korrektiven Einwirkung geschwunden. Dann hatten auch jene »Zwischenmaßnahmen« ihren Sinn verloren, zu denen Kleist die DNVP bei einer

Mitarbeit allenfalls befähigt glaubte. Für ihn war jetzt die Macht in die Hände »unzuverlässiger Männer« gefallen. Stets würden sie, argwöhnte er, Mittel und Wege finden, um sich auch künftig zu behaupten.[53] Mochten daher die im Reichstag ausharrenden Parteien ihre Politik verantworten: er, Kleist, wollte mit ihr nicht belastet sein.

Seine Intransigenz belasteten etliche Widersprüche. Prüfte er sich ehrlich, hatte Brünings Kurs den Parlamentarismus entmachtet. Gestützt auf die Rechte des Reichspräsidenten, verstärkte dieser Kanzler die Macht Hindenburgs, die auch die Deutschnationalen zu mehren suchten.[54] Wenn sie sich jetzt – durch ihre Opposition – selbst in den Arm fielen, so handelten sie inkonsequent und verwirrend. Und der Staat? Trieb er nicht ohne sofortige Hilfe dem Zusammenbruch entgegen? Drohte nicht ein totales wirtschaftliches Chaos alle Hoffnungen zu begraben? Derartige Fragen mögen Kleist bewegt haben, aber er glaubte sein Preußen und Deutschland von Vernichtung sinnenden Feinden umgeben und zugleich durch antinationale Mächte regiert, die Ehre, Volk und Vaterland verrieten.[55] Kleist wußte: Seine »Obstruktion« spottete allem Hergebrachten. Doch zugleich bekannte er, daß der Konservative vor einer Situation stehe, in der Hergebrachtes nicht helfen könne.[56] »Die Politik des Kabinetts Brüning«, erklärte er am 23. Juli 1931 im Hauptverein der Konservativen, »ist unser Unglück. Sie ist unverfälschte Politik des Systems. Es gilt, mit allen Mitteln zu verhindern, daß diese Politik Unterstützung aus dem nationalen Lager erhält, z. B. durch Hereinnahme einiger sogenannter nationaler Minister in die Regierung. Dadurch würde nichts Entscheidendes gebessert, der vaterländischen Sache aber Schaden zugefügt.«[57] Energisch besteht er auf klaren Fronten. Niemand dürfe die Stoßkraft der Rechten schwächen, da jede Anfälligkeit das »System« stärke und die »unvermeidliche Entscheidung« verzögere. Wer auch nur einen vorsichtigen Kurswechsel erwäge, müsse Gefahr laufen, Vertrauen, Gefolgschaft und Stellung zu verlieren. »Schwere innere Unruhen stehen bevor. Alle wertvollen Kräfte müssen es wissen, daß niemand sich bereit finden darf, staatlichen Organen zwecks Wiederherstellung von Ruhe und Ordnung Hilfe zu leisten, solange Brüning Kanzler ist.«[58]

Weniger denn je durfte Kleist von der Deutschnationalen Volkspartei eine Wende erwarten. Nach der Wahl am 14. September 1930 war sie von vierzehn auf sieben Prozent zurückgefallen. Mit ihrem demonstrativen Auszug aus dem Reichstag hatte sie jeder Gesetzesarbeit den Rücken zugekehrt. Doch da Kleist im Hinblick auf Führung der schmalsten Basis vertraute, betrachtete er die Partei zumindest als Kader-Zelle. In diesem Sinne setzte er weiterhin auf sie. Gewiß blieb er von Abwehr und Skepsis gegenüber ihren Spitzen erfüllt. Als im September 1931 der Stettiner DNVP-Parteitag zu Ende ging, schien er empört, daß Hugenberg nicht eindeutig vom Nationalsozialismus abrückte.[59] Rohr-Demmin habe zudem, höhnte er, um Erlaß der Schulden »gebetet«. Gleichwohl sprach er auf diesem Parteitag, um die Delegierten der DNVP zu beeinflussen. Schonungslos verwies er auf die Krisensituation, in der »völliger Zusammenbruch und gewaltsame Entladungen« drohten.[60] Wiederholt forderte er eine nationale Opposition und einen eigenständigen »Kampfblock in letzter Stunde«.

Rückgang und Parteitag der Deutschnationalen Volkspartei schmerzten ihn nicht. Er war vom unabweisbaren Ende der Republik und davon überzeugt, daß eine Machtergreifung auf parlamentarischem Wege weder möglich noch wünschenswert sei. Stets kam es ihm darauf an, daß im rechten Augenblick jene zur Stelle wären, die zu führen und mitzureißen verstanden. Damit sie aber nicht ohne Schubkraft und Rückendeckung blieben, wollte er mehr denn je eine Bewegung schaffen, welche die konservative Revolution unwiderstehlich machte.[61] Seine These: »Das A und O aller Politik ist Macht«.[62] Macht aber bestand vor allem »aus einsatzbereiten Menschen, die den Kampf gegen den gegenwärtigen Staat planmäßig führen«.[63] So mahnte er von neuem zu einem festen vaterländischen Block, der, in den Landkreisen beginnend, alle gutwilligen Kräfte zusammenfassen sollte. Wieder aber erklärte er auch, daß die Rechte nur mit tiefen Überzeugungen siegen könne.[64] Nochmals verlangte er, all jene zurückzudrängen, die schwankten und zögerten, uneins oder von Kleinmütigkeit angesteckt waren. Der Wille zu einem wirklichen Entscheidungskampf stand ihm über allem. Wo Brünings Notverordnungen die unerläßliche Sammlungsbewegung behinderten, empfahl er, »von Mund zu Mund« zu arbeiten.[65] Gerade jetzt war – sein Credo – die Macht von unten her vorzubereiten.

Noch vor Brünings Amtsantritt hatte er gegen den Young-Plan Front gemacht.[66] Wenn auch diese neue Reparationsregelung Deutschland zunächst zu entlasten schien: Kleist konnte in ihr, die über Jahrzehnte jährliche Zahlungen bis zu 2,4 Milliarden Reichsmark verhängte, nur eine Demütigung erblicken. Da er Sachverständige, Regierung und Reichstag von der Unerfüllbarkeit der geplanten Leistungen überzeugt wußte, erbitterte ihn diese neue Zumutung des nationalen Ausverkaufs. Am 4. Juli 1929 rief er zu einer konservativen Kundgebung des Protests und Widerstandes auf.[67] Vorbehaltlos billigte er Hugenbergs schneidende Opposition und die These, daß eine Unterzeichnung des Young-Plans wie Landesverrat zu bestrafen sei. Herb verurteilte er die zwölf volkskonservativen Abgeordneten, die als Abgefallene diesen Kurs bekämpften.[68] Kleist vermochte weder die Sezession in der Deutschnationalen Volkspartei noch den Mißerfolg des Volksbegehrens gegen den Young-Plan abzuwenden. Aber als er am 7. Januar 1930 dem Präsidium des Reichsausschusses für das Deutsche Volksbegehren beitrat, geschah es in der Absicht, nicht nur in der Opposition zu verharren, sondern mehr noch ihr konservatives Gewicht zu verstärken.[69]

Auch in den Verhandlungen um den Kirchenvertrag folgt er seinen Einsichten und Überzeugungen. Der Vertrag, von 1929 bis 1931 beraten, soll das Verhältnis der Evangelischen Kirche zum preußischen Staat regeln. Obgleich Otto Braun, Preußens Ministerpräsident, auf geltende Gesetze verweist, die einen Vertrag überflüssig machten, erstrebt die Mehrheit eine erneuerte »Sicherheit«.[70] Am 22. April 1931 passiert der Kirchenvertrag die außerordentliche Synode der Altpreußischen Union, am 12. Juni – unter Stimmenthaltung der SPD – den preußischen Landtag. Wie der Sozialdemokrat Otto Braun, dessen Dienst und Hingabe der »Junker« achtet, so verwirft der Konservative Ewald von Kleist den Kirchenvertrag. Doch während Braun der Souveränitätsidee des Staates zu folgen scheint, entscheidet sich Kleist wiederum nach dem Hic et Hodie. Alle Erwägungen der Zweckmäßigkeit, mit denen die Kirche vor allem auf Staatszuschüsse zielt, werden von ihm verworfen. Auch hier wittert er Ungeist und Mangel an Glauben, ja schlimmer noch: ein Ausweichen vor dem Kampf, den er von Gott verordnet weiß. Entschieden wehrt er sich gegen Dibelius' Auffassung, daß die Evangelische Kirche ohne Vertrag gegenüber der Katholischen benachteiligt sei.[71] Nichts, so erklärt er, könne ihre Bedeutung und Würde schmälern. Gegen das kodifizierte Einspruchsrecht des Staates bei der Besetzung führender Kirchenämter aber argumentiert er: »Es ist doch zuzugeben, daß ein Staat graduell ganz außerordentlich verschieden in seinem Verhältnisse zu Gott bis zur völligen Gottwidrigkeit sein kann. Und da meine ich, daß bei dem gegenwärtigen Staate die Grenze überschritten ist, bei der man es noch zulassen darf, daß er eine Einwirkung auf innere Dinge der Kirche jemals gewinnen könnte. Wir schließen doch einen Vertrag nicht mit der abstrakten Idee des Preußischen Staates, sondern wir schließen den Vertrag mit einem ganz konkreten Wesen, das einer Persönlichkeit vergleichbar ist ... Ich hätte darum gewünscht, daß die Generalsynode diesen Vertrag abgelehnt hätte mit der Begründung, daß sie es mit ihrer Glaubenshaltung nicht vereinbaren könnte, etwas auf die Kirche einwirken zu lassen, was wider Gott ist.«[72]

Um die Front der Gegner des Kirchenvertrages zu stärken, gründet er mit dem Hofprediger Doehring die »Christlich-Deutsche Bewegung«.[73] Wenn die Generalsynode ihre unabweisbaren Pflichten verletzt, so soll eine Bewegung die Kirche daran erinnern, daß sie für eine göttliche Ordnung kämpfen muß. Die Richtlinien dieser »Bewegung« stammen wörtlich von Kleist. Konservativ in jeder Nuance, haben sie seiner Sache voranzuhelfen. Abermals besteht er – ganz im Gegensatz zu Luther – auf dem fundamentalen Grundsatz, daß »das Leben im Diesseits und das Leben im Jenseits eine nur Gott zur Verantwortung stehende Einheit« sei. Wie für den Hauptverein, so setzt er sich für die »Christlich-

Deutsche Bewegung« ein, und wie als Politiker, so will er als Christ nicht in üblichen Grenzen verharren. Gewiß hat seine und Doehrings Bewegung zunächst die Evangelische Kirche zu beeinflussen und da vor allem junge Menschen zu gewinnen. Ebenso aber muß sie »in die katholische Bevölkerung einzudringen« trachten.[74] Zumindest die Gründungsversammlung stimmt hoffnungsvoll.

Auch sonst ruhte er nicht. Denn seit 1929 suchen Not und Elend vor allem die Landwirtschaft heim. Unaufhaltsam wächst die Verschuldung der Güter.[75] Ohne Schutz und Kredite sind sie erdrückender überseeischer Konkurrenz preisgegeben. Nicht nur steigen Sozialabgaben und Steuern; mehr noch schrumpfen unter der Ungunst von Erzeugungskosten und Absatzpreisen die Erträge. Jetzt, im Zugriff der Krise, droht die Rentabilität vollends zu schwinden. Viele Betriebe sterben. Die Zwangsversteigerungen, die um sich greifen, treiben zu Umzügen und verzweifelter Gegenwehr. In Schleswig-Holstein kommen Pächter und Bauern durch selbstgelegte Feuersbrünste unverschuldeter Enteignung zuvor: Allenthalben flammen ihre Anwesen und Gehöfte auf. Auch Kleist muß, um Schmenzin retten zu können, Teile seines Besitzes verpachten.[76] Er versteht, was »Aufrührer« wie Klaus Heim bewegt. Entschlossen unterstützt er 1931 dessen Aufstand durch einen Steuerstreik. Ein Appell ruft Pommerns Grundbesitzer und Bauern nach Belgard. Hunderte folgen ihm. Hier – in der Kreisstadt – radikalisiert Kleist die Versammelten, führt er sie in einer wütenden Demonstration vor das Finanzamt.[77] Sowenig ihm sonst Protestmärsche zusagten: diesmal wollte er »Leidenschaften der Straße« erwecken und zu ihnen stehen.

All diese Schritte galten seinen Zielen. Doch durfte er sich von ihnen Wunder versprechen? Sicher hatte der aufrührerische Steuerstreik mitgeholfen, die »Osthilfe« nicht erlahmen zu lassen, die wenigstens in letzter Stunde die Substanz noch entwicklungsfähiger Güter rettete. Das aber war auch alles. Die »Christlich-Deutsche Bewegung« zerflatterte, der Kirchenvertrag wurde angenommen.[78] So konnte Kleist allenfalls noch auf die vaterländische Bewegung und darauf hoffen, daß sie sich für herannahende

Stürme wappnete. Mehr und mehr fürchtete er Hungerrevolten und schließlich einen Bürgerkrieg, in dem der Kommunismus die gegnerische Phalanx anführen mußte. Dieser Kommunismus war »der natürlichste und zugleich gefährlichste Feind der Rechten«. Denn seine Weltanschauung erfüllte ihn mit einem Kampfeswillen, dem Kleist – von ähnlicher Statur – widerwilligen Respekt nicht versagen konnte.[79] Niemand, betonte er, dürfe sich über die parlamentarische Schwäche der Kommunisten täuschen. Was ihnen an Gefolgschaft fehle, ersetzten sie durch Hingabe. Einmal im Angriff, würde die »Internationale« zu unnachsichtigen Schlägen ausholen. Derartige Auffassungen sollte Kleist auch künftig nicht verleugnen. Nie verlor er die Partei Thälmanns aus den Augen.[80] Bedrückender aber wurde jetzt eine andere Gefahr. Sie drohte nicht vom Kommunismus, sondern von angeblich »vaterländischen Kräften«. Sie forderte nicht nur die Linke, sondern auch die Rechte zum Kampf heraus und hieß: Nationalsozialismus.

SECHSTES KAPITEL

Kampf gegen den Nationalsozialismus

Schon früh hatte Ewald von Kleist über Adolf Hitler ein vernichtendes Urteil gefällt. Als der nationalsozialistische Führer während seines Putsches vor der Feldherrnhalle »kniff«, war er für ihn als »Hanswurst« gebrandmarkt und gerichtet.[1] Politiker ohne Mut und Überzeugungstreue konnte er nur verachten. Hinzu kam: Der Putsch hatte, wie er glaubte, die Pläne zunichte gemacht, mit denen sich die Rechte erfolgreich gegen die Republik hätte erheben können. Hitler warf er vor, ein unzuverlässiger Mann zu sein, vor dessen Taktik es sich in Zukunft zu hüten gelte.[2]

Gleich der großen Mehrheit des Volkes hatte nach 1923 auch Kleist auf Hitler kaum noch geachtet. Hinter dem Führer der Nationalsozialisten schlossen sich Festungstore. Seine Partei sank zu einer ohnmächtigen Sekte herab, die sich zudem in auszehrenden Richtungskämpfen verbrauchte.[3] Auch als Hitler Landsberg verließ und ab 1925 die NSDAP mit totalitärem Führungswillen zu ordnen begann, gelang es ihm nur, Kräfte zu mobilisieren, die weder beunruhigten noch aufmerken ließen. Die Republik schien konsolidiert und gewährte Hitlers Agitation, die allenfalls in wilderregten Zeitläuften verfangen konnte, kaum eine Chance. Sicher hatte die Maiwahl im Jahre 1928 die Deutschnationale Volkspartei herb getroffen. Aber wenn sie auch nur mehr 73 Mandate errang: den Nationalsozialisten mit ihren zwölf Reichstagssitzen blieb sie überlegen.[4] Noch immer überflügelte sie als Führungsgruppe der Rechten ihre Konkurrenten bei weitem. Noch immer durfte Hugenberg über seine eigene Politik entscheiden, statt sie – zu Kompromissen gezwungen – anderen anzugleichen oder gar unterzuordnen. So glaubte er auch, sich beim »Volksbegehren gegen den

Young-Plan« mit Hitler verbünden zu können. Dieses für die DNVP beruhigende Kräfteverhältnis wurde indes am 14. September 1930 mit einer Radikalität verkehrt, die das deutschnationale Lager betäuben mußte. Während die NSDAP, vom Sog der Wirtschaftskrise begünstigt, von 12 auf 107 Mandate und damit zu einer der größten Reichstagsfraktionen anschwoll, fiel die DNVP, die zwei Sezessionen heimgesucht hatten, von 73 auf 41 Mandate zurück.[5] Aus der Führungskraft der Rechten war eine Partei geworden, die sich – parlamentarisch gesehen – allein noch unterwerfen konnte, wenn sie mit den Nationalsozialisten zusammenarbeiten wollte. Sinn aber konnte eine solche Bundesgenossenschaft nur besitzen, sofern die DNVP glaubte, daß sich mit ihr eigene Ziele erreichen ließen.

Kleist konnte die Erregung derer nicht teilen, die der September-Erdrutsch fortgeschwemmt hatte.[6] Da er seit je nicht auf Wahlen setzte, vermochten ihn ihre Ergebnisse kaum zu erschüttern. Teil der Parteiendemokratie, die er als Prinzip der Willensbildung verwarf, bürgten sie ihm weder für Auslese noch Qualität. Der NSDAP hielt er entgegen, daß sie ihr staatspolitisches Können erst noch zu beweisen habe.[7] Gleichwohl mußte er zugestehen: Der Nationalsozialismus hatte die Schwächen von 1923 überwunden, war eine »Bewegung« geworden und damit zum Machtfaktor aufgerückt. Kleist zollte dem nationalen Willen dieser Bewegung Respekt; stets fühlte er sich gewonnen, wenn er Hingabe und Überzeugungen gewahrte. Hier schien jetzt die Unbedingtheit auf dem Wege, zu der sich die Deutschnationalen, zwischen konstruktiver und kompromißloser Opposition schwankend, nicht aufraffen konnten. Hier drängte eine neue Kraft ins Spiel, die geradezu magnetisch anzog, was von den Halbheiten der Mitte und bisherigen Rechten abgefallen war. Doch für Kleist, den Konservativen, vertiefte auch eine Nationalsozialistische Deutsche Arbeiter*partei* nur die Klassengegensätze, die es zu überwinden galt.[8] Die Partei war ihm ein Konglomerat nahezu undurchschaubarer Gruppierungen. In ihren Taktiken erblickte er keinen Sinn.[9] Wollte die NSDAP künftig mitzählen, durfte sie die »entschlossenen Nationalisten« nicht in Straßenkämpfen verbrauchen. Wichti-

90

ger als »tapfere körperliche Auseinandersetzungen« blieben ihm praktische Reformwerke, »die dem ›System‹ am ehesten schadeten«.[10]

Wie zuvor konnte er Hitler wenig abgewinnen.[11] All seine Instinkte wehrten sich gegen den NS-Agitator, doch befähigten Empfindungen zur Gegenwehr? Mußte man nicht tiefer schürfen, um über Hitlers »Bewegung« urteilen zu können? Kleist wich dieser Pflicht nicht aus. Wenn sich ihr auch die Führungsschicht des Reiches entzog: er war nicht gewillt, möglichen Trugbildern zu erliegen. So las er Hitlers »Mein Kampf«, Rosenbergs »Mythos des 20. Jahrhunderts« und andere Schriften von Theoretikern der NSDAP.[12] Seine Studien zwangen zu Anstrengungen. Allein Hitlers Schwulststil türmte unvermutete Hindernisse auf. Aber auch durch die üppigste Suada bohrte er sich gleichsam hindurch, um mit allen Lehren des Nationalsozialismus vertraut zu werden. Das Ergebnis der Studien zerstörte jede Illusion und trieb Kleist zu vorbehaltlosem Widerstand.

Schon Hitlers Hauptaxiom forderte ihn heraus. Dieser Führer behauptete, daß die Rasse Urelement allen Geschehens, ja mehr noch: höchstes Gesetz staatlichen Handelns sei.[13] Solch ein Postulat verhöhnte die Religion und den Konservatismus, für den »der Gehorsam gegen Gott und der Glaube an ihn das ganze öffentliche Leben zu bestimmen« hatte. Hitler entwürdigte den Staat zum Zuchtwart. Damit zeigte sich seine Bewegung unfähig, »Wesen und Pflichten des Staates auch nur zu begreifen«.[14] Kaum weniger entsetzte Kleist die Lehre, daß es höher- und minderwertige Rassen gebe, von denen die arische als Herrenrasse berufen sei, über inferiore Völker zu herrschen und die »Gegenrasse des Weltjudentums« auszurotten. Kleist war – gleich den meisten seines Standes – kein Philosemit.[15] Dem Judentum stand er fremd gegenüber. Nie zeigte er Neigung, die Emanzipationen zu übertreffen, die Preußen und später Deutschland den Juden gewährt hatten. Aber wie er den Antisemitismus als »Importware aus Wien« betrachtete, so schien es ihm auch aberwitzig, an eine jüdische Weltverschwörung oder gar an »semitisches Untermenschentum« zu glauben. Nirgendwo entdeckte er irdische Vollkommenheiten. Jede Rasse

belasteten Schattenseiten.[16] Wer sie übersah und Herrschafts-
ansprüche einer idealisierten Rasse konstruierte, irrte und beschwor Katastrophen herauf.

Kleist nahm nicht leicht, was ihm in Hitlers »Mein Kampf« begegnete. Er begriff: Dieser Politiker suchte, indem er vom ewigen
Kampf der Rassen sprach, einen Vulgärdarwinismus zum Leben
zu erwecken, mit dem ein Rückfall um Jahrhunderte drohte.[17] Hitler »entthronte« Gott und wagte die Allmacht des Menschen zu
verkünden.[18] Allein er, Hitler, wollte Gott sein, führen und entscheiden; nur er wollte die schlechthin gültigen Ideen verkörpern
und den Weg ins Dritte Reich kennen. Solch ein kultisches Führerprinzip endete in der Raserei des Nihilismus. Für Kleist rissen alle
Bindungen, wenn man Gott entmachtete und dem Menschen mit
seinen Nachtseiten freie Bahn verhieß. Für ihn konnte lediglich
Selbstgerechtigkeit die Opfer fordern, mit denen bei einer ange-
wandten Rassenideologie zu rechnen war. Wo aber blieben dann
Recht, Gewissen, Menschenwürde, Achtung vor gewachsener
Eigenart? Wo das Bewußtsein und die Wahrheit, daß »dieses Leben, von Gott zu glaubensstarkem Dasein geschenkt, vor ihm zu
verantworten« sei? Hier reifte ein Aufstand gegen Ordnungen, die
ebenso der Marxismus zu stürzen trachtete. Kleist konnte – je länger, desto mehr – kaum noch Unterschiede zwischen der NSDAP
und äußersten Linken gewahren.[19] Unwahr schien ihm National-
Sozialismus, weil er zwei einander ausschließende Prinzipien zu-
sammenkettete, eudämonistisch der Leitspruch »Gemeinnutz geht
vor Eigennutz«, weil er den Nutzen über die Pflicht stellte, in der
Erfüllung göttlichen Willens zu leben.[20] Gewiß wurde mit alledem
auch von Kleist Hitlers »Sozialismus« überschätzt. Nie gedachte
Hitler die »antikapitalistische Sehnsucht« zu erfüllen, zu der sich
Strasser und Feder lautstark bekannten. Geld und Besitz sollten
seine Stützen bleiben. Aber gerade hier pflegte die Agitation der
NSDAP eine Doppelzüngigkeit, die später besonders Anhänger
der NS-Bewegung enttäuschte.

War Hitler nur ein Phantast, der mit seiner Rassenlehre schrek-
ken wollte? Sein »Mein Kampf« offenbarte Kleist, daß er entschlossen schien, der Theorie die Praxis folgen zu lassen. Da war

92

nicht nur von der nationalen Restitution Deutschlands die Rede, von einer verschworenen Kampf- und Schicksalsgemeinschaft, die alle Klassenschranken überwinden müsse; da wurde auch das Reich verpflichtet, sich den Raum zu erobern, den es als »Urnotwendigkeit des Lebenskampfes« brauche.[21] Hitler suchte diesen Raum nicht in Übersee, sondern in den Weiten Rußlands. So forderte er als Ceterum censeo einen Angriffs- und Unterdrückungskrieg im Osten, mit dem er zugleich seinen verhaßten Gegner, den jüdischen Bolschewismus, zu vernichten hoffte.

Kleist konnte nicht zweifeln: Was er las und im überspannten antisowjetischen Haß des Balten Rosenberg wiederfand, hatte Hitler mit einer Entschiedenheit formuliert, die weder zu leugnen noch abzuschwächen war.[22] Damit wurde ein Ziel proklamiert, das Hitlers angebliche Vaterlandsliebe als pure Heuchelei demaskierte. Was hatte, fragte Kleist, Deutschland im Osten verloren? Es konnte nur in den Tiefen Rußlands verbluten und eine feindliche Übermacht zusammenzwingen, der das Reich erliegen mußte. Schon der Haß, den eine vorsätzlich gewollte Unterdrückung erweckte, würde Deutschland vernichten. Kleist blieb Preuße genug, um instinktiv die Gefahren eines deutsch-sowjetischen Krieges zu durchschauen.[23] Mensch des Ostens und auf dessen Schutz bedacht, ahnte er die ungestümen Kräfte, die im Schoße Rußlands schlummerten. Selbst wenn das Reich gegen jede Wahrscheinlichkeit siegte, sah er die kostbare Individualität des eigenen Volkes zerstört. Mehr aber noch als der Wahn eines Angriffskrieges entsetzte ihn Hitlers tiefe Verachtung der Geschichte.[24] Nur ein Tor konnte glauben, Jahrhunderte verleugnen zu können. In Kleists Augen war Europa an Völker vergeben. Unwiderruflich gehörten die Zeiten der Völkerwanderung und Ostkolonisation der Vergangenheit an. Eroberungszüge konnten nur zu unabsehbarem Chaos führen. Und in welchem Geist wollte dieser besinnungslose Imperialismus ausgreifen? Trieb ihn nicht allein die gleiche pure Machtbesessenheit, mit der sich die realitätsfremde Kriegszielpolitik des Wilhelminismus wiederholte?

Auch Ewald von Kleist erstrebte ein machtvolles Deutschland. Die Nation sollte wieder erstarken und ihre Freiheit zurückgewinnen. Schwer nur ertrug er den polnischen Korridor, der die alten Ostprovinzen trennte und zerschnitt.[25] Aber war die Ostgrenze nicht auf diplomatischem Wege zu revidieren, hätte er selbst hier auf gewaltsame Revisionen verzichtet.[26] Um so mehr mußten ihn Hitlers Pläne alarmieren, die unabsehbare Konflikte geradezu unvermeidlich machten. Kleist war ein Mann des Friedens. Die Vernünftigkeit seines Wesens sagte ihm, daß Kriege im 20. Jahrhundert sinnlos geworden waren.[27] Vor einem Waffengang hätte er jede politische Chance genutzt. Schaute er zurück, gestand er sich ein, daß Deutschland nie den Weltkrieg hätte führen dürfen. So unbändig und versucherisch die Kräfte drängten, die Bismarck in seiner Schöpfung zusammengefügt hatte: die Weltmachtstellung, meinte Kleist, blieb dem Reich versagt; sie war ihm, wenn man konservativ dachte und bei Sinnen war, nicht einmal zu wünschen. Die Katastrophe 1918 hatte bewiesen: Ein »klein«deutsches Reich stellte das Äußerste dessen dar, was Europa und konservativer Formwille ertrugen. Derartige Gedanken spiegelten weder Schwäche noch Resignation. Nie wäre Kleist bereit gewesen, ein Jota von den Interessen preiszugeben, die er als wohlverstandene Interessen seines Landes empfand. Doch jetzt – gereift und mit Abstand – erkannte er, daß Preußen und Deutschland nur dann vorangekommen waren, wenn sie sich dem Gesetz des Kräfteausgleichs gebeugt hatten.[28] Solche Selbstbescheidung galt ihm mehr denn je. Tief war er davon durchdrungen, daß sich das Reich als Staat unter Staaten einzurichten habe. Jede andere Politik war in seiner Sicht Unfug, ja vom Stigma des Widergöttlichen gezeichnet. Auch wenn das Gleichgewicht der Kräfte nicht den ewigen Frieden verbürgte: unter diesem Gleichgewicht, erklärte er, könne Europa noch immer Händel und Kriege überstehen.[29]

Kleist hatte gelesen, was in »Mein Kampf« geschrieben stand. Gleichwohl wollte er erfahren, ob Hitler wirklich die Ziele anstrebte, die er offen und wortreich verfocht. Höflich, mit sachlichen Vorwänden bat er den Führer der Nationalsozialisten um ein Gespräch.[30] 1932 traf er Hitler im Haus Hermann Görings. Wenn sich andere dem Volkstribun ehrerbietig oder befangen näherten, so bewahrte Kleist Kühle und Gelassenheit. Selbstbewußt ließ er sich auf dem einzigen Armsessel des Raumes nieder, während Hitler – wider Willen zu seinen Füßen – mit einem niedrigen Stuhl vorlieb nehmen mußte. Und was hörte er? Hitler sprach von seinem zukünftigen Deutschland, dessen Volk er als Rasse einen, dem Dritten Reich, das er zu Größe und Macht emporführen wolle, und – von Feldzügen in Europa, die er nicht scheuen werde, um namentlich Rußland bis nach Sibirien zurückzudrängen. So blieb er also zu dem Wahn entschlossen, den kein vernünftiges Hirn zu begreifen vermochte. Kleist war belehrt. Obgleich er sich ständig fixiert fühlte, konnte ihn Hitler nicht hypnotisieren.[31] Als er aufbrach, traf ihn ein wütender Blick. Sofort fühlte er den Haß eines Mannes, dem er gewagt hatte zu widerstehen.

Und von nun an kämpft Kleist gegen Hitlers Bewegung mit der Unnachsichtigkeit, die sein Wissen, aber auch der konservative Glaube erzwingt. Noch im gleichen Jahr veröffentlicht er seine programmatische Broschüre: »Der Nationalsozialismus – eine Gefahr«.[32] Die Schrift, von der zwei Auflagen erscheinen, will Fanal sein und sucht wachzurütteln. All das, was Kleist zuvor bedacht hat, kehrt nun in schlüssigen und zugespitzten Gedankenketten wieder. Entschieden widersagt er dem Rassismus, der Antireligiosität, dem Sozialismus, der Menschenvergottung und dem totalitären Führerprinzip der NSDAP. Erbittert geißelt er den Egoismus Hitlers, der selbst im Ostgrenzkampf die Partei über das Vaterland erhebt.[33] »Es ist nicht mehr tragbar«, so Kleists Resümee, »daß die Vorspiegelung, als ob der Nationalsozialismus die rettende nationale Bewegung sei, weiter geduldet wird. Dieser Wahn muß zerstört werden. Ebenso das völlig falsche Bild, das sich die Menschen von Hitler machen ... Was haben wir denn eigentlich noch innerlich mit der Nationalsozialistischen Partei gemeinsam? In den entscheidenden Punkten müssen wir doch erkennen, daß sie eine Gefahr für die Nation und Feind selbstloser vaterländischer Anschauungen ist, denn die in ihr zahlreich vorhandenen anständigen Elemente werden das Wesen der Bewegung immer weniger bestimmen.«[34]

Auch in politischen Versammlungen bekämpft er Illusionen. Wo man glaubt, daß der Agitator Hitler vor allem Taktiker ist, macht er Front gegen Abwiegeleien. Noch nie habe sich – mahnt er – die Erneuerung eines Volkes durch bewußte Irreführung vollzogen.[35] Unermüdlich hämmert er seinen Zuhörern ein, daß sie mit Hitler ihren und ihres Landes Untergang wählten.[36] Ein siegreicher Nationalsozialismus werde Deutschland nicht nur moralisch, wirtschaftlich und politisch ruinieren; sein Drang nach Lebensraum zwinge auch einen zweiten Weltkrieg herbei, in dem es keine Triumphe geben könne. Das Resultat werde des Reiches Ende und die Herrschaft des aufgeschreckten Bolschewismus über Mitteleuropa sein. Die exakte Voraussage dessen, was 1945 hereinbrach und zwölf Jahre vorher kaum zu ahnen war, bezeugt eine ungewöhnliche Hellsicht. Hellsicht kennzeichnete auch den Politiker Kleist. Aber von Prophetie hätte er nicht gesprochen. Wer mit dem Nationalsozialismus Deutschlands Unglück beginnen sah, meinte er, brauchte nur Hitlers Ziele zu studieren und sich des eigenen Verstandes zu bedienen.

Doch die Hellsicht stieß ab. Kleists Unbedingtheit hatte ihm stets nur Zuneigung oder Verfemung eingetragen. Sein kompromißloses Wesen beleidigte kleine Seelen, Durchschnittsmenschen. Immer suchte sein Wille mit Vorhaltungen andere zu bekehren, was oft Ressentiments und Unmut erweckte. Wieder überzeugte er vor allem jene, die er ohnehin auf seiner Seite wußte. Vielleicht ernüchterte er auch einige, die sonst dem Nationalsozialismus verfallen wären. Die Mehrheit aber begegnete seinen Kassandra-Rufen mit Unglauben und Abwehr.[37] Was sollten in der Optik dieser Mehrheit Anwürfe, daß Hitler Deutschlands Untergang bedeute? Wollte Hitler nicht die gleiche Befreiung von Versailles, die auch Deutschnationale, Stahlhelm und andere vaterländische Verbände anstrebten? Formierte er nicht gar die stärkste Protestbewegung, mit der sich der ungebrochene deutsche Nationalismus gegen Demütigungen wehrte? Nur die wenigsten hatten sich durch das dickleibige Bekenntnisbuch »Mein Kampf« hindurchgequält, und auch von ihnen war kaum einer bereit, Hitler hinsichtlich seiner *End*ziele beim Wort zu nehmen. So mahnte Kleist Menschen, die weder bereit noch imstande waren, ihm zu glauben. Selbst ein besonnener Zuhörer, der ehemalige Landrat

96

Gerzlaff von Hertzberg, gestand erschreckt: Nach seiner Schärfe gegen die NSDAP gehöre der Schmenziner »eigentlich zur Linken«.[38] Um so mehr suchte Kleist auf die Deutschnationale Volkspartei einzuwirken, damit sie in letzter Stunde ihr Steuer herumwerfe. Schon seit der »Harzburger Front« vom Oktober 1931 wußte er sie erneut auf abschüssigem Wege.[39] Wenn Hugenberg glaubte, die gesamte Rechte einigen zu können, so sah Kleist ihn am angeschwollenen Nationalsozialismus scheitern. Niemals würde sich ein von der Zahl her überlegener Hitler anderen unterordnen. Und was für Kleist im voraus galt, hatte das lärmreiche Treffen in Bad Harzburg bewiesen. Noch bevor Deutschnationale, Nationalsozialisten und Stahlhelm ihre Einmütigkeit beschwören konnten, war sie untergraben und zerbrochen. Hitler ging seine eigenen Wege. Gegen alle Zusagen, einen Kandidaten der gesamten Rechten zu unterstützen, stellte er sich 1932 selbst der Reichspräsidentenwahl.

Kleist empfand keine überwältigende Liebe für die DNVP, aber angesichts der nationalsozialistischen Gefahr war sie mehr als je »Werkzeug des Vaterlandes« geworden.[40] Mit Nachdruck fordert er ihre Umkehr, indem er sie aufruft, die wahren Ziele Hitlers zu erkennen – Ziele, die vor allem dann in die Katastrophe führten, wenn ihnen unklare nationale Schwärmer den Weg bereiteten. Schonungslos hält er Hugenberg und den DNVP-Anhängern vor, daß ein starker Nationalsozialismus immer auf Alleinherrschaftsansprüchen beharren werde. Wer ihm beispringe, helfe der verhängnisvollsten Politik in den Sattel. Nie dürfe es ein konservatives Kampfziel sein, »sich an den Schwanz eines durchgehenden Pferdes zu hängen, um etwas bremsen zu können«.[41] Die Gedanken, die Kleist äußert, sind bereits mit seiner Schrift gegen den Nationalsozialismus vorweggenommen. Nun aber ergänzt er sie um einen »Vorschlag zur Reform der DNVP«, der im Frühjahr 1932 die Berliner Parteizentrale erreicht.[42] Hugenberg wird aufgefordert, seine Partei zu einer Phalanx des Konservatismus zu machen. Wenn er sie damit auch abermals aufs Spiel setzt: jetzt soll er »einen Block schaffen, der sich im Wirbelsturm des Nationalsozialismus behauptet, ohne an das herrschende System herangedrängt zu werden«.[43] Als A und O fordert Kleist ein Glaubensbekenntnis zur Monarchie der Hohenzollern. Er kannte keine andere Idee, welche die Schafe von den Böcken trennte, die sowohl sammelte als auch schied.[44] Jede Partei – selbst die kommunistische – gab vor, national zu sein. Da hatte man die besondere Pflicht, über alle verwischten Unterscheidungsmerkmale hinweg das positivste aller Ziele anzustreben. »Die Führung«, schreibt Kleist, »liegt einzig und allein der Krone von Gottes Gnaden ob. Die Monarchie ist keine Frage der Staatsform, sondern des Staatswesens, keine Frage der Zweckmäßigkeit, sondern des inneren Blutschlages.«[45] Nur eine derartige Weltanschauung könne mit den Rücksichten auf den Nationalsozialismus brechen. Daher seien zaudernde Funktionäre durch entschlossene Persönlichkeiten zu ersetzen, der Parteiapparat durchzukämmen und zu vereinfachen, kurz: alle Organisationen der DNVP zu straffen und entschiedener zu führen.[46] »Die DNVP hat nur die Wahl, vor dem Nationalsozialismus zu kapitulieren oder den Kampf aufzunehmen. Sie muß Königgrätz schlagen, oder sie ist verloren.«[47]

Doch die Zeit und ihr Geist konnten ihn nicht begünstigen. Im Gegenteil: Fast schien es, als habe sie sich gegen ihn verschworen. Brüning hatte mit seinen Spar- und Notverordnungsprogrammen eine Katastrophe heraufbeschworen.[48] Statt der bedrängten Wirtschaft durch staatliche Lenkungsmaßnahmen zu helfen, klammerte er sich verbissen an seine Deflationspolitik, die einen ständig wachsenden Produktionsrückgang erzwang. 1931 schwollen die Arbeitslosenheere auf fünf Millionen Köpfe an. 1932 erkletterten sie die Sechs-Millionen-Grenze. Wohl sollte die Krise ein baldiges Ende haben, doch alle Appelle an die Geduld konnten nicht verhehlen: die Zahlungsfähigkeit des Reiches und sein Wirtschaftslatein waren erschöpft.

Die anwachsende Not traf Menschen aller Schichten. Nicht nur Arbeiter und Bauern, auch Angestellte, Selbständige und vor allem die Jugend standen vor dem materiellen Nichts.[49] Was konnte sie an eine Gegenwart binden, die ihre Pläne und Wünsche zunichte gemacht hatte? Sie mußten die kapitalistische Ordnung hassen, hatten mit ihr und dem »System« gebrochen. Jede Zukunft konnte nur besser als diese trostlose Gegenwart sein. So zog Hitler die Menschen an sich, die Unverstand und unglückselige Verkettungen in tiefes Elend gestürzt hatten.[50] Er versprach den Bauern Schutz, den Arbeitern Brot und den Bürgern nationalen, »deutschen Sozialismus«. Er verhieß dem Soldaten Ansehen, Ehre und eine Armee, die wieder erlaubte, das Reich zu verteidigen, und er erfüllte die Jugend mit Hoffnungen, die sie bereits verabschiedet hatte. Was ihn zum unwiderstehlichen Magneten machte, war die Kraft und Inbrunst seines Glaubens.[51] Keiner schien wie er vom Feuer einer Mission durchglüht. Keiner schien so ehrlich, selbstlos und hingegeben eine bessere Zeit erstreben zu wollen. Seine geradezu monomanische Gewalt, die einer schier grenzenlosen Phantasie- und Wunschkraft entsprang, stieß Vorbehalte oder Zweifel nieder. Haß und Trotz trieben ihm die Menschen zu, die ihrer Ängste und Sorgen, aber auch der Geduld und Nüchternheit überdrüssig waren. Sie wollten keine Skepsis, sondern Glauben. Sie suchten keine Vernunft, sondern jene Trunkenheit, die sie entrückte, hoffen ließ und mit stolzem Selbstbewußtsein erfüllte. Und Hitler, der unübertroffene Meister kunstvoll gehandhabter Agitation, der Magier mitreißender Kundgebungen und Versammlungen, die zündende Marschmusik umrauschte – er stillte ihren Glaubens-, Macht- und Gemeinschaftshunger, indem er die Glut der Gefühle und Sehnsüchte schürte.

Was immer man ihm vorwerfen mochte: nie hätte er die Kräfte, die er an sich band, zu entfesseln vermocht, wenn er gegen Tatsachen und Erwartungen agitiert hätte. Er brauchte nicht zu übertreiben, um die Not, unter der alle Schichten litten, in den schwärzesten Farben zu malen. Er verstieß nicht gegen die Realität, wenn er jene, die er in der Verantwortung wußte, als Schuldige brandmarkte; denn die Wirklichkeit war eine Macht und sprach beredt. Nicht minder mußten ihm die außenpolitischen Ziele, die er anzustreben vorgab und bei denen er wohlweislich seine Endvisionen überging, Zuspruch und Gefolgschaft sichern.[52] Gerade er, schien es, wollte ein wiedererstarkendes Reich der Deutschen;

zahllos seine Bekundungen, mit denen er seinen Patriotismus und vor allem das hehre Ziel der Volkseinheit beschwor. Auch damit machte er sich zum Sprachrohr der Zeit und Lenker der Massen, die das Getriebe vieler Parteien abstieß und erbitterte. Und hatte er nicht – größte aller Zauberformeln – die Synthese des Nationalen mit dem Sozialen gefunden? Jene Synthese, zu der Deutschlands Geschichte seit Bismarck mahnte? Die verbohrten Ideologen der Linken und Rechten waren sie schuldig geblieben. Um so mehr, hoffte man, würden endlich unter Hitler die Klassenschranken fallen, die bislang eine wahre Volksgemeinschaft verhindert hatten. Daß Adolf Hitler Sozialismus verabscheute, ja schrankenlose imperialistische Pläne hegte, wurde über dem, was zunächst geschehen mußte, weder erkannt noch empfunden. Für alle, die an ihn glaubten, weil er an sich und seine Ziele glaubte, zählten nur die Lichtseiten des »Führers«. Schon in seiner Bewegung, in der Disziplin und Kampfwille regierten, schien das Dritte Reich gegenwärtig zu sein. Hunderttausende übertrugen auf den »Erwählten« ihre guten, vorwärts drängenden Kräfte. Unentweihte Ideale befähigten sie zur Hingabe und Opferbereitschaft.

Es nutzte Kleist wenig, wenn er über die Synthese des Nationalen mit dem Sozialen höhnte: Hier würden, was freilich den Menschen passe, Gott und Teufel zusammengelogen.[53] Jetzt fielen unter nationalem Vorzeichen selbst jene dem Sozialismus zu, die ihn sonst erbittert bekämpft hätten. All das mutete gespenstisch und unwirklich an. Trotzdem gab Kleist nicht auf. Mochte auch der Irrationalismus, der nun am Werk war, kaum noch zu beirren sein: immer wieder suchte Kleist auf die Gefahr des Nationalsozialismus hinzuweisen. 1932 sprach er in Pommern, Berlin, Halle, Breslau und Westfalen.[54] Die Härte, mit der er angriff oder parierte, entlud mehrfach die Gewaltsamkeiten, zu denen die politische Radikalität jener Tage neigte. So schleuderte ihm in Stolp Stettins späterer NS-Bürgermeister Girniok eine Bierflasche entgegen, womit er Tumulte auslöste und die Versammlung sprengte.[55] Aber war Kleists Aktivität in Deutschland überhaupt wahrzunehmen? Sie reichte nicht aus, um mit dem Führer der NSDAP konkurrieren zu können. Während Hitler – zuletzt gar im

100

Flugzeug – von Ort zu Ort eilte, um Menschen zusammenzutrommeln und sich ihnen einzuprägen, blieb Kleist an Flecke gebunden und weitgehend ein Unbekannter. Während der Nationalsozialist erkannte, daß er die Massen gewinnen müsse, setzte der Konservative auf die kleine Zahl. Kleist war kein Idol der Menge. Nie wollte er auch wahrhaben, daß die Masse ein Faktor sei, den er nicht übersehen durfte, doch selbst als vielreisender Redner hätte er nur mäßige Erfolge errungen. Er gehörte zu der Schicht, die den Sozialismus unterdrückt oder geschmäht hatte. Ihre Herrschaft, so glaubte man, verewigte Schranken, die niederzureißen waren, sollte je eine wirkliche Volksgemeinschaft glücken. Und focht nicht Kleist für die Deutschnationale Volkspartei – eine Partei des »Systems«? In den Augen Ungezählter hatte diese Partei die Not im Volk nicht abgewendet, repräsentierte sie Mächte des Besitzes und Kapitals.

Ähnliche Hypotheken mußten Kleists Kampf für die Monarchie belasten. Er blieb davon durchdrungen, daß die Krone Anhänger gewann, wenn er und andere ihre »hohen Werte herausarbeiteten«[56], doch er täuschte sich. Von der Mehrheit des Volkes wurde die Monarchie verworfen. Wo sich die Zeit gegen alles Bestehende empörte, sollte das, was ihr Chaos erst möglich gemacht hatte, keine Chance mehr haben.[57] Der Haß auf die Gegenwart traf auch die Keimzellen ihrer Vergangenheit. Wer gar der Hohenzollern-Monarchie das Wort redete, mußte ebenso für die anderen Herrscherhäuser eintreten: Sie aber drohten Deutschland vollends in feudale Fesseln zu legen. Es half Kleist nicht, daß er auf dem höchsten monarchischen Ethos bestand. Mit dem bloßen Willen zur Reinheit war wenig ausgerichtet. Für die meisten hatte die Monarchie versagt und sich selbst ihr Grab gegraben. Das schien sogar der Erzroyalist Kleist zu fühlen. Hätte er ohne Umschweife einen überzeugenden Träger der Krone nennen können? Er wäre, auf Ehre und Gewissen befragt, in arge Verlegenheit geraten. Wilhelm II. erweckte in ihm Haß, der Kronprinz seinen Widerwillen. Immer wieder gestand er: Mache man diesen Kronprinzen zum Träger der Krone, werde er einer der ersten Republikaner in Deutschland sein.[58] Aber auch Prinz Louis Ferdinand – für Kleist der Typ des schlechten russischen Großfürsten – und dessen Brüder schienen ihm kaum würdig zu sein. Nahezu jeden der Hohenzollern nannte er angreifbar oder Durchschnitt.

Schon seine Erfahrungen im »Hauptverein der Konservativen« hätten ihn belehren müssen. Er hatte gehofft, junge Menschen der Kreise »Naher Osten« und »Tirpitz-Jugend« zu gewinnen.[59] Aber vom Anblick betagter »Granden« eher abgeschreckt, suchten sie ihren Royalismus nicht mehr auf Thron und Altar zu gründen.[60] Ja, Kleist scheiterte selbst mit seinem Glaubenssatz, daß konservativ sein Gottes Willen tun hieße. Solch eine Lehre schien nicht wenigen dem allzu subjektiven Ermessen ausgesetzt zu sein. So wurde er bereits im engsten Kreis zurückgeworfen. Wenn er sich auch bemühte, den Konservatismus zu erneuern: der Hauptverein blieb eine Sekte, die kaum über ihre Grenzen hinausdrang.[61] Gewiß glückten Kleist einige der »inneren Eroberungen«, auf denen er in der politischen Arbeit bestand. Wir kennen bereits einige Namen. Doch im ganzen vermochte selbst er nur jene zu überzeugen, die nicht überzeugt zu werden brauchten.

Das gleiche Bild politischer Schwäche und Verworrenheit in der Deutschnationalen Volkspartei. Kleist hatte sie aufgefordert, ihr Königgrätz zu schlagen, aber sie schien vor jeder Entscheidung zurückzuschrecken.[62] Nirgendwo trennte sie sich vom Nationalsozialismus. Alle Gegensätze wurden von ihr geleugnet oder zugedeckt. Nicht einmal Harzburg und die Reichspräsidentenwahl konnten sie beirren. Weiterhin entdeckte man »anerkennenswerte« Gemeinsamkeiten. Weiterhin stellte man es den Wählern frei, sich für die Nationalsozialisten zu entscheiden, wenn sie ihr Gewissen zu dieser Wahl verpflichte.[63] Und Hugenberg? Sicher hatten ihn Hitlers peinvolle Eigenmächtigkeiten ergrimmt. Er empfand sie als Eskapaden eines unreifen Mannes, der „kundige Führung" verschmäht hatte.[64] Aber auch Hugenberg wehrte sich gegen einen totalen Bruch. Auch er nahm vom Nationalsozialismus nur wahr, was er wahrnehmen wollte oder konnte. Unverdrossen suchte er Hitler zu neuer Gemeinsamkeit zu bekehren.[65] Monatelang lockte er ihn mit einer nationalen Front, der die Macht zufallen müsse, ja sicher sei. Das nach der preußischen

Landtagswahl vom 24. April 1932 noch erdrückender gewordene nationalsozialistische Übergewicht bekümmerte nicht. Hugenberg gedachte Harzburg zu retten, sein Spiel zu spielen und sich mit alledem »an den Schwanz eines durchgehenden Pferdes zu hängen«. Das »A und O« im Vorschlag zur Reform der DNVP schlug er in den Wind.[66]

Kleist wollte, daß die »mit ganzer Seele geglaubte Idee« der Monarchie die Schafe von den Böcken trenne. Folglich hatte er einen Aufruf »Für Hohenzollern« veröffentlicht, mit dem er die DNVP, den Stahlhelm und das Reichsbanner Schwarz-Weiß-Rot aufforderte, sich zur Monarchie und zum monarchischen Gedanken zu äußern.[67] Doch während Hugenberg vielsagend schwieg, wollten sich weder DNVP noch Stahlhelm zur Monarchie bekennen.[68] Das nationale Lager war gespalten und nach allen Absplitterungen und Richtungskämpfen nahezu atomisiert. Selbst wenn die Hohenzollern-Monarchie eine entschlossenere Schar um ihre Fahne hätte sammeln können: die halbherzige und zerfallene Rechte blieb verurteilt, auch künftig dem Sog des Nationalsozialismus zu erliegen.

SIEBENTES KAPITEL

Wider Hitlers Machtantritt

Obgleich Hitlers Partei beängstigend an Boden gewann, neigte Kleist weder zur Panik noch zur Resignation. Mochte die NSDAP anschwellen, ja als »Inbegriff des Nationalen« gelten: ihm schien sie mit der nachlassenden Wirtschaftskrise zum Abstieg verdammt. Er glaubte nicht daran, daß Hitler, der Volksmassen in Bewegung setzte, auch befähigt sei, sie zu beherrschen.[1] Nirgendwo, analysierte er, war Hitler in die Fronten des Marxismus und des Zentrums eingebrochen. Die NS-Bewegung hatte mit den Mittelschichten und – freilich wertvollen – Teilen der Jugend vorliebnehmen müssen, die ihr vor allem die soziale Not zugetrieben hatte. Das aber waren keine Fundamente, mit denen sie immer rechnen durfte. Dieser Anhang glich eher dem Treibsand, der unter anderen Winden verwehte. Und konnte auf die Dauer, fragte sich der Analytiker, jene ewige Doppelzüngigkeit verborgen bleiben, mit der Hitler im Grunde jeden verhöhnte? Früher oder später mußte er selbst seine nächste Gefolgschaft enttäuschen.[2] Trotzdem spürte Kleist Gefahren. Zusehends wuchs die Verwirrung der nicht-nationalsozialistischen Rechten. Zusehends aber wuchs auch die Zahl der DNVP-Mitglieder oder -Anhänger, die zu Hitler überliefen. Damit drohten Krisen, die man kaum zu meistern vermochte. War man künftig gezwungen, gegen die radikale Linke *und* Rechte zu kämpfen, mußte man – früher oder später – ihrer Übermacht erliegen.

Kleist wünschte nicht gegen die erdrückende Mehrheit des Volkes Front zu machen.[3] Doch die Lage, die er heranreifen sah, verlangte äußerste Konsequenz. So verfocht er mehr denn je die Lösung eines strikt autoritären Kabinetts. Gestützt auf Heer,

Polizei und Beamtentum, hatte es als letzte konservative Bastion den Nationalsozialismus von der Macht fernzuhalten. Handelte es zielsicher und entschlossen, mußte es gelingen, Hitlers Bewegung – »diese Eintagserscheinung« – in die Knie zu zwingen und auszudörren.[4] Auch die Widerstände der Linken waren für Kleist überwindbar, sofern einem autoritären Kabinett die dringlichsten Maßnahmen glückten. So einsam es zunächst regieren würde: überzeugte es die Besten aller Schichten, mochte es auch das Volk auf die konservative Linie ziehen. Hitler hatte die Massen gewonnen, weil er ihnen ein straffes und überparteiliches Regime verhieß. Warum sollte nur er solche Erfolge erringen?

Kleist wußte, was zu geschehen hatte, um einem autoritären Kabinett zu haltbaren Grundlagen zu verhelfen. Da er von dem Glaubenssatz ausging, daß es unmöglich sei, mit der Weimarer Verfassung zu regieren, wollte er entschlossen ihre Hauptmängel beseitigen. Seine Forderungen gipfelten in vier Punkten und lauteten: »1. Das Kernstück des parlamentarischen Systems muß fallen, nämlich die Bestimmung des Artikels 54, wonach die Regierung des Vertrauens des Reichstages bedarf. 2. Darüber hinaus muß unter allen Umständen die Wahl des Reichspräsidenten bzw. Reichsverwesers fortfallen. 3. Gleichzeitig muß unbedingte Gewähr für die Person des Nachfolgers Hindenburgs geschaffen werden. Es muß gesichert sein, daß dieser Nachfolger ein konservativer Mann ist, der unser Ziel unverrückt im Auge behält. 4. Um sich gegen untragbare Entscheidungen von Formaljuristen zu sichern, ist eine Erweiterung des Artikels 48 erforderlich, wonach der Reichspräsident befugt ist, alle Maßnahmen zu treffen, die ein Staatsnotstand erforderlich macht, ohne daß dem Staatsgerichtshof das Recht der Nachprüfung zustände.«[5]

Die Forderungen, auf die er sich versteifte, betrachtete er als ein »unteilbares Ganzes«. Der Wegfall des Artikels 54 allein genügte nicht. Sicher hatte Hindenburg am 10. April 1932 zum zweiten Male in einer Reichspräsidentenwahl gesiegt. Aber hatte nach seinem Ableben, mit dem man bei dem 85jährigen täglich rechnen mußte, »ein vaterländisch tragbarer Kandidat« Aussichten? Kleist konnte »nach Lage der Dinge« einzig einem »Schädling« Chancen geben.[6] Jene, die sich weigerten, seinen zweiten Punkt zu erfüllen, bezichtigte er der Irreführung. Tilgte man dagegen nur den Artikel 54, ohne die Wahl des Reichspräsidenten aufzuheben, war die Parteienherrschaft erst recht gefestigt.[7] Stets schien es ihm unverantwortlicher Leichtsinn, Ziele zu erwägen und anzustreben, »wenn man nicht weiß, in wessen Hände man die Macht legt«. Konservative Politik verlangte, daß sich ein Nachfolger Hindenburgs nur als Statthalter der Hohenzollern fühlte.[8] Wirtschaftlich aber hatte ein parteiunabhängiges Kabinett der Autorität Hugenbergs zu folgen, indem es dessen Konzeption »Binnenwirtschaft und Privatwirtschaft mit den notwendigen Begrenzungen« aufgriff.[9] Alle Maßnahmen mußten jedoch zunächst die Arbeitslosigkeit überwinden. Hier galt es nicht nur eine gründliche Steuerreform anzupacken, sondern notfalls auch die Arbeitslosen unter gleichzeitiger Arbeitspflicht in einer allgemeinen Erwerbslosenfürsorge zusammenzufassen.[10] Schließlich war mit den Grundsätzen über die soziale Gesetzgebung und den tarifrechtlichen Bestimmungen zu brechen: Sie hatten der Werksgemeinschaft und dem berufsständischen Aufbau zu weichen, in dem sich die sozialen Auffassungen des Konservatismus vor allem widerspiegelten.[11]

Kleist gedachte nicht den Arbeiter um seine Rechte zu prellen. Wenngleich er als Konservativer klassenkämpferische Gewerkschaften verwarf: überall war der Arbeiter an den Staat heranzuführen.[12] Überall sollte ihm ein wohlgesichertes Vertretungsrecht verbleiben. Kleist hatte geholfen, im Pommerschen Landbund eine berufsständische Gemeinsamkeit von Arbeitnehmern und Arbeitgebern zu verwirklichen. Dieses Experiment, das auf dem Land geglückt war, mußte man auch in den Städten wagen. Ähnliche Prinzipien schwebten ihm für das neue Oberhaus vor. Als Repräsentant aller Schichten sollte es größeren Einfluß als der amtierende Reichsrat gewinnen.[13] Den Parteien wollte er widerwillig Atem lassen. Sie waren, spürte er, nicht mehr zu beseitigen. Zudem liebte er politische Duelle, weil das »Salz der Kritik« anspornte und sein Denken klärte.[14] So unversöhnlich er der »internationalistischen, antipreußischen« Linken begegnete: ab und an gestand er, daß es neben der sozialdemokratischen ebenso eine kommunistische Partei geben müsse[15] – Pointe, bei der ihn Widersprüche zu seiner sonstigen Haltung kaum beirrten. Freilich, die Entscheidungsgewalt der Parteien suchte er zu stutzen. Geriet der Staat in den Notstand oder hatte der Staat zugunsten des ganzen Volkes zu handeln, so mußte auch ohne und gegen das Parlament zu regieren sein.[16] Wir wissen nicht, wieweit Kleist dessen Befugnisse für immer beschränkt hätte. Da wäre es sogar fragwürdig, von einem »Immer« zu sprechen. Gewiß erstrebte er leidenschaftlich die konstitutionelle Monarchie, die im Zuge der geschichtlichen Entwicklung lag – jene Staatsform, die Deutschland, wie er glaubte, auf Geheiß seiner Feinde nicht hatte bewahren dürfen. Damit hätte er wohl den Reichstag auf die Funktionen zurückgeworfen, die das Parlament bis zum Oktober 1918 besaß. Die Krone sollte – jedem Parteien- und Interessenstreit entrückt – repräsentieren, schlichten und einen. Sie hatte namentlich in Kampf- und Krisenzeiten arbeitsfähige Regierungen zu berufen und zu stärken. War jedoch die Monarchie wiederhergestellt, hätte Kleist dem Parlament sicher nicht nur Budgetrechte eingeräumt. Entscheidend blieben ihm stabile politische Verhältnisse, die er vorab erfolgreichen Verfechtern konservativen Gedankenguts zutraute. Hiervon machte er die Kompetenzen des Reichstages der Zukunft abhängig. Noch aber schien Kleist die Zeit meilenfern, in der man eine neue Verfassung entwerfen durfte.[17] Die Not der Stunde duldete für ihn keine feingesponnenen Konstruktionen. In diesem Entscheidungsjahr 1932 war allenfalls ein Notbau erlaubt. Die Republik von Weimar hatte versagt. Nicht revolutionär, nicht konservativ, trieb sie in Kleists Sicht Staat, Volk und Nation dem Zusammenbruch entgegen. So beharrte er zunächst auf dem Programm der vier Punkte.

Seine Forderungen verlangten den Staatsstreich. Er ahnte: Nie würde der Reichstag gewillt sein, den Maßnahmen zuzustimmen, die der Staatsnotstand erzwang.[18] Auch eine Zustimmung des Reichsrates schien ihm ungewiß und zudem »verfassungsmäßig völlig bedeutungslos«. Gegen eine Nationalversammlung sträubte er sich. Wer ihr Verfassungsänderungen zu unterbreiten gedachte, sollte den Begriff »Autoritärer Staat« nicht gebrauchen.[19] Um so mehr hatte man ohne Rücksicht auf kodifizierte Gesetze nach dem ewigen, ungeschriebenen Recht zu handeln.[20] Recht bedeutete Kleist mehr als Gesetz. Recht stammte, in seinen Augen, von Gott und brach jene Gesetze, die den Menschen zwangen,»das Vaterland zu zertrümmern oder das zu seiner Rettung Notwendige zu unterlassen«. Er war ein zu glaubensstarker und aufs Unbedingte eingeschworener Mann, als daß er ohne Not und ernste Gewissensprüfung das geschriebene Recht verletzt hätte. Höchste Pflicht des Konservativen aber konnte nur die Rettung des Staates sein. Lange hatte Kleist auf einen Erneuerer des Konservatismus gehofft. Trotz politischer Leidenschaft ohne persönlichen Ehrgeiz, mochte er, dessen Selbstbewußtsein nicht zu erhöhen war, weder nach Ämtern noch Würden streben.[21] Doch jetzt – angesichts großer Gefahren – plante er selbst einzuspringen. Schwanden Chancen und Hoffnungen, hatte notfalls er»gouvernemental« zu retten, was»agitatorisch« mißglückt war. Aber standen nicht wieder alle Realitäten gegen ihn und jene, die gleichen Geistes waren? Konnten Hindenburg und der Kreis um ihn überhaupt so kühn sein, die Verfassung zu brechen und einen kompromißlosen Kampf zu kämpfen?

Kabalen, schien es, kamen Kleist entgegen. Solange sich Brüning auf den Reichspräsidenten, die Reichswehr, das Zentrum und die tolerierende Sozialdemokratie stützen konnte, war seine Regierung nicht zu erschüttern.[22] Nun aber begannen einige der Säulen zu bröckeln. Hindenburg war bereits seit Wochen von Brüning abgerückt. Da er nur mit seiner und des Zentrums Hilfe zum Reichspräsidenten wiedergewählt worden war, hegte er gegen den Kanzler untergründig schwärende Ressentiments. Jetzt glaubte er gern, daß Brüning einem konsequenten Rechtskurs im Wege stehe. Schleicher opponierte gegen das SA-Verbot des Kabinetts, durch das er Pläne der Reichswehr gefährdet sah, und hoffte, die SA für eine überparteiliche Wehrsport-Organisation gewinnen und somit Hitlers Bewegung bändigen zu können.[23] Als Brüning schließlich beschuldigt wurde,»agrarbolschewistische« Siedlungsprogramme verwirklichen zu wollen, hatte er vollends das Vertrauen der Rechten eingebüßt.[24] Seine Verdienste um das Ende der Reparationen und Deutschlands nahe militärische Gleichberechtigung konnten ihn nicht retten. Am 30. Mai 1932 wurde er von Hindenburg, den die Klänge der aufziehenden Skagerrak-Marine-Ehrenwache lockten, eilig und ungnädig entlassen.[25] Die Ära der parlamentarisch verbrämten Notverordnungen war vorüber. Die Zeit der unverhüllten Präsidialkabinette begann.

Hindenburg verständigte seinen Freund Oscar von der Osten-Warnitz, daß er erwäge, ihn gegebenenfalls zum Reichskanzler zu ernennen.[26] Osten war bereit und fragte bei seinem Schwiegersohn Kleist an, ob er in ein Kabinett Osten eintreten wolle. Obgleich Kleist von seinem Schwiegervater Gräben trennten – er verdächtigte ihn, einem liberalistisch aufgeweichten Konservatismus erlegen zu sein –, wollte er nun nicht länger abseits stehen. Für den Fall einer Berufung verlangte er das Reichsinnenministerium. Jeder würde sich wundern – gestand er mit feinem Lächeln –, was er als Reichsinnenminister täte.[27] Doch Schleicher, aus aller Unterordnung ausgebrochen und zur Schlüsselfigur geworden, präsentierte als seinen Kandidaten den Zentrumsaußenseiter und westfälischen Katholiken Franz von Papen.[28] Noch bevor sich Papen zu entscheiden vermochte, war ohne Befragung des Reichstages sein »überparteiliches Fachkabinett« ernannt, in dem mit von Gayl (Inneres), von Braun (Landwirtschaft), von Neurath (Äußeres) und von Schleicher (Reichswehr) Männer des Adels eindeutig überwogen.

Hielt man sich an Kriterien der Demokratie, zeugten Brünings Sturz und der Kabinetts»neubau« von unfaßlicher Leichtfertigkeit. Um der Rechten größere Chancen einzuräumen, schien man gewillt, das Parlament vollends auszuschalten. Reichstag und Öffentlichkeit schmähten denn auch die neue Regierung als »Kabinett der Barone oder des Herrenclubs« – Anwürfe, die ihre Autorität bereits untergruben, noch ehe sie sich entfalten konnte.[29] Die erdrückende Mehrheit des Parlaments schwor Opposition. Weder Zentrum noch Sozialdemokratie waren bereit, die neue Regierung zu tolerieren. Während Brüning noch eine Gewähr gegen die Rechtsdiktatur bot, war sie jetzt offenbar beängstigend nahegerückt.

Kleist konnten die empörten Aufschreie der Parteien nicht beirren. Wenn auch kein Kabinett von der Osten geglückt war: endlich glaubte er eine vertrauenswürdige Regierung berufen. Der Parlamentarismus war aus dem Sattel geworfen, dessen Herrschaft überwunden und aufgehoben. So begrüßte er Papens Kabinett als die erste nachrevolutionäre Regierung, »die von den Parteien unabhängig ist«.[30] Erleichtert feierte er sie als die Obrigkeit, die – nach langem und schmerzlichem Interregnum – wieder zum Gehorsam verpflichte. Damit schien gleichsam über Nacht eines seiner wesentlichen Ziele erreicht, und zwar eines, auf das er angesichts der Kräfteverhältnisse kaum noch hatte hoffen können. Um so mehr drang er darauf, den einmal eingeschlagenen Weg beizubehalten und jeder Abhängigkeit von irgendeiner Partei abzuschwören.[31] Die Not des Vaterlandes schien ihm so groß, daß er nur von der höchsten Leistung und von überragendem staatsmännischen Können Rettung erwartete. Nie und nimmer konnten für Kleist Parteien diese Rettung bringen.[32] Mochte man ihn beschuldigen, auch sein Ethos verdecke eigene Interessen: nichts tastete seine Überzeugung an, daß einzig der Konservatismus den Staat retablieren könne. Jetzt hatte sich »eine bedeutsame« Chance aufgetan. Wo immer nun Kleist auftrat, warb er für Papen und sein Kabinett.[33] Nirgendwo dürfe sich ihm – erklärte er in Ansprachen, Zirkeln und Versammlungen – selbstlose vaterländische Gesinnung versagen. Diese Gesinnung hatte für ihn vor allem die arg geschrumpfte DNVP zu zeigen. Da Hugenbergs Partei parlamentarisch nahezu bedeutungslos geworden war, sollte gerade sie das autoritäre Kabinett Papens unterstützen.

Kleist rief die neue Regierung auf zur Konsequenz und Festigkeit.[34] Konsequenz verlangten die Maßnahmen, mit denen der Wirtschaft zu helfen war. Festigkeit galt es dort zu zeigen, wo man versuchte, Nationalsozialisten zu gewinnen. Niemals durfte es Reichsminister geben, die der Bewegung Hitlers angehörten. Wer glaubte, mit Männern des Hakenkreuzes vaterländische Arbeit leisten zu können, hegte in Kleists Augen Illusionen.[35] Allein die Radikalität des Kampfes auf der Straße bewies ihm, daß Hitler zu einer Parteilichkeit erzog, deren Unduldsamkeit vor keiner Gewalt

110

zurückschreckte. Hier war daher in Erkenntnis nationalsozialistischer Ziele instinktsicher und mit starkem Willen ein unwiderruflicher Trennungsstrich zu ziehen. Freilich, auch das neue, von der
DNVP gestützte Kabinett machte Kleist nicht blind. Er sah: Die
neue Regierung hatte eine erdrückende Mehrheit gegen sich zu-
sammengezwungen.[36] So forderte er von ihr nicht nur Gesetze,
sondern vor allem jenen Geist, der durch Tapferkeit und Glau-
bensstärke überzeugte. Nur solch ein Geist, mahnte er, könne die
»wertvollsten Elemente aus den staats- und nationalfeindlichen
Parteien« lösen und damit die Basis der Besten verbreitern, ohne
die sich keine Regierung halte.[37]
Zeigte das neue Kabinett Konsequenz und Festigkeit? Papen
gab sich national.[38] Er verfocht die ungeschmälerte Herrschaft
der Rechten und mit ihr die Wiedergeburt der Hohenzollern-Monarchie, Ziele, denen er alle Wege zu ebnen suchte. Während Schleicher nur vorübergehend autoritär regieren wollte, ohne die Verfassung anzutasten, suchte Papen die Weimarer Konstitution zu ändern und den Parlamentarismus zu entmachten.[39] So deckte sich
sein »Neuer Staat« auch mit Kleists Forderungen. Nicht minder
billigte Kleist den Staatsstreich vom 20. Juli 1932, mit dem Papen
die geschäftsführende Regierung Braun-Severing absetzte, um
Preußen, das größte deutsche Land, dem Reich unterzuordnen.
Obgleich Kleist die Leistungen der Sozialdemokraten Braun und
Severing anerkannte, begrüßte er das Ende ihrer Regierung.[40]
Nachdem die April-Wahl 1932 160 Nationalsozialisten in den Preußischen Landtag geschwemmt hatte und alle Hoffnungen auf eine
handlungsfähige Regierungsmehrheit geschwunden waren,
schien ihm besonders Preußen für eine autoritäre Lösung reif zu
sein.[41] Und auch wirtschaftlich steuerte das neuernannte Kabinett
einen Kurs, dem er zustimmen konnte. Sosehr Papens Reform-
pläne – wie Beseitigung des Schlichtungswesens – Parteien und
Gewerkschaften herausfordern mußten: sie erstrebten den Abbau
des »schrankenlosen Sozialismus«, den Kleist bei seinen Vorschlä-
gen vor Augen hatte. Aber durfte er auf die gleiche Festigkeit gegenüber dem Nationalsozialismus hoffen, die ihn leitete und zu
der er andere bekehren wollte?

111

Hindenburg, Papen und Schleicher waren gegen die braune Bewegung keineswegs gefeit. Während den Feldmarschall der Nationalismus der NSDAP betörte, waren Papen und Schleicher zu Verhandlungen mit Hitler bereit. Beide gedachten, ihn zu zähmen.[42] Ja, Schleicher hatte Brüning vor allem deshalb gestürzt, weil er geglaubt hatte, dieses Konzept, mit dem er die Reichswehr über den Staat stellte, um jeden Preis durchhalten zu müssen. Nie durfte – sein Ziel – das Heer zum Feind oder gar Schlächter der wehrwilligen NS-Bewegung herabsinken. Folglich hatte er als »Vorleistungen« für eine tolerierte Papen-Regierung Hitler zugesagt, daß das SA- und SS-Verbot aufgehoben und der Reichstag aufgelöst würde. Auch Kleists Unversöhnlichkeit war spürbaren Anfechtungen ausgesetzt, wo er »beste nationale Jugend« in den Reihen der NSDAP gewahrte.[43] Er hätte – wie Hindenburg, seine Berater und die Armee – nur ungern auf sie geschossen. Aber da ihn, im Gegensatz zur Reichsspitze, Hitlers Ziele warnten und abschreckten, hätte er notfalls auch die härteste Auseinandersetzung nicht gescheut. Die Pflicht, den Staat göttlicher Weltordnung zu erhalten oder zu erkämpfen, stellte er über alles. Papens und Schleichers Politik erfüllten ihn daher mit Mißtrauen.[44] Deren Taktik und Wille zu Neuwahlen verrieten ihm jene Unsicherheit, zu der schillernde Charaktere neigten.

Die Wahl am 31. Juli 1932 zeigte: Abstimmungen brachten keine Rettung mehr.[45] Abermals hatten alle Hoffnungen auf eine zuverlässige nationale Mehrheit getrogen. Die Nationalsozialisten, gefährlichster Gegner der Rechten, zogen als stärkste Partei in den Reichstag ein. Ihre 230 Mandate verurteilten die 37 der abermals geschlagenen Deutschnationalen Volkspartei zu niederdrückender Bedeutungslosigkeit. Wollte die DNVP nicht völlig Schiffbruch erleiden, mußte sie Papens autoritäres Kabinett unterstützen. Das hatte Kleist bereits seit langem gefordert. Insofern fühlte er sich durch das Wahlergebnis kaum aus der Bahn geworfen. Auch die Möglichkeit einer linken Mehrheitsbildung gehörte der Vergangenheit an.[46] Hier drohten, so schien ihm, keine Gefahren mehr. Aber was geschah mit den Nationalsozialisten? Wäre die Politik den Intentionen Kleists gefolgt, hätte man Hitlers Bewegung ante portas dem Verfall preisgegeben.[47] Produkt vorab der Massennot, hatte sie offenbar schon jetzt den Höhepunkt ihres Einflusses erreicht. Die 37 Prozent, die sie errungen hatte, übertrafen nicht ihren Erfolg bei der Preußen-Wahl. Zwei Drittel des deutschen Volkes wehrten sich gegen Hitler und seine Partei. Zentrum und marxistische Linke blieben uneinnehmbare Festungen. Daran konnte auch die zerriebene und von Kleist verabscheute Mitte wenig ändern. Jedermann wußte zudem: Noch immer tobten in der NSDAP Richtungskämpfe, die sie lähmten oder gar unterhöhlten.[48] Doch Schleicher und Papen wollten nicht von ihrem Zähmungskonzept lassen. Im ersten Augustdrittel forderten sie die NSDAP auf, als Partei der »stärksten Volkskraft« in die Regierung einzutreten.[49] Was Kleist schockierte und als unabsehbare Gefahr empfand, wurde indes durch Hitlers Maßlosigkeit noch einmal gegenstandslos. Indem Hitler die Kanzlerschaft und alle wesentlichen Ressorts verlangte, kurz: die Alleinherrschaft, die ihm Hindenburg nicht auszuliefern willens war, warf er sich selbst in die Opposition zurück. Das Zähmungsprojekt – am falschen Objekt erprobt – war gescheitert, die Maske des braunen Totalitarismus gefallen. Obgleich Kleist kaum hoffen konnte, daß Hindenburgs »Kamarilla« für alle Zukunft belehrt sei, erfüllte ihn die erzwungene Feindschaft zwischen NSDAP und Regierung mit Genugtuung.[50] So forderte er im Hauptverein der Konservativen, »daß das unerfreuliche Kapitel der Schleicherschen Verhandlungen mit den Nationalsozialisten, das in staatlichen Belangen keine Begründung findet«, ein für alle Male abzuschließen sei.[51] So begrüßte er, als wider Erwarten eine Mehrheitsbildung zwischen NSDAP, Zentrum und Bayerischer Volkspartei drohte, die erneute Auflösung des Reichstages als Chance des autoritären Regimes.

Am 6. November 1932 wurde noch einmal gewählt. Wieder waren die Ergebnisse für die Demokratie düster. Kleist aber fühlte sich von neuem bestätigt und atmete auf. Der Nationalsozialismus, seine »Eintagserscheinung«, war um 34 Mandate zurückgefallen. Hitler hatte anderthalb Millionen Stimmen eingebüßt.[52] Auch sonst schien mit der letzten Wahl dieses ereignisreichen Jahres eine vielsagende Zäsur erreicht. Nirgendwo wollte mehr eine parlamentarische Mehrheit glücken. Ob man die Harzburger Front, NSDAP-Zentrum, Brünings Block, die Weimarer oder Große Koalition, SPD und KPD zusammenschmiedete: keine dieser denkbaren Kombinationen vermochte die Mehrheit zu erringen.[53] Allenfalls konnte eine negative Kooperation der totalitären Parteien (NSDAP/KPD) die Fünfzigprozent-Markierung knapp überspringen. Wer immer an dem politisch abenteuerlichen Weg dieses Jahres die Schuld trug – und im Willen, die Republik zu vernichten, schienen allzu viele mit Blindheit geschlagen zu sein –: bei diesen abnormen Kräfteverhältnissen war allen Parteien das Grab gegraben. Keine konnte hoffen, mit ihrem Konzept zu obsiegen. Jede besaß nur Macht genug, um eine konstruktive Arbeit unmöglich zu machen. Kleist hatte noch nie einen arbeitsunfähigen Reichstag als Unglück betrachtet.[54] Je offenkundiger der demokratische Verfall, desto größer die Chancen des Konservatismus. Es war ihm bewußt, daß eine Regierung Papen keine bessere Grundlage als im Juli 1932 erwarten durfte. Wenn er aber je Staat und Regierung ein Recht zubilligte, sich auf ihre Notwehr gegen das Parlament zu berufen, so nach dieser letzten Wahl.

Auch Kleist zweifelte allmählich, ob Papen der rechte Mann sei, um die Wende zu erzwingen.[55] Oft empfand er ihn als sprunghaft und zerfahren. Böse Zungen wollten wissen, daß Papen – der vielgeschmähte »Herrenreiter« – von den Anregungen anderer lebte. Seine Reden glichen nicht selten Sonntagshymnen, und als Aristokrat schien er die Widerstände des Volkes eher anzufachen.[56] Daran mochte auch die nächste Zukunft nichts ändern. Gleichwohl verlangte Kleist, das autoritäre Regime beizubehalten und die Verfassungsreformen anzupacken, mit denen die Republik und Hitlers Bewegung überwunden werden sollten.[57]

Seine Forderungen deckten sich äußerlich mit Hindenburgs und Papens Absichten. Obgleich Papen von neuem mit Hitler verhandelte, beharrte er auf dem autoritären Experiment.[58] Wenn er auch nicht wußte, wie das Projekt des »Neuen Staates« zu verwirklichen sei, so zeigte er sich doch entschlossen, an ihm festzuhalten. Wie zuvor war vom überfälligen Umbau des Staates die Rede, aber diesmal gewann Papen Hindenburg für den – notfalls einzu-

114

schlagenden – Weg purer Gewalt. Selbst Hugenberg schwenkte auf diese Linie, indem er – zumindest vorübergehend – den radikalisierten Nationalsozialismus als »regierungsunfähig« verwarf. Da torpedierte Schleicher die mühsam errungene Einmütigkeit. Vor die drohende Aussicht gestellt, Papens Regiment und Staatsstreichpläne stützen zu müssen, erklärte er, daß die Reichswehr zu einem Kampf gegen die Linke *und* Rechte außerstande sei.[59] Als er sich zudem für eine tragfähige Mehrheit stark machte, für die er den Strasser-Flügel der NSDAP und gar eine Gewerkschaftsfront mobilisieren zu können hoffte, waren die Würfel gefallen. Hindenburg fragte nicht, ob dieser Taktik je Chancen winkten, mehr noch: ob sie realpolitisch überhaupt zu bejahen sei. Er begriff nur, daß Schleicher eine Politik anstrebte, die den gewissenbelastenden Verfassungsbruch vermied. So siegte abermals jenes illusionäre Zähmungs»konzept«, das trotz warnender Erfahrungen nicht umzubringen war. Papen, der sich gegen eine nochmalige Parteienherrschaft stemmte, mußte Anfang Dezember 1932 weichen. Kurt von Schleicher, Wehrminister und General der Infanterie, wurde Reichskanzler.[60]

Kleist sah ohne Zwang die autoritäre Staatsführung preisgegeben.[61] Schleicher, der auf Parteien und Massenorganisationen setzte, war ihm Exponent des Parlamentarismus, Rückfall »hinter die Periode Brüning«. Des neuen Kanzlers Argument, daß die Macht des Staates nicht ausreiche, um Unruhen von links und rechts zu unterdrücken, nannte er »völlig irrig«, Schleichers Auftritt gegen Hindenburg und Papen Hinterhältigkeit. Die starke Lösung, die Konsequenz und Tapferkeit erforderte, glaubte er verabschiedet. Im neuen Mann erblickte er einen, den vor allem die Sorge plagte, »sich an die jeweils stärkste Volksströmung anzupassen«.[62] Was er ihm »zutraute«, gipfelte »in dem Bemühen, die Kräfte im Parlament und in den Volksströmungen so auszubalancieren, daß sie sich das Gleichgewicht halten, um auf dem annähernden Mittelpunkt, also dem Nullpunkt der Politik, eine wesensgleiche Regierungspolitik zu stützen«.[63] Schleichers Hoffnung, Teile der NSDAP gewinnen zu können, empfand Kleist als töricht. Nicht minder abwegig, in seinen Worten, Spekulationen auf die Gewerkschaften, denen Parteilichkeit Spielraum nahezu verwehre.[64] So drohte für ihn »bestenfalls« von neuem die fluchwürdige »Diagonale der Kräfte«, eine Wiederkehr jener »Girondepolitik«, die nach Bismarcks These den Staatswagen allemal in den Abgrund schob. Dem Konservativen war der General liberalistischer Taktiker, prinzipienloser Opportunist, »echter Girondin«.[65]

Bereits Schleichers Regierungserklärung gab Kleist recht. Um einen Ausgleich der Fronten bemüht, zeigte sich der Kanzler bereit, allem und allen Konzessionen zu machen.[66] Die Folge waren Widersprüche, die verwirrten, ja aufreizten. Gewiß hatte es zunächst den Anschein, als glücke ein Stillhalteabkommen mit den Parteien. Aber auch Schleicher mißlang es, seine Basis zu verbreitern. Weder die »sozialistische« Linke der NSDAP noch die Gewerkschaften waren zur Mitarbeit bereit. Während Hitler den ausbruchsbereiten Gregor Strasser entmachten konnte, wurde der kooperationswillige Leipart, Führer der Gewerkschaften, von der Sozialdemokratie zurückgehalten.[67] Nach wenigen Wochen war das Projekt Schleichers gescheitert und der neue Kanzler zu den Maßnahmen gezwungen, die er Papen und Hindenburg verweigert hatte. Abermals hieß die Alternative: autoritäres Kabinett oder Sieg des Nationalsozialismus.

Kleist brauchte nicht zu wählen. Wäre man ihm und seinen Beschwörungen gefolgt: das Experiment Schleicher hätte unterbleiben können. Längst hatte man in seiner Sicht den Staatsstreich zu wagen. Nun freilich war auch Schleicher umgestimmt. Da er den Nationalsozialismus weder spalten noch für sein Kabinett gewinnen konnte, wollte er Hitler ein für alle Male die Macht vorenthalten. Er forderte diktatorische Vollmachten, die Auflösung des Reichstages und ein Verbot der NSDAP und KPD.[68] Hätte Kleist Schleichers Entschlossenheit gekannt, hätte er sich auf die Seite des Kanzlers schlagen müssen. Wenn auch der General die Republik zu erhalten suchte, die der »Junker« verabscheute: jetzt bildete Schleicher einen Damm gegen den Nationalsozialismus. Aber noch bevor diese Interessengemeinschaft erkennbar werden konnte, war sie aus Kurzsichtigkeit oder verletztem Stolz zunichte gemacht. Der Reichspräsident weigerte sich, Schleicher zu gewähren, was er auf dessen Geheiß hin Papen versagt hatte.[69] Hindenburg willigte weder in die Reichstagsauflösung noch in ein NSDAP- oder KPD-Verbot. Jetzt schlug er Wege zu den Kompromissen ein, denen Schleicher – vom Nationalsozialismus belehrt – endlich abschwören wollte.

Papen zögerte nicht, Hindenburg beizuspringen.[70] Offenbar rachsüchtig, zielte er auf Schleichers Sturz. Am 4. Januar 1933 sprach er – hinter dem Rücken des amtierenden Kanzlers – im Kölner Haus des Bankiers Schröder den Führer der NSDAP, um mit ihm Pläne für ein Duumvirat Papen-Hitler zu erörtern.[71] Das Kabinett der Barone war gescheitert; mit den Nationalsozialisten aber hoffte sich Papen wiederum an die Macht zu bringen. Wenige Tage später in Berlin, setzte er nun im Auftrag des Reichspräsidenten seine Sondierungen fort. Während Hitler – durch Schaden klüger geworden – kompromißbereit schien, erweckten Schleichers sozialpolitische Ausgleichspläne den Widerstand Hindenburgs und der DNVP. So konnte Papen die von Schleicher abfallende Rechte für seine Pläne gewinnen. Am 17. Januar trafen sich Hitler und Hugenberg, um die – gebrochene – Harzburger Front zu »kitten«.[72] Kaum eine Woche später gelang es Papen, den Führer der DNVP und Seldte für das Hitler-Kabinett zu verpflichten, zu dem er selbst mehr und mehr entschlossen war.[73]

Kleist erwartete von Papen keine staatsmännischen Leistungen mehr.[74] Betrachtete er dessen Kanzlerzeit, mußte er zugeben, daß Papen seinen Aufgaben nicht gewachsen war. Statt unbeirrt am antiparlamentarischen Reformwillen festzuhalten, hatte er sich in Halbheiten erschöpft; Mißtrauen flößte sein Charakter ein. Als um die Jahreswende 1932/33 Hans von Wedemeyer-Pätzig nach Kieckow im Kreise Belgard kam, um unter pommerschen Konservativen für die Pläne seines Freundes Papen zu werben, blieb Kleist skeptisch.[75] So gern er einem wahrhaft autoritären Kabinett gefolgt wäre: jetzt betonte er, daß Papen, der Politiker, unzuverlässig sei. Wenige Tage später, auf einer Fahrt nach Berlin, entnahm er Zeitungsberichten, daß sich Papen und Hitler in Köln getroffen hätten. »Ich habe recht gehabt«, sagte Kleist zu Schlabrendorff, »Papen hat uns zu täuschen versucht.«[76]

Dieses Treffen signalisierte ihm die höchste Gefahr. Hitler stand vor den Toren. Sollte Deutschland überleben, hatte – koste es, was es wolle – die konservative Revolution zu siegen. Nie durfte der Nationalsozialismus triumphieren. Kleist wußte: Längst war die Macht im Reich an wenige Männer gefallen. Diese Männer manipulierten sie; nur diese Männer konnten sie auch vergeben. So war er entschlossen, in einem letzten Anlauf auf sie einzuwirken und die Katastrophe zu verhindern, die Ratlosigkeit, Schwäche und ein schier undurchdringliches Intrigengespinst heraufzubeschwören drohten.

Sein erster Weg führte zu Hindenburg. Mitte Januar 1933 gelang ihm eine Audienz beim Reichspräsidenten.[77] Würdig und bestimmt erklärte er, daß Hitler unter keinen Umständen Reichskanzler werden dürfe. Erfreut stimmte Hindenburg zu. Noch war sein Widerstand gegen den »Staatsmann« Adolf Hitler nicht gebrochen. Noch verboten ihm Pflichtgefühl und Verantwortungsbewußtsein, mit Hitlers Kanzlerschaft ein Parteikabinett in den Sattel zu heben. Kleist schien beeindruckt und bereit, sein früheres negatives Urteil über Hindenburg zu revidieren. Dies sei ein Mann – gestand er nach dem Empfang –, demgegenüber eine Unehrerbietigkeit »völlig unmöglich« wäre. Doch wie lange würde Hindenburgs Festigkeit vorhalten? Schon jetzt hatte er auch Kleist um eine Einwirkung auf Papen gebeten, der »ja wolle«, daß Hitler Reichskanzler werde.[78]

Kurz darauf bestürmte Kleist Hugenberg, den Gerüchten ein Ende zu bereiten, er, Hugenberg, und Seldte seien bereit, in ein Kabinett Hitler einzutreten.[79] Ohne Umschweife forderte er, mit Zustimmung der DNVP ein »von allen Parteien völlig unabhängiges Kabinett von Monarchisten und ohne Hitler« zu erkämpfen. Würden andere Möglichkeiten beherzt ausgeschieden, sähen sich Hindenburg und Papen in eine Zwangslage versetzt. Die Leidenschaft, mit der Kleist argumentierte, spiegelte seinen sprühenden politischen Kampfwillen, aber hier traf er auf abwehrenden Mißmut und ertaubte Instinkte. Hugenberg klammerte sich von neuem an den Schwanz des durchgehenden »Hitler-Pferdes«. Er wollte sich weder binden noch gegen Hitler entscheiden, sondern mit Hilfe der NSDAP retten, was er in einem solchen Bündnis allenfalls verspielen konnte.[80]

Kleist jedoch gab nicht auf. Am 25. Januar sprach er – spät, aber nicht zu spät – Franz von Papen.[81] Sofort beschwor er auch ihn, ein konservatives Kampfkabinett zu bilden, Hitler und die NSDAP auszuschalten, den Reichstag »sine die« aufzulösen und die Staatskrise durch entschlossenen Verfassungsneubau zu überwinden. Doch Hindenburgs »Kanzler« lehnte ab. Wie er zugab, Hitlers Berufung zu betreiben, so blieb er gewillt, sie durchzusetzen.[82] Längst hatte er das Zaubermittel der »Nationalen Konzentration« gefunden, in der er, Papen, Deutschnationale und Stahlhelm Hitler zu lenken gedachten. Dieses Konzept »mußte« schließlich ebenso Hindenburg überzeugen. Schon erlahmten die Widerstände des Reichspräsidenten. Schon waren dessen »in der Verfassung nicht vorgesehener« Sohn Oskar und Meißner für die neue Lösung gewonnen.[83] Auch Männer der Rechten begannen Hindenburg unter Druck zu setzen: Sie rieten, es mit einem »eingerahmten« Hitler zu versuchen. Verfingen auch deren Einflüsterungen nicht, wollte Papen erklären, daß ein Kabinett unter seiner Führung unmöglich sei. So mußte Kleist von Papen hören, daß er in Hitlers Berufung die einzige Möglichkeit erblicke, dem Reichspräsidenten den gefürchteten Verfassungsbruch zu ersparen.[84] Freilich, nähme Hitler die Beschränkungen, die ihm auferlegt würden, nicht an, wäre Hindenburg gerechtfertigt, den Staatsnotstand zu erklären. Dann, aber auch nur dann würde ein konservatives Kampfkabinett Papen-Hugenberg gebildet, das in »einer Stunde stehen« und in dem er, Kleist, das Reichsinnenministerium übernehmen müsse.

Obgleich Papens Haltung den Hoffnungen widersprach, die er in Pommern durch seinen Freund Wedemeyer hatte erwecken lassen, glaubte Kleist wenigstens an einige Chancen. Warum sollte Hitler nicht noch einmal auf Forderungen bestehen, die Hindenburg und Papen ablehnen mußten? Gleichwohl war Kleist alarmiert. Was seinen letzten Artikel ausgelöst hatte, galt vollends erst jetzt: Deutschland war in Gefahr, und erneut drohte ihm Gefahr von Männern, die vorgaben, zu seinem Besten zu handeln. Das

Schlimmste befürchtend, wich er vom 28. bis zum 30. Januar nicht mehr aus Papens Wohnung in der Wilhelmstraße 74.[85] Er ahnte: Papen war vom Hitler-Experiment nicht zurückzuhalten. Doch zugleich wußte er: Wenn es eine letzte Möglichkeit gab, das herannahende Verhängnis abzuwenden, dann hatte er noch einmal den Hebel bei Hugenberg anzusetzen. Ohne diesen Mann mußte die »Nationale Konzentration« – unerläßliche Bedingung des Reichspräsidenten – hinfällig werden. Kleists bisherige Versuche, eine DNVP-Opposition gegen Hugenberg zu formieren, waren durchweg gescheitert.[86] Obgleich nicht wenige die erneuerte Front von Harzburg verurteilten, wagte niemand offen gegen den Parteivorsitzenden aufzubegehren. Hugenbergs Kurs, der bedingungslose Unterordnung verlangte, trug Früchte. Gleichwohl trommelte Kleist den ihm nahestehenden DNVP-Abgeordneten Schmidt-Hannover herbei, um wenigstens eine einflußreiche Stütze in seinem Kampf zu gewinnen.[87]

Am 29. Januar 1933 begann die Endrunde der Verhandlungen. Diesmal gab sich Hitler »maßvoll«.[88] Da er mit Blomberg einen Wehrminister gesichert wußte, der ihm ergeben war und etwaige Widerstände der Reichswehr neutralisieren konnte, vermied er überspannte oder gar gefahrbringende Forderungen. Auf das preußische Reichskommissariat – den letzten Zankapfel –, das Vizekanzleramt und die meisten Ministerien verzichtete er: Sie sollten Papen, Hugenberg, Seldte und bewährten Fachmännern zufallen. Für die NSDAP verlangte er – neben dem Kanzleramt – »nur« die Innenministerien Preußens und des Reiches und ein neu zu schaffendes Luftfahrtministerium – Ressorts, für die er Frick und Göring vorgesehen hatte. Als einzige Bedingung freilich, die zu erfüllen sei, nannte er – Neuwahlen.

Flugs ließ Papen Hugenberg kommen, um diese Bedingung durchzusetzen. Aber noch bevor die neuen Kabinettsmitglieder zustimmen konnten, vermochte Kleist – von Papen knapp informiert – Hugenberg abzufangen.[89] Noch einmal beschwor er ihn, sich an keiner Hitler-Regierung zu beteiligen. Mit ihr käme ein Kabinett zum Zuge, dessen Parteilichkeit alle deutschnationalen Ideale verhöhne. Entschließe man sich zu einem unzweideutigen

120

Nein, regiere in einer Stunde jenes konservative Kampfkabinett, das vorbereitet sei und in dem er, Hugenberg, zwei Reichs- und zwei preußische Ministerien erhielte. Er selbst, Kleist, stünde auf Abruf, um in diesem Kabinett das Reichsinnenministerium zu übernehmen. Doch Hugenberg, der nicht einmal Gründe bemühte, war zu keiner Ablehnung zu bewegen.[90] Darauf schlug ihm Kleist als Conditio sine qua non vor: Auflösung des Reichstages, aber keine Neuwahl. Er wußte: Diese Forderung hatte Hugenberg seit je erhoben; sie konnte ihm weder Mühen noch Skrupel verursachen. Jetzt wies er ihm nach, daß mit ihr Hitler erledigt und das Kabinett erzwungen würde, das er, Hugenberg, immer selbst verlangt habe. Doch wieder vermochte sich der DNVP-Vorsitzende nicht zu entscheiden. Da machte sich Kleists Erbitterung über solch klägliches Versagen Luft. Mit gedämpften Worten, aber in bebender Erregung warf er Hugenberg Ehrlosigkeit, Verrat am Vaterland und dessen Zerstörung vor.[91] Damit war freilich jedes weitere Gespräch unmöglich geworden. Denn nun erhob sich Hugenberg und sagte: »Das geht zu weit.« Auch Kleists Versuche, eine klare Weitergabe der Bedingung »Keine Neuwahlen« zu erreichen, scheiterten an Papens und Hugenbergs Furchtsamkeit. Allenfalls »äußerten sie sich gewunden«. So war für Kleist der Weg zu Hitlers Diktatur freigegeben. Das Ende hieß in seinen Augen: Entseelung, Wahn und Gottlosigkeit.[92] Papen, noch einmal zur Rede gestellt und ebenso mit Vorwürfen überschüttet, glaubte sich auf Hindenburgs Vertrauen berufen zu können. Schon in zwei Monaten werde Hitler in die Ecke gedrückt sein. Darauf aber konnte Kleist nur erwidern: »Menschen, die nicht den Mut haben, einen Mann, dessen Partei zusammenbricht, wenn man sie rücksichtslos beiseite läßt, mit seinen wahnwitzigen Forderungen abzuweisen, sondern ihm aus Schwäche und Kurzsichtigkeit zu ungeahnter Macht verhelfen, werden nie die Kraft aufbringen, ihn erfolgreich zu bekämpfen. Nein, er wird sie alle in kurzer Zeit völlig erledigen und durch *ihre* Schuld das Vaterland zerstören.«[93]

Schon der nächste Tag sprach für seine Analyse. Wohl bäumte sich an diesem 30. Januar Hugenberg noch einmal auf, als Hitler von neuem die Auflösung des Reichstages und Neuwahlen forderte. Jetzt begriff er, daß die NSDAP, einmal Regierungspartei, durch Wahlen noch größere Macht gewinnen werde.[94] Doch sofort brach Papen jeden Widerstand, indem er die »Größe der Stunde« beschwor. Und stand es sonst besser um die »Stellungen«, die man sich gesichert haben wollte? Hitler präsidierte als Kanzler. Er lenkte die SA und SS. Seine Innenminister in Preußen und im Reich beherrschten Beamtentum und Polizei. Somit waren entscheidende Bastionen in seiner Hand. Papen vermochte gegen sie kaum aufzukommen. Obgleich Reichskommissar für Preußen, konnte er Hitler nicht gängeln.[95] Sein Vizekanzleramt glich purer Dekoration. Die Macht der Reichswehr aber war durch die Berufung des anfälligen Blomberg blockiert. Vollends lähmte Wehrlosigkeit die übrigen Ressorts, die bedächtige Bürokraten, aber keine zupackenden Kampfnaturen verwalteten. Auch das einstweilen verfügte gemeinsame Vortragsrecht Hitlers und Papens konnte keinen Ausgleich bieten. Alle Hoffnungen auf das oft beschworene Duumvirat blieben Fiktion.[96] Gleichwohl führte Papen »sein« Kabinett Hindenburg zu. Da Gerüchte umgingen, daß die Reichswehr unter Schleicher putschen wolle, wurde es rasch vereidigt.[97] Hitler war Kanzler des Deutschen Reiches.

Um die Mittagszeit dieses 30. Januar 1933 traf Ewald von Kleist einige Freunde in den Räumen der Berliner Casino-Gesellschaft.[98] Bleich und in einem Zustand tiefer seelischer Erschütterung sprach er von den Erlebnissen der letzten Tage und Stunden. Noch einmal überwältigten ihn Zorn und Verzweiflung, dann entrang es sich ihm: »Jetzt zerschlagen sie mir mein Preußen.«[99] Dieses Preußen war für Kleist nicht der blaue Fleck auf Landkarten, nicht seine Armee und Bürokratie, nicht Fehrbellin, Leuthen und Königgrätz, wohl aber der Pflichtwille und tiefe Glaube, die sich in Friedrich Wilhelm I., Wilhelm I., Yorck, Roon und im Friedersdorfer Marwitz verkörpert hatten. Nun würde man, bekannte der Erschütterte, Stein um Stein aus dieser Welt herausschlagen, bis sie in sich zusammensank und Deutschland zu Staub zermahlen war. Torheit, Entschlußlosigkeit und Versagen hatten – seine Bilanz – das Reich dem schlimmsten Widersacher ausgeliefert. Nun konnte es Hitler an sich reißen und verderben.

122

Gewiß, auch Kleist hätte scheitern können, wenn er an Stelle Fricks Reichsinnenminister geworden wäre. Er schwamm mit dem, was er wollte, gegen den Strom. Er bekämpfte den Pluralismus der Interessen, verdammte das »Begehren« und hätte, einmal im Amt, Brücken zum Arbeiter und Angestellten erst finden müssen, Schichten, denen er innerlich gespalten gegenüberstand. So drohte er heftige Widerstände wachzurufen, von denen niemand zu sagen weiß, ob sie ihn nicht erdrückt hätten. Nach Schleichers Koalitions-Versuchen wäre ein neues autoritäres Kabinett die am meisten umkämpfte Lösung gewesen. Schwer nur hätte man an ihr festhalten können. Aber so gewiß Kleist zu lernen bereit gewesen wäre, so unbeugsam hätte er gekämpft. Einsicht und Weltanschauung zwangen ihn, den antichristlichen Nationalsozialismus niederzuringen und den eigenen Glauben an Gottes Weltordnung in Taten zu bewähren.

Aber war solch ein Konservatismus nicht weithin erloschen? Mußte er bei Glaubenslosigkeit nicht untergehen? Wohin Kleist auch blickte: überall entsetzten ihn blutarme Gesinnungsschwäche und Vieldeutigkeit. Ob er Schleicher, Papen, Hugenberg, Seldte und selbst Hindenburg betrachtete, den er nach seinem bestürzenden Umfall pflichtvergessen zu nennen begann: keiner von ihnen wußte mehr, was ein glaubensstarker Konservatismus gebot.[100] Jeder von ihnen war Hitlers vordergründigem Nationalismus oder gar jener Ratlosigkeit verfallen, die taktische Finten oder Schläue zu überdecken suchten. Dieses ewige Lavieren und Zaudern, mit dem man dem Nationalsozialismus unterliegen mußte, hatte Kleist seit je erbittert und isoliert. Es hätte auch ein autoritäres Kampfkabinett unheilvoll belastet, in dem er, der unbedingteste aller Konservativen, zunächst seine schwächlichen Mitstreiter hätte mitreißen müssen.

Doch war er ohne Schuld an dem, was nun sein Vaterland heimsuchte? Hatte er nicht die Demokratie untergraben helfen, die er gegen Hitler hätte verteidigen müssen? Und mehr noch: Wies nicht auch sein autoritäres Konzept in die Richtung, in die der Nationalsozialismus drängte? Ewald von Kleist hatte die Republik bekämpft. Statt Brüning in seinen konservativen Zielen zu unterstützen, hatte er noch 1932 auf die politische Rechte gesetzt, deren Ohnmacht gegenüber dem Nationalsozialismus schmerzend offenbar geworden war. Damit hatte auch er zum Abbau von Barrieren beigetragen, die er – nicht zuletzt um des Konservatismus willen – hätte erhalten müssen, aber was die Analyse erweist, ist Kleist kaum bewußt geworden. Er, der nach seiner Weltanschauung lebte, fühlte sich nicht schuldig. Wenngleich nun die Republik der Diktatur weichen mußte: ihr Untergang vermochte ihn nicht zu rühren.[101] Diese Republik hatte in allem seinen Konservatismus verhöhnt. Unfähig zu führen, hatte ihre Parteienherrschaft das Volk gespalten. Immer würde er solch ein Regime als abstoßend, unstaatlich und widergöttlich bekämpft haben. Darin konnte ihn auch der 30. Januar 1933 nicht beirren. Kleist glaubte nicht an die Alternative Hitler oder Weimarer Demokratie. Er glaubte einzig an seine konservative Sache, die unbeirrbar zu verfechten war. Männer ohne Überzeugungstreue hatten in seinen Augen Hitlers Machtantritt möglich gemacht. Männer mit konservativem Glauben hätten ihn verhindern können. Und wie immer man sein Ringen um eine autoritäre Lösung auslegte: nie hätte er, als Preuße oder Deutscher, Recht und Gerechtigkeit verleugnet. Der Nationalsozialismus verkündete die Herrschaft des selbstherrlichen Menschen. Kleist wußte sich an Gott gebunden und verpflichtet, den Willen des Schöpfers zu erfüllen. So wäre ihm des »Führers« Hybris nicht einmal zur Versuchung geworden. Und wollte er wie Hitler, in Europa ausgreifen, um Deutschland zugrunde zu richten? Wäre er zum Zuge gekommen, er hätte den Frieden bewahrt, den er nun zerbrechen sah. Er, der Konservative, wollte weder angreifen noch verspielen; er suchte Deutschland zu erhalten – eine Aufgabe, die ihm Verdienst genug und jeder Anstrengung würdig schien.

Er selbst glaubte, sich bewährt zu haben, doch seinen Stand sprach er schuldig.[102] Für ihn, den Aristokraten, hatte namentlich der Adel das Reich dem größten Feind ausgeliefert und aufs schlimmste versagt. Mochte nun dieser Stand – durch Anpassung an den Nationalsozialismus – in völliger Ruhmlosigkeit enden: Kleist war entschlossen, jetzt für den Sturz Hitlers zu kämpfen.

ACHTES KAPITEL

Unter der Diktatur

Der Rausch um Hitlers Machtantritt schien jeder Opposition zu spotten. Das »nationale« Deutschland triumphierte. Jubelnd feierte es das neue Reich.[1] Die siegreiche Revolution stürzte nicht die gesellschaftliche Ordnung, aber sie entband die Kräfte, die Deutschlands machtvolle Wiedergeburt erstrebten. Überall packte die Gewalt der Stunde, mit der endlich die »Verirrung von vierzehn Jahren Marxismus« überwunden werden sollte. Überall wehten Hakenkreuzfahnen neben jenem Schwarz-Weiß-Rot, in dem sich eine ruhmvolle und nicht länger verleugnete Vergangenheit symbolisierte. Dieser Taumel bannte nicht nur die Massen, deren Heilrufe Aufmärsche und Fackelzüge umbrandeten; er riß auch Männer der Künste und Wissenschaften zu Hymnen hin, mit denen sie das Dritte Reich als Erfüllung geschichtlicher Sehnsüchte priesen. Und Hitler brauchte zunächst nicht zu enttäuschen. Noch konnte er all die christlichen und nationalen Werte beschwören, mit denen er – und nicht nur bei seinen Anhängern – um Vertrauen und Zuspruch warb. Als er sich gar am 21. März 1933 in Potsdams Garnisonkirche vor Hindenburg verneigte, um Hingabe und Pflichterfüllung zu geloben, »bekräftigte« er, was Millionen überzeugte.

Ewald von Kleist konnten die Delirien dieses nationalen Deutschland nicht betäuben. Obschon es ihn schmerzte, viele trunken zu sehen: nirgendwo vermochte er ihnen zu folgen. Im Tag von Potsdam erblickte er eine komödienhafte Entweihung des Schutzgeistes, auf den sich Hitler – unfähig, Preußen zu begreifen – schamlos berief.[2] Diese angeblich »nationale« Revolution stürzte ihn in die wohl tiefste Verzweiflung seines Lebens. Oft

125

schien es, als stünde er am Rand des Selbstmords. Bereits seine Kenntnis vom Umbruch mußte ihn niederdrücken. Er hatte die Wehen des 30. Januar aus zu großer Nähe erlebt, um über die neue Regierung auch nur eine Illusion zu hegen. Wohl hatte man die Ämter des Kabinetts verteilt, aber von nationaler Einmütigkeit konnte keine Rede sein.[3] Kaum eine Sachfrage, bei der nicht Gegensätze oder Spannungen zutage getreten wären! Noch mehr als derartige Hypotheken beunruhigten Kleist die ungleichen Machtgewichte. Er wußte: Mit der preußischen Polizei und der bewaffneten SA hatten die Nationalsozialisten eine Schlagkraft gewonnen, mit der selbst die Reichswehr herauszufordern war. Hitler würde nicht zögern, sie zu nutzen. Denn sein Drang nach Alleinherrschaft trieb ihn, jene zu entmachten, die ihn jetzt noch beengen mochten. So konnte Kleist der Taumel des »irregeleiteten nationalen Volksteils« nur mit innerer Qual erfüllen. Aller Jubel erinnerte ihn einzig an das Pikenfest vom 14. Juli 1790, an dem sich »in Frankreich Volk und König in überschwenglicher Begeisterung Treue schworen, um sich bald danach umzubringen«.[4]

Der nationalsozialistische »Umbruch« bestätigte seine Opposition. Wie jede Parteiherrschaft, so unterdrückte und knebelte gerade Hitlers Partei einen Teil des Volkes. Namentlich dem »Gegner« verwehrte sie Rechte.[5] Allenthalben wütete die SA in Folter- und Prügelkellern, häuften sich Gewalttaten und Morde, die weder Staatsanwälte noch Richter mobilisierten. Diese »Nachtseiten« der Erhebung sprachen nicht nur ihrem Pathos Hohn; sie mußten auch die Fundamente erschüttern, ohne die ein Gemeinwesen verkam. Mit der »Notverordnung zum Schutze von Volk und Staat«, unmittelbar nach dem Reichstagsbrand, waren die Grundrechte des Bürgers verabschiedet. Göring bekannte offen, daß er stolz sei, nicht zu wissen, was Gerechtigkeit heiße, und daß er jetzt ausrotten und vernichten wolle. Justitia fundamentum regnorum – so lautete die oberste Maxime des königlichen Preußen. Daß es jetzt heißen sollte, es sei keine Gerechtigkeit mehr zu üben, mußte das königliche vom neuen Preußen für immer trennen. Terror und Unterdrückung – Merkmale angemaßter irdischer Omnipotenz – entwürdigten die Nation. Sooft in diesen Tagen der »heldische«

126

Sinn des Umbruchs gepriesen wurde: Kleist pries nur den Juden Schum als Helden, der, in Kiel von SA angefallen, mit einer Pistole zurückgeschossen hatte.[6]

All diese Übergriffe zwangen zu unzweideutigen Konsequenzen. Kleist zog sie, um vom NS-Regime und seinen Helfern abzurücken. Am 13. Februar 1933 – kaum zwei Wochen nach Hitlers Machtantritt – erklärt er in einem offenen Brief an Alfred Hugenberg seinen Austritt aus der Deutschnationalen Volkspartei.[7] Wenn er auch hofft, daß sein Schritt nicht nachgeahmt werde, so will er doch künftig allein und unabhängig handeln. Noch einmal geißelt er die Abkehr vom autoritären Kabinett. Schonungslos deckt er die Schwächen der amtierenden Regierung auf, in der er – »besonders durch die Beteiligung der Nationalsozialisten« – eine Parteiregierung erblickt. »Ich habe«, führt er aus, »gegen das parlamentarische System und für autoritäre Staatsführung gekämpft, nicht um unter diesem Deckmantel eine Parteiregierung der Linken durch eine entgegengesetzte Parteiregierung abzulösen, sondern, als Konservativer, ehrlich um eine wirklich unabhängige, selbstverständlich entschlossen vaterländische Regierung.«[8] Noch immer erkennt er Hugenbergs sachliches Können an – Nachhall jenes Respekts, den er ihm als Fachmann der Wirtschaft seit je entgegenbrachte und auch künftig bezeugen wird. Doch wie er dessen Möglichkeiten in dieser uneinheitlichen, von taktischen Gesichtspunkten bestimmten Regierung gering anschlägt, so beharrt er auch auf dem eigenen Parteiaustritt. Der Austritt gilt schon deshalb, »weil eine Beteiligung an der gegenwärtigen Koalitionsregierung naturgemäß eine Beschränkung in der überzeugenden Vertretung autoritärer Staatsführung in sich schließt. Ich selber aber will in dieser Beziehung keinerlei Behinderung unterworfen sein, weil ich überzeugt bin, daß erst in einer wirklich unabhängigen Staatsführung unsere Zukunft gesichert sein wird«.[9]

Der »Absage« an Hugenberg folgt sein eigenständiger Kampf gegen das Ermächtigungsgesetz. Obgleich Hitler in den Wahlen vom 5. März 1933 nur mit den Deutschnationalen eine knappe Mehrheit gewonnen hatte, war sich Kleist bewußt: Das Gesetz bedeutete die nationalsozialistische Diktatur. Abermals spannte er den Abgeordneten Schmidt-Hannover ein, um das größte Verhängnis abzuwenden.[10] In einem Entwurf schlug er vor, das Ermächtigungsgesetz nur mit sechs Zusatzanträgen anzunehmen. Kleists Zusatzanträge forderten: Erhaltung des Rechtsstaates und uneingeschränkte freie Meinungsäußerung, keine Schutzhaft und Geheime Staatspolizei. Ferner war verlangt, alle »behördlichen Funktionen« nicht der Partei, sondern einzig dem Staat zu übertragen. Der sechste Antrag lautete: Die Reichsfahne ist Schwarz-Weiß-Rot. Für all diese Anträge glaubte Kleist eine Mehrheit gesichert, sofern sie gewillt war, fundamentale Rechtsgrundsätze zu verteidigen. Solch eine Mehrheit mußte auch im Kabinett erreichbar sein, in dem – zumindest der Zahl nach – die nichtnationalsozialistischen Minister überwogen. Entscheidend blieben hier wie dort: Weitsicht und Entschlossenheit.

Kleist konnte Schmidt überzeugen, der ihn – vorbehaltlich der Zustimmung Hugenbergs – bevollmächtigte, für die DNVP mit dem Zentrum zu verhandeln.[11] Sofort eilte er zu Brüning, um ihn für die Anträge zu gewinnen. Kleist hatte Brüning bereits Ende 1932 im Hedwigskrankenhaus zu einem Gespräch aufgesucht. Schon damals hatte er – von Brünings Ernst und Lauterkeit bewegt – erkennen müssen, daß er ihn und seine Politik falsch beurteilt hatte. Selbstkritisch gestand er: »Das wäre ein Mann gewesen, mit dem man hätte zusammengehen müssen.«[12] Jetzt – vielleicht unter dem Zeichen des endgültigen Zuspät – hoffte er auf eine gemeinsame Front. Brüning versagte sich nicht. Nachdem er die Zustimmung seiner Fraktion eingeholt hatte, erklärte er: Das Zentrum werde für die sechs Zusatzanträge stimmen.[13] Kleist wurde bevollmächtigt, diesen Entschluß offiziell der DNVP mitzuteilen. Brüning und Schmidt einigten sich. Allein die Zustimmung Hugenbergs fehlte noch.[14]

Auch auf anderen Ebenen spornte Kleist zum Widerstand gegen die »Gleichschaltung« an. Immer wieder schärfte er Männern der Kirche und Kommunalverwaltung, der DNVP und des Stahlhelms ein, ihre Ämter und Posten nicht freiwillig aufzugeben.[15] Er war sich bewußt, daß derartige »Obstruktionen« den Alleinherrschaftswillen der NSDAP nicht brechen konnten. Einmal im Besitz des Staates, würde sie brutal überrennen, was sich ihr entgegenzustellen wagte. Dennoch waren die Nationalsozialisten zu Gewalttaten zu zwingen. Überall sollte sich ihre Willkürherrschaft demaskieren. Kleists Taktik führte zu Zusammenstößen, die Hitlers Partei gern vermieden hätte; sie erregten Ärgernis und trieben Stachel in manche Gewissen.[16] Aber im Taumel des Umbruchs konnte solch ein Widerstand nicht triumphieren. Im Gegenteil: Mehr und mehr verfielen auch die Menschen Pommerns dem Nationalsozialismus. Hitler machte der Agrarkrise ein Ende, brachte soziale Gleichheit, gab sich wehrfreudig und national. Er »garantierte« Zucht und Ordnung und einen Staat, dem man in anerzogener Treue dienen konnte. So regte sich eher Genugtuung als Opposition. Kleist standen nur wenige der bewährten Freunde zur Seite. Die Mehrzahl der Standesgenossen begann sich von ihm abzukehren.[17] Je häufiger sie zu Versammlungen befohlen wurden, desto emsiger verleugneten sie den »fanatischen« Gutsherrn von Schmenzin. Er glich nun einem Schrecken, vor dem man floh. Daß Kleist Verachtung mit Verachtung strafte – und zwar um so mehr, als sich im Opportunismus Besitzangst offenbarte –, war bei seiner Natur gewiß. Verachtung aber stieß ihn noch unwiderruflicher in die Isolation, welche die allgemeine Anpassungssucht über ihn verhängte.

Erst recht scheiterte er mit seinen Zusatzanträgen zum Ermächtigungsgesetz.[18] Obgleich zwei Parteien für sie gewonnen schienen, wollte sich Hugenberg nicht zu ihnen äußern. Stimmungslage und Furcht wirkten ohnehin für das Gesetz.[19] Die kommunistische Fraktion war zersprengt oder hinter Schloß und Riegel, die sozialdemokratische vereinsamt und dezimiert. Wenige Abgeordnete nur glaubten, Hitler versagen zu können, was ihm bereits die Notverordnung vom 28. Februar zugestanden hatte. Die meisten waren überzeugt, ihm gewähren zu müssen, was er an Vollmachten verlangte. Wohl suchte das Zentrum – ganz im Sinne Kleists – seine Zustimmung davon abhängig zu machen, daß die suspendierten Grundrechte wieder zum Gesetz erhoben würden.[20] Allein Hitlers Einverständnis, das er in einem – nie geschriebenen – Brief bestätigen sollte, blieb Schall und Rauch. Am 23. März 1933 verabschiedete der Reichstag mit erdrückender Zweidrittelmehrheit das »Gesetz zur Behebung der Not von Volk und Reich«. Der Rechtsstaat war zu Grabe getragen.

Dafür mußte Kleist nun Gefahren für Leib, Gut und Leben fürchten; denn lang war sein »Sündenregister« als Gegner des Nationalsozialismus. Er hatte Hitler in der tumultuarischen Stolper DNVP-Versammlung vorgeworfen, daß er im November 1923 vor der Feldherrnhalle »gekniffen« habe. Er hatte in Wort und Schrift seine Irrlehren angegriffen, Hugenberg zu einem kompromißlosen Anti-Harzburg aufgerufen, den Machtantritt der Nationalsozialisten verhindern wollen und danach neue Widerstände erweckt. Die Partei des »Führers« mußte danach trachten, ihn auszuschalten oder gar zu vernichten. Gegner waren ihr unerträglich. Gegner verhöhnten sie und ihre »allein gültige« Ideologie.

Kleist hegte keine Illusionen über das, was ihn und – schlimmer noch – vielleicht auch seine Familie erwartete. In der Karwoche dieses bewegten Jahres 1933 sagte er zu einem Freund: »Jetzt geht es auf das Schafott.«[21] Derartige Worte erschreckten, doch warum wich er nicht aus? Er hätte, wenn er Deutschland verlassen hätte, seine Selbstachtung eingebüßt, auf der sein Mut und seine Willenskraft beruhten. Vor allem aber fühlte er sich unlöslich an Schmenzin gekettet. Gott hatte ihn auf diesen Platz gestellt. Hier hatte er seine Aufgaben zu erfüllen.[22] Nie glaubte er, als Emigrant gegen die Verderber des Reiches handeln zu können. Flucht ins Ausland und gerade in der Not wäre für ihn unwürdig, ja gewissenlos gewesen.

Die neuen Herren ließen sich nicht bitten. In der Nacht vom 9. zum 10. April 1933 drangen ihre Helfer in Kleists Haus ein, um nach belastenden Materialien zu fahnden.[23] Das war ein gefährlicher Zugriff. In einem Buch der Bibliothek waren Pläne für die Vernichtung der gesamten SA versteckt. Doch die Ausbeute, die in Abwesenheit des Hausherrn zutage gefördert wurde, schien zu enttäuschen. Der leitende Polizeikommissar, von Neindorff, konnte den Verdacht seiner höchsten Vorgesetzten nicht erhärten. Trotzdem eilte Anning von Kleist nach Berlin, um ihren Mann zu unterrichten. Wieder in Schmenzin, zögerte sie nicht, mit Hilfe

Schlabrendorffs alle gefahrvollen Schriftstücke zu verbrennen.[24] Braun, Landrat des Kreises, ließ Kleist ausrichten, einstweilen auch gegen seinen Willen in Berlin zu bleiben. »Ich muß befürchten, daß ihn die SA auf dem Bahnhof in Belgard in Empfang nimmt, und ich kann nichts tun.«[25] In der zweiten Aprilhälfte aber konnte die scheinbar schützende Reichshauptstadt Kleist nicht länger halten. Als er in Belgard den Zug verließ, umringten ihn keine Hakenkreuzschläger, sondern zehn ältere Gutsbesitzer, die – geladene und griffbereite Pistolen in der Tasche – seine Rückkehr nach Pommern deckten.[26] Obgleich sie zumeist Kleists politische Intransigenz mißbilligten, hatten sie ihm ihren Schutz nicht versagt. Jeder dieser Männer hätte geschossen, wenn versucht worden wäre, an Kleist Hand anzulegen.

Doch rasch nahte der erste Konflikt. In den Morgenstunden des 1. Mai, am Tag der Nationalen Arbeit, hißten fremde Männer auf der Kirche in Hopfenberg die Hakenkreuzfahne.[27] Kleist, der Patronatsherr, war nicht gewillt, diesen Übergriff zu dulden. Er wußte: Auch wenn er sich auf das Gesetz berief, nach dem an Kirchen nur die Kirchenfahne zu zeigen sei, waren bei einer Gegenwehr Konsequenzen nahezu gewiß. Gleichwohl beauftragte er den zuständigen Pfarrer, dem Gesetz Geltung zu verschaffen. Der Superintendent erhielt telefonisch »Bescheid«. Die Hakenkreuzfahne wurde eingeholt.

Schon am Nachmittag waren Polizei und SA zur Stelle, um Kleist zu verhaften.[28] Kommissar von Neindorff, wieder Führer des Kommandos, wies ihn in einen Feuerwehrwagen, der den Verhafteten abtransportierte. Die Polizei – so die offizielle Mitteilung – habe den Gewahrsam übernommen. Aber war es Gewahrsam? Der Fahnen-Zwischenfall hatte mehrere Freunde Kleists nach Schmenzin getrieben.[29] Jetzt machten sich zwei von ihnen – von Braunschweig-Standemin und von Kleist-Retzow – im Wagen auf, um dem Polizeigeleit zu folgen. Keiner von beiden wußte, ob Gewaltsamkeiten drohten. Immerhin mochte ihre hartnäckige Anwesenheit einen »Fluchtversuch« Kleists und damit Mord verhindern. Auskünfte des Rechtsanwalts, Amtsgerichtsrats und Landrats in Belgard schienen zunächst zu beruhigen. Solange Kleist,

131

hieß es, im Gewahrsam der Polizei bleibe, sei für sein Leben nicht zu fürchten.[30] Um so mehr alarmierte die Nachricht, daß sich die SA der Umgebung sammle, um nach Schmenzin zu marschieren, das Gutshaus zu stürmen und die Hakenkreuzfahne gewaltsam aufzupflanzen.

Obgleich Landrat Braun – ein Halbjude, der wenig später gramerfüllt Selbstmord beging – dem Landjägermeister das Gutshaus zu schützen befahl, war nun große Gefahr im Verzug.[31] Sofort brachen Kleists Freunde auf. Mit Jagdwaffen ausgerüstet, hasteten sie nach Schmenzin zurück. Doch die Nachricht, die sie aufgeschreckt hatte, war ihnen vorausgeeilt. Im Gutshaus trafen sie ein gutes Dutzend Männer des Dorfes, die sich – aus eigenem Antrieb – entschlossen zeigten, jeden weiteren Übergriff abzuwehren. Gewehre, Munition und sogar Handgranaten waren verteilt, Tore verrammelt und Fensterläden geschlossen, kurz: das Haus in Verteidigungszustand gesetzt.

Die anrückende »Streitmacht« – vielleicht achtzig Braunhemden – schob den protestierenden Gutsinspektor zur Seite, zwang ihn, eine Hakenkreuzfahne an seinem Haus zu befestigen, und erbrach die Riegel des Hoftores.[32] Eine aufputschende Rede hetzte gegen Kleists Familie, ihre Freunde und Helfer und gipfelte in der Aufforderung, »alle aufzuhängen«. Doch dann gewahrten die Schreier Gewehrläufe und hinter ihnen Männer, die nicht gewillt schienen, das Gutshaus kampflos zu übergeben. Da sank ihr Mut, in die Tat umzusetzen, was sie zuvor angedroht hatten. Statt zum »Sturm« zu blasen, wählten sie einen Umzug mit Musik. Erst nachdem die SA verschwunden war, stellte sich der Polizeischutz des Kreises ein.[33] Kleist, am nächsten Tag aus der Haft entlassen, war bewegt. Voller Hochachtung dankte er seinen Freunden und Helfern. Jeder hatte sich, während er ohnmächtig in der Schutzhaft saß, vor seine Frau und die Kinder gestellt. Freilich hatte er nur zu recht, wenn er sich eingestand: »Ein Steinwurf gegen ein Fenster, und ein Blutbad wäre die Folge gewesen.«[34]

Aber die Partei, die sich herausgefordert fühlte, gab keine Ruhe. Am 21. Juni 1933 holte sie zu einem weiteren Überfall aus. Diesmal waren zwanzig Mann zur Haussuchung aufgeboten.[35]

132

Erneut durchwühlte man Schreibtische, Schränke und Kommoden, doch auch die dreistündige Schnüffelei konnte keine belastenden Dokumente mehr zutage fördern. Trotzdem wurde Kleist nochmals in Schutzhaft genommen und zunächst nach Belgard, später nach Schivelbein in den Polizeiarrest abgeführt. Als mündliche »Begründung« hörte er: Da verfügt sei, die deutschnationale Bismarck-Jugend aufzulösen, müsse er – ein Förderer der DNVP – vorbeugend verhaftet werden.[36] Wieder war nicht auszuschließen, daß er auf der Flucht erschossen wurde. Um so mehr suchte seine Frau jede Hilfe zu mobilisieren.[37] Sie reiste nach Belgard, Köslin und Berlin, wandte sich an den Landrat, Polizeikommissar und Polizeidezernenten, an Regierungs- und Ministerialräte. Die Rechtlosigkeit bei politischem Widerstand zwang auf den Weg der »Beziehungen«, aber trotz aller Mühen wollte sich nirgendwo ein Hoffnungsschimmer zeigen. Es könne, so einer der hohen Beamten, lange dauern.[38] Fischer, Ministerialrat im Reichsinnenministerium, klagte gar: »In Pommern sind so viele Waffen. Jeden Tag können die Gewehre losgehen.«[39] Nach nervenzehrenden Umwegen gelang es Anning von Kleist, ihren Mann als Häftling in Schivelbein auszumachen. Dann brach sie erschöpft zusammen.[40] Nun schlug der Arzt Alarm. Blomberg, Justizrat Claß und General Faupel intervenierten; sie schließlich konnten Kleists Freilassung erwirken.[41] Am 9. Juli war er, für den man in äußerster Not auch Hindenburg angerufen hätte, wieder in Schmenzin.

Die NSDAP aber rastete nicht. Im September 1933 ließ sie über Schmenzin den Vollstreckungsschutz aufheben.[42] Jederzeit konnten nun die Schulden des Gutes gewaltsam eingetrieben werden. Das Wirtschaftsministerium bedeutete Kleist, der Staat habe wenig Anlaß, einen Mann wie ihn zu schonen. Damit drohten Konkurs und Vertreibung. Erst im letzten Augenblick gelang es, Hopfenberg an eine Siedlungsgemeinschaft zu verkaufen und durch dieses Gutsopfer den übrigen Besitz zu retten.[43] Dafür suchte man Kleist wenige Monate später als »asozialen Arbeitgeber« auszuschalten.[44] Diesmal war es die Kriminalpolizei, die ihn – den vorsorglich ausgefertigten Haftbefehl in der Tasche –

festnehmen wollte, doch auch sie konnte keine »ganze Arbeit«
verrichten, da sie haltlosen Denunziationen erlegen war.

All diese Vorfälle bestürzten, empörten, quälten, da nahte – am
30. Juni 1934 – die größte Gefahr für »Staatsfeinde«. Hitler holte
zum Schlag gegen Röhm und die SA aus, die er bezichtigte, die
Armee in eine Parteimiliz umwandeln und jene »zweite Revolution« verwirklichen zu wollen, die über die erste hinausgehen
sollte.[45] Der Staatsstreich, dessen man die SA verdächtigte, war
an diesem heißen Sommertag ein Gespinst. Statt seine braunen
Kolonnen aufzubieten, hatte sie Röhm in den Urlaub geschickt.
Gleichwohl waren Atmosphäre und die Feindseligkeiten der Fronten schon zu überhitzt, als daß ein »Putsch« nur Halluzination
oder gar undenkbar gewesen wäre. Die Reichswehr fühlte sich als
»einziger Waffenträger der Nation« herausgefordert. Hitler fürchtete Röhms Ehrgeiz und ein sachunkundiges SA-Führerkorps, das
die Aufrüstung behinderte. Auch Göring, Heß und Goebbels waren aufgeschreckt: Sie wandten sich gegen den Nebenbuhler, der
ihre Machtstellung und das Parteigefüge anzutasten trachtete.
Hitler hatte lange gezögert, bis er sich »entschloß zu handeln«.
Aber in der Frühe des 30. Juni begannen auf seinen Wink hin SS
und Polizei mit einem mehrtägigen Morden. Pelotons oder zusam-
mengeraffte Kommandos erschossen nicht nur Röhm und »seine«
SA-Führer, wahllos meuchelten sie auch jene, die dem Regime
verhaßt oder gefährlich geworden waren. Kahr, Klausener, Gregor Strasser, die Generale von Schleicher und von Bredow fielen
im Geschoßhagel. Andere starben in Wohnungen, vor Mauern,
auf Feldern oder in Straßengräben. Nur wer sich verbarg, hatte
noch eine Chance, die Exzesse der brutalen Staatsmacht zu überstehen.

Als am Nachmittag des 30. Juni der Rundfunk von einem
Röhm-Putsch sprach, der mit allen Mitteln niederzuschlagen sei,
bestürmte Anning von Kleist ihren Mann, Schmenzin wenigstens
für Stunden zu verlassen.[46] Schon seit Wochen hatte man sie ge-
warnt, daß nur nach einem Grund gesucht werde, um den Gutsherrn als Gegner des Regimes unschädlich zu machen. All das
waren, wie sie sich selbst überzeugen konnte, weder Lügen noch

134

Gerüchte. Nun endlich schien ein Grund gefunden. Kleist haßte es,»zu fliehen«; schließlich, gegen 18.30 Uhr, brach er mit Chauffeur und Wagen auf nach Neustettin, zur nächstgelegenen Kreisstadt.[47] Kaum eine Stunde später standen zwei Landjäger vor dem Gutshaus, um Kleist zu verhaften. Die Auskunft, daß er mit dem Wagen unterwegs sei, stimmte sie zornig. Alle Räume vom Keller bis zum Boden wurden durchsucht. Dann postierten sich die Polizisten an der Chaussee, um das zurückkehrende Auto abzufangen. Nun wurde in fliegender Eile Förster Wetzel auf den Weg geschickt, damit er Kleist warne und veranlasse, noch in der Nacht Pommern zu verlassen.[48] Wetzel sichtete den Wagen, vermochte ihn jedoch nicht anzuhalten. Verzweifelt rannte er hinter ihm her. Da stoppte plötzlich das Gefährt: Ein Dachs war ihm unter die Räder gelaufen. Wetzel keuchte heran und beschwor Kleist, umzukehren und nicht nur bis Neustettin auszuweichen. Trotz vieler Polizeisperren, denen – neue glückliche Fügung – eine falsche Autonummer übermittelt worden war, erreichte der Gesuchte Landsberg an der Warthe und am nächsten Tag Berlin.

Das Gewirr der Großstadt mochte ihm, nach dem inzwischen auch auf dem Gut seines Schwiegervaters gefahndet wurde, fürs erste Unterschlupf gewähren. Doch er wußte sich keinen anderen Rat, als bei Ernst Niekisch anzuklopfen.[49] Niekisch, als unbeugsamer Gegner Hitlers selbst gefährdet, hieß ihn willkommen. Wenn er es riskieren wolle, unter Umständen mit ihm verhaftet zu werden, so könne er gern bleiben. Zudem wäre es – bei einem Zugriff – für die NS-Presse gewiß »ein gefundenes Fressen, berichten zu können, daß der hochkonservative Kleist und der radikale Niekisch aus einem Nest zusammen herausgeholt worden seien«.[50] Kleist indes wollte dieses Risiko auf sich nehmen und – blieb. Erst Mitte Juli – nach einem zweiten Asyl in der Schwedischen Gesandtschaft, die ihn kannte und gefährdet wußte – kehrte er zurück nach Schmenzin.[51]

Den Mördern vom 30. Juni waren nun Riegel vorgeschoben, aber noch einmal hoffte man Kleist zu treffen. Schon wenige Monate später sollte ihn die »Winterhilfe« zu Fall bringen.[52] Kleist hatte sich geweigert, diese Institution, die unter Druck »freiwillige«

Leistungen, also eine Sondersteuer erzwang, je zu unterstützen. Was die »Winterhilfe« eintrieb, meinte er, diente nicht nur notleidenden Menschen, sondern auch der Partei. Ihr aber wollte er sich weder mit Lippenbekenntnissen noch Groschen unterwerfen. Darin konnte ihn schon gar nicht die Farce des Progressivzensus beirren, den die Kreisbauernschaften »um der Ordnung willen« festgesetzt hatten. Doch als er fortfuhr, die auf ihn fallenden Beträge karitativen kirchlichen Organisationen zu überweisen, brach eine »spontane Drohbriefaktion« über ihn herein.[53] Kleists Gegendrohung, er werde erpresserische Briefe dem Staatsanwalt übergeben, schüchterte die Hetzer ein. Um so mehr wurde er in Zeitungsartikeln und auf Versammlungen als unsozial angeprangert. Deutlich war zu erkennen, daß Hitlers Anhänger weitere Gewalttaten vorbereiteten.

Von neuem drängte die Frau ihren Mann, Schmenzin zu verlassen, bis die größten Gefahren vorüber seien. Aber jetzt wehrte er sich: »Man kann nicht immer fortlaufen. Und glaube mir: man darf die Vorsicht für sich selbst nicht über eine gewisse Grenze gehen lassen.«[54] Erst für den 8. Januar 1935 war eine Reise geplant. Vor diesem Termin wollte er nicht aufbrechen. Doch als sich in den ersten Januartagen bedrohliche Anzeichen mehrten und auch »substantiierte Warnungen aus Kreisen der NSDAP« nicht fehlten, gelang es, ihn zu vorzeitiger Abreise zu bewegen. Wie beim Röhm»putsch« war es der letzte Augenblick. Am 6. Januar marschierten mehr als 100 SA-Leute durch das Dorf und den Park von Schmenzin.[55] Aufreizende Sprechchöre suchten Kleist und seine Familie zu Unbesonnenheiten hinzureißen. Wieder war das Haus verbarrikadiert und mit freiwilligen Helfern in Verteidigungszustand gesetzt. Wieder glich es einem Wunder, daß – bei all dieser angestauten oder geschürten Feindseligkeit – nicht geschossen wurde.[56]

NEUNTES KAPITEL

Widerstand aus dem Glauben

Hitlers Bewegung erwies sich als die »parteiischste« der politischen Kräfte. Schon am 1. Dezember 1933 hatte ein Gesetz die NSDAP zur einzigen »Trägerin des deutschen Staatsgedankens« erhoben.[1] Zugleich wurde das Recht nicht mehr der höchsten Instanz, sondern dem »Führer« unterworfen. Fortan entschied er, was dem deutschen Volk nutzen sollte. Kleist konnte in einer solchen Gleichsetzung nur Felonie erkennen. Seit je hatte er für den Vorrang des Staates gegenüber jeder Partei gekämpft[2], doch Konsequenzen totalitärer Herrschaft erstaunten ihn am wenigsten. Über den 30. Juni 1934 rechtete er nicht. Wenn andere die Liquidation des Röhm»putsches« als befreiendes Gewitter empfanden, so nannte er sie Mord und Verbrechen.[3] Er glaubte nicht daran, daß die zweite, noch revolutionärere Sturmflut zurückgedrängt worden sei. Ihm, der des »Führers« Weltanschauung kannte, war Hitler der Radikalste.

Nur voller Erbitterung dachte er an die Schwächen der politischen Rechten. Auch hier wurde er in seinen Prognosen bestätigt. Statt Hitler zu bändigen oder »einzurahmen«, sahen sich Papen und Hugenberg von ihm entmachtet.[4] Hatte die NS-Gleichschaltung bei der Linken einige Gewalt anzuwenden, brauchte sie, Mitte 1933, dem Abtritt der Rechten kaum nachzuhelfen. In einem Artikel noch vor der DNVP-Selbstauflösung schrieb Kleist: »Glaubt ihr nicht, so bleibt ihr nicht.«[5] Und: »Wenn jetzt die Führung des Kampfblocks Schwarz-Weiß-Rot durch die Nationalsozialisten an die Wand gedrückt ist, so nehmen wir Konservativen wie folgt Stellung: Es ist unser Wille, daß diese nahezu entmachtete seelische Haltung nicht wieder die Führung in Deutschland

137

erhält ... Uns ist darum zu tun, daß die konservativen Kräfte aufhören, diejenigen als ihre geistigen Führer anzusehen, die bisher den Kurs der nationalen Organisationen bestimmt haben. Dieses Sichabsetzen ist der erste notwendige Schritt.«[6] Kleist setzte sich ab. Mehr als je verabscheute er glaubens- und grundsatzschwache Männer. Kaum weniger freilich sträubte er sich gegen eine spektakuläre Opposition. Wer sich überhaupt eine Chance gegen den Nationalsozialismus erhalten wollte, hatte abgeschirmte oder gar verborgene Wege des Widerstandes anzustreben.[7] Wieder wählte er die Taktik des Gesprächs im kleinen oder kleinsten Kreis. Sofern es Männer gab, die zum Widerstand taugten, waren sie erst mühsam zu sammeln. Trotzdem spann er seine Fäden – überzeugt davon, daß es auf die Menschen ankäme, die bereit waren, sich und ihr Leben in die Schanze zu schlagen. So sprach er mit Pater Delp, August Winnig, Ulrich von Hassell, Steinrück und dem ehemaligen Staatssekretär von Bismarck; so bestärkte oder gewann er die ihm nahestehenden Pastoren Reimer und Schmidt, die Brüder Braunschweig aus Standemin und Lübzow, seinen Vetter Hans-Jürgen von Kleist-Retzow auf Kiekkow und den jungen Fabian von Schlabrendorff.[8] Auch als Kleist im Juni 1936 Dietrich Bonhoeffer in Kieckow kennenlernte, war ein rasches Einverständnis hergestellt.[9] Obgleich Kleist – ein Anhänger Harnacks – nicht immer mit Bonhoeffers theologischen Konzeptionen übereinstimmte, einte hier politischer Widerstandswille gegen das Dritte Reich. Stets hat Bonhoeffer – bedeutend als Theologe und führend im Kirchenkampf – den Dialog mit Kleist gesucht. Einmal in Kieckow, fuhr er regelmäßig nach Schmenzin. Auch andere – wie Kleists ehemaliger Gutsinspektor Wolfgang Freiherr Senfft von Pilsach – versäumten es nie, nach Schmenzin zu reisen, um sich Rat zu holen oder eigene Gedanken zu klären.[10]

Und wie Bonhoeffer, so war Kleist je länger, desto mehr Ernst Niekisch verbunden.[11] Er achtete diesen unbeugsamen Mann und dessen feste Überzeugungen, in denen er seine eigene Charakterstärke wiederfand. Niekisch – von der »revolutionsscheuen« Sozialdemokratie enttäuscht – verfocht einen radikalen Sozialismus, dem Konservative kaum zu folgen vermochten; doch zugleich erfüllte ihn eine starke Liebe für den Osten, der von preußischem Ethos geprägt war. Niekisch – glänzend vor allem als Publizist – verhalf Kleist zu unorthodoxen Gesprächen mit Kommunisten. Er wußte sich aber auch mit ihm darin einig, daß in einer Frontstellung gegen Rußland Deutschlands Zukunft niemals zu sichern sei. Mochte Niekisch jedes Heil auf die Sowjetunion setzen: nicht nur in der Tapferkeit, mit der er den Nationalsozialismus bekämpfte, blieb ihm Kleist verwandt. So hielt der »Junker« zum »Sozialisten«, bis Niekisch – Anfang 1939 zu lebenslangem Zuchthaus verurteilt – hinter den Mauern der Brandenburger Strafanstalt verschwand.

Kleist war ein zuverlässiger Verschwörer. Er kämpfte furchtlos und mit Härte, ebenso aber konnte er schweigen. Nie sagte er, was er nicht sagen wollte. Quellen gab er kaum vertrauten Freunden preis. Weniger denn je war er auch zu verfänglichen Briefen bereit. Gleichwohl blieb er immer informiert. Gewiß konnte er in schwärzestem Pessimismus Schwierigkeiten ausmalen, über die Hitler und das Regime zunächst unbekümmert hinwegsetzten. Seine mitleidlosen und selbstquälerischen Prognosen waren ohnehin nicht nach jedermanns Geschmack. Doch auf längere Fristen hin behielt er »recht«.[12] Wer sich seinem Scharfsinn und seiner Charakterfestigkeit öffnete, war gegen jede nationalsozialistische Versuchung gefeit.

Die Zellen aber, die er vielleicht vorbereitete, genügten nicht. Es war ihm bewußt, daß er vor allem die Männer überzeugen mußte, die über Ämter und Möglichkeiten verfügten, um das Regime aus den Angeln zu heben. Kleist glaubte nicht daran, daß Widerstand nur von einem »archimedischen Punkt« aus möglich sei.[13] Auch der Außenseiter konnte handeln, wenn er günstige Gelegenheiten zu nutzen verstand. Eine Fronde ohne Macht aber blieb Wahn und Weltfremdheit. Daher suchte er vor allem die Spitzen der Armee für einen entschiedenen Widerstand zu gewinnen. Noch vor dem Tode Hindenburgs eilte er zu General von Fritsch, um ihn, den neuen Chef der Heeresleitung, vor der drohenden Alleinherrschaft des »Führers« zu warnen.[14] Kleist erkannte:

139

Gelang es Hitler, die Rechte des Reichspräsidenten zu usurpieren, war seine Diktatur unwiderruflich gefestigt. Hitler werde, so erklärte er Fritsch, die Armee auf sich vereidigen. Das aber dürfe die Generalität nicht dulden. Kenne sie noch Pflichtgefühl gegenüber dem Vaterland, müsse sie sich diesem Treueid geschlossen widersetzen. Nicht minder bemühte er sich, die Generale von Witzleben und von Reichenau zum Widerstand gegen Hitler zu bewegen.[15] Auch die »Abwehr«, bei der er Zugang fand und deren Informationen er nach Kräften nutzte, spornte er zum Handeln an: Früh wurden ihm Oster und Canaris vertraut.[16]

Kleist wollte indes nicht nur andere beschwören. Glauben konnte er wiederum nur im persönlichen Kampf gegen den Unglauben bewähren. Schon vor Hitlers Machtantritt hatte er einem Freund erklärt: »Denke nicht, wenn Du in einen D-Zug einsteigst, dessen Lokführer irrsinnig ist, daß Du den Zug irgendwie dirigieren kannst. Du wirst vielleicht sehr schnell fahren, aber an einer Weiche springt der Zug aus den Schienen. Der Grundfehler ist der Totalitätsanspruch. Der ist der Teufel. Den Totalitätsanspruch kann nur Gott stellen. Stellt ihn ein Mensch, dann muß es pervertieren.«[17] Und noch strikter: »Bist Du Christ? Glaubst Du an Gott? Wenn nicht, hast Du kein Recht, den Nationalsozialismus zu bekämpfen.«[18] Jetzt, nach des »Führers« Machtantritt, begann der Kirchenkampf, der bei Hitlers totalem Machtanspruch unvermeidlich war. Phalanx des Angriffs wurden jene »Deutschen Christen«, die ein »positives Christentum, Kampf gegen den Marxismus, gegen Juden, Weltbürgertum und Freimaurerei, Reinerhaltung der Rasse und Schutz des Volkes vor Entartung« begehrten.[19] Sie waren das trojanische Pferd, das der kirchenfeindliche Staat einspannen konnte; sie halfen ihm, das Christentum unter »christlichem« Vorzeichen zu untergraben. Obwohl sich gegen ihren widergöttlichen Arierparagraphen und den Versuch, die Kirche dem Staat und Führerprinzip zu unterwerfen, unerwartete Widerstände erhoben, vermochten die »Deutschen Christen« am 23. Juli 1933 eine Zweidrittelmehrheit zu erringen.[20] Ludwig Müller – Parteigänger der Christen, die in deutschem Glauben zu einem deutschen Gott beten wollten – wurde Reichsbischof, die

Opposition »Evangelium und Kirche« unterdrückt. Die Übergriffe, die der befohlenen Juli-Wahl folgten, erweckten Empörung. Müller war zu vorsichtiger Taktik gezwungen, doch am 26. Januar 1934 usurpierte er die unverhüllte Gewalt.[21] Mit der »Verordnung zur Sicherung einheitlicher Führung der evangelischen Kirche der Altpreußischen Union« geriet die größte der 28 Landeskirchen in seine Hand. Über die widerspenstigen Geistlichen brachen Absetzungen, Disziplinarverfahren und Strafen herein. Wo derartige Mittel versagten, suchte der Staat nachzuhelfen. Die Leitung der Kirche fiel an Männer, die zu Opportunisten oder gar Bütteln des Regimes geworden waren.

Kleist ahnte nicht, daß Hitler in diesen Tagen gegenüber Rauschning bekannt hatte, alle Konfessionen mit Stumpf und Stiel ausrotten zu wollen.[22] Aber wenn ihm auch – wie dem Volk – dieses brutale Eingeständnis verhüllt blieb: nun wußte er, daß »für oder wider Gott« zu kämpfen war. Offen bestritt er den Gewalthabern im Talar das Recht, für die mißbrauchte und geschändete Kirche zu sprechen.[23] Vorbehaltlos unterstützte er den Pfarrernotbund Martin Niemöllers und dessen glaubensstarke Kanzelabkündigungen. Jede Treue zum Evangelium wollte er bestärken, jede Unsicherheit und Kompromißsucht bekämpfen. 1934 erklärte er in einer eindrucksvollen Rede im pommerschen Kieckow: »Was gegenwärtig in der Kirche geschieht, ist weit schlimmer, als wenn offen sich bekennender Unglaube dort waltete. Hier aber waltet die Irreführung. Sie (die Deutschen Christen) lästern Gott, wenn sie Gott, Christus, Bibel, Evangelium und Bekenntnis sagen. Denn sie wollen nicht die Alleinherrschaft Gottes anerkennen. Sie erkennen nicht an, daß sie allein nach seinem Willen und nach nichts anderem zu leben haben: sie alle sind jemand anderem hörig ... Jetzt hat alle Geduld ein Ende. Jetzt wünschen wir nicht mehr, eine Sprache zu hören von Menschen, die glauben, auf Filzpantoffeln Widerstand leisten zu können. Die entscheidungsscheuen Vermittlungsapostel sind vielleicht die größte Gefahr. Es ist gar keine Rede mehr davon, sich nur noch verteidigen und behaupten zu wollen. Es handelt sich nur noch um den entschlossenen Angriff gegen den mächtigen, listigen und grausamen Feind.

Jetzt gilt es, in einem ungläubig gewordenen Volke den Glauben voranzutragen, für den in über 50jährigem blutigen Kampf die Niederlande gerungen haben, um dessentwillen Deutschland in einem Dreißigjährigen Krieg verwüstet worden ist.«[24]

Er war entschlossen, jedem Rassismus und vor allem dem Wahn zu widerstehen, daß in der Kirche das »Führerprinzip« zu herrschen habe. Aber er glaubte daran, diesen Kampf nur »wie die Apostel als erste Missionare des Christentums« kämpfen zu können.[25] Jede Organisation, meinte er, werde vernichtet. Trotzdem trat er 1935 der Bekennenden Kirche bei, um in ihrem Berliner »Ring prominenter kirchlicher Laien« einen unverfälschten Glauben zu bezeugen.[26] Diese nationalsozialistische Obrigkeit, die er bekämpfte, verhöhnte Gott. Ihr hatte man, auch wenn sie Gewalt über Menschen besaß, nicht untertan zu sein. Das, hob er hervor, würde ebenso Paulus bekräftigt haben, der sich angesichts eines solchen Regimes »gehütet hätte, das dreizehnte Kapitel des Römerbriefes zu schreiben«.[27] Kleist widersprach der Lehre Luthers, nach der die Schwertgewalten des Himmels und der Erde voneinander getrennt seien.[28] Für ihn und seinen Glauben zählte einzig die religiöse Unteilbarkeit.

Freilich: ein Entschluß trieb ihn auf einsame Wege zurück. Als 1935 die Schmenziner Gemeinde einem Pfarrer der Deutschen Christen übertragen wurde, trat Kleist aus der Kirche aus.[29] Dieser Schritt glich in dem noch weithin gläubigen Pommern einer Sensation. Selbst die Freunde waren verwirrt, doch im Austritt spiegelte sich eine entschiedene Glaubenshandlung wider. Ewald von Kleist wertete Kirche als Menschenwerk. Trotz aller Verehrung, die sie fordern durfte, steckte sie in seinen Augen voller Schwächen und Fehler. Stets glaubte er sie auf erleuchtende Gnade angewiesen.[30] So verdiente sie Gehorsam und Vertrauen, aber auch Skepsis und Auflehnung. Jetzt war die Herrschaft der Gottlosen über Schmenzin hereingebrochen. Radikal zog Kleist zu ihr den Trennungsstrich. Fortan mied er die Gottesdienste seiner Gemeinde. Dafür fuhr er nach Naseband, um Pfarrer Reimer vom Pfarrernotbund zu hören. Künftig überwies er seine Kirchensteuer nur noch der Bekennenden Kirche.[31]

Kleist achtete Niemöller und die Tapferkeit, mit der dieser Geistliche den Angriffen des antichristlichen Nationalsozialismus widerstand.[32] Mit tiefer Genugtuung gewahrte er, daß Niemöller und auch andere ein unentweihtes Evangelium verkündeten. Aber geschah in diesem Kampf genug? Griff die Kirche all die Verirrungen an, die das kirchliche *und* politische Leben entstellten? Immer wieder mußte Kleist entdecken, daß sie über ihrem Dogmenstreit den wahren Gegner aus dem Visier verlor.[33] Zu Offensiven fehlte es ihr offenbar an Mut. Mochten einige Widerstandszentren wachsen: die Masse der Geistlichen klammerte sich, für Kleist, an die »verfluchte Theologie« oder wurde gar von Hitlers Nationalismus betört. Selten nur hatte die NSDAP Mühe, mit der Gleichschaltung voranzukommen. Überall wußte sie die Jugend kirchlicher Organisationen in die HJ zu überführen.[34]

Gleich elendig stand es um die führenden Soldaten. Gewiß lernte Kleist in Hans Oster einen Offizier schätzen, der – erbitterter Hasser des Regimes – zum vorbehaltlosen Kampf gegen den Nationalsozialismus entschlossen war.[35] Mit ihm würde sich, hoffte er, im Amt Abwehr vielleicht eine Fronde bilden. Aber wen Kleist sonst immer beschwor, beschwor er vergeblich. Obgleich ihm Fritsch zugegeben hatte, daß Hitler ein Verhängnis sei, wagte er sich nicht aufzulehnen.[36] Schon Blomberg, sein unmittelbarer Vorgesetzter und ein Verteidiger des »Führers«, schreckte ihn ab. Und wie Fritsch, so hatte General von Witzleben erklärt, als Soldat nicht handeln zu können.[37] Vollends mußte Kleist bei Reichenau scheitern. Dieser hohe Offizier war Hitler und dem Nationalsozialismus verschworen; für ihn hatten alle, die das Dritte Reich bekämpften, auf das falsche Pferd gesetzt. Als Kleist Reichenau nach einem längeren Gespräch ohne jeden Erfolg verließ, packte ihn so heftige Wut, daß er dem General beim Abschied die Hand verweigerte. Wilhelm Canaris dagegen, Chef der Abwehr, glich weder Fritsch noch Witzleben. Kleist begriff: Dieser Admiral war aufgeschlossen.[38] Ihn lähmte nicht die Enge und Starre des Offizierskorps; er nannte die Verbrechen des Regimes Verbrechen und dachte politisch. Doch ob er, der zu einem dumpfen Fatalismus neigte, einmal handeln würde, blieb ungewiß.

Die Armee aber hatte in Kleists Sicht seit dem 30. Juni 1934 ihre Ehre eingebüßt.[39] Statt auf das braune Mordgesindel zu feuern, hatte sie als Spießgeselle Schmiere gestanden. Statt die hingemeuchelten Generale von Schleicher und von Bredow zu rächen, hatte sie bedrückt und schuldbewußt geschwiegen. Diese Verstrickung hatte sie entwürdigt und befleckt, ja mehr noch: innerlich gespalten, und der Eid, den sie nach Hindenburgs Tod auf Hitler leistete, lieferte sie dem Diktator aus. Kleist ermaß, was es bedeutete, daß diese Armee – unter Anrufung Gottes – einem Menschen unbedingten Gehorsam gelobte. Ihr Schwur war ihm Abfall von jeder Tradition, das Werk verstandsloser Gläubigkeit, ruinös Beförderter auf höchste Posten. Nur unter Qualen konnte er an die Vergangenheit denken, zu der wenigstens zeitweise soldatische Größe gehört hatte. Jetzt – nach seinen vergeblichen Warnungen bei Fritsch und anderen – glaubte er, daß auch die letzten Fundamente zerbrochen waren. Da er hellsichtig grauenvolle Konsequenzen erwartete, fühlte er sich von all diesem Versagen doppelt aufgewühlt. Sein Zorn kannte keine Grenzen. Immer wieder brach er in die Worte aus, die er für ein Flugblatt entworfen hatte: »In Zukunft wird es heißen: Charakterlos wie ein deutscher Beamter, gottlos wie ein protestantischer Pfarrer, ehrlos wie ein preußischer Offizier« – eine Formel, die er allenfalls dann in »glaubenslos wie ein Christ« abwandelte, wenn ein Pfarrer seiner Konfession zugegen war.[40] Erst recht konnte er nur Hohn und Spott ausgießen, wenn er der Ergebenheitsadressen gedachte, die der Adelsmarschall Fürst zu Bentheim an Hitler gerichtet hatte. Diese »Durchlaucht«, erklärte der Erzürnte, würden selbst seine Eber als Beleidigung empfinden, sofern er es wagte, den Fürsten Bentheim zu ihnen in den Stall zu sperren.[41]

Doch was nutzte schneidende Verachtung? Hitler eroberte und prägte Deutschland. Nur wenige Jahre hatten genügt, um das Reich von Grund auf zu verwandeln. Wo einst der Parlamentarismus vorgeherrscht hatte, regierte nun das totalitäre »Führerprinzip«, dem sich die Masse des Volkes willig unterwarf.[42] Denn Hitlers Erfolg war der Erfolg, mit dem er nachholte, was der Weimarer Republik mißlungen war. Er überwand den Parteienhader,

144

begann eine »Volksgemeinschaft« zu verwirklichen und gab Millionen – mit welchen Mitteln auch immer – wieder Lohn und Brot.[43] Er gewann den Arbeiter, Bürger und – frühere Gegner. Massenweise wechselten sie die Front, um sich auf die Seite der siegreichen Revolution zu schlagen. Terror und Verfolgung – für die meisten Randerscheinung – drangen nicht ins allgemeine Bewußtsein.[44] Der Fetisch von den Feinden Deutschlands tat seine Wirkung oder betäubte die Gewissen. Die einsetzende wirtschaftliche Entmachtung des Judentums, heute ein tief verstörendes Faktum, erweckte keine Widerstände. Mit ihr gewannen die »zu kurz Gekommenen« Aufstiegschancen, obsiegte bejahter ökonomischer Antisemitismus.[45]

Der Austritt des Reiches aus dem Völkerbund erschreckte am wenigsten, auch nicht – nach dem Tod Hindenburgs – die Vereinigung der Ämter des Reichspräsidenten und Reichskanzlers in Hitlers Hand. Aufgerufen, diese Entscheidungen zu billigen, stimmten im November 1933 und August 1934 weit über achtzig Prozent des Volkes für das Regime.[46] Noch spektakulärer die Erfolge, mit denen Hitler Deutschlands außenpolitische Stellung stärkte. Als er das Saarland »heimholte«, die Allgemeine Wehrpflicht verkündete, das entmilitarisierte Rheinland besetzte, ein deutsch-englisches Flottenabkommen und zweiseitige Pakte mit Polen und Italien abschloß, glückten ihm umjubelte Schritte.[47] Die Mehrheit der Deutschen wollte befreiende soziale und nationale Taten. Und mit dem inneren stieg das äußere Prestige. Immer häufiger stellten sich ausländische Delegationen, Minister oder gar Staatsoberhäupter ein, um dem neuen Reich ihre Reverenz zu erweisen.[48] Fast alle Besucher erlebten ein Deutschland, das sich kraftvoll regte und an eine helle Zukunft glaubte. Selbst Skeptiker beeindruckten Aufmärsche und Paraden: magische Schauspiele, die das Regime bewußt inszenierte und der Welt »ein geeintes Volk« vorführten. 1936, mit den Berliner Olympischen Spielen, war ein Höhepunkt nationalsozialistischer Reputation erreicht.

Kleist konnte nicht verkennen, daß der Nationalsozialismus allenthalben an Boden gewann. Er mußte sich eingestehen: Auch in Pommern hatte der »Führer« dem Konservatismus die Revolution »gestohlen«. Wehrlos war gerade der biedere Menschenschlag dieser Provinz dem neuen »nationalen Geist« erlegen.[49] Die Armee – nicht mehr das kümmerliche 100 000-Mann-Reichswehr-Heer – verlor mit der Aufrüstung jede Neigung zu opponieren, und der Kirchenkampf verkam im Streit um die »richtige Theologie«.[50] Von jeher Stimmungen unterworfen, die ihn zumeist in negative Extreme drängten, bekannte jetzt Kleist mehr und mehr: »Alle sind für Hitler, und ich kann, wie es scheint, nichts tun.« Einmal gestand er gar mit abwehrender Handbewegung: »Ich bin ausgelöscht.«[51] Sprühte er bisher vor Kampfeslust, die Rückschläge nicht dämpfen konnten, so zog er sich nun auf sich selbst zurück. Sein Gesicht spiegelte seine Empfindungen. In die klaren Linien grub sich ein angespannter, verhärmter Zug.

Erneut hatte er, der Gutsherr, gegen Denunzianten anzukämpfen; dann entzog ihm die Partei den Jagdschein – ein Übergriff, den sie mit politischer Unzuverlässigkeit »begründete«.[52] Zwar wußte er Rat: Künftig meldete man seine Abschüsse als Strecke des Försters. Doch wer seine leidenschaftliche Jagdliebe kannte, konnte sich ausmalen, wie sehr ihn die Maßnahme der Partei verletzte. Immer wieder litt er auch an »versäumten« Krankheiten des Kindesalters, zuletzt an einer langwierigen tückischen Thrombose.[53] Unerschrocken im Bekennen und Handeln, erfüllten ihn Attacken des Körpers mit Furchtsamkeit. All das machte seine Isolation noch trüber und quälender. Am härtesten aber traf ihn der Tod seiner Frau, die am 3. Mai 1937 dem Scharlach erlag.[54] Trotz festen Glaubens war er von tiefem Schmerz bewegt. Anning von Kleist war ihm eine liebe- und hingebungsvolle Lebensgefährtin: klug und instinktsicher im Kampf gegen seine Feinde. Wenn er noch lebte: ihr hatte er es zu danken. Bitterlich empfand er den Verlust dieser Frau.

Politisch und menschlich geschlagen, schien er seinen Mut einzubüßen.[55] Die Welt, der er allein Sinn zuerkannte, lag in Trümmern; abgründig sein Pessimismus hinsichtlich der Zukunft. Als Niekisch im gleichen Jahr meinte, daß man Hitler offenbar erst durch einen Krieg los werde, konnte und wollte er nicht widersprechen.[56] Aber trotz alledem war Ewald von Kleist nicht aus dem

Stoff, um ganz und dauerhaft zu resignieren. Selbst gegen ärgste Anfechtungen hielt sich in ihm konservatives Ethos. »Eine Idee«, hatte er einst zu einem Freund gesagt, »stirbt erst dann, wenn niemand sie mehr kennt und vertritt.«[57] Solange ein Mensch sie noch vertrat, war sie für ihn nicht tot.

Sein Wille überwand die seelische Erstarrung. Durfte ihn, fragte er sich von neuem, die Trunkenheit der Mehrheit beirren? Sie begriff nicht, daß ihr zugedacht war, im Zeichen der »Volksgemeinschaft« zu einer gestaltlosen Masse herabzusinken.[58] Abgerichtet und verdummt, sollte sie einer »Bewegung« folgen, die dem blanken Nichts zusteuerte. Mochten Hitler zunächst Erfolge zugefallen sein, die das Volk bejubeln mußte, Erfolge, die sich eine konservative Regierung nur hätte wünschen können: am Ende drohte des Reiches Vernichtung und Untergang. Kleist spürte die beklemmende Tragik, daß Hitler gezwungen blieb, zunächst »vernünftige« Ziele anzustreben.[59] Hier war jede Opposition zur Ohnmacht verurteilt. Hier hätte sie gar ihren eigenen Schatten bekämpfen müssen. Deutschlands politischer Wiederaufstieg erfüllte eine große Sehnsucht der Zeit. Aber wenn Hitler auch vielgesichtig zu blenden und zu täuschen verstand: er, Kleist, hatte das Buch »Mein Kampf« und den Mann vor Augen, der ihm 1932 versichert hatte, notfalls bis an die Grenzen Sibiriens vordringen zu wollen. Das warnte und entschied.

Kleist war ohne Amt und Funktion. Gleichwohl fühlte er, daß ihm neue Möglichkeiten zuwuchsen. Er wußte: Bisher hatte Hitler nur gerüstet. Doch nun würde er ausgreifen, um den »Lebensraum« zu schaffen, den zu erobern er sich geschworen hatte. Besessen von seiner »Mission«, konnte er von diesem Wahnwitz nicht lassen.[60] Damit aber rief er nicht nur die Wehrmacht, sondern ebenso unbezwingbare Gegner auf den Plan. Damit wuchsen weniger seine Hoffnungen als die Aussichten einer deutschen Opposition, denn der offene Wahn mußte alarmieren. So galt es, nicht abseits zu stehen, sondern sich bereit zu halten. Forderte Hitler Europa heraus und vor allem: bot sich die Chance einer Rettung, war Kleist gewillt, seine Pflicht zu tun.

ZEHNTES KAPITEL

Mission in England und Schweden

Was Kleist nicht nur ahnte, bekräftigte Hitler am 5. November 1937. An diesem Tag befahl er seinen Außenminister, Blomberg, Fritsch, Raeder und Göring in die Reichskanzlei, um ihnen zu eröffnen, daß er plane, einen größeren Lebensraum zu erobern.[1] Die deutsche Raumnot müsse »gelöst« werden. Ziel seiner Politik bleibe daher »die Sicherung und Erhaltung der Volksmasse und ihre Vermehrung«. Offen bekannte er sich zum Weg der Gewalt. Wie der Parteiführer in »Mein Kampf«, so postulierte nun der Diktator, daß dieser Lebensraum nicht in Übersee, sondern nur »im unmittelbaren Anschluß an das Reich in Europa« zu gewinnen sei. Wenngleich Hitler mit diesem »lauten Denken« nur wiederholte, was er seit je angestrebt und auch ausgesprochen hatte: jetzt verkündete er seinen »unabänderlichen Entschluß«, diese Ziele spätestens bis 1943/45 zu erreichen.[2] Zuerst würde gegen Österreich und die Tschechoslowakei vorzugehen sein.

Die Widerstände, die sich zunächst gegen seine Pläne regten, waren drei Monate später ausgeräumt. Blomberg und Fritsch, die unter Hinweis auf die mangelhafte Rüstung größte Bedenken geäußert hatten, wurden Anfang Februar 1938 gestürzt.[3] Eine Eheaffäre und im »Fall« Fritsch schamlose Anwürfe verdrängten sie aus ihren Ämtern. Hitler ernannte sich zum Obersten Befehlshaber und Vorgesetzten eines Oberkommmandos der Wehrmacht, das er dem ihm grenzenlos ergebenen Keitel übertrug. Und früher als geahnt vermochte er zu seiner ersten Expansion auszuholen. Vom Wohlwollen Englands und Italiens begünstigt, die sich noch 1934 zu Schirmherren der österreichischen Souveränität aufgeworfen hatten, konnte er den »Anschluß der Ostmark« betreiben.[4]

Nachdem die Regierung Schuschnigg eine geplante Volksabstimmung widerrufen hatte und schließlich massivem Druck gewichen war, nahte die »Wiedervereinigung Österreichs mit dem Reich«. Am 12. März 1938 rückten deutsche Truppen in Österreich ein. Jubelnde und begeisterte Menschen säumten die Straßen. Ein alter nationalstaatlicher Traum schien erfüllt.

Kleist mußte zugeben, daß diese »Heimkehr« Herzen und Sinne ergriff. Er aber war nicht »großdeutsch« gesinnt.[5] Oft zitierte er Niekischs Aperçu, daß Hitler als Österreichs Rache für Königgrätz anzusehen sei.[6] Was ihn gegenüber der »Ostmark« beherrschte, blieb das Empfinden: »Sie sind nicht wie wir. Wir haben mit ihnen nichts gemein.«[7] Nie wünschte er Berlin und Wien in einem Reich vereinigt zu sehen. Stets fühlte er zwischen beiden Ländern Grenzen, die Deutschland nicht straflos überschritt. Solch eine Haltung isolierte Kleist von neuem, doch machte ihn seine Nüchternheit oder kleindeutsche Starrheit blind?

Kleist war kein Freund des französischen Sicherheitssystems, das sich nach 1919 als Europas Ordnung herausgebildet hatte. Da es vor allem gegen das geschlagene und verstümmelte Deutschland gerichtet war, erstrebte auch er eine – freilich bemessene – Revision von Versailles. Jetzt aber war für ihn – und zumal unter einem Hitler, der ausschweifende Pläne hegte – vom Reich das Gleichgewicht der Kräfte gesprengt.[8] Nicht genug, daß die Eroberung Österreichs Hitlers Macht über Gebühr steigerte; von nun an griff Deutschland auch in Räume aus, in denen keine Interessen lockten. Schon die Ausstrahlung des Reiches auf den Balkan drohte überflüssige Konflikte herbeizuzwingen. Vor allem aber, sah Kleist, schrumpfte das Gewicht jener kleinen Staaten Ost-Mitteleuropas, deren Existenz den Ausgleich der Kräfte miterhielt. Der deutsche Einmarsch hatte nicht nur Österreich, sondern ein System der Sicherheit zu Fall gebracht. Das Reich war in eine erdrückende Hegemonie ausgebrochen und auf die Bahn des Imperialismus gedrängt.

So empfand Kleist – sicher im Gefühl für Proportionen, die Deutschlands Vormachtstellung ausschlossen – diesen »Anschluß« als Triumph des Unheils. Denn daß mit Hitler der Weg deutscher

Macht noch abschüssiger würde, war ihm nicht zweifelhaft. Bereits Anfang Mai 1938 vertraute er sich im Berliner Casino-Club dem ihm befreundeten britischen Journalisten Ian Colvin an. Colvin – klug und diskret – hörte: Niemand dürfe glauben, daß Österreichs Anschluß das Ende sei.[9] Hitler habe Pläne gegen Frankreich, Belgien, Dänemark, Rußland, England und die Neue Welt geschmiedet. Er trachte, Kanada und Sibirien zu annektieren. Als nächstes Land freilich werde er die Tschechoslowakei herausfordern. Wolle man mit Hilfe deutscher Opposition eine Katastrophe vermeiden, müsse man in England bereit sein, dieser Opposition notfalls einen Rettungsanker zuzuwerfen.[10]

Hitler bestätigte pünktlich, was Kleist prophezeite. Vom Erfolg des Anschlusses geblendet, glaubte er, nun die Tschechoslowakei liquidieren zu können. Abermals sollte das Zauberwort »Selbstbestimmungsrecht« – hier auf die Sudetendeutschen angewandt – Widerstände des Auslandes lähmen. Deutschlands neue Grenzen diktierten geradezu den nächsten Schritt. Noch im März 1938 begann Hitler zu handeln.[11] Konrad Henlein, Führer der Sudetendeutschen, wurde nach Berlin befohlen und instruiert. Künftig hatte er die Tschechoslowakei mit Forderungen zu unterminieren, welche die Prager Regierung nicht zu erfüllen vermochte. Rasch wuchs mit der Radikalität die Zahl der Zusammenstöße. Der europäische Horizont verdüsterte sich. Als am 20. Mai 1938 Gerüchte von deutschen Truppenbewegungen wissen wollten, befahl Benesch die Teilmobilmachung der Tschechoslowakei.[12] Warnend wiesen England und Frankreich auf die unabsehbaren Folgen eines gewaltsamen deutschen Vorgehens hin. Hitler – ohnedies in der ersten Planungsphase – wich zurück. Doch dieser Prestigeverlust, von Benesch kurzsichtig ausgebeutet, steigerte nur seine Verbissenheit. Am 30. Mai 1938 erklärte er in neuer geheimer Weisung: »Es ist mein unabänderlicher Entschluß, die Tschechoslowakei in absehbarer Zeit durch eine militärische Aktion zu zerschlagen.«[13] Zum Termin hieß es: ab 1. Oktober.

Die Gewissenlosigkeit, mit der Hitler dem Frieden eine Frist nur noch von Monaten setzte, forderte seinen Heeresgeneralstabschef heraus. Ludwig Beck empörte sich.[14] Dieser hochbefähigte

General wußte: Deutschland durfte keine neuen Kriege wagen. Unfertig in seiner Rüstung, ohne Schutz an seiner Westgrenze, mußte es in einem Waffengang unterliegen, in dem es nicht allein gegen die Tschechoslowakei, sondern auch gegen Frankreich und England würde kämpfen müssen. Becks Lageanalyse drängt zu Konsequenzen. Zunehmend erbitterter, schreibt er am 16. Juli 1938 in einer Denkschrift: »Es stehen hier letzte Entscheidungen über den Stand der Nation auf dem Spiel. Die Geschichte wird diese Führer mit einer Blutschuld belasten, wenn sie nicht nach ihrem fachlichen und staatspolitischen Gewissen handeln. Ihr soldatischer Gehorsam hat dort eine Grenze, wo ihr Wissen, ihr Gewissen und ihre Verantwortung die Ausführung eines Befehls verbieten. Finden ihre Ratschläge und Warnungen in solcher Lage kein Gehör, dann haben sie das Recht und die Pflicht vor dem Volk und vor der Geschichte, von ihren Ämtern abzutreten. Wenn sie alle in einem geschlossenen Willen handeln, so ist die Durchführung einer kriegerischen Handlung unmöglich. Sie haben damit ihr Vaterland vor dem Schlimmsten, vor dem Untergang bewahrt. Es ist ein Mangel an Größe und Erkenntnis der Aufgabe, wenn ein Soldat in höchster Stellung in solchen Zeiten seine Pflichten nur in dem begrenzten Rahmen seiner militärischen Aufgaben sieht, ohne sich der höchsten Verantwortung vor dem gesamten Volk bewußt zu werden. Außergewöhnliche Zeiten verlangen außergewöhnliche Handlungen.«[15] Im Generalstabschef aber bäumt sich nicht nur der Fachmilitär auf. Vielsagend formuliert er vierzehn Tage nach seiner Denkschrift, daß das Heer auf eine innere Auseinandersetzung in Berlin vorzubereiten sei[16]: Indiz für die äußerste Konsequenz, den politischen Widerstand. Auch Beck will eine angemessene Großmachtstellung Deutschlands. Zu keiner Stunde würde er sich der »Heimkehr« des Sudetenlandes widersetzen. Doch hier – mit dem »Fall Grün« – hat ihm Hitler unumwunden bescheinigt, daß er nicht maßvolle Revisionen, sondern das Ende der Tschechoslowakei erstrebt[17] – den Konflikt mit dem drohenden Finis Germaniae. Am 4. August 1938 spricht Ludwig Beck vor den Heeresspitzen. Seine Rede beeindruckt durch Argumente, denen die Generalität keine Einwände entgegenzusetzen vermag.[18] Auch die Generale wissen, daß Deutschland den Krieg meiden muß, den Hitler nicht zu fürchten scheint. Schon der Gedanke an Waffengänge gliche einem Verbrechen. Aber noch ist der Angriffsbefehl nicht gegeben. Noch hat die Rebellion, die Beck verlangt und die ohnedies einem bitterschweren Schritt gleichkäme, acht Wochen Zeit. Hinzu kommt: Mit der Prager Mission Lord Runcimans zeigt England ein Entgegenkommen, dem man nicht in den Arm fallen darf.[19] Bliebe London hart und unnachgiebig, zwänge die Situation zum Handeln; doch von Härte ist London weit entfernt. So wird Becks erster Ansturm abgeschlagen. Brauchitsch, der Oberbefehlshaber des Heeres, teilt Becks Analysen der militärischen Lage, aber zu einem gemeinsamen Schritt wird die Generalität nicht aufgerufen.[20] Besonders Brauchitsch – ohnehin schwankend – sieht Gründe abzuwarten.

Trotz Becks Rückschlag durfte Ewald von Kleist zum ersten Male auf einflußreiche Bundesgenossen hoffen. Endlich hatte es den Anschein, als rege sich der Widerstand, den er längst hatte mobilisieren wollen. Die Einsichten, die Beck erfüllten und umtrieben, waren ihm wohlvertraut. Schon im Mai hatte er gegenüber Colvin geäußert, daß Deutschland außerstande sei, einen Krieg gegen die Tschechoslowakei zu führen.[21] Die Armee habe weder genügend Reserven noch Material. Der Westwall sei nicht zur Hälfte fertig und das Volk gegen den Krieg. Die Nazis bluffften, und wenn sie ihren Bluff zu weit trieben, könne es nur einen Ausgang geben: die Niederlage. Und fast als ahnte er Becks Schwierigkeiten voraus, fügte er hinzu: »Eines halte ich für gewiß: wenn England nein sagt – und sei es nur durch diplomatische Kanäle –, muß das Abenteuer aufgegeben werden. Das gibt auch Hitler zu. Nichts fürchtet er mehr, als daß ihn England warnen könnte.«[22]

Kleist besaß zu gute Quellen und Beziehungen, um nicht von Becks Denkschriften rechtzeitig zu erfahren. Sofort begriff er: Dies war der Moment, in dem England der Fronde den Rettungsanker herüberwerfen mußte.[23] Fand es den Mut zu einem klaren Wort, konnte Hitlers Regime gestürzt und beseitigt werden. Selten war eine Situation günstiger als diese. Bestand Hitler mit seiner unfertigen Wehrmacht auf Gewalt, vermochte man schlüssig zu beweisen, daß er den Krieg entfesseln wollte, vor dem das Volk in seiner Friedenssehnsucht zurückschreckte: dann war die Herrschaft des besessenen Diktators zu brechen. Und selbst wo der Zuspruch des Volkes ausblieb, hatte die Opposition entschlossen zu handeln. Einen Krieg mußte sie verhindern. Ende Juli 1938 ist Kleist bereit, den Kopf in die Schlinge zu stekken.[24] Über seinen Schwager von der Osten, der in der Abwehr arbeitet, fragt er an, ob er als Emissär nach England reisen solle. Ian Colvin, der verschwiegene Freund und beziehungsreiche Mitteleuropa-Korrespondent des »News Chronicle«, wird gebeten, Kleists Besuch bei Lord Lloyd vorzubereiten.[25] Jede dieser Anregungen findet ein rasches Echo. Während Colvin am 3. August dem »zweiten Mann« der britischen Konservativen schreibt, greifen Canaris und Oster ohne Zögern zu. Beide kennen und schätzen Kleist. Beide wissen, daß er – weder Agent noch Mitglied der Abwehr – als »Tory und Herr« am besten geeignet wäre, Großbritannien zu einer entschiedenen Haltung zu bewegen. Kaum daß diese Fäden geknüpft sind, führt Canaris Anfang August Kleist zu Beck.[26] Auch Beck begrüßt Kleists Bereitschaft. Seit dem 4. August in eine Sackgasse geraten, vermag ihn bei Brauchitsch und der Generalität nur ein erfolgreicher Emissär voranzubringen. Schnell sind sich die beiden Männer einig. Beck braucht Kleist nicht zu überzeugen, sondern nur ins Bild zu setzen. Durch ein Nachgeben gegenüber Hitler – so schließt er – verlöre die britische Regierung zwei wichtige Verbündete: den deutschen Generalstab und das deutsche Volk. »Bringen Sie mir den sicheren Beweis, daß England kämpfen wird, wenn wir die Tschechoslowakei angreifen, und ich werde diesem Regime ein Ende bereiten.«[27]

Nun war Canaris am Zuge, die technischen Voraussetzungen für die Reise zu schaffen. Auch der vielgewandte Chef der Abwehr konnte nicht verkennen: Hier hatte er eine heikle Mission zu arrangieren.[28] Ewald von Kleist war einer der wohlbekannten Gegner des Regimes. Wann immer er Schmenzin verließ, schlug die Belgarder Gestapo in Berlin Alarm. Stets hatte er auf »Schatten« zu achten, die auf ihn »angesetzt« waren. Wollte er jetzt unentdeckt nach England reisen, mußte Canaris besondere Umsicht zeigen, doch alle Vorbereitungen glückten. Canaris und Oster beschafften einen Paß; Colvin ebnete in London und in der Britischen Botschaft Kleists Wege.[29] Als Zweck seiner Mission gab man auch gegenüber Botschafter Henderson an, daß er nach England reise, um Churchill und Lord Lloyd Briefe zu überbringen. Am 16. August telegraphierte der britische Botschafter dem Foreign Office, daß – nach einer Mitteilung seines Militärattachés – ein Herr von Kleist als »Emissär der Gemäßigten des deutschen Generalstabes« nach London fliegen werde.[30] Am nächsten Tag begleitete General von Kleist seinen Vetter im Wagen zum Flugplatz Tempelhof.[31] Ohne Zoll- oder Devisenkontrolle wurde unmittelbar an der Treppe der startbereiten Maschine gehalten. Eilig stieg Ewald von Kleist als letzter Passagier zu. Wenige Minuten später dröhnte die Ju 52 der Lufthansa über dem Häusermeer Berlins.

Kleists Mission schien kaum begünstigt. Er war kein Würdenträger des Regimes. Wenn er sprach, so sprach er für Kräfte, die im Schatten standen. Henderson hatte zudem das Foreign Office wissen lassen, daß es unklug wäre, Kleist an offizieller Stelle zu empfangen.[32] In England sollte Becks Emissär die Initiative ergreifen, ehe man ihn anzuhören gewillt war. Doch Colvins Brief hatte die größten Hindernisse ausgeräumt. Lloyd übergab den Brief Vansittart, Vansittart – mit nachdrücklicher Empfehlung – Außenminister Halifax.[33] Gerade in Londons Park Lane Hotel angelangt, wird Kleist von Lord Lloyd aufgesucht.[34] Beide Männer sind Konservative. Beide verstehen einander und sind entschlossen, ein europäisches Verhängnis abzuwenden. »Alles ist vorbereitet«, erklärt Kleist. »Die Pläne für die Mobilisierung sind fertig, der X-Tag festgesetzt, die Armeekommandeure haben ihre Befehle. Alles wird nach Plan bis Ende September ablaufen, und niemand vermag es aufzuhalten, es sei denn, Großbritannien spräche eine offene Warnung gegenüber Hitler aus.«[35] Lloyd ist bestürzt. Gewiß wird er Halifax informieren. Dieser Freund sucht schon deshalb seinen Rat, weil er Hendersons Haltung und Berichten mißtraut. Aber auch Lloyd ist ohne Staatsamt. So empfiehlt er Kleist, eine Persönlichkeit aufzusuchen, die größeren Einfluß auf die Regierung habe: Sir Robert Vansittart. Schon am nächsten Tag sitzt Kleist dem außenpolitischen Hauptberater des Kabinetts Chamberlain gegenüber, doch nicht im Foreign Office.[36] Wieder beginnt er das Gespräch mit Ernst und Freimut. Wieder wird die Konversation in französischer Sprache geführt, da Kleist – des Englischen nicht mächtig – ohne Dolmetscher zu sprechen wünscht.[37] Wie Lloyd am 17. erfährt Vansittart am 18. August, daß der Krieg eine beschlossene Sache sei.[38] Niemand könne diesen Krieg aufhalten, wenn England ihn nicht unterbinde.»Wollen Sie sagen«, wirft Vansittart ein,»daß jetzt die Extremisten Hitler mit sich fortreißen?« Kleist:»Nein, das meine ich nicht. Es gibt nur einen wirklichen Extremisten, und das ist Hitler selbst. Er ist die große Gefahr, und er handelt völlig allein.«[39] Gewiß würde er vom neuen Reichsaußenminister Ribbentrop ermutigt. Er, ein übler Jasager, suche Hitler einzureden, daß England und Frankreich nicht handeln würden, wenn es darauf ankäme, die Karten auf den Tisch zu legen. Aber weder Ribbentrop noch Göring, weder Goebbels noch Himmler zählten. Hitler fasse seine Entschlüsse selbstherrlich. Sicher wolle das deutsche Volk, betont Kleist, keinen neuen Krieg.[40] Auch alle Generale seien gegen ihn,»und ich schließe selbst den General von Reichenau nicht aus, den man bislang für den größten Extremisten und Draufgänger halten mußte«. Doch der Befehl zum Angriff würde von Hitler nach dem 27. September gegeben. Auch die Generale wären nach diesem Datum gezwungen zu marschieren. Auch sie besäßen nicht die Macht, Hitler aufzuhalten – es sei denn, daß man sie durch ein Zeichen von außen her unterstützt.

Auf die Frage, welche Mittel er vorschlage, erwiderte Kleist:»Es gibt zwei.«[41] Erstens müsse Hitler bewiesen werden, daß England und Frankreich entschlossen seien, ultimativ Gewalt mit Gewalt zu beantworten. Chamberlains allzu vage Erklärung vom 24. März, in der er von möglichen kriegerischen Verwicklungen gesprochen habe, sei verblaßt und genüge nicht. Zweitens möge ein führender britischer Staatsmann in einer Rede die Schrecken des Krieges und die unvermeidlich folgende Katastrophe ausmalen. Obgleich Vansittart fürchtete, daß solch eine Rede gegenteilige Wirkungen auslösen werde, vermochte Kleist solche Be-

155

denken nicht zu teilen.[42] Er wußte: Die Fronde wartete auf ein Zeichen. Sie mußte ihr Zeichen erhalten, um handeln zu können. So bat er von neuem um einen klaren englischen Schritt. Kleist ließ Vansittart keinen Zweifel, daß er mit einem Strick um den Hals nach England gereist sei.[43] Aber er habe diese vielleicht letzte Chance seines Lebens genutzt, um »als Konservativer, Preuße und Christ« ein kaum absehbares Abenteuer zu verhindern. »Es besteht keinerlei Aussicht auf eine vernünftige Politik, solange Hitler die Staatsgeschäfte leitet. Aber ich glaube, daß, wenn der Krieg wie im Mai vermieden würde, dies das Vorspiel zum Ende des Regimes sowie die Wiedergeburt eines Deutschland wäre, mit dem die Welt verhandeln könnte.«[44]

Vansittart hatte Kleist aufmerksam und mit beobachtendem Blick zugehört. Sofort machte er sich daran, eine Notiz für Halifax abzufassen, damit der Außenminister Chamberlain unterrichtete.[45] Mit alledem diente er nur der Politik, die er betrieben haben würde, wenn er gegen die »Appeasers« hätte aufkommen können. Indessen suchte Kleist nochmals Lord Lloyd auf, um ihn über das Treffen mit Vansittart zu informieren.[46] Noch immer ohne den Brief, den er als »Beweis« für die schwankenden Generale brauchte, wies ihn Lloyd an Churchill: Er werde in einem Krieg Englands maßgebende Persönlichkeit sein.[47]

Am nächsten Tag konnte Kleist, der Vermittlung Lloyds folgend, Winston Churchill in Chartwell Manor sprechen.[48] Es war eine denkwürdige Begegnung. Sofort spürte Kleist, daß ihm ein »wirklicher Konservativer« gegenübersaß. Sofort begriff er auch, daß dieser bulldoghafte Mann kämpfen würde, wenn Englands Ehre und ein gedeihlicher Friede auf dem Spiel standen. Kleist erweckte Sympathie. Nicht nur wurde er von Churchill zu Tisch gebeten, sondern auch mit wohltuender Diskretion als »unser Freund« willkommen geheißen.[49] Noch einmal beschwor Kleist den Ernst der Lage, der ihn veranlaßt habe, nach London zu reisen und England zu warnen. Der Angriff auf die Tschechoslowakei stehe unmittelbar bevor.[50] Höchstwahrscheinlich würde er zwischen dem Nürnberger Parteitag und Ende September ausgelöst. Niemand in Deutschland jedoch – außer Hitler – wünsche einen

156

Krieg, nicht einmal die Generalität. Mindestens die Hälfte der Generale glaube: Ein deutscher Angriff auf die Tschechoslowakei bedeute Krieg mit Frankreich und England.

Impulsiv stimmte Churchill zu. »Die Ansicht dieser Generale ist richtig.«[51] Noch wären in Großbritannien wenige bereit, kalten Blutes für die Tschechoslowakei zu marschieren. Habe jedoch der Kampf einmal begonnen, würden nur mehr wenige abseits stehen.[52] Niemand solle verkennen, daß die nationalsozialistischen Gewaltakte Englands öffentliche Meinung verhärtet hätten. Das waren Töne, die Kleist aufhorchen ließen. Ermutigt stieß er nach. Er wisse, daß Churchill die Wahrheit sage.[53] Könne man sie indes nicht auch den Deutschen nahebringen, die sich gegen Hitler zu erheben suchten? Kleist ahnte, wie delikat es für die britische Regierung war, eine Fronde deutscher Generale zu unterstützen. Abermals bat er jedoch um eine Geste, um private Mitteilungen oder Briefe, die den Ernst der Lage hervorhoben. Könnten sich die Generale – führte er aus – für den Frieden entscheiden, so käme binnen 48 Stunden ein neues Regierungssystem zustande.[54] Solch eine Regierung – wahrscheinlich in Form einer Monarchie – könnte nicht nur Beständigkeit verbürgen; sie würde auch der Angst vor dem Kriege ein Ende setzen für immer.

Churchill versprach, Kleist einen Brief mit auf den Weg zu geben. Von der Offenheit seines »Freundes« angerührt, gestand er nun offen, daß mit einer friedliebenden und toleranten deutschen Regierung viele Probleme – so auch die Rückgabe der Kolonien – weit leichter zu lösen seien.[55] »Weder Großbritannien noch Frankreich werden es an Großzügigkeit fehlen lassen.« Derartige Zusagen erfüllten Kleist mit Genugtuung, aber er war fair genug zu bekennen, daß seinen Freunden weniger an Kolonien als an Danzig und Westpreußen, also an der Beseitigung des polnischen Korridors gelegen sei.[56] Churchill verhehlte nicht, daß er längst gewünscht hätte, »diese Schwierigkeit aus dem Weg geräumt zu sehen«. Darin stimmte er mit Kleist überein, der seinerseits nicht gewünscht hätte, je Revisionen anmelden zu müssen. Von neuem belastete der Schatten des unseligen Weltkrieges ein hoffnungsvolles Gespräch, doch jetzt schien Churchill kaum der rechte Augenblick für die Lösung der Korridor-Frage gekommen. Deutschland, meinte er, habe sie offiziell fallengelassen. Würde man sie nun aufwerfen, triebe man Polen nur auf die Seite Hitlers – eine Logik, der sich Kleist weder entziehen konnte noch wollte.[57]

Am 24. August 1938 reiste Ewald von Kleist nach Deutschland zurück.[58] Unauffällig passierte er Zölle und Grenzen. Bedachte er seine Mission, schien sie nicht ohne Resultat geblieben zu sein. Wo immer er aufgetreten war, hatten sein Ernst und seine Würde überzeugt. Churchill hatte ihn mit ungewöhnlichem Vertrauen geehrt. Selbst der skeptische Vansittart war beeindruckt. »Kleist«, gab er zu, »hat das Zeug in sich, eine Revolution gegen Hitler zu machen.«[59] Auch sonst kehrte er nicht mit leeren Händen zurück. Vansittart durfte ihm eröffnen, daß am 27. August Schatzkanzler Lord Simon eine warnende Rede halten werde und bei zunehmenden Spannungen mit britischen Flottenbewegungen zu rechnen sei.[60] Churchill hatte ihn wissen lassen, daß Halifax und Chamberlain über seine Gespräche mit Vansittart unterrichtet wären.[61] Gerade er hatte die Erklärung Chamberlains vom 24. März 1938 bekräftigt und in dem zugesagten Brief an Kleist geschrieben: »Ich bin sicher, daß ein gewaltsames Überschreiten der tschechoslowakischen Grenze durch deutsche Truppen ... erneut einen Weltkrieg heraufbeschwören wird. Ich bin wie Ende Juli 1914 sicher, daß England mit Frankreich marschieren wird ... Geben Sie sich, ich bitte Sie dringend, darüber keiner Täuschung hin. Solch ein Krieg würde, einmal begonnen, wie der letzte bis zum bitteren Ende ausgefochten werden. Jeder von uns sollte sich weniger überlegen, was in den ersten paar Monaten geschehen könnte, sondern wo wir uns alle am Ende des dritten oder vierten Kriegsjahres befinden.«[62] Namentlich dieser Brief, in Berlin aus der Britischen Botschaft abgeholt, mußte Kleist befriedigen.[63] Eines der wenigen ausländischen Zeugnisse, die den deutschen Widerstand zu ermutigen suchten, wurde er sofort kopiert und emsig genutzt. Canaris will auf ihn bei einem Führervortrag hingewiesen haben. Das Auswärtige Amt reihte eine Abschrift – freilich ohne Kleists Namen – in die »warnenden Schriftstücke« ein, die mithelfen sollten, einen drohenden Konflikt zu vermeiden.[64] Bald machten in

158

Kreisen der Fronde Churchills ungeschminkte Worte die Runde. Nicht minder schien Kleists Mission in London zu wirken. Lloyd, Vansittart und Churchill, kurz: die oppositionellen Konservativen fühlten sich gestärkt. Kleist hatte ihnen bestätigt, was sie seit langem spürten, ja zu wissen meinten.[65] Sein düsteres Hitler-Bild war nun das ihre. Winston Churchill sprach am 27. August 1938 in seinem Wahlkreis von der »ungeheuren deutschen Armee«, deren Mobilisierung Europas Frieden bedrohe.[66] Um ein gewalttätiges Vorgehen Hitlers zu verhindern, schlug er dem britischen Außenminister eine Teilmobilisierung der britischen Flotte und eine geharnischte britisch-französisch-russische Note an Hitler vor.[67] Auch Halifax fühlte sich durch Kleists Gespräche aufgeschreckt. »Appeaser« allenfalls aus Pragmatismus, glaubte er von neuem, daß ein dauerhafter Friede mit Hitler unmöglich sei.[68] Selbst Chamberlain wurde alarmiert. Unsicher geworden, ob er »nicht etwas tun« solle, entschloß er sich, Henderson zur Berichterstattung zu rufen und mit dieser »warnenden Geste« den Ernst der Lage zu bekunden.[69]

Doch trotz all dieser Reaktionen, die sich ganz erst später erschlossen, blieb Kleist von Skepsis beherrscht.[70] Er wußte, daß er in Großbritannien nur Außenseiter gesprochen hatte, die »Dissenters«, deren Einfluß auf die Politik nahezu geschwunden war. Was auch Lord Lloyd, Vansittart und Churchill bekräftigt hatten: sie sprachen allenfalls für sich und die Opposition. Ihre Worte waren nicht die der Regierung, ihre Zusagen nicht die Verpflichtungen jener, auf die zu bauen lohnte. Gewiß hatte Kleist ermutigende Gesten erlebt. Aber er war ein zu scharfsinniger Kopf, als daß er ihre vage Bedeutung übersehen hätte. Keiner der Männer, denen er begegnet war, wagte über Chamberlains Unterhaus-Erklärung vom 24. März 1938 hinauszugehen: Sie aber beherrschte keine ultimative Sprache, sondern steckte voller Zweideutigkeiten. So konnte sich Kleist für keine Hoffnungen verbürgen. Seine Skepsis galt um so mehr, als er bestürzt hatte erfahren müssen, daß Ludwig Beck inzwischen zurückgetreten war – der Mann, der die England-Reise angeregt hatte und gewillt schien zu handeln.[71] Wenn auch der Nachfolger Halder seines Geistes sein sollte: dieser

Wechsel mußte die Opposition schwächen und Großbritannien verwirren. Um so pessimistischer äußerte sich Kleist gegenüber Canaris. »Ich habe«, berichtete er, »in London niemanden gefunden, der bereit wäre, einen Präventivkrieg zu wagen.«[72] Sein Eindruck sei, daß England einen Krieg zu diesem Zeitpunkt um nahezu jeden Preis zu vermeiden wünsche. Möglich, daß es in den Krieg hineingezogen würde, ohne ihn gewollt zu haben. Im allgemeinen aber zögere London, sich hinsichtlich einer noch nicht ausgereiften Lage festzulegen.[73]

Das war eine Analyse, die Klarsicht bezeugte. Seit Adolf Hitler Kanzler des Deutschen Reiches geworden war, zeigte sich England zu einer gefestigten Deutschland-Politik außerstande.[74] Lange schwankte es im Urteil über Hitler und den Nationalsozialismus. Während eine politische Gruppe behauptete, daß mit dem »abnormalen und unberechenbaren« deutschen Kanzler nicht zu verhandeln sei, glaubte eine andere, ihn durch Konzessionen zähmen zu können. Was »Appeaser« und »Antiappeaser« entzweite, bewegte nicht zuletzt Englands Premier Neville Chamberlain.[75] Auch er hatte Deutschland gegenüber mit widerstreitenden Empfindungen zu kämpfen. Immer aber überwog sein Wille zu Zugeständnissen oder gar zur Nachgiebigkeit. Diese »psychologische« Haltung entsprach der »objektiven« Situation. Mehr und mehr war England davon durchdrungen, daß dem Reich in Versailles Unrecht geschehen sei.[76] Sollte Frankreichs Vormacht dem Kräftegleichgewicht weichen, auf das man in London seit je abzielte, mußte Deutschland wieder zur Großmacht erstarken. So war die britische Politik auf eine Konzessionsbereitschaft gestimmt, die Hitler begünstigen mußte. Frankreichs Proteste blieben unwirksam oder wurden zurückgewiesen. Mochten in Paris Deutschlands Wiederaufrüstung, der Rheinland-Einmarsch und Österreichs »Anschluß« bestürzen: Großbritannien unterstützte diese Schritte.[77] Kühl erkannte es Hitlers Macht und den Aufstiegswillen seines Reiches an. Der drohende Zugriff auf die Tschechoslowakei schien eine neue Lage zu schaffen. Hitlers Ungeduld, die das Prinzip friedlicher Agreements mißachtete, stärkte Englands »Antiappeaser«. Chamberlain jedoch verwarf ihre Vorbehalte.

Hitler half das Selbstbestimmungsrecht. Noch bevor die Sommerkrise 1938 ausbrach, gab England zu verstehen, daß es nicht beabsichtige, für die Tschechoslowakei – diese »Verbindung von Fetzen und Flicken« – zu intervenieren oder zu kämpfen.[78] Der Entschluß, den Runcimans Prag-Mission bekräftigte, wurde vom Commonwealth gebilligt. Entschieden widersetzten sich die Dominions Verwicklungen in Europa.[79]

Krieg auf dem europäischen Kontinent konnte Japan, das schon begonnen hatte, China anzugreifen, zu weiteren Aggressionen im Fernen Osten verlocken: für London eine eher noch größere Sorge. Die Sowjetunion bewertete es längst als unzuverlässigen Faktor. Chamberlains Politik aber wurzelte nicht nur in Englands mangelhafter Rüstung, sondern mehr noch in der Friedenssehnsucht seines Volkes.[80] Niemand durfte leichtfertig, wie er glaubte, einen neuen Weltkrieg auslösen. Großbritannien konnte durch ihn nur verlieren. Wirtschaft und Empire waren von großer Verletzlichkeit. Schon der Weltkrieg von 1914–1918 hatte gelehrt, daß er das Äußerste dessen darstellte, was England hatte wagen dürfen. Eine neue Katastrophe bedeutete Ruin. Hinzu kam: Chamberlain konnte in Deutschland kaum Großbritanniens eigentlichen Gegner erblicken. Hitler hatte wiederholt erklärt, daß sein Reich Europas Bollwerk gegen den Bolschewismus sei.[81] Durfte man solch ein Bollwerk schwächen – vor allem wenn es gegen die unheimliche Weltrevolution Front machte, die ebenso das Empire zu beseitigen trachtete? Blieb Hitler gewillt, eine Lösung auf friedlichem Wege anzustreben, sollte ihm das Sudetenland zufallen. Noch war sein demaskierender Gewaltschlag, durch den er im März 1939 die ganze Tschechoslowakei auslöschte, nicht gefallen. Noch konnte und wollte Chamberlain glauben, daß er ihn für den Frieden gewinnen könne, wenn er ihm zugestand, was er beanspruchte. In diesem Glauben beirrten ihn auch nicht Anfechtungen. Wohl hatte er nach Kleists Mission Henderson nach London gerufen.[82] Doch wenn Chamberlain je geplant hatte, Hitler eine ernste Warnung zukommen zu lassen, vermochte sie ihm der Botschafter mühelos auszureden. Der Wille zur Beschwichtigung überrannte oder unterdrückte alle Bedenken. So verwarf Chamberlain die Demarchen des deutschen Widerstandes. Entfiel für ihn nicht jede Alternative? Hatte er, wo er Hitler befriedigen wollte, auf andere zu setzen? Damit suchte Kleist auf eine Regierung einzuwirken, die geradezu entschlossen war, seine Warnungen in den Wind zu schlagen. Das verrieten die Worte, mit denen ihn Chamberlain beurteilte. »Ich nehme an«, schrieb der Premier an Halifax, nachdem er Vansittarts Bericht gelesen hatte, »daß Kleist ein heftiger Hitler-Gegner ist und großen Wert darauf legt, seine Freunde in Bewegung zu setzen, damit sie versuchen, Hitler zu stürzen. Er erinnert mich an die Anhänger des Königs Jacob am französischen Hof zur Zeit König Williams, auch glaube ich, daß wir von dem, was er ausführte, vieles abzuziehen haben.«[83]

An die Anhänger des Königs Jacob am französischen Hof zur Zeit König Williams ... Mit diesen Worten war allen Gegnern Hitlers das Urteil gesprochen. Hatte die Beschwörung der glorreichen Zeit Englands einen Sinn, so konnte sie nur bedeuten, daß Chamberlain – voller Abwehr und Mißtrauen gegen Fronden – auf seiten der Legalität stand.[84] Hitler war sein William. Wo immer es anging, würde er auch in Zukunft zu ihm halten. Und diesem Weg war letztlich selbst Churchill zu folgen bereit. Sosehr er darauf bestand, daß »eine Invasion der Tschechoslowakei durch Deutschland schwerwiegende Folgen zeitigen« müsse: auch er fürchtete eine automatische Garantie.[85] Auch er strebte eine »friedliche Lösung der tschechoslowakischen Kontroverse« und somit das »ehrenhafte Appeasement« an, für das sich Chamberlain zu verpfänden entschlossen war. Das zeigten die mündlichen und schriftlichen Vorstellungen, mit denen Churchill nicht etwa vor, sondern nach Kleists Besuch auf Halifax einzuwirken suchte. Hielt sich aber England zurück, so wollte auch Frankreich nicht kämpfen.[86] Gewiß war Paris seit 1925 durch ein Bündnis an Prag gebunden. Zudem suchte es die Sowjetunion – Schutzmacht der Tschechoslowakei – gegen Hitler zu mobilisieren: freilich erfolglos, weil Polen und Rumänien das Durchmarschrecht verweigerten. Doch schließlich verloren alle Worte und Gesten an Glaubwürdigkeit. Wie in England hemmte in Frankreich eine tiefe Friedenssehnsucht der Massen. Wie in London wuchs in Paris die Überzeugung, daß der unsinnige Versailler Vertrag zu revidieren sei. Noch mehr als Chamberlain fürchtete Daladier die Gefahr blutiger Konflikte. Durfte seine Nation, die bereits ein Weltkrieg tief ermattet hatte, je an einen zweiten denken? Frankreich rückte ab von Ost-Mitteleuropa. Auch politisch zog es sich hinter die Maginotlinie zurück, die zum Symbol seines erstarrten Selbstbehauptungswillens geworden war.

Mit alledem gewann Hitler Rückendeckung. Als er am 12. September 1938 vor dem Nürnberger Parteitag – auf einem Höhepunkt geschürter Spannungen – mit unverhüllter Aggression drohte, bot Chamberlain seine Vermittlung an.[87] Schon drei Tage später flog Englands Premier nach Deutschland. Das Treffen von Berchtesgaden bekräftigte die Prinzipien des Selbstbestimmungsrechts. Chamberlain war bereit, für die Abtretung der Sudetengebiete an das Reich zu plädieren. Am 22./23. September abermals in Deutschland, um dem Führer anzubieten, was er ihm zugesagt hatte, schien indes Hitlers Ungeduld alle Ergebnisse zunichte zu machen.[88] Ultimativ verlangte der Diktator, daß nicht nur polnische und ungarische Gebietsansprüche an die Tschechoslowakei zu berücksichtigen, sondern auch die Sudetengebiete sofort und ohne weitere Verhandlungen zu übergeben seien. Chamberlain war empört. Diese Forderungen empfehlend weiterzuleiten, lehnte er ab. Abrupt kehrte er nach England zurück. Prag zeigte Unnachgiebigkeit und riß Hitler in seiner Sportpalast-Rede vom 26. September zu wilden Drohungen hin.[89] Folgte man nicht seinem Willen, war er zum Krieg entschlossen. Diese Gefahr erfüllte das Volk mit Angst und Beklommenheit; sie zwang auch noch einmal die unentschiedene Generalsfronde zusammen. Gab Hitler den Angriffsbefehl, wollte sie unter Halder den Staatsstreich wagen und Hitler verhaften.[90] Pläne und Truppen waren zur Hand. In Potsdam sicherte Brockdorff-Ahlefeldts Infanterie-, im Thüringer Wald Hoepners Panzerdivision. Aber noch bevor der Angriffsbefehl erging, waren alle Staatsstreichpläne gescheitert. Mussolini vermittelte den Frieden, den England und Frankreich um jeden Preis zu erhalten suchten. Am 28./29. September 1938 gestanden sie Hitler auf der Münchener Konferenz zu, was er zuletzt in er-

presserischem Vabanque gefordert hatte.[91] Die Tschechoslowakei
– nicht einmal an den Verhandlungstisch gebeten – hatte zu kapitulieren. Schon in den ersten Oktobertagen wurde das Sudetenland
von deutschen Truppen besetzt.

Wenn auch Ewald von Kleist, nach Deutschland zurückgekehrt,
ungünstige Prognosen stellte: diese britische Politik erfüllte ihn
mit Entsetzen.[92] Herb begann er die Engländer zu verurteilen.
Hatten sie, so fragte er, die verpflichtenden Traditionen ihrer Geschichte vergessen? Besaßen sie keine Willenskräfte mehr, um den
hemmungslosen Ausbruch einer Kontinentalmacht zu bremsen?
Kleist dachte zu nüchtern über Deutschlands militärische Stärke,
als daß er an Englands Schwäche zu glauben vermochte. Hätte
Großbritannien seine Flotte mobilisiert, deren Übermacht die
deutsche Marine erdrücken konnte: Hitler wäre zurückgewichen.
Hätte zudem Frankreich seine Divisionen alarmiert: die große
Koalition wäre zustande gekommen, gegen die sich Beck und der
Generalstab zu Recht keine Chancen ausrechneten. Aber die
Westmächte hatten nicht gehandelt. Sie hatten sich unterworfen.
Ratlos forschte Kleist nach den Gründen. Wollte er nicht Schwäche und Unentschiedenheit annehmen, vermochte er sich Englands Politik kaum zu erklären. Hatte er nicht in London ein unge-
schminktes Bild von der innerdeutschen Lage entworfen? Hatte
er nicht Lloyd, Vansittart und Churchill wissen lassen, daß man
Hitler zu Fall bringen und den europäischen Frieden retten
könne? Was hatte die Engländer abgehalten, ihm und dem Widerstand zu glauben? Dessen Unzuverlässigkeit oder gar seine eigene
Forderung nach dem Korridor?[93] Kleist glaubte, als Mann ehr-
lichen Willens aufgetreten zu sein. Nirgendwo hatte er einen Zweifel daran gelassen, daß er kein übermächtiges Deutschland begehrte. Er bestritt alle historischen Ansprüche auf das Sudetenland.[94] Er wollte keine gefahrbringenden Expansionen, sondern
scheute unheilvolle Übergewichte und wünschte einen vernünftigen Ausgleich zwischen den Mächten. Wenn aber sein Verlangen
nach dem polnischen Korridor abgeschreckt haben sollte, so
mußte er die britische Staatskunst mitleidig belächeln.[95] Waren
nicht alle »Antiappeasers« und Konservativen davon überzeugt,

daß der deutsche Diktator unersättlich sei? Diese Korridor-Forderung, meinte Kleist, konnte vor Hitlers Ländergier nur verblassen. Denn Hitler erstrebte keine bemessene Revision der Ostgrenze, ihn trieb ein Imperialismus, den später allenfalls machtvolle Gegner niederrangen. Gewiß, noch hatte der »Führer« nicht an das deutsch-polnische Problem gerührt. Noch bot ihm der Nichtangriffspakt, den er im Januar 1934 mit Warschau abgeschlossen hatte, Vorzüge und vor allem Rückenfreiheit. Zudem war er Taktiker, der Ziele nacheinander anvisierte. So mochten die Westmächte, mutmaßte Kleist, erleichtert wähnen, daß Hitler nicht mehr auf dem polnischen Korridor beharrte, den seine Opposition verlangte. Früher oder später aber würde gerade Hitler im Osten aufs gewaltsamste die Ordnungen stürzen, an denen England und Frankreich festzuhalten suchten. Dazu zwang allein sein Wahn, in den er sich vermauert hatte.

Doch was immer nach der Münchener Konferenz geschehen mochte: ihr Ergebnis blieb für Kleist niederschmetternd, »Großdeutschland« ein Danaergeschenk, das zu imperialistischen Abenteuern anstachelte.[96] Und die Opposition? Auch über sie, die ihm am Ende schien, brach er den Stab. Diese Opposition hatte, in seinen Augen, ihre Chance besessen, aber im Grunde war sie nur zu gewillt, die Chance nicht zu nutzen. Als Chamberlain Hitler das Rettungsseil zuwarf, hatte der Widerstand seine Stunde verpaßt. Nun drohte der Krieg. War er jedoch einmal ausgebrochen, würde die Generalität – mit ihrem Handwerk beschäftigt – keinen Staatsstreich mehr wagen.[97] Kleist hatte seit langem dem politischen Instinkt der Soldaten mißtraut. Ob er an 1918, Hindenburg, Seeckt oder Schleicher dachte: stets traf er auf das Versagen eines ganzen Standes. Jetzt konnte und wollte er nicht mehr an die Führer der Wehrmacht glauben. So stürzte ihn die Münchener Konferenz in tiefe Verzweiflung. Sein Gram übertraf noch die Bitterkeit, die er Ende März 1918 empfunden hatte, als er die letzte deutsche Offensive scheitern sah.[98] Er spürte: Eine einzigartige Gelegenheit, Deutschland und Europa vor Hitler zu retten, war verspielt. Während die ahnungslose Welt jubelte, fand ihn ein naher Freund so deprimiert, wie er ihn nie erlebt hatte. »Nun habe ich keine Hoffnung mehr«, hörte er ihn sagen. Auf den Einwand, wie sich dieser Pessimismus mit dem Glauben vertrüge, erwiderte Kleist: Natürlich könne es auch wieder Zukunft geben. Nach menschlichem Ermessen aber sei für Deutschland eine Katastrophe unvorstellbaren Ausmaßes gewiß.[99]

Die sogenannte »Reichskristallnacht« überraschte ihn kaum. Die antijüdischen Ausschreitungen nahm er als Beweis »fundamentierter Rechtlosigkeit«.[100] Dazu gehörte sinnfällig, daß der Staat Verbrechen deckte: schreckliches Spiegelbild des zuvor versäumten Widerstandes. Kleist besaß – auch im abseitigen Schmenzin – Phantasie genug, um sich die Schrecken der Verfolgten ausmalen zu können. Erneut packte ihn Grimm über eine ehrlos gewordene Armee, Zorn darüber, daß sie nicht mit gefälltem Bajonett den Mob von der Straße gefegt hatte. Mehr als je fühlte er sich durch sie gedemütigt.

Kleists düstere außenpolitische Prognose bekräftigte das nächste Jahr, das Jahr des Krieges. Wenn Hitler vom Sudetenland als seiner »letzten territorialen Forderung« sprach, so täuschte er Gegner wie Anhänger. München hatte ihn, der nie »nur« das Sudetenland begehrte, um den vollen Triumph geprellt. Im Frühjahr 1939 fachte er Spannungen zwischen Tschechen und Slowaken an.[101] Hacha, den Präsidenten des geschrumpften Staates, zwang er zur Unterwerfung. Am 15. März 1939 rückten deutsche Truppen in Böhmen und Mähren ein. Die Slowakei, Schrittmacher der deutschen Aktion, proklamierte ihre Unabhängigkeit. Die Tschechoslowakei hörte auf zu bestehen. Hitler verwirklichte, was er 1938 zu erreichen gehofft hatte, aber jetzt wurde offenbar, daß er die Vorherrschaft über Europa erstrebte.[102]

Großbritannien narrte nicht länger das Selbstbestimmungsrecht, sondern war ernüchtert und rüstete. Fortan wollte es Gewalt mit Gewalt beantworten. Chamberlain gab eine Garantie-Erklärung für Polen ab. Frankreich erneuerte seine Bündnisverpflichtungen aus dem Jahre 1921. Der Beschwichtigungspolitik schien ein Ende gesetzt. Die Gegner des kommenden Krieges formierten sich. Gleichwohl erhob nun Hitler gegenüber Polen die Forderungen, von denen England im Vorjahr geglaubt hatte, daß sie allein von der deutschen Opposition verfochten würden.[103] Jetzt trachtete Hitler, der seit dem deutsch-polnischen Nichtangriffspakt auf jede Revision im Osten verzichtet zu haben schien, Danzig und den Korridor zu gewinnen. Noch im April 1939 befahl er – durch Warschaus Unbeugsamkeit gereizt – in der Weisung »Fall Weiß«, daß die Wehrmacht ab 1. September 1939 jederzeit zum Losschlagen bereit sein müsse.[104] Freilich wollte er nur angreifen, sofern es gelang, Polen zu isolieren. Der Schlüssel lag bei der Sowjetunion.

Wie Hitler fühlten sich Chamberlain und Daladier nach Moskau getrieben.[105] Wollten sie Deutschland bändigen, hatten sie ein abschreckendes Sicherheitssystem zu schaffen. Widerwillig umwarben sie die bis München ignorierte Sowjetunion. Doch ihre von Mißtrauen und Halbheiten überschatteten Verhandlungen scheiterten. Wohl kamen sie nach monatelangem Tauziehen einem politischen Vertrag nahe, aber die Militärkonvention, auf der Moskau bestand, glückte nicht. Wieder weigerte sich Polen, der Roten Armee den Durchmarsch zu gestatten. Damit kam Hitler zum Zuge. Er war bereit, einen Preis zu zahlen, den die Westmächte nicht einmal erwogen. Er mutete der Sowjetunion nicht zu, Blut zu vergießen und eine ihr unerträgliche Staatenordnung zu garantieren. Er konnte Stalin Frieden und Beute bieten. Am 23. August 1939 flog Ribbentrop nach Moskau. Zwölf Stunden später schloß er mit Stalin einen Nichtangriffspakt.[106] Ein geheimes Zusatzprotokoll teilte die Ländermasse Polens, der Baltenstaaten und Bessarabiens zwischen dem Reich und der Sowjetunion.

Ewald von Kleist glaubte nach der Münchener Konferenz alle Chancen des Widerstandes begraben. Bevor nicht ein Krieg die Augen aller öffnete, hoffte er auf keine neue Fronde. Doch wenn ihn auch Englands und Frankreichs Kapitulation niederdrückte: der Politik, dem Schicksal der Nation, galt wie je seine Aufmerksamkeit. Als Hitler am 15. März 1939 die Tschechoslowakei besetzte, wußte Kleist: Jetzt war der Rubikon überschritten.[107] Nun mußte die Verblendung von Chamberlain weichen. Auch begriff er: Solange England Polen deckte und die Haltung der Sowjetunion ungewiß war, konnte Hitler, der den Zweifrontenkrieg fürchtete, kaum Angriffe wagen.[108] Kleist wünschte, daß es den

Westmächten gelänge, Hitler mit Hilfe der Sowjetunion zu umstellen, doch nach dem deutsch-sowjetischen Nichtangriffspakt hatte sich für ihn die Lage mit einem Schlag geändert.[109] Schmerzlich war ihm bewußt, daß die Sowjetunion Polen nicht mehr zu Hilfe kommen werde.[110] Damit schien für Hitler das Signal gegeben. Von seinem Erfolg geblendet, würde er nun den Angriff befehlen. Um so mehr mußten die Westmächte den weiteren Ablauf bestimmen. Aber würden sie marschieren? Kleist war voller Skepsis und Zweifel. Nach den Erfahrungen des Vorjahres mochte Hitler glauben, daß London und Paris auch Polen im Stich ließen. Bestätigte ihn nicht Frankreichs Sozialist Marcel Déat, dessen »Mourir pour Dantzig?« einen weitverbreiteten Defaitismus widerspiegelte?[111]

Trotzdem mobilisierte die Spätsommer-Krise des Jahres 1939 Kleist von neuem. Abermals nahm er eine Mission für Beck und Canaris auf sich. In ihrem Auftrag und mit Hilfe seines Freundes, des schwedischen Gesandtschaftsrates Kurt Herbert Damgren, reiste er am 24. August nach Stockholm.[112] Obgleich auch dieses Unternehmen – eine Mission im Schatten des unheilschwangeren, ja kriegsanstiftenden Moskauer Nichtangriffspaktes – sorgfältig vorbereitet wurde, konnten Kleist nicht die Hoffnungen des Jahres 1938 begleiten. Diesmal reiste er mit leeren Händen. Es gab keinen deutschen Widerstand, für den er hätte sprechen können. Das »Do, ut des« gehörte der Vergangenheit an. Doch er begab sich nach Stockholm, um – zwischen den Fonten – »schnellere und zuverlässigere Nachrichten über die Ereignisse im Ausland« zu gewinnen.[113] Diese begrenzte Mission gelang. Als man ihm mitteilte, daß England trotz des deutsch-sowjetischen Nichtangriffspaktes entschlossen sei, Polen ein Militärbündnis anzubieten, wertete er diesen Entschluß als ein vielversprechendes Zeichen.[114] Weiter begrüßte er es, daß Chamberlain Daladier mitgerissen und Italien seinen Unwillen zum Krieg verkündet hatte. Wenn bislang nicht die Waffen sprachen, so konnten Hitler nur diese Friktionen gehindert haben.[115] Wir wissen nicht, aus welchen Quellen Kleist seine Informationen schöpfte. Dafür sind einige seiner Stockholmer Gespräche belegt. Wo immer er konnte, gab er zu verstehen, daß in Deutschland Widerstandszentren existierten, entwarf er ein

168

günstiges Bild dieses Widerstandes. Dr. Otto Järte – Redakteur des »Svenska Dagbladet« – erinnerte sich eines Mannes mit »scharfen Gesichtszügen und ernsten, forschenden Augen«.[116] Furchtlos und unbeugsam im Kampf gegen Hitler, schien ihm Kleist »erfüllt von dem Rechtspathos, das Michael Kohlhaas unsterblich gemacht« hatte. Auch gegenüber Järte und dessen Freunden suchte Kleist für den Widerstand zu werben.[117] Eingehend unterrichtete er sie über die innenpolitische Entwicklung des Reiches. Zum Dank für einen langen Abend erhob er sein Glas mit flammenden Zitaten aus dem Prinzen von Homburg. Jeder mußte wissen, welchen Feind er meinte, als er ausrief: »In Staub mit allen Feinden Brandenburgs!«[118]

Am letzten Sonntag vor Kriegsausbruch besuchte Ewald von Kleist die deutsche Kirche Stockholms.[119] Leidenschaftlich bat er Gott, Deutschland von der Herrschaft Hitlers zu befreien, welche die Nation entehrt hatte und jetzt deren völlige Vernichtung riskierte. Das Gebet spendete ihm Trost, ebenso halfen gute Nachrichten. England und Frankreich machten Miene zur Gegenwehr. Italien dachte nicht daran, dem deutschen Bundesgenossen in Abenteuer zu folgen. Und wie Mussolini, so war auch die Wehrmacht kaum für einen Krieg bereit, der sich zum zweiten Weltkrieg auszuwachsen drohte. Kleist kannte General Georg Thomas, den Leiter des Wehrwirtschaftsrüstungsamtes. Noch vor kurzem hatte ihm Thomas versichert, daß die Benzinvorräte des Heeres und der Luftwaffe bestenfalls einen Monat lang reichten.[120] All das mußte Hitler bremsen oder einen Krieg zu raschem Erliegen bringen. So hoffte Kleist, weil er hoffen wollte, um sich nicht von seinem tiefsitzenden Pessimismus lähmen zu lassen. Doch in seinem Innern wußte er auch jetzt: Hitler vertraute dem »Geniestreich« des deutsch-sowjetischen Nichtangriffspaktes. Vom Wahn seiner Lebensraum-Ideen besessen, mußte er die scheinbar günstige Gelegenheit nutzen, um Polen anzugreifen und niederzuwerfen.[121] Mochte er später die Widerstände finden, die ihn seinem Sturz zutrieben: zunächst würde er das Vaterland in einen Krieg verstricken, dessen Folgen niemand abzusehen vermochte.

Und Hitler schürte die Krise. Wohl fühlte er sich am 25. August

169

noch einmal gehemmt, als man ihm den Abschluß des englisch-
polnischen Bündnisvertrages und Italiens Unwillen zum Krieg
meldete.[122] Er widerrief den Angriffsbefehl für den 26. August.
Doch anschließend versuchte er England und Frankreich abermals von ihren Bündnisverpflichtungen abzudrängen, wollte er,
wie zuvor, ein isoliertes Polen schlagen. Die Manöver – allzu
fadenscheinig – mißlangen und mußten scheitern. Nachdem er
Warschau noch ein 24stündiges Ultimatum gestellt hatte, mit dem
er Verhandlungen geradezu ausschloß, befahl er endgültig den
Angriff. Am 1. September 1939 war sein Krieg entfesselt.

ELFTES KAPITEL

Gegen den Zweiten Weltkrieg

Als Kleist am 18. September 1939 nach Schmenzin zurückkehrte, hatten England und Frankreich dem Reich den Krieg erklärt, Polen aber war in einem Blitzfeldzug vernichtend geschlagen.[1] Ohne eine französisch-britische Offensive im Westen abwehren zu müssen, hatte die Wehrmacht ihren Gegner gepackt und zerrieben. Die Rote Armee überschritt Rußlands Westgrenze, um der Sowjetunion den polnischen Beuteanteil zu sichern. Ende des Monats kapitulierte Warschau. Nur wenige Tage später wurde das deutsche Feldheer an den Westwall verlegt. Die Chance, den Krieg im Keim zu ersticken, war von den Alliierten vertan. Alle Prognosen, die von würgenden Engpässen der Rüstung hatten wissen wollen, schienen abwegig. Wieder fühlte sich Kleist zurückgeworfen, aber unmittelbar nach dem Polenfeldzug äußerte er, daß der Krieg nicht zu gewinnen sei.[2] Hitler dürfe ihn auch nicht gewinnen, weil sonst Recht und Ordnung endgültig begraben würden. Jederzeit bleibe seinem Sieg eine Niederlage vorzuziehen. Denn selbst die härtesten Friedensbedingungen seien noch immer bis zu einem gewissen Grade abzuschwächen.

Kleist kennt die Bedenken, ja das Widerstreben, mit dem sich die Generalität gegen einen Angriff im Westen stemmt.[3] Vom Weltkrieg geprägt, kann sie, wie er erfährt, nicht daran glauben, daß ebenso Frankreich in einem »Blitzfeldzug« zu besiegen sei. Hitler aber will den Angriff im Westen. Längst hätte er die Offensive befohlen, wenn ihn nicht die Ungunst des Wetters zurückhielte. Geradezu haßerfüllt gewahrt er, daß ihn die Heeresspitzen zu bremsen suchen. Kleist ist zu gut informiert, um an eine Generalsfronde glauben zu können. Sicher: nahezu alle Heerführer fürchten das Mißlingen des Angriffs.[4] Voller Skrupel und Zweifel, würden sie dem Kampf lieber heute als morgen ein Ende setzen. Auch sie spüren die Friedenssehnsucht des Volkes, das in den Krieg nur mit tiefer Beklommenheit eingetreten ist. Doch von einem entschiedenen Willen zum Widerstand kann keine Rede sein. Schon der Blick auf das jüngere, »nationalsozialistisch gesinnte« Offizierskorps lähmt. Für Kleist dagegen darf der zweite Feldzug nicht gelingen. In seinen Augen muß Hitler jetzt die Niederlage erleiden, die ihn zu Fall bringt. Die Generale, kalkuliert er, fürchten ein militärisches Desaster. Hier braucht man kaum auf sie einzuwirken. Sollen sie indes handeln – und der Widerstand hat mit ihnen zu handeln –, müssen sie wissen, daß ein würdiger Friede erreicht werden kann.

Kleist vermag nicht länger ins Ausland zu reisen. Aber noch einmal will er der Opposition aufhelfen und einleiten, was Hitlers Sturz beschleunigen soll. Am 4. Januar 1940 spricht er mit einem Mitglied der Schwedischen Gesandtschaft.[5] Da er annehmen kann, daß seine Worte nach London und Paris weitergeleitet werden, spricht er mit rückhaltloser Offenheit. Eine Offensive zu Lande und in der Luft – hört sein Gesprächspartner – sei seit Ende November beschlossen und werde am 15. Januar losbrechen, sofern nicht die Wetterverhältnisse einen Aufschub erzwängen.[6] Alle Vorbereitungen seien so weit abgeschlossen, daß es lediglich eines Befehls von höchster Stelle bedürfe, um etwa 100 Divisionen angreifen zu lassen. Ihr erster Stoß sei durch die südlichen Niederlande und Belgien auf die Kanalküste angesetzt. Der Offensive würden überraschende Angriffe aus der Luft vorausgehen, auf deren Erfolg die deutsche Führung besonders hoffe. Um den Zeitdruck zu veranschaulichen, dem sich Hitler unterworfen hat, nutzt Kleist die Argumente der Führer-Ansprache vom 23. November 1939.[7] Wirtschaft und Außenpolitik, vernimmt der schwedische Gesprächspartner, trieben Hitler voran. Einmal fürchte er, daß Deutschland bei längerem Zuwarten seinen Rüstungsvorsprung einbüße, zum anderen erwarte er außenpolitisch nur ungünstige Lagen. Italien und Spanien ständen abseits, während Rußlands Zurückhaltung einzig auf die Person Stalins gegründet

172

sei.[8] Dagegen wüchse die Gefahr, daß die neutralen Staaten ins Lager der Gegner abschwenkten und – früher oder später – die Vereinigten Staaten in den Kampf eingriffen. Gleichwohl rechne Hitler mit dem Defaitismus Frankreichs und – nach dessen Niederlage – mit der Nachgiebigkeit Großbritanniens.

Und nun zögert Kleist nicht, von den Widerständen der deutschen Generalität zu sprechen.[9] Wenn er ihr auch eine Entschlossenheit unterstellt, zu der sie kaum gewillt ist, so spürt und weiß er doch: Hier hat er mit einem Gran Diplomatie London und Paris in der Haltung zu bestärken, die dem Widerstand und seinen Zielen nutzen soll. »Die Mehrzahl der höheren Befehlshaber«, erklärt er, »glaubt nicht an einen entscheidenden Erfolg der Offensive. Damit ist die Voraussetzung für eine militärische Aktion geschaffen, um Hitler zu entfernen und das nationalsozialistische Regime zu stürzen. Darauf zielende Pläne werden ernstlich erwogen; sie haben innerhalb eines gewissen Kreises das Stadium der vorbereitenden Gespräche überschritten. Es handelt sich nicht länger nur um Gespräche, sondern um Verhandlungen. Eine der ersten Aufgaben des neuen Regimes wird es sein, einen vernünftigen Frieden zu schließen. Darin liegt auch die Begründung für die Einstellung der höheren Befehlshaber des Heeres.«[10] Freilich interessiere sie, bald zu erfahren, in welchem Umfang ein neues Regime auf neutrale Friedensvermittlung setzen könne, vor allem aber: ob die Bereitschaft zu einer derartigen Vermittlung gegenüber einem neuen deutschen Regime größer sei als gegenüber dem jetzigen.[11]

Dieses Gespräch, über das am 5. Januar 1940 der schwedische Gesandte Richert nach Stockholm berichtete, bewies von neuem: Kleist ließ, in seinem Widerstand, keine Vorbehalte gelten.[12] Selbst der Kontakt zur »Feindseite« war ihm Gebot: schon um des künftigen Friedens willen, an den er – neben dem Umschwung – immer dachte. Den Einwand, daß im Existenzkampf der Nation jede Opposition zu schweigen habe, akzeptierte er nicht. Für ihn regierten unter Hitler namentlich im Krieg Rechtlosigkeit und Gewalt. Widerstand, betonte er, bleibe Pflicht erst recht in einem Stadium, in dem sich die Menschenopfer häuften. Kleist gab – im

Kampf' gegen einen unbelehrbaren Diktator – Denkschriften keine Chance. Er wollte von vornherein den Staatsstreich, und er wollte ihn mit der äußersten Konsequenz. Seine Natur verabscheute Mord, aber er sah nur neue Gefahren, zögerte man, Hitler unwiderruflich auszuschalten. Den Vorwurf des Hoch- und Landesverrats –Worte des NS-Staates – ertrug er. Scheiterte er als Frondeur, verlangte er keinen Pardon. Nie quälte ihn das Bewußtsein, daß er irrte oder gar unrecht tat. Wenn er auch Wege ging, auf denen er geschriebenes Recht brach: höher stand ihm das Recht Gottes, das Deutschlands »Führer« verhöhnte.

Kleists Opposition fordert übermenschliche Kräfte, Kräfte gegen erdrückende Fronten.[13] Doch seine Sicherheit wird nicht nur vom Glauben, sondern ebenso von der Lage gestützt: Sie diktiert seine praktischen Schritte. Nach dem Urteil der Militärs muß der Krieg mit einer deutschen Niederlage enden. Hitler aber kann keinen Frieden schließen und ist auch nicht gewillt abzutreten. Volk und Nation sollen ihn nicht überleben. Damit muß der Widerstand den Diktator beseitigen. Kämpft Deutschland ohne Chancen, so kann der Krieg nicht früh genug beendet werden. Jeder Tag, um den er verlängert wird, kostet neue Opfer. Mit jedem weiteren Tag des Kampfes drohen dem Reich härtere Friedensbedingungen.

Der Staatsstreich, der einen Bürgerkrieg vermeiden muß, kann nicht Sache der Massen, sondern nur der Spitzen des Heeres sein. Kleist weiß: Von den Generalen, die zu gewinnen sind, ist nur ein Bruchteil durch ethische Motive zu überzeugen. Aber die Sprache militärischer Rückschläge verstehen sie. Deshalb muß er die ohnehin unvermeidliche Niederlage zum wohlverstandenen Besten des eigenen Vaterlandes herbeizwingen. Es war ihm bewußt, daß er mit seiner Warnung an das Ausland Menschenverluste riskierte. Auch wenn sie die Opfer eines langen Krieges aufwogen, konnten sie klare Rechnungen trüben. Doch Kleist will nicht den Tod deutscher Soldaten. Seine Informationen suchen den Feind vor allem zu den Gegenmaßnahmen zu veranlassen, welche die deutschen Generale zu baldigem Widerstand bekehren. Je eher sie genötigt sind, ihre Operationen zu widerrufen oder – schlimmstenfalls – erfolglos abzubrechen, desto rascher mögen Deutschland und

174

Europa Frieden finden. Eine Opposition, die bis zum Zusammenbruch wartete, bringt keine Rettung. Kleists Taktik verfolgt allein noch Oster. Aber ihm voraus, handelt Kleist völlig unangefochtenen Gewissens. Wie je kennt er nur die Alternative: Gehorsam gegen Gott oder Versagen aus Indolenz.

Um so härter mußte ihn die Wirklichkeit treffen. Als vier Monate später – am 10. Mai 1940 – die Wehrmacht in Holland, Belgien und Frankreich einfällt, beginnt für sie – abermals unter geringen Verlusten – ein Triumphzug ohnegleichen.[14] Mansteins »Sichelschnitt«-plan, nach dem die deutsche Führung Panzerkeile durch die Ardennen treibt, bürgt für den Sieg. Ohne Halt stürmen die Divisionen des Heeres über Schlachtfelder, auf denen die Väter in endlosen Materialschlachten verblutet sind. Wo sich Riegel der Abwehr bilden, werden sie durch Luftlandetruppen und massierten Bombenhagel aufgebrochen. Noch bevor Frankreich die tödliche Gefahr des deutschen Stoßes erkennt, ist der kühne Sichelschnitt geglückt. In knapp drei Wochen stehen deutsche Panzer am Ärmelkanal. Die französischen Armeen, die sofort vorgeschwenkt waren, um dem belgischen Verbündeten beizuspringen, sind von ihrer Heimat-Basis abgeschnitten; sie werden eingekesselt, gefangengenommen oder vernichtet. Die Offensive, die am 5. Juni von neuem losbricht und Frankreich noch im gleichen Monat zum Waffenstillstand zwingt, erfüllt das Heer mit Stolz und Selbstbewußtsein. Der Sieg schafft jene gläubige Bindung an Hitler, mit der jede erfolgreiche Armee ihren Feldherrn oder Befehlshaber belohnt. Und Hitler hat Anteil an diesem Triumph.[15] Er hatte die revolutionäre Stoßkraft des Motors im Panzer und Flugzeug begriffen. Er hatte Mansteins unkonventionellen Plan in die Tat umgesetzt und instinktsicher erkannt, daß dessen Elan vollends den mürben Verteidigungswillen Frankreichs brechen müsse.

Kleist litt unter jeder Siegesmeldung. Hart geißelte er in vertrautem Kreis die Generalität, daß sie, statt mit dem Feind zu paktieren und sich für die Niederlage zu entscheiden, dem Teufel diente und das Unheil vergrößerte.[16] Er ahnte: Dieser Feldzug machte den »Widerstand« in London unglaubwürdig. Nun, nach abermaligem Zögern der Opposition, focht Großbritannien um

Leben und Tod, einen Kampf, bei dem es kaum noch zwischen Hitler und der innerdeutschen Fronde unterschied. Hätte Kleist die wachsende Intransigenz gekannt, mit der sich besonders England schwor, das Reich so oder so zu unterwerfen: schwerlich wäre *er* verwundert gewesen. Seine Verdikte trafen vor allem einen in der Verwandtschaft, den Generalobersten von Kleist, der im Westfeldzug mitgeführt hatte. Doch was er erbittert forderte, konnte die Generalität nicht mehr erreichen. Auch oder gerade sie bannte die Vehemenz der Siege. Einem Heer solcher Erfolge aber fiel man nicht in den Rücken.[17] Mit ihm glaubte man sogar einen Frieden erkämpfen zu können, der Deutschlands Triumph besiegelte. Wie das Volk war die Generalität der Wehrmacht Hitlers Nimbus erlegen.

Während sich über ihr das Füllhorn mit Beförderungen und Ritterkreuzen öffnete und im Reich die Glocken läuteten, ergriff Ewald von Kleist tiefe Verzweiflung.[18] Jetzt, registrierte er, hatte Hitler nicht nur Polen, Dänemark und Norwegen, sondern auch Holland, Belgien und Frankreich niedergeworfen. Konnte solch einer Macht das vom Festland verdrängte Großbritannien widerstehen? Selbst wenn es nicht zu besiegen war, mußte es um sein Überleben kämpfen. Europa gehorchte der Diktatur totalitärer Mächte. Kleist spürte: Nach dem triumphalen Westfeldzug war die Generalität für den Widerstand abzuschreiben.[19] Nun würde sie Hitler auch in weitere Abenteuer folgen. Niedergedrückt, wollte er an keine rettenden Auswege mehr glauben, doch Reimer, der Freund und Pfarrer der Bekennenden Kirche, widersprach ihm. Der Krieg, so meinte dieser glaubensstarke Geistliche, sei nicht zu Ende.[20] England werde sich behaupten und das Reich in Kämpfe verstricken, die der Opposition wieder Chancen böten. Der scharfblickende Mann behielt recht. Italien – seit dem 10. Juni 1940 Deutschlands militärischer Bundesgenosse – nötigte Hitler, in Jugoslawien und Griechenland einzugreifen. Großbritannien aber verweigerte ihm den Frieden, den er bereits gesichert wähnte.[21] Damit war er trotz seines Sieges über Frankreich in eine Sackgasse geraten. Nicht nur drängte ihn Englands weiterer Widerstand, sich rascher als geplant gegen Rußland zu wenden,

176

sondern auch zu einem Zweifrontenkrieg, der seinen Wünschen und Beteuerungen spottete.

Als er am 22. Juni 1941 in die Sowjetunion einfiel, um den »letzten Festlandsdegen« Englands zu zerbrechen, waren die Würfel gefallen. Wohl suchte die Wehrmacht noch einmal zu siegen und das seit je gefürchtete »Nebeneinander« ihrer Feinde in das geplante »Nacheinander« zurückzuverwandeln. Ihre großen Anfangserfolge, die den russischen Gegner an den Rand der Katastrophe drängten, schienen sie diesem Ziel nahe zu bringen. Doch die herausgeforderte Sowjetunion widerstand. Im Dezember 1941 wurden vor Moskau die deutschen Angriffsspitzen geschlagen. Als schließlich Japan im Pazifik den Kriegseintritt der Vereinigten Staaten erzwang, den das Unternehmen »Barbarossa« hatte vermeiden sollen, stellte sich die Konstellation des Ersten Weltkrieges von neuem her. Hitler, der den USA Kampf ansagte, konnte nicht länger hoffen zu siegen. Er war in Ost und West gescheitert.

Kleist hatte den Beginn des Rußlandfeldzuges mit einer grimmigen Genugtuung hingenommen. Noch vor der Peripetie im Dezember gab er den Krieg verloren. Fortan beunruhigten ihn keine militärischen Erfolge mehr. Einem Freund, der ihn Ende Oktober 1941 zur Zeit des Vormarsches auf Moskau und Rostow besuchte, sagte er Hitlers Niederlage in Rußland voraus.[22] Wenn man auch nicht wünschen dürfe, daß dem deutschen Soldaten das Schicksal der Grande Armée widerführe: am Zusammenbruch sei nicht zu zweifeln. Gleichwohl sah er keine Chance des Zugriffs. Er fühlte sich nicht nur vom Ausland, sondern auch von der Generalität im Stich gelassen. Sie war ihm nun vollends stramme Energie, Garant schmachvoller Nutzlosigkeiten. Jetzt hätten sich, gestand er, die Opfer und Rückschläge erst zu häufen, ehe diese Generalität – vielleicht – ihre Pflichten wiederentdeckte.[23] Ob aber dann – nach militärischem Schafsgehorsam – noch politisch etwas auszurichten sei, bleibe fraglich, ungewiß.

In seiner Ohnmacht fiel Kleist auf sich selbst zurück.[24] Er wußte: Er konnte nichts tun. Die Katastrophe des Reiches mußte heranreifen. Während 1942 die Wehrmacht Stalingrad und den Kaukasus zu erobern suchte, lebte er nahezu verborgen in

Schmenzin, ganz seiner Familie hingegeben. Schon am 17. Mai 1938, ein Jahr nach dem Tod Anning von Kleists, hatte er wieder geheiratet.[25] Seine zweite, wesentlich jüngere Frau Alice, eine geborene Kuhlwein von Rathenow und Freundin Anning von Kleists, erfüllte keine politische Leidenschaft. Seit 1933 Zeugin der Geschehnisse im Schmenziner Haus, fürchtete sie eher neue Konflikte und Verwicklungen. Um so mehr schuf die anmutige Frau eine Atmosphäre der Harmonie, für die der hart gewordene Mann nur danken konnte. Wenn Kleist bislang – von politischer Unrast bewegt – kaum inneren Frieden kannte: jetzt durfte er ihn zeitweise spüren. Kleists zweiter Ehe entsprossen noch eine Tochter und ein Sohn. Im Umgang mit den kleinen Kindern zeigte er eine Zartheit, die niemand erwartet zu haben schien.[26] So wurde ihm noch ein lange entbehrter Ausgleich zuteil. Mehr als je schöpfte er auch Kraft aus der Natur, seinen Wäldern. Durchstreifte er Schmenzins Reviere, konnte er den Jammer der Welt vergessen.[27]

Aber er war kaum für Idyllen geschaffen, solange er sein Land in Gefahr wußte. Gewiß, monatelang blieb er dem politischen Geschehen nur über die deutschen Nachrichten des britischen Rundfunks verbunden, die er zum Schrecken seiner Familie regelmäßig hörte.[28] Doch was er verdrängte, holte ihn wieder ein. Er konnte nicht froh werden, wo die Angst in den Familien umging und die Zahlen der Gefallenen, Verwundeten und Vermißten stiegen. Nicht nur folterten ihn die täglichen Menschenopfer, die eine aussichtslose und schlechte Sache forderte; mehr noch litt er unter dem Zwang, sich tarnen und verleugnen zu müssen. Immer wieder quälte ihn die Frage, wo und wann der Punkt erreicht sei, an dem es kein Versteckspiel mehr gäbe, sondern einzig den offenen Kampf mit einem würdigen Ende.[29] Noch immer widerstand er allen Heimsuchungen. Gegen Wühlereien der Partei setzte er findige Aushilfen, gegen Denunziationen schroffe Menschenverachtung.[30] Nie hob er die Hand zum Hitlergruß. Mußte er seinen Betrieb einmal beflaggen, wählte er für den riesigen Hofmast ein Hakenkreuzfähnchen. Solch eine »Minusfahne« konnte die NSDAP nur als Verhöhnung empfinden. Kleist jedoch peinigte dieser »Verrat« an seiner Gesinnung so lange, bis er ihn später durch seine Haft wiedergutgemacht glaubte.[31]

All seine Querelen aber verblaßten vor dem großen Drama. Als in den Trümmern Stalingrads die Sechste Armee vernichtet wurde, war das Menetekel des Niedergangs an die Wand geworfen. Diese Katastrophe hat Hitler verursacht. Hier hat er Prestige über Strategie gestellt und Hunderttausende dilettantisch, zwecklos geopfert. Kleist ist erschüttert über das Versagen der Generalität. Folgte er seinem Instinkt, würde er sie, die sich durch Stalingrad auch militärisch richtet, zu Paaren treiben. Die Hellsicht, daß Hitler weiter gegen erprobte militärische Grundsätze wüten wird, steigert seine Erbitterung. Er kennt die Starrheit des Diktators, den Mann der »Mission«, der daran glaubt, daß Fanatismus alles bezwinge. Kleist weiß, daß die Generalität außerstande ist, politisch zu denken.[32] Da scheint ihr jedes Urteilsvermögen aberzogen zu sein. Sie begreift nicht, daß unter dem Politiker Hitler der Krieg unwiderruflich verlorengeht. Doch Kleist hofft – trotz seiner Verachtung – wenigstens auf den Sachverstand der Generalität, den Sachverstand, der jetzt herausgefordert ist. So viel, meint er, begreift auch diese Generalität, daß Deutschland Chancen nur mit einer intakten Armee behält.

Anfang März 1943 will er nicht länger warten. Er fährt nach Berlin, um zum Staatsstreich anzuspornen. Im Haus des Psychiaters Bonhoeffer trifft er die Brüder Bonhoeffer, Jakob Kaiser, Rechtsanwalt Dr. Wirmer und den Preußenprinzen Louis Ferdinand.[33] Entschieden drängt er auf baldiges Handeln. Da die Frontgenerale keinen Mut zu einer Aktion zeigten, habe man mit dem Ersatzheer einzuspringen. Kleist kämpft nicht mehr für die Hohenzollern-Monarchie. Obgleich Royalist bis zum letzten Atemzug, hat die Not des Vaterlandes seine ursprünglichen Ziele in den Hintergrund gedrängt. Doch jetzt beschwört er Louis Ferdinand, als rechtmäßiger Kronprätendent das Signal zum Aufstand zu geben und die zögernden Heerführer mitzuziehen[34]: ein Appell, der verfängt. Umgehend bricht Kleist zu General Olbricht auf, um ihn, den Chef des Allgemeinen Heeresamtes, über Louis Ferdinands Bereitschaft zu unterrichten.[35] Aber alle Versuche scheitern. Während der Kronprinz seinem Sohn jede Verschwörung untersagt, erklärt Olbricht Kleist, daß er keine Aktion auslösen könne.³⁶ Der Staatsstreich, den man plane, sei noch vorzubereiten.

Doch zur gleichen Zeit wird an der Front bei der Heeresgruppe Mitte gehandelt. Von der Katastrophe an der Wolga alarmiert, holt am 13. März 1943 die Fronde um Oberst Henning von Tresckow zum Anschlag aus: Sie nutzt einen Besuch Hitlers, um eine Bombe in sein Flugzeug zu schmuggeln.³⁷ Die Bombe erhebt sich mit dem zurückfliegenden Diktator, explodiert aber nicht; der versagende Zündmechanismus rettet Hitler das Leben. Kleist erfährt von dem Anschlagsversuch. Zwei seiner engsten Freunde, Schlabrendorff und Berndt von Kleist, gehören zum Stab Tresckows. Ihre Nachrichten zeigen ihm, daß wenigstens einige Offiziere zum Äußersten entschlossen sind.³⁸ Aber sonst ganz Skepsis, will er nicht glauben, daß auch die Wehrmacht entschlossen ist zu handeln.³⁹ War ihre Führung, fragte er, Hitler nicht in alle Abenteuer gefolgt? Hatte sie nicht – verläßliche Information – sogar Mordbefehle gegen sowjetische Kommissare und alliierte Kommandotrupps hingenommen?⁴⁰ Pflichtvergessen und verstrickt, würde sie, unterstellte er, bis zum schlimmsten Ende kämpfen.

Hinter alledem stand bereits »höhere Reflexion«. Wohl wollte Kleist, der Christ, in seiner Liebe zu Heimat und Vaterland auf ein Wunder hoffen. Doch zugleich fühlte er: Dieses Deutschland, das Reich Adolf Hitlers, durfte kein Wunder mehr erwarten. Zu sehr hatte es sich gegen Gott versündigt, als daß es noch länger Gnade erbitten durfte.⁴¹ Obschon Schlabrendorff über Lager, in denen systematisch Juden vernichtet wurden, nur vorsichtige Andeutungen machte, traute Kleist dem NS-Regime auch die größten Abscheulichkeiten zu. Gleich anderen vermochte er das wahre Ausmaß der organisierten Barbarei bis zuletzt nicht abzuschätzen. Aber daß sich Deutschland seine entsetzliche Rolle rücksichtslos einzugestehen hatte, wenn es – kühn genug – Zukunft begehrte, brauchte niemand Ewald von Kleist zu sagen.

Gerade weil er ohne Amt oder Kommando war, spürte er, wie über Halbheiten und Schwächen die kostbarste Zeit verrann. Von neuem packte ihn Verzweiflung. Immer wieder brach es zornig aus ihm hervor: »Dumm wie ein Intellektueller, glaubenslos wie ein Pfarrer, ehrlos und feige wie ein General.«[42] Seinen Untergebenen wurde er in zunehmendem Maße ein harter Herr. Innerlich umgetrieben, begann er Versäumnisse und Verfehlungen ungebührlich zu rügen.[43] Hätte man ihn in Schmenzin nicht gekannt: seine Autorität wäre geschrumpft und zerbrochen. Kleists Grimm über die führenden Soldaten trieb ihn zu ungerechten Werturteilen.[44] Nicht jeder, den er zum Handeln verpflichtet meinte, konnte handeln. An der Front fehlten auch den Generalen Einblicke und Übersicht. Selbst wo sie militärisch aufbegehrten, fühlten sie sich Hitlers politischen Argumenten ausgeliefert; »unvorstellbar«, daß ihr Vertrauen mißbraucht wurde.[45] Der Eid mußte gegenseitig binden. Oft glaubten sie an die Wunderwaffen, die ihnen die oberste Führung verheißen hatte. Mochte nun ein Sieg verwehrt sein: noch immer, schien es, ließ sich ein Remis erringen.

All das waren Gründe. Kleist indes erkannte sie nicht an. Er wußte: Mit Hitler war jeder Rückweg versperrt. Das mußte den *höchsten* Militärs geläufig sein. Für *sie* gab es weder Ausreden noch Flucht. *Sie* hatten die größere Verantwortung und zumindest als Militärs Überblick; *sie* gewahrten, daß Hitlers Führungs-»kunst« die Wehrmacht und damit Deutschlands Zukunft vernichtete.[46] Waren sie bereit zu handeln, durfte sie nicht einmal die politische Unvernunft der Gegner beirren. Gewiß leitete die alliierte Forderung der »bedingungslosen Kapitulation« Wasser auf Hitlers Mühlen.[47] Solch ein Begehren drohte die Fronde mutlos zu machen. So empfand auch Kleist das »Unconditional surrender« als ein Unglück, das Kurzsichtigkeit und Torheit ausgelöst hatten. Voller Ironie konnte er von zwei Töpfen in der Hölle sprechen, in denen er Hitler und Roosevelt schmoren sähe.[48] Dennoch meinte er, daß es nur Kapitulationen unter Bedingungen gab. Selbst die Casablanca-Formel entband, in seiner Sicht, nicht von der Pflicht zum Handeln. Der Zeitpunkt des Staatsstreiches mußte über Deutschlands Chancen entscheiden.[49] Wenn aber die Westmächte dem Reich einen würdigen Frieden verwehrten, so hatte es einen Ausgleich mit der Sowjetunion zu suchen. Kleist waren außenpolitische Doktrinen fremd. Ohnehin kein Freund Amerikas, dessen

Lebensprinzip und Kreuzzugsgerechtigkeit er verabscheute, konnte ihn eine realitätsblinde und steifnackige Politik nicht hypnotisieren.[50] Einmal in der Verantwortung und gezwungen, die Westlösung preiszugeben, hätte er nicht gezögert, die Ostmacht gegen die Westmächte auszuspielen. Lockten im Osten, dieser Schicksalsrichtung Deutschlands, nicht ohnehin bessere Aussichten? Stalin – so schien ihm – forderte nicht die bedingungslose Kapitulation des Reiches. Im Gegenteil: Er hatte im Juli 1943 ein Nationalkomitee »Freies Deutschland« gründen lassen, das die Wehrmacht zum Sturz Hitlers und geordneten Rückmarsch an die Reichsgrenzen aufrief. Sooft andere dieses Komitee verwarfen: Kleist war nicht bereit, es als Propagandamanöver abzutun.[51] Für ihn deutete hier Rußland Verständigungswillen an. Solche Avancen aber waren zu erproben und zu nutzen.[52] So bestand er weiter auf unverzüglichem Handeln, weil sonst jede Überlegung illusorisch blieb.

Doch von neuem hatte er ohnmächtig zu warten, und von neuem verschlechterte sich Deutschlands Lage.[53] Im Osten verlor die Wehrmacht, nach der gescheiterten Offensive bei Kursk, ihre »Vorhand« endgültig an Stalins Armeen. Im Süden standen die Alliierten vor Neapel, wurden Mussolini und der Faschismus gestürzt. Italien – klug und realistisch – kapitulierte. Im Reich zerbombten anglo-amerikanische Fluggeschwader Städte und Fabriken der Rüstungsindustrie, aber die Opposition gab kein Zeichen und handelte nicht; denn trostlos vor allem ihre Lage. Beck war durch Krankheit gelähmt, sein kompromißloser Mitstreiter Generaloberst von Hammerstein gestorben.[54] Generalmajor Oster, Mittelpunkt des Amtes Abwehr, wurde verabschiedet, ebenso Feldmarschall von Witzleben. Andere waren nicht bereit einzuspringen; wieder andere, die handeln wollten, gelangten nicht in Hitlers Nähe. Wohl bewährte sich Carl Goerdeler, Leipzigs ehemaliger Oberbürgermeister, als Motor des Widerstandes. Doch auch er vermochte nicht die Gegensätze zu überwinden, die hinsichtlich eines Attentats entzweiten.

Als der Herbst 1943 ohne eine Tat der Fronde ins Land ging, war Kleist vom Ende Deutschlands überzeugt.[55] Nur ab und an bäumte er sich noch gegen seine Einsichten auf. Er wollte nicht fliehen, sondern daran glauben, daß ihm Schmenzin erhalten blieb.[56] Dabei schien er sogar auf die Sowjets zu setzen. Warum sollten sie ihm, der Hitler widerstanden hatte, ein gewaltsames Ende bereiten? Auch sie mußten als Sieger Ordnung schaffen und auf zuverlässige Kräfte bauen. Da aber meinte er zu wissen, daß er mit den Russen sprechen könne. Da traute er sich zu, ihnen zu sagen, was in Deutschland zu tun sei, ohne fremde Interessen zu verletzen. Doch je länger der Krieg tobte, desto mehr waren alle Hoffnungen zu begraben. Diesmal, fürchtete schließlich der Enttäuschte, »konnten die Gegner nur mit Deutschland Schluß machen«.[57] So nahm er von seiner Heimat Abschied. Es war ein bewußter Abschied und darum wohl um so bitterlicher. Noch einmal überließ er sich der Schönheit und Farbenpracht seiner Wälder. Noch einmal erlebte er Ansitz und Pirsch, dann schien er sich von seiner Welt gelöst zu haben. Als er eines Abends – spät im Herbst dieses vierten Kriegsjahres – mit einem Schwager vor seinem Haus stand, sprach er langsam in die Dunkelheit: »Es sind die letzten Hirsche, die wir in Schmenzin schießen. Im nächsten Jahr jagen wir nicht mehr hier.«[58]

Wenige Monate später versuchte Schlabrendorff, ihn aus seiner Resignation zu reißen.[59] Dieser Freund, der für die Fronde Fäden zwischen dem Front- und Ersatzheer knüpfen half, war sich bewußt: Kleist durfte nicht abseits stehen. Der Widerstand brauchte ihn. Am 12. Dezember 1943 vermittelte er ihm in Berlin ein Treffen mit Carl Goerdeler.[60] Kleist beeindruckten Goerdelers Handlungswille und Ziele. Wie er erstrebte Goerdeler ein erneuertes Gemeinwesen, das überschaubar sein sollte und bei dem man von unten her anzufangen hatte. Umgekehrt spürte Goerdeler, daß ihm ein Mann gegenübersaß, auf den in entscheidender Stunde Verlaß war, ein Konservativer seines eigenen Zuschnitts.[61] Ihn wollte er nach Hitlers Sturz als Politischen Beauftragten für Pommern einsetzen. Doch so wichtig das Gespräch: die Leichtfertigkeit, mit der Goerdeler offenbar anderen mitteilte, was er strikt hätte verschweigen müssen, erschütterte Kleist.[62] Wieder war er deprimiert. Seiner Frau nannte er nicht Goerdelers Namen, ihr gegenüber aber äußerte er: »Das ist sicher auch nicht der Richtige.«[63]

Doch die Fronde rüstet sich. Stauffenberg – seit Oktober 1943 Chef des Stabes in Olbrichts Allgemeinem Heeresamt – gibt ihr Schubkraft.[64] Er vervollkommnet Tresckows Staatsstreichentwürfe, und er ist entschlossen, den »eidfreien« Zustand herbeizuzwingen. Wenn nach Hitlers Tod das Ersatzheer marschiert, um – gemäß dem »Walküre«-Plan – »Unruhen von Fremdarbeitern« niederzuwerfen, so marschiert es als Exekutive des Widerstandes. Stauffenberg will selbst das Attentat wagen. Er, der den Fronten Reserven zuzuführen und darüber Hitler zu berichten hat, könnte den Diktator töten. Aber da er schwer verwundet ist, soll nicht er die Bombe zünden. So muß er Offiziere gewinnen, die bereit sind, sich bei einer Vorführung neuer Uniformen mit Hitler in die Luft zu sprengen.[65] Axel Freiherr von dem Bussche – ein hochdekorierter Infanterie-Hauptmann und von Judenmassakern hinter der Front aufgewühlt – ist gewillt, sich zu opfern. Er weiß: Gilt »Notwehr«, dann nach den Verbrechen, die vor seinen Augen verübt worden sind. Doch die neuen Uniformen vernichtet ein Luftangriff, und Bussche muß zu seiner Division zurück. Nun ist ein Oberleutnant vom Potsdamer Infanterie-Regiment 9 an der Reihe: Ewald-Heinrich von Kleist, der älteste Sohn Kleists, dem einst das Schmenziner Erbe zufallen soll.[66] Stauffenberg läßt ihn durch Fritz-Dietlof Graf von der Schulenburg fragen, ob er etwas in sich finde, das ihn zu einem Selbstopfer verpflichte. Kleist wehrt nicht ab, bittet aber um Bedenkzeit.

An einem Januarabend des Jahres 1944 besteigt der junge Offizier den Nachtzug.[67] Am nächsten Vormittag ist er in Schmenzin. Sofort bittet er den Vater ins Herrenzimmer. Hier trägt er ihm, der auf und ab geht, Stauffenbergs Bitte zur Entscheidung vor. Als er endet, tritt Kleist um den Schreibtisch herum an das große Fenster. Lange schaut er auf die beschneiten Wiesen. Der Sohn hofft, daß sein Vater abraten werde. Sind nicht alle Chancen eines Kompromißfriedens verpaßt? Nach einem Attentat, denkt er, wären Dolchstoßvorwürfe gewiß. Doch jetzt wendet sich Kleist um und sagt: »Ja, das mußt du tun. – Wer in einem solchen Moment ver-

184

sagt, wird nie wieder froh in seinem Leben.«[68] Noch am gleichen Tag kehrt der Sohn nach Potsdam zurück, um Stauffenberg mitzuteilen, daß er zum Anschlag bereit ist.

Aber auch dieser Anlauf soll mißlingen. Hitler, der Gefahren zu wittern scheint, entzieht sich der nochmals versuchten Uniform-Vorführung[69]; noch katastrophaler inzwischen Deutschlands Lage. Im Osten steht die Rote Armee vor Ostpreußen. In Kurland droht die Heeresgruppe Nord abgeschnitten zu werden. Finnland und Rumänien erlahmen, retten sich in einen Waffenstillstand und wechseln die Front.[70] Anfang Juli ist die Heeresgruppe Mitte, die einen abnormen Frontbogen hatte halten sollen, aufgerieben und nahezu vernichtet. 350 000 Mann bleiben tot oder als Gefangene auf den Schlachtfeldern Weißrußlands – eine Niederlage, die Stalingrad weit übertrifft. Im Westen aber hat die Wehrmacht seit dem 6. Juni 1944 gegen die anglo-amerikanische Invasion anzukämpfen, und keine »Wunderwaffe« ist zur Hand.[71] Die Normandie fällt an den Gegner. Seine Überlegenheit – vor allem in der Luft – ist erdrückend; mit ihr zerhämmert er jeden Widerstand. Hitler befiehlt, sämtliche Abschnitte »fanatisch« zu verteidigen, doch unaufhaltsam reift der alliierte Durchbruch in die Tiefe Frankreichs heran. Die Fronde ist gezwungen zu handeln. Mitte Juli sucht Stauffenberg den Diktator zu Fall zu bringen[72], aber erst mit dem dritten Anlauf – am 20. Juli 1944 – kann er im Führerhauptquartier »Wolfsschanze« seine Bombe zünden.

ZWÖLFTES KAPITEL

Haft und Tod

Kleist ahnt nicht, was an diesem 20. Juli in Ostpreußen und Berlin geschieht. Erst am Abend kehrt er aus dem Wald zurück.[1] Als er jedoch erfährt, daß ein Attentat versucht wurde und – gescheitert ist, wird er kreideweiß. Sofort macht er sich mit seiner Frau daran, Papiere und Dokumente zu verbrennen. Schon in der Frühe des 21. Juli wird das Haus umstellt, und zwei Landjäger holen ihn aus dem Bett. Für einen Augenblick will er kämpfend sterben. Er sucht nach der Pistole, um »noch einen mitzunehmen«.[2] Aber der erste Beamte, den er erblickt, ist ihm bekannt und »ein so anständiger Mensch«, daß er sich nicht wehren kann.

Die Fahrt im Polizeiwagen führt über Kieckow, wo man Kleists Vetter, Hans-Jürgen von Kleist-Retzow, verhaftet und dazulädt, zur Gestapo nach Köslin.[3] Unterwegs sprechen die Freunde über Wetter und Felderstand – jederzeit gewärtig, daß die Landjäger anhalten könnten, um sie »auf der Flucht« zu töten. Im Kösliner Gefängnis hören sie auch einen Wachtmeister sagen: »Politische werden erschossen.« Doch Ewald von Kleist zeigt nun Gleichmut. Als er sich – zum letzten Mal – von seinem Vetter verabschiedet, flüstert er ihm zu: »Du wirst vielleicht noch einmal herauskommen; mich bringen sie um, und – es klingt vielleicht sonderbar – ich bin froh, daß es nun soweit ist.«[4]

Am nächsten oder übernächsten Tag wird Kleist – mit Handschellen gefesselt – in Stettins Polizeigefängnis eingeliefert.[5] Seine enge Zelle mit dem roten Punkt an der Tür ist die Zelle eines politischen Gefangenen. An den Gängen im Hof nimmt er nicht teil. Während die Häftlinge – unter ihnen der Pommer Hansjoachim von Rohr, Malte von Veltheim Fürst zu Putbus und Kardinal In-

186

nitzers Sekretär Adrian von Borcke-Golz – im Kreis herumgehen, liegt er auf seiner Pritsche, um gelassen zu meditieren. Dabei scheint er von einer kaum begreiflichen Zuversicht erfüllt. Polizeikommissar Winkelmann, in dessen Zimmer er ab und an eine Zigarre rauchen darf, erklärt er: Er habe nichts »mit der ganzen Sache« zu tun. Im Gegenteil: Er begrüße es, daß er nach Berlin gebracht würde, um alles aufzuklären. Glaubte er, was er sagte? Er konnte sich darauf berufen, daß er nicht in die unmittelbaren Vorbereitungen des Staatsstreichs eingeweiht worden war. Aber selbst wenn man nicht entdeckte, wie leidenschaftlich er das Attentat gewollt hatte: für das Regime – darüber durfte er sich nicht täuschen – gehörte er »dazu«.

Am 18. August 1944 wird er von Stettin nach Berlin-Moabit »überstellt«.[6] Als ihn das Gefängnis in der Lehrter Straße aufnimmt, trifft er erschreckt auf einen anderen Häftling: den ältesten Sohn.[7] Doch noch während sie – das Gesicht zur Wand, die Hände auf dem Rücken – beieinander stehen, kann Kleist ihn zuzwinkernd begrüßen und mit einem Blick zu würdiger Haltung ermahnen. Die Wochen der Verhöre sind von besonderer Härte.[8] Kleist darf weder lesen, schreiben, rauchen noch Lebensmittelsendungen oder Besuche empfangen. Die Handfesseln, aus denen er nur nachts mit seinen schmalen Händen schlüpfen kann, peinigen ihn. Kriminalkommissar Buchmann hält ihm vor, 1938 in politischer Mission in England gewesen zu sein. In Schmenzin fand die Gestapo einen Brief Churchills.[9] Obgleich von nichtssagendem Inhalt und daher gleichsam als Alibi aufbewahrt, wird er als belastendes Dokument herangezogen. Zudem ist Kleist in einer Liste der Fronde als Politischer Beauftragter für Pommern eingetragen. So scheint er des ruchlosen Verrats schuldig, aber trotz aller »Vorhalte« ist er nicht zu überführen. Er streitet ab oder bagatellisiert. Nicht einen Verschwörer gibt er preis. Buchmann wird gewalttätig und schlägt ihn ins Gesicht. Darauf Kleist, noch benommen, zu diesem Schergen: Wenn er ihn je wieder schlage, werde er kein Wort mehr sagen. Selbst Buchmann begreift, daß es zweckmäßiger ist nachzugeben. Nie hat er Kleist mehr angerührt.[10]

Auch nach den Verhören blieb es bei schweren Haftbedingungen. Die Gefangenen waren in Einzelzellen gesperrt.[11] Gleich Schwerverbrechern hatte man ihnen Hosenträger, Krawatten, Schnürsenkel und Wertsachen genommen. Die Verpflegung war karg und minderwertig; die meisten hungerten. Wurde Bewegung im Gefängnishof gewährt, hatten die Gefangenen mit zehn Schritt Abstand voneinander im Kreis herumzugehen. Jede Unterhaltung war untersagt, jeder Verstoß mit Verweisen und Strafen belegt. Die Bewacher – Männer des Sicherheitsdienstes (SD) – ersannen zusätzliche Torturen und demütigten durch ihren rüden Ton. Kleist zwang sich zu äußerster Disziplin und gewann eine Gelassenheit, die keine Entwürdigung mehr erreichte. Lilje, ein Mithäftling, sprach später von einem »Bild vollendeter Abgeklärtheit, in der natürlicher und geistiger Adel einander begegneten«.[12] Auch als die Zeit der Prozeßtermine nahte und seine Verhandlung siebenmal verschoben wurde, zeigte er vollkommenen Gleichmut, ja »verachtenden Humor«.[13]

Ähnlich in der Haltung fast alle politischen Mithäftlinge. Querschnitt des deutschen Widerstandes, repräsentierten sie eine Elite, wie sie kaum je auf so engem Raum vereinigt war.[14] So spärlich die unbeobachteten Augenblicke, in denen die Inhaftierten miteinander sprechen konnten: »oft haben diese Augenblicke« Kleist »Erfahrungen einer schrankenlosen Kameradschaft und Liebe geschenkt«.[15] Ebenso halfen – überraschende – Zusprüche des Gefängnisleiters[16], vor allem aber die Kalfaktoren der Haftanstalt. Sie, die das Essen austeilten, Kübel leerten und Wasser in die Zellen brachten, nutzten ihre größere Bewegungsfreiheit, um Kontakte zwischen den Gefangenen zu schaffen.[17] Sie verbreiteten die Rundfunkmeldungen, die sie auf den Stuben der SD-Bewacher mithören durften: für die Zellenhäftlinge ein unschätzbarer Vorzug.

Wie zuvor folgte Kleist den Kriegsgeschehnissen mit wachster Aufmerksamkeit. »Viele Gefangene«, so ein Bericht, »befragten ihn heimlich nach seiner Ansicht über die Lage, wenn neue Nachrichten zu uns drangen. Die deutsche Dezember-Offensive 1944 in den Ardennen beunruhigte ihn im Gegensatz zu den meisten

Gefangenen in keiner Weise. Sein Urteil war scharf, prägnant und von allen begehrt.«[18] Als er – im Februar 1945 – von der Jalta-Konferenz erfuhr, gab er sich auch keinen politischen Illusionen hin. Zwar rätselte er zunächst, ob Deutschlands Ostprovinzen mit Annexion oder fremder Verwaltung zu rechnen hätten. Doch schon bald begriff er, daß diese Territorien an Polen und die Sowjetunion fallen sollten.[19] Damit waren für ihn Pommern und Schmenzin verloren.

Trotz äußerer Gelassenheit blieb er von wechselnden Stimmungen beherrscht. Schwer lasteten auf ihm Sorgen um seine Familie.[20] Auch nachdem der älteste Sohn aus der Haft entlassen war, schwankte er »zwischen Hoffnung und trübsten Erwartungen«.[21] Er klammerte sich nicht an sein irdisches Leben. Er empfand den Tod nicht als Schrecken oder Strafe, sondern als Freund und Erlöser. Aber um derer willen, die ihm anvertraut waren, wollte er nicht sterben. Und doch wußte er seit langem, daß er zum Tode verurteilt würde.[22] Um so mehr suchte und fand er Halt im Glauben. »In einem Punkt ist meine Stimmung bis heute ganz gleichmäßig, ruhig und fest geblieben: Ich habe mich bedingungslos in Gottes Willen ergeben, nicht ein einziges Mal ist mir eine Zweifelsanfechtung gekommen, daß Gottes Wille auch in diesem Falle gerecht und gut ist, nicht einen Augenblick habe ich mit ihm gehadert. Darum ist mir auch trotz sehr trüber Stunden die Verzweiflung ferngeblieben. Geholfen hat mir auch, daß ich nicht der Versuchung nachgegeben habe, mir selbst leid zu tun.«[23]

Was er am 6. Oktober 1944 notiert, leitet ein unregelmäßiges Tagebuch ein, die »Aufzeichnungen aus der Haft«.[24] Glaubensbekenntnis und Vermächtnis, zieht er mit diesen Aufzeichnungen Bilanz. Nichts muß oder will er widerrufen. Allenfalls beklagt er einen Mangel an Konsequenz. Sein Leben war eine Einheit; mit ihm hat er einen gerechten Kampf gekämpft. Gott ist ihm die höchste Weisheit geblieben.[25] Er allein kann Menschen und Völker innerlich erneuern. Wieder verwirft Kleist irdische Wertmaßstäbe. Wieder ist es das »Begehren«, in dem er die größte Sünde erblickt.[26] »Das glatte Nützlichkeitsdenken«, schreibt er, »ist verächtlich und wertlos. Diese Zeit der Diesseitigkeit, der der

Mensch und sein diesseitiger Nutzen Maßstab aller Dinge ist, geht in langen, furchtbaren Zuckungen rettungslos zu Ende. Es wird die Zeit kommen, wo den seelischen Führern wieder Gott Maßstab und Wertmesser aller Dinge, aller Werte, aller Erfolge, aller Menschen sein wird.«[27] Eindringlich beschwört er die Seinen, Wegbereiter einer notwendigen Umwertung zu sein, unangefochten und auch vereinsamt zum Glauben zu stehen.[28] Radikal in seinem Denken, fragt er: »Wer ist größer, wer hat für die Welt mehr geleistet, Cäsar – man kann auch Napoleon als Beispiel nehmen – oder ein schlichter, pflichttreuer, frommer Arbeiter, dessen ganzes Leben Vorbild eines gläubigen Menschen war? Ich meine: der Arbeiter. Es lohnt sich, diesem Beispiel nachzudenken. Hiermit verurteile ich nahezu alle Vorstellungen, in denen die Welt sich tatsächlich bewegt. Auch fast alle Urteile der Geschichtsschreibung werden damit als unzulänglich angegriffen. Zieht man aus diesem Beispiel die Folgerungen, so ergibt sich wirklich ein neues Weltbild. Nicht mehr der Mensch oder etwas Diesseitiges ist dann Maßstab und Wertmesser, sondern allein Gott. Für diese Wahrheit lohnt es sich, zu kämpfen und zu leiden.«[29] Mit alledem verliert Kleist nicht den Boden unter den Füßen. Gerade in der Haft weiß er, daß »wir auf einer unvollkommenen Erde sind und bleiben«. Stets, betont er, gehört der Mensch dem Diesseits und dem Jenseits und damit einer unaufhebbaren Spannung an. Doch so gewiß sie »nur im Glauben an Gott ertragen und überwunden wird«, so gewiß ist »Recht allein das Gebot, der Wille Gottes. Was recht ist, hat Gott unverrückbar für jeden einzelnen Fall gesetzt. Menschen können kein Recht setzen, sie können nur das göttliche Recht suchen. Es ist beantwortet die Frage nach dem Sinn und Zweck aller menschlichen Tätigkeit in Wirtschaft, Staat, Kunst, Wissenschaft usw. Alle menschliche Tätigkeit hat letztlich nur eine einzige Aufgabe, nur einen Sinn, nämlich die Menschen zu Gott kommen zu lassen. Das ist das Ergebnis meines Lebens«.[30]

Auch in der Haft bewahrt er seinen absoluten Glauben an ein wirkliches Leben nach dem Tode. Obgleich dieser Glaube bei seiner kritischen Einstellung zur Theologie erstaunlich bleibt, ficht er ihn nie und nirgendwo an.[31] Kleist aber will nicht nur andere beschwören, am Glauben festzuhalten oder ihn zurückzugewinnen, zugleich erfüllt ihn Dankbarkeit. Wenn er früher ganz dem politischen Kampf hingegeben war, der ihn aufsog, ja entrückte: jetzt, in der trostlosen Zelle, gewahrt er, wie arm das Leben ohne Liebe und Wärme wäre.[32] Nachhaltig freut er sich über jedes Zeichen des Gedenkens, der Zuneigung und Verbundenheit, über das »Kleine und rein Menschliche«. Bedenkt er die Vergangenheit, weiß oder entdeckt er, daß sein Leben – trotz aller Fehlschläge und Heimsuchungen – reich und gesegnet war. Stets begleitete ihn selbstlose Liebe; ungewöhnlich die Zahl wertvoller, treuer Freunde.[33] Die Erinnerungen an Heimat, Gut und Jagd, in die er sich verliert, machen ihm Herz und Sinne schwer. Nur mit Wehmut kann er an Schmenzin während der Advents- und Weihnachtstage denken. Doch als er – unverhofftes Glück – noch dreimal seine Frau sehen und sprechen kann, ist sein letzter großer Wunsch erfüllt.[34] Wenn er auch nach schwerem Abschied fürchtet, daß er sie und die Kinder »nach menschlichem Ermessen« nicht wiedersehen werde: nun mag Gottes Wille geschehen.

Am 1. Dezember 1944 erhält er die Anklageschrift wegen Hoch- und Landesverrats. Sechs Wochen später eröffnet ihm sein Rechtsanwalt, daß in etwa vierzehn Tagen gegen ihn verhandelt wird und die Todesstrafe völlig sicher sei.[35] Stumm nimmt Kleist die Mitteilung entgegen; fast muß er sich wundern, welch geringen Eindruck sie auf ihn macht. Aus den vierzehn Tagen werden noch einmal drei Wochen, aber am 3. Februar 1945 steht er vor Freisler und dem Volksgerichtshof.[36]

Im Vorraum des Blutgerichts in der Bellevuestraße treffen sich drei Angeklagte: Kleist, Schlabrendorff und Oberst Staehle.[37] Hier werden ihnen die Ketten abgenommen, mit denen sie während des Transports an den Händen gefesselt waren. Dann führt man sie – durch Polizeibeamte voneinander getrennt – in den Verhandlungssaal. Freisler eröffnet den Prozeß mit der gleichen Schimpf- und Haßsuada, die alle Männer des 20. Juli ertragen müssen. Die Anklageschrift – vom Vertreter des Oberreichsanwalts verlesen – unterstellt Kleist, 1938 in England konspiriert und als »Politischer Beauftragter für Pommern« vom Putsch gewußt zu haben. Freisler fordert den Beschuldigten auf, sich zur Anklage zu äußern. Kleist tut es mit wenigen Sätzen: »Jawohl, ich habe Hochverrat getrieben seit dem 30. Januar 1933, immer und mit allen Mitteln. Ich habe aus meinem Kampf gegen Hitler und den Nationalsozialismus nie ein Hehl gemacht. Ich halte diesen Kampf für ein von Gott verordnetes Gebot. Gott allein wird mein Richter sein.«[38]

Diese Verteidigung verschlägt selbst Freisler für einen Moment den Atem. Er unterbricht die Verhandlung und ruft die »Sache Schlabrendorff« auf. In diesem Augenblick geben die Sirenen Luftalarm. Freisler schickt einen Justizwachtmeister hinaus, um ermitteln zu lassen, ob es sich um einen Großangriff handele. Nach wenigen Minuten schon kommt der Bote mit der Meldung zurück, daß »Bomberströme« Berlin zustrebten. Nun sucht das Gericht eilig die Schutzräume des Gebäudes auf. Die Angeklagten werden von neuem gefesselt und ebenfalls in den Keller gebracht. So sitzen sie, Richter, Zeugen und Zuhörer in der Verdammnis des Schreckens beisammen. Der Angriff, der nun beginnt, ist der schwerste, den die amerikanische Luftwaffe je auf Berlin geflogen hat. Ein Treffer reißt die Mauern des Volksgerichtshofes auseinander; das Gebäude scheint zu schwanken und in sich zusammenzufallen. Die Decke des Kellers bricht. Ein großer Balken stürzt herab, drückt einem Wachtmeister die Brust ein und trifft mit dem anderen Ende Freislers Schädel. Wenig später stirbt der fürchterlichste aller Juristen Hitlers.

Noch während der Angriff fortwütet, werden die Angeklagten in einen Wagen gepfercht und zum Reichssicherheitshauptamt transportiert.[39] Die Straßen, die sie durchqueren, sind stockdunkel von Rauch und Staub. Überall lodern Flammen. Auch das Reichssicherheitshauptamt und die umliegenden Häuser sind getroffen und brennen. Kleist bleibt während der ganzen Fahrt schweigsam und in sich gekehrt. Nichts, scheint es, verbindet ihn mit der chaotischen Außenwelt. Doch als der Wagen hält und man die Gefangenen voneinander trennt, verabschiedet er sich von seinem Freund Schlabrendorff mit einem letzten Blick, der, wie dieser berichtet, mehr gesagt habe, als es Worte je vermocht hätten.

Und nun – in der ersten Februarhälfte 1945 – näherte sich die Feuerwand des Krieges auch Schmenzin.[40] Von der Wucht einer neuen russischen Großoffensive getroffen, die am 12. Januar im Baranowbrückenkopf, vor Warschau und Ostpreußen losgebrochen war, flutete die geschlagene Wehrmacht zurück. Deutschlands Ostprovinzen gingen verloren. Kleist hatte seine Frau beschworen, in Schmenzin auszuharren. Wieder schien er zu glauben, daß sie nicht vertrieben würde. Zudem, meinte er, verpflichtete Fürsorge für die Menschen des Gutes. Aber als die Wellen der Roten Armee in hartem Kampf Hinterpommern erreichten, regierten Brand, Plünderung, Vergewaltigung und Mord. Dieses Inferno ließ nur die Flucht. Verzweifelt entwich Alice von Kleist mit ihren Kindern in den Wald. Doch auch hier schienen alle rettenden Auswege versperrt. Da öffnete die Frau – körperlich und seelisch am Ende – ihre und ihrer Kinder Pulsadern, um zu sterben. Nur einer noch vorbeihastenden deutschen Sanitätskolonne blieb es zu danken, daß alle drei verbunden, mitgenommen und später über Kolberg gerettet wurden.

Im März 1945 erfuhr Kleist von den Bitternissen der Flucht, die seine Familie überstanden hatte.[41] Er war erschüttert und sich bewußt, daß »es furchtbar gewesen sein« mußte, aber vor allem zählte die Rettung seiner Frau und Kinder. Und noch bevor er von der Flucht seiner Familie erfuhr, war die Kunde vom reißenden Zusammenbruch an allen Fronten auch zu ihm gedrungen.[42] Der Krieg, konnte er glauben, war am Ende. Hatte er nicht eine Chance, ihn vielleicht doch zu überleben? Er wußte: Freisler war tot, kein Urteil gefällt; der Prozeß mußte von neuem beginnen. Kleist ahnte nicht, was den deutschen Soldaten zu weiterem Widerstand trieb. Jetzt war die Wehrmacht entschlossen, namentlich dem sowjetischen Gegner so lange wie möglich standzuhalten. Jetzt kämpfte sie nicht für Hitler und den Nationalsozialismus, sondern für die Existenz des Volkes und Vaterlandes. Wo aber die mißbrauchte Pflichterfüllung zu erlahmen drohte, da hängten und erschossen »fliegende Kommandos« Unwillige oder Laue. So blieben Hitlers Henkern noch Fristen, um inhaftierte Gegner des Regimes umzubringen. Gleichwohl war Kleist nun gewillt, für seine Frau und die Kinder das eigene Leben zu retten.

Am 23. Februar 1945 steht er abermals vor dem ersten Senat des Volksgerichtshofes.[43] Diesmal präsidiert Volksgerichtsrat Lämmle. Wieder wird ihm von der Anklage aktiver Hoch- und Landesverrat vorgeworfen, doch diesmal sucht er sich zu verteidigen. Er bestreitet nicht, die militärische Lage schon vor der Stalingrader Katastrophe pessimistisch beurteilt zu haben. Wenn er Verbindung zu Goerdeler, Beck und Olbricht gesucht habe, so nur, um sich mit ihnen auszusprechen. Niemals habe er von ihnen etwas über einen gewaltsamen Umsturz gehört. Allenfalls sei von einem Schritt der Feldmarschälle die Rede gewesen; deren Aktivität aber sollte den Führer nur veranlassen, andere Männer in die Regierung zu berufen und mit den Feindmächten Frieden zu schließen. »An irgendein illegales Vorgehen habe ich nicht gedacht. Auch das Angebot, Politischer Beauftragter der Wehrmacht in Stettin zu werden, habe ich als legal aufgefaßt.«[44] Lämmle gelingt es nicht, Kleists Argumente zu entkräften. Der Angeklagte »wirkt überzeugend«; Widersprüche sind ihm nicht nachzuweisen.[45] Versuche des Anklagevertreters, die Vernehmung in andere Fahrwasser zu lenken, kommen nicht zum Zuge. Soweit man Kleist frühere Vernehmungen vorhält, beruft er sich auf den Zwang, unter dem er Protokolle habe unterschreiben müssen. Damit muß das Gericht die Verhandlung aussetzen und auf den 28. Februar verschieben[46], und auch dieser Tag bringt keine Entscheidung. Wieder scheint Kleist mit Erfolg zu widerstehen, doch am 15. März 1945 spricht Vizepräsident Krohne das Todesurteil aus.[47] Der Spruch des Tribunals zerbricht alle Hoffnungen, aber im Grunde kann er nicht überraschen. In stoischer Ruhe erklärt Kleist dem Vorsitzenden: »Die Hinnahme des Todesurteils wird mir leichter fallen, als es Ihnen fallen wird, das Todesurteil zu verhängen.«[48]

Seine Worte bekräftigt er. Nun, da die Würfel gefallen sind und Menschen ihm nichts mehr anhaben können, will er aufrecht den Tod erwarten.[49] Wohl ficht ihn zwei Tage später das Wiedersehen mit seinen größeren Töchtern an.[50] In der Sorge um sie wird er – der tapfere und unbeugsame Mann – vom Kummer überwältigt. Aber auch gegenüber seinen älteren Kindern bekennt er: »Was mit

194

mir geschieht, steht in Gottes Hand. Ich bin auf alles vorbereitet und habe keine Angst.«[51]

Eine Woche nach dem Todesurteil ist er 55: Geburtstag, an dem er sich nicht alleingelassen fühlt. Seine letzte Lektüre sind Bibel, Gesangbuch und die Kreuzwegandachten, die Hanns Lilje in der Passionszeit niedergeschrieben hat.[52] Am 9. April 1945, gegen neun Uhr, holen ihn zwei Posten aus seiner Zelle. Noch bevor er aufbricht, bittet er Pfarrer Bethge, die Freunde zu grüßen, gibt er ihm mit auf den Weg: »Wenn Sie herauskommen sollten und einmal meine Frau und meine Familie sehen, so sagen Sie ihnen, daß ich in vollem Frieden mit meinem Gott – sagen Sie: in vollem Glauben und Frieden – hinübergehe: Ich weiß, warum und wofür das geschieht.«[53] Und auch Hermann Freiherr von Lüninck, dem er auf dem Flur des Gefängnisses begegnet, empfängt einen Gruß. »Mit völliger Gelassenheit, mit strahlenden Augen und mit leuchtendem Blick« winkt Kleist ihm zu: »Wiedersehen, Lüninck.«[54]

Zur Hinrichtung durch die Guillotine wird er nach Plötzensee gebracht. Der Raum, in dem die Henker warten, ist kahl und düster. Ein schwarzer Vorhang teilt ihn. Vizepräsident Krohne verliest das Todesurteil und wohnt der Vollstreckung bei. Später wird er erklären: »So unangenehm mir der Mann in der Hauptverhandlung gewesen ist, so groß war er, als er wie ein Held in den Tod ging.«[55]

Die Kunde von Kleists Tod erreichte nicht nur seine Frau und Kinder, sie drang bis nach Pommern, wo Kleists alte Mutter und der Bruder zurückgeblieben waren. Die Nachricht mußte erschüttern, aber seiner Mutter und seinem Bruder war der Hingerichtete nur um eine kurze Wegstrecke voraus. Im April 1945 erschossen Rotarmisten Hermann-Conrad, zwei Monate darauf marodierende Polen die 82jährige Lili von Kleist.[56] Damit endete die Geschichte einer der besten Adelsfamilien im Osten. Die Welt, für die Ewald von Kleist gekämpft und gelitten hatte, existierte nicht mehr.

SCHLUSSBETRACHTUNG

Ewald von Kleist hat ein konsequentes Leben gelebt. In seinen Augen blieb die Weltordnung – erkennbar – durch göttlichen Ratschluß vorgezeichnet. Das monarchische Preußen umfaßte, was für ihn zu dieser Ordnung gehörte: eine hierarchisch gegliederte Gesellschaft, die im Glauben wurzelte und jedem Stand seine Pflichten zuwies; Dienst zugunsten des Ganzen, der allem »Begehren« voranging; und die regierende Krone, die am ehesten Recht und Einigkeit verbürgte. Schon das Wilhelminische Deutschland aber konnte eine strikt konservative Ordnung nicht bewahren. Längst verlangte der industrielle und technische Umbruch andere, überzeugendere Lösungen. Die sozialpolitische Wirklichkeit nötigte zu zeitgemäßem Denken.

Kleist weigerte sich, Möglichkeiten außerhalb seines Weltbildes zu erwägen: Selbst der verlorene Erste Weltkrieg war ihm kein Grund, um Herrschaftsansprüchen und vor allem dem Konservatismus abzuschwören, mit dem er einen »höheren Auftrag« erfüllte. Er stand zu seiner Weltanschauung, die ihm einen Abfall verwehrte. Kleist lehrte, daß Konservative dem Allgemeinwohl verpflichtet seien. Sie hatten Vorbild zu sein und zu dienen. Darauf setzte er – selbst ein Vorbild – stets von neuem. Zudem war er kein Reaktionär: Wo der Konservatismus in toter Form zu erstarren drohte, forderte er Reform oder gar Revolution, doch all seine Vorzüge konnten wenig fruchten. Er haßte Demokratie und schrankenlosen Parlamentarismus. Nie hat er – in seinem Innern – die »illegitime« Republik von Weimar anerkannt. Er vermied es, auf Massen einzuwirken, ja er glaubte, ohne die Massen handeln zu können. Das war »gouvernementaler« Hochmut, der isolierte

196

und kaum taugte. Kleist repräsentierte eine Schicht, die man beschuldigte, versagt zu haben. Er stritt für eine Ordnung, die gegenüber dem Zauberziel »Volksgemeinschaft« als rückständig galt. In seinem Weltbild hatte die Arbeiterklasse – unbeschadet konservativer Fürsorgepflichten – die Ungleichheit in der Schöpfungsordnung hinzunehmen. Er beharrte auf Verzicht und Glauben und suchte die – zumindest konstitutionelle – Monarchie der Hohenzollern wiederzuerrichten. Die Zeit aber wollte Gleichheit mit oder ohne Demokratie, war weithin unreligiös und nannte Fortschritt, was Kleist als Eudämonismus verdammte. Sie glaubte an keinen erkennbaren Willen des Schöpfers und wehrte sich gegen die Rückkehr der Monarchie. Denn das Gottesgnadentum war nicht nur überständig und hohl, es war nach der Flucht Wilhelms II. unglaubwürdig geworden. All das schuf zwischen Kleist und seiner Umwelt unüberbrückbare Gegensätze. Er konnte ihr vorwerfen, daß sie flach und glaubenslos geworden sei; doch die Glut seiner Überzeugungen schien nur ihn zu erfüllen. Die meisten Konservativen, deren Opportunismus er geißelte, zeigten sich vieldeutig, unentschlossen und lau. Auch der weltmännisch auftretende Kleist konnte kaum verbergen, aus welcher Landschaft er kam. Mochte er Pommern nicht mit Deutschland verwechseln: er blieb von Pommern und einer Sozialstruktur geprägt, in der ihm als Großgrundbesitzer eine überragende Stellung zugefallen war. Diese Sozialstruktur suchte er zu erhalten. Die alten Gesellschaftsspitzen sollten mitherrschen, das Reich lenken. So berechtigt ihm derartige Auffassungen schienen: Arbeiter und Angestellte mußten sie verwerfen. Kleist empfand deren Welt als fremd und unheimlich. Nicht minder mußte er mit seinem preußischen Legitimismus scheitern. Preußen war 1918 abgetreten. Einst auf agrarischer Grundlage organisiert und auf sie angewiesen, hatte die siegreiche Industrialisierung sein eigentliches Wesen gebrochen oder verfälscht. Raubte man ihm danach die Prärogative des Königs und Adels, blieb allein noch sein Name. Trotzdem kämpfte Kleist für die Restauration Preußens. Deutschland, erklärte er, könne Preußens Ethos nicht entbehren, doch gerade da stand sein Kampf unter dem Odium der Reaktion. Die Mehrheit widerstrebte weiterer Adelsherrschaft und besonders dem vielverfemten »Junker«. Ihr war sein konservatives Ethos Gerede, mit dem er selbstsüchtige Interessen umkleidete. Es nutzte Kleist wenig, wenn er auf die besten Maximen des Adels und darauf verwies, daß Eliten nicht nach Belieben zu züchten seien. Zumeist konnte er nur ohnmächtig bekunden, was ihn antrieb und bewegte.

Freilich, die Mißerfolge der jungen Republik bestärkten ihn. Produkt der Niederlage, macht- und innenpolitisch halbherzig, Ärgernis der radikalen Rechten wie Linken, wußte der Weimarer Staat nie zu führen. Die Parlamentsherrschaft einigte nicht das Volk, sondern trennte seine Schichten. Zuletzt war allein noch mit Notverordnungen zu regieren. Kleist glaubte nicht an eine konfliktfreie Harmonie. Jede Gesellschaft hatte ihre Spannungen auszutragen. Hier aber, im Kampf der Parteien, herrschte nicht der Wille zum Konsens, sondern der unnachsichtige Klassenkampf vor. Diese Zerrissenheit, die lediglich wirtschaftlicher Aufstieg überwunden hätte, mußte den Konservativen Kleist erbittern. So suchte er das »System« durch eine autoritäre, notfalls parlamentsunabhängige Staatsführung zu ersetzen, die er allein befähigt glaubte, alle Gebrechen zu heilen und die Nation vor der Diktatur zu bewahren.

In diesem Bestreben blieb er kein Einzelgänger. Allenthalben hatten die Parteien enttäuscht. Unter dem Druck der Weltwirtschaftskrise begannen sich Millionen von der Weimarer Republik abzukehren. Kleist traute sich zu, eine Verfassungsreform zu erkämpfen, den Nationalsozialismus zu besiegen und die Rechtsstaatlichkeit des Reiches zu retten. Mit dem zunehmenden Verfall des demokratischen Staates winkten sogar seiner konstitutionellen Monarchie einige Chancen. Jetzt, so schien es, war erwiesen, was er seit je prophezeit hatte: Deutschland gedieh einzig unter einem Kaiser oder König. Aber nicht nur die politische Linke und Hitlers Agitationserfolge, auch die erkennbaren Schwächen der potentiellen Verbündeten hätten Kleist belehren müssen. Daß er Brüning nicht unterstützte, der – wie er – konservative Ziele verfocht und den Rechtsstaat erhalten wollte, offenbarte Ressenti-

198

ments und Blindheit. Vielleicht hätte ein neues Präsidialkabinett, das nach Brünings Sturz die NSDAP niederrang, eine Wende erzwingen können. Für Kleist hatte es nur konsequent zu sein und den Staat umzubauen. Doch zuletzt war auch sein Spiel zu hoch gespielt. Sicher blieb ihm bewußt, wo die Entscheidung fallen mußte. Rasch stieß er in den engsten Kreis um Hindenburg vor, um Hitlers Machtantritt zu verhindern. Aber jene, die er – längst gegen besseres Wissen – beschwören zu können glaubte, verfielen der Kurzsichtigkeit und Illusion. Am 30. Januar 1933 triumphierte nicht eine autoritäre, dem Recht verpflichtete konservative Staatsführung, sondern die »parteiischste« aller Parteien und mit ihr Entrechtung und Diktatur.

Kleist hatte den Nationalsozialismus studiert und wußte, was dem Reich unter dessen Führung drohte. Sein Kampf gegen Hitler, der bezeugt, daß nicht jeder Konservative dem Tyrannen beisprang, stellt das bedeutsamste Kapitel seines Lebens dar. Früh warnte er vor Gottlosigkeit und ausschweifenden Plänen. Früh sah er den Zusammenbruch Deutschlands voraus. Obgleich weiterhin ohne Amt, ist er nochmals Entscheidungszentren nahe. 1938 will er das Münchener Abkommen, im Krieg das Ende des Reiches verhindern. *Er* ist kein Imperialist, sondern erstrebt Deutschlands Größe in Grenzen, die nicht gegen Europas Gleichgewicht verstoßen. *Er* hält zum Augenmaß und zur Vernunft – wieder erfolglos. Erneut verlangt er Taten, zu denen die Führenden entweder nicht fähig oder willens sind. England sucht Hitler zu beschwichtigen; Volk und Wehrmacht folgen dem »Führer« bis zur letzten Stunde. Als der Widerstand schließlich handelt und – scheitert, ist es zu spät. Auch Kleist, der schon opponierte, bevor sich eine Fronde regte, kann die deutsche Katastrophe nicht abwenden. Er wird mit den Verschwörern abgeurteilt und hingerichtet.

Innerhalb der Fronde stand er auf der äußersten Rechten. Sicher hätte er sich mit Beck, Goerdeler, Hassell, Popitz und Canaris verständigen können: Sie, die sogenannten »Honoratioren«, waren Männer seiner Generation, Verfechter konservativer Ziele. Weiter hätte er Moltke und dem Kreisauer Kreis darin zugestimmt, daß Hingabe für das Allgemeinwohl mehr als gute ethische Prinzipien voraussetze. Die verpflichtende Macht des Glaubens brauchte er nicht zu entdecken. Auch Moltkes Wille zu einer Ordnung kleiner, überschaubarer Gemeinschaften wäre nach Kleists Geschmack gewesen. Seit je hatte er als konservatives Kampfziel eine kraftvolle Selbstverwaltung proklamiert. Doch ob er im ganzen dem konservativ-sozialistischen Ausgleich zugestimmt hätte, der den Kreisauern vorschwebte, bleibt fraglich und ungewiß. Hier sind, da sich Kleist zuletzt über seine politischen Ziele ausschwieg, einer Analyse Grundlagen entzogen. Gewiß ist nur, daß er von dem Sozialismus abgerückt wäre, dem Stauffenberg und die Sozialdemokraten um Julius Leber anhingen.

Aber selbst wenn er im Widerstand gegen Hitler gesiegt hätte, wäre die Zeit von neuem über ihn hinweggegangen. Schon nach 1918 hatte er – und zwar unter noch besseren Bedingungen – Demokratie und Gleichheit vergebens bekämpft. Erst recht wäre er ihnen 1945 erlegen. Denn nun, nach dem Ende Hitlers, schienen Demokratie und Gleichheit mehr als je gerechtfertigt. Nun war Konservatismus zum Sinnbild der schwärzesten Reaktion geworden. Mit alledem wird kein abschließendes Werturteil ausgesprochen. Kleist kann zwischen den Zeiten gestanden haben. Er verfocht Ideen, die sich einst ausgeprägt und bewährt hatten; in ihm lebten, ja glühten sie noch einmal auf. Wenn er mit diesen Ideen auch zu spät kam, so könnte doch konservativen Maximen wieder Zukunft beschieden sein. Die unbefriedigende Ich-Kultur der Gegenwart ist nur ein Symptom, und im Rückblick zeugen die Jahre 1919–1945 nicht immer gegen den Konservatismus.

Eine konstitutionelle Monarchie – wichtigstes unter Kleists Zielen – wäre Deutschland zu größerem Segen ausgeschlagen. Sie hätte ihm die vergiftenden Spannungen der Weimarer Republik erspart, Volk und Armee vorbehaltloser, fester mit dem Staat verschmolzen. Sie hätte – als oberste, ausgleichende Instanz – nie die Alleinherrschaft eines Kanzlers zugelassen, Adolf Hitler, wie er war und sein wollte, unmöglich gemacht oder ihm Zügel angelegt. Keine der Bastionen, die der NS-Diktator nahm, wäre zu erobern gewesen: selbst nicht bei Durchschnittlichkeit in den deutschen Führungsschichten. Fachliche und moralische Resistenz hätten

200

Rückhalte besessen, Krieg und Zusammenbruch verhindern können und wohl auch verhindert. Muß man an das Exempel erinnern, das 1943 Italiens König gegenüber Mussolini statuierte, als er den staatsgefährdenden »Duce« absetzte? Um so mehr ist im Falle Kleists von Tragik zu sprechen, da seine Einsichten und Warnungen ertraglos blieben. Daß er innenpolitisch scheiterte, lag an seiner Weltanschauung, die ihm verbot, Kompromisse zu schließen, doch auch derartige »Schatten«seiten löschen nicht die großen Züge. Konservatismus hieß hier Frontstellung gegen ein System maßloser Gewalt, das Tugenden verdarb und alle besseren Kräfte knebelte, Frontstellung gegen ein Universum des Bösen, wie es keine »reaktionäre« Ordnung ersinnen konnte. Trotz äußerer Mißerfolge war Ewald von Kleist ein überragender Mann seiner Zeit. Er bezeugte das Preußentum, zu dem Gehorsam *und* Rebellion, unnachsichtige Beharrung *und* leidenschaftlicher Revolutionswille gehörten; ihn leiteten Pflichten, für die er einstand und das eigene Leben opferte. Sein Verstand befähigte zu noch immer gültigen Analysen, sein Glaube aber zu dem Kampf gegen Hitler, in dem ihn niemand übertroffen hat.

ANMERKUNGEN UND ERGÄNZUNGEN

Erstes Kapitel: Jugend und Erster Weltkrieg

1 Hans-Jürgen v. Kleist-Retzow: Ein konservativer Revolutionär, S. 5. Unveröffentlichte Niederschrift für den Kleistschen Familienverband, bei der sich dieser Autor auf seine intime Kenntnis der Persönlichkeit Ewald v. Kleists stützen konnte. Sterbeurkunde Nr. 1664, Berlin-Charlottenburg, ausgefertigt am 11. April 1945.

2 Über den Vater: v. Kleist-Retzow, a. a. O., S. 5f.; Tessen v. Gerlach-Parsow (Bericht, undatiert 1965; Bericht im folgenden zitiert: Ber.).

3 v. Kleist-Retzow, a. a. O., S. 6.

4 Ber. T. v. Gerlach-Parsow (a. a. O.).

5 v. Kleist-Retzow, a. a. O., S. 6; Ber. T. v. Gerlach-Parsow (a. a. O.).

6 Ber. T. v. Gerlach-Parsow (a. a. O.).

7 Über die Mutter: v. Kleist-Retzow, a. a. O., S. 6; Ber. T. v. Gerlach-Parsow (a. a. O.); weitere Mitteilungen (Mitteilung i. f. zitiert: Mitt.) Fabian v. Schlabrendorff (25./26. 1. 1965), Wolfgang Freiherr Senfft v. Pilsach (6. 1., 25. 3. 1965); einige Hinweise auch bei Helmut Sieber: Schlösser und Herrensitze in Pommern, Frankfurt a. M. 1963, S. 115.

8 a. a. O.

9 Ber. Willi Wetzel (3. 7. 1965). Wetzel, später Revierförster in Schmenzin, verbrachte Jugendjahre mit Ewald v. Kleist.

10 v. Kleist-Retzow, a. a. O., S. 7.

11 Ewald v. Kleist: Letzte Aufzeichnungen aus der Haft, S. 8 (zitiert nach der ersten Abschrift des Originals).

12 Ber. W. Wetzel (29. 4., 3. 7. 1965).

13 a. a. O.

14 Mitt. H.-J. v. Kleist-Retzow (24. 11. 1962), F. v. Schlabrendorff (25./26. 1. 1965). Zum geschichtlichen Hintergrund: Werner Conze: Die Zeit Wilhelms II. und die Weimarer Republik, Tübingen/Stuttgart 1964, S. 11 ff., 45 ff.; Das Wilhelminische Deutschland. Stimmen der Zeitgenossen. Herausgegeben und kommentiert von Georg Kotowski, Werner Pöls und Gerhard A. Ritter, Frankfurt a. M. 1965, S. 27 ff., 43 ff.; Walter Görlitz: Die Junker, Glücksburg (Ostsee) 1957, S. 263–318.

15 Über den preußischen Staatsgedanken in Pommern: Harald Laeuen: Pommersches Schicksal, in: Ostdeutsche Wissenschaft. Jahrbuch des Ostdeutschen Kulturrates, Band VIII, München 1960, S. 125 ff. Die Literatur, die Preußen und sein Wesen zu deuten sucht, ist schier unübersehbar. Um apokryphe Einsichten

202

zu vermeiden, schien es angemessener, seine Wirklichkeit nach den mündlichen und schriftlichen Mitteilungen derer zu rekonstruieren, die Ewald v. Kleists Umwelt gekannt haben. Hier sind zu nennen: Mitt. H.-J. v. Kleist-Retzow (24. 11. 1962), F. v. Schlabrendorff (25./26. 1. 1965), W. Frhr. Senfft v. Pilsach (18. 2. 1964), Ber. T. v. Gerlach-Parsow (a. a. O.).

16 a. a. O.; auch: Das Wilhelminische Deutschland, S. 92 ff.
17 a. a. O.
18 Mitt. H.-J. v. Kleist-Retzow (24. 11. 1962), F. v. Schlabrendorff (25./26. 1. 1965), W. Frhr. Senfft v. Pilsach (18. 2., 17. 11. 1964); auch: Ewald v. Kleist: Adel und Preußentum, in: Süddeutsche Monatshefte, 23. Jhrg., Heft 5, Februar 1926, S. 381.
19 Mitt. H.-J. v. Kleist-Retzow (24. 11. 1962); ders.: Ein konservativer Revolutionär, S. 7.
20 a. a. O., S. 7 f.; Mitt. F. v. Schlabrendorff (25./26. 1. 1965).
21 a. a. O., S. 7; Mitt. Reinold v. Thadden-Trieglaff (27. 3. 1956, 2. 4. 1964). Zum Aufbau der »Gemeinschaftsbewegung«: in ihr vereinigten sich seit 1875/1880 Menschen, die mit besonderer Frömmigkeit Christen sein wollten. Innerhalb der Landeskirchen organisiert, trafen sie sich in Bürger- und Bauernhäusern zu Gebetsandachten. Für Pommern: Mitt. Albrecht Eggert (13. 12. 1964), R. v. Thadden-Trieglaff (a. a. O.). Über die »Gemeinschaftsbewegung« orientiert: P. Fleisch: Die moderne Gemeinschaft in Deutschland, 2 Bde. (1912).
22 a. a. O.
23 Ber. Vollrath v. Braunschweig (26. 3., 14. 4. 1956).
24 v. Kleist-Retzow, a. a. O., S. 8.
25 a. a. O., S. 9; Mitt. R. v. Thadden-Trieglaff (27. 3. 1956, 2. 4. 1964).
26 a. a. O., S. 8, 10; Mitt. R. v. Thadden-Trieglaff (2. 4. 1964).
27 Mitt. R. v. Thadden-Trieglaff (2. 4. 1964).
28 a. a. O.; über die »Canitzer« auch: Joachim v. Winterfeldt-Menkin: Jahreszeiten des Lebens. Das Buch meiner Erinnerungen, Berlin 1942, S. 52 f.
29 Mitt. R. v. Thadden-Trieglaff (2. 4. 1964), H.-J. v. Kleist-Retzow (24. 11. 1962).
30 a. a. O.; Mitt. F. v. Schlabrendorff (25./26. 1. 1965). Auch für das Folgende.
31 v. Kleist-Retzow, a. a. O., S. 8.
32 Ewald v. Kleist: Letzte Aufzeichnungen aus der Haft, S. 11.
33 Mitt. H.-J. v. Kleist-Retzow (24. 11. 1962), Alice v. Kleist (2. 3. 1965).
34 a. a. O.; außerdem: Mitt. F. v. Schlabrendorff (25./26. 1. 1965).
35 v. Kleist-Retzow, a. a. O., S. 12.
36 Der Weltkrieg 1914 bis 1918. Bearbeitet im Reichsarchiv, Berlin 1925–1944. Band I, S. 667; VII, S. 23; XI, S. 56; XIV, S. 100 ff.; Ehren-Rangliste des ehemaligen deutschen Heeres auf Grund der Ranglisten von 1914 mit den inzwischen eingetretenen Veränderungen. Herausgegeben vom Deutschen Offizier-Bund, Berlin 1926, S. 410; außerdem: v. Kleist-Retzow, a. a. O.
37 Mitt. H.-J. v. Kleist-Retzow (24. 11. 1962); ders.: Ein konservativer Revolutionär, S. 12.
38 a. a. O.; Mitt. F. v. Schlabrendorff (25./26. 1. 1965, 5. 3. 1966).
39 a. a. O.
40 a. a. O.; Mitt. A. v. Kleist (2. 3., 15. 4. 1965).

Zweites Kapitel: Konservativer Frondeur

1 v. Kleist-Retzow: Ein konservativer Revolutionär, S. 13; Mitt. F. v. Schlabrendorff (25./26. 1. 1965), W. Frhr. Senfft v. Pilsach (17. 11. 1964, 6. 1. 1965).
2 Eine konzentrierte, umsichtige Ausdeutung der November-Revolution 1918
   bei Herbert Michaelis: Zum Problem der Revolution in Deutschland, Berlin
   1964, vor allem S. 23.
3 Werner Liebe: Die Deutschnationale Volkspartei 1918–1924, Düsseldorf
   1956, S. 10f. Ber. Hans Schlange-Schöningen (16. 5. 1956):»Ich habe oft Dis-
   kussionen mit Kleist gehabt über die Wiederherstellung der Monarchie, wobei
   er mir den Vorwurf machte, ich lenkte die Agitation nicht genug auf diesen
   Punkt, da ich es für absolut verhängnisvoll für die Monarchie hielt, wenn man
   sie in den damaligen Zeiten (nach 1919/20, d. V.) zu stark in den Vordergrund
   schöbe, da die Stimmung nicht dafür reif wäre.«Schlange-Schöningen gehörte
   zu den führenden DNVP-Politikern Pommerns.
4 Mitt. H.-J. v. Kleist-Retzow (24. 11. 1962), F. v. Schlabrendorff (25./26. 1.
   1965), W. Frhr. Senfft v. Pilsach (17. 11. 1964, 6. 1., 25. 3. 1965).
5 a. a. O.
6 a. a. O.
7 Mitt. F. v. Schlabrendorff (25./26. 1. 1965, 5.3. 1966).
8 a. a. O.; auch Mitt. H.-J. v. Kleist-Retzow (24. 11. 1962).
9 a. a. O.
10 a. a. O.
11 a. a. O.
12 a. a. O.
13 a. a. O.
14 a. a. O.; Michaelis, a. a. O., S.10, 13, 15, 18, 23.
15 Michaelis, a. a. O., S. 15, 18.
16 Mitt. F. v. Schlabrendorff (25./26. 1. 1965), H.-J. v. Kleist-Retzow (24. 11.
   1962), W. Frhr. Senfft v. Pilsach (17. 11. 1964, 25. 3. 1965).
17 E. v. Kleist: Adel und Preußentum, S. 380.
18 Mitt. H.-J. v. Kleist-Retzow (24. 11. 1962), F. v. Schlabrendorff (25./26. 1.
   1965, 21. 2. 1967).
19 E. v. Kleist, a. a. O., S. 379.
20 a. a. O., S. 378ff.
21 a. a. O., S. 378.
22 a. a. O.
23 a. a. O.
24 a. a. O., S. 379.
25 a. a. O.
26 a. a. O.
27 Ber. H.-J. v. Kleist-Retzow (12. 4. 1956).
28 a. a. O.
29 Arthur Wegner: Einführung in die Rechtswissenschaft, Berlin 1948, S. 3.
30 Ber. H.-J. v. Kleist-Retzow (a. a. O.); Mitt. A. v. Kleist (20. 3. 1965), W. Frhr.
   Senfft v. Pilsach (18. 2., 17. 11. 1964), Ber. (2. 1. 1956).
31 a. a. O.
32 a. a. O.

33 Ber. H.-J. v. Kleist-Retzow (12. 4. 1956).
34 a. a. O.
35 Ber. W. Frhr. Senfft v. Pilsach (2. 1. 1956), Mitt. (18. 2. 1964).
36 Ber. Frau v. Rekowsky (undatiert 1956); Mitt. H.-J. v. Kleist-Retzow (24. 11. 1962).
37 a. a. O.
38 Ber. H.-J. v. Kleist-Retzow (12. 4. 1956), V. v. Braunschweig (26. 3. 1956).
39 a. a. O.
40 a. a. O.
41 a. a. O.; auch Otto Braun: Von Weimar zu Hitler, New York 1940, S. 17 ff.
42 a. a. O.
43 Ber. H.-J. v. Kleist-Retzow (a. a. O.), V. v. Braunschweig (a. a. O.).
44 a. a. O.
45 a. a. O.
46 a. a. O.
47 a. a. O.
48 a. a. O.
49 a. a. O.
50 Mitt. Ewald-Heinrich v. Kleist (19. 3. 1956, 22. 9. 1964).
51 a. a. O.
52 Werner Conze: Die Zeit Wilhelms II. und die Weimarer Republik, S. 181.
53 Ber. W. Frhr. Senfft v. Pilsach (2. 1. 1956); auch Francis L. Carsten: Reichswehr und Politik 1918–1933, Köln/Berlin 1964, S. 392–400, besonders 393; ferner Ber. W. Pabst (30. 10. 1956).
54 Ber. Ernst Buchrucker (23. 12. 1956).
55 Ber. Hermann Ehrhardt (20. 12. 1956).
56 Ber. H.-J. v. Kleist-Retzow (12. 4. 1956); allgemein: Conze, a. a. O., S. 178; Carsten, a. a. O., S. 89–98.
57 Über die Reaktion der Deutschnationalen Volkspartei auf den Kapp-Putsch: Liebe, a. a. O., S. 59 f.
58 Mitt. F. v. Schlabrendorff (25./26. 1. 1965, 21. 2. 1967).
59 Ber. H.-J. v. Kleist-Retzow (12. 4. 1956), Mitt. (24. 11. 1962).
60 a. a. O.; bestätigend: Mitt. Albrecht Eggert (13. 12. 1964), W. Frhr. Senfft v. Pilsach (17. 11. 1964).
61 Ber. Hans Schwarz (27. 1. 1956), Bernd v. Wedel-Fürstensee (29. 4. 1956), Hans Schwarz van Berk (25. 6. 1956).
62 Mitt. F. v. Schlabrendorff (25./26. 1. 1965), H.-J. v. Kleist-Retzow (24. 11. 1962).
63 a. a. O.; Mitt. H. Schwarz (26. 7. 1965), W. Frhr. Senfft v. Pilsach (18. 2., 17. 11. 1964).
64 Nachlaß Schleicher (Bundesarchiv Koblenz), Bd. 65, Folge 132–134, Stettin, 8. Dezember 1924, Nr. 210.
65 Brief Ewald v. Kleists an Schleicher (Schmenzin, 10. 10. 1925).
66 Mitt. F. v. Schlabrendorff (25./26. 1. 1965), H.-J. v. Kleist-Retzow (24. 11. 1962), W. Frhr. Senfft v. Pilsach (6. 1., 25. 3. 1965), Ber. (2. 1. 1956).

Drittes Kapitel: Der Guts- und Patronatsherr

1 E. v. Kleist: Adel und Preußentum, S. 378.
2 Ber. H.-J. v. Kleist-Retzow (12. 4. 1956).
3 a. a. O.; ferner Ber. der ehemaligen Inspektoren W. Frhr. Senfft v. Pilsach (2. 1. 1956), Oskar Roosen (Juni 1956) und Leopold Meier-Rasfeld (23. 6. 1956), ferner Ber. W. Wetzel (29. 4. 1965) und Mitt. Pfarrer Martin Lüpke (26. 7. 1965).
4 a. a. O.; vor allem Mitt. M. Lüpke (a. a. O.).
5 Ber. H.-J. v. Kleist-Retzow (12. 4. 1956), Mitt. F. v. Schlabrendorff (25./26. 1. 1965), Ber. A. Hagemann (22. 4. 1965).
6 Ber. O. Roosen (Juni 1956, 6. 4., 19. 9. 1965).
7 Mitt. F. v. Schlabrendorff (25./26. 1. 1965, 21. 2. 1967).
8 a. a. O.; auch Ber. H.-J. v. Kleist-Retzow (12. 4. 1956).
9 Mitt. M. Lüpke (26. 7. 1965), K. H. Reimer (14. 5. 1965), A. v. Kleist (2. 3. 1965).
10 Mitt. F. v. Schlabrendorff (25./26. 1. 1965), H.-J. v. Kleist-Retzow (24. 11. 1962).
11 Ber. Werner Eggert (15. 11. 1964).
12 Ber. K. H. Reimer (20. 2. 1956), Mitt. (14. 5. 1965).
13 a. a. O.
14 a. a. O.
15 a. a. O.
16 E. v. Kleist: Glaubt ihr nicht, so bleibt ihr nicht, in: Mitteilungen des Hauptvereins der Konservativen (i. f. zitiert: MHK), Jhrg. 1933, Berlin, Mai 1933, Nr. 3, S. 1.
17 Ber. H.-J. v. Kleist-Retzow (12. 4. 1956), Mitt. K. H. Reimer (14. 5. 1965), Heinrich Grüber (1. 4. 1965).
18 v. Kleist-Retzow: Ein konservativer Revolutionär, S. 74; Kleists inneren Wandel zeigen anschaulich seine letzten Briefe an Alice v. Kleist (21. 2. 1945).
19 Ber. A. v. Kleist (14. 4. 1956), H.-J. v. Kleist-Retzow (12. 4. 1956), Mitt. F. v. Schlabrendorff (25./26. 1. 1965), Ber. W. Eggert (15. 11. 1964), W. Frhr. Senfft v. Pilsach (2. 1. 1956), W. Wetzel (29. 4. 1965).
20 Ber. W. Wetzel (3. 7. 1965).
21 Ber. W. Eggert (15. 11. 1964).
22 Ber. A. v. Kleist (15. 9. 1956), H.-J. v. Kleist-Retzow (12. 4. 1956), W. Eggert (15. 11. 1964). Vgl. auch Sieber, a. a. O., S. 115.
23 a. a. O.; auch Mitt. F. v. Schlabrendorff (25./26. 1.1965, 21. 2. 1967).
24 a. a. O.
25 a. a. O.
26 a. a. O.; auch Mitt. Wolf-Dieter Zimmermann (16. 6. 1965), Ber. (7. 3. 1956).
27 a. a. O.
28 a. a. O.
29 a. a. O.
30 a. a. O.; Ber. W. Frhr. Senfft v. Pilsach (2. 1. 1956), A. Wegner (5. 1., 28. 2. 1956), Joachim Schmidt (Mai 1956), Horst Schneble (5. 5. 1956), K. H. Reimer (20. 2. 1956).

31 a. a. O.
32 a. a. O.
33 a. a. O.
34 Mitt. F. v. Schlabrendorff (25./26. 1. 1965), H.-J. v. Kleist-Retzow (24. 11. 1962), A. v. Kleist (2. 3. 1965).
35 Mitt. H.-J. v. Kleist-Retzow (24. 11. 1962).
36 a. a. O.
37 a. a. O.; Mitt. F. v. Schlabrendorff (25./26. 1. 1965, 21. 2. 1967), E.-H. v. Kleist (22. 9. 1964).
38 a. a. O.

Viertes Kapitel: Weltanschauung und Politik

1 E. v. Kleist: Grundsätze und Aufgaben konservativer Arbeit, in: MHK, Jhrg. 1930, Januar 1930, Nr. 1, S. 1; Abdruck auch in: Neue Preußische Kreuz-Zeitung, Berlin, 15. Dezember 1929, 3. Beiblatt. Die gleichen Grundgedanken seines Konservatismus spiegeln von ihm wider: Religiös-konservative Revolution, in: Der Nahe Osten, III, 1, Berlin, 1. Januar 1930, S. 4–8; Östliche Agrarrevolution und Bauernpolitik, in: Neue Preußische Kreuz-Zeitung, Berlin, 15. September 1929, S. 1f.; Innere Umkehr, in: Deutsche Zeitung, Berlin, 1. Januar 1932; Glaubt ihr nicht, so bleibt ihr nicht, in: MHK, Jhrg. 1933, Mai 1933, Nr. 3, S. 1ff. Wie unverfälscht Kleists Konservatismus war, zeigt auch Ludwig Bergsträsser: Geschichte der politischen Parteien in Deutschland, 7. Aufl. München 1952, S. 45–51; ferner Klemens v. Klemperer: Konservative Bewegungen. Zwischen Kaiserreich und Nationalsozialismus, München/Wien o. J., vor allem S. 23–35. Kleist freilich läßt sich nicht in die Bewegungen einordnen, die Klemperer darstellt, ja er wäre nicht einmal bereit gewesen, ihnen das Attribut »konservativ« zuzubilligen. Das gleiche gilt für all die Strömungen, die Kurt Sontheimer: Antidemokratisches Denken in der Weimarer Republik. Die politischen Ideen des deutschen Nationalismus zwischen 1918 und 1933, München 1962 untersucht hat. Seine zudem allzu emotionale Darstellung berührt allenfalls einige Komponenten, die für Kleists konservatives Denken von Belang wären. So: S. 181–187, 188–197, 198–210, 211–232.
2 E. v. Kleist: Grundsätze und Aufgaben..., S. 1. Siehe S. 240–248.
3 E. v. Kleist: Glaubt ihr nicht..., S. 1f. Siehe S. 261–265.
4 a. a. O., S. 2.
5 a. a. O.
6 E. v. Kleist: Grundsätze und Aufgaben..., S. 2.
7 Mitt. H.-J. v. Kleist-Retzow (24. 11. 1962), E.-H. v. Kleist (22. 9. 1964).
8 a. a. O.; Mitt. F. v. Schlabrendorff (25./26. 1. 1965, 5. 3. 1966); E. v. Kleist: Grundsätze und Aufgaben..., S. 2f.
9 Mitt. H.-J. v. Kleist-Retzow (24. 11. 1962), F. v. Schlabrendorff (5. 3. 1966).
10 Mitt. H.-J. v. Kleist-Retzow (a. a. O.), F. v. Schlabrendorff (21. 2. 1967).
11 a. a. O.
12 E. v. Kleist: Glaubt ihr nicht..., S. 2.
13 Mitt. H.-J. v. Kleist-Retzow (24. 11. 1962), F. v. Schlabrendorff (25./26. 1. 1965, 5. 3. 1966).

14 a. a. O.

15 a. a. O.; für den historisch-geistigen Hintergrund des Kleistschen Denkens vgl. Hans Barth (Herausgeber): Der konservative Gedanke, Stuttgart 1958, bes.: Adam Heinrich Müller: »Von der Notwendigkeit einer theologischen Grundlage der gesamten Staatswissenschaften und der Staatswirtschaft insbesondere« (1819), S. 134 ff.; ferner Friedrich Julius Stahl: »Die Persönlichkeit Gottes als Prinzip der Welt«, S. 156 ff. und »Die göttliche Institution des Staates«, S. 200 ff. (1854 und 1856) Eine eingehendere Analyse ist nicht möglich, da sich Kleist nur über Grundlagen des Konservatismus geäußert hat.

16 Armin Mohler: Die Konservative Revolution in Deutschland 1918 bis 1932, Stuttgart 1950, S. 165 ff. Wir erwähnen die Gruppen, die Mohler voneinander unterschied und bis hin zum Detail beschrieben hat. Gegen Mohlers Werk (Darmstadt 1983: Ein Handbuch, 2 Bde.) nun Stefan Breuer: Anatomie der Konservativen Revolution, Darmstadt 1993. Breuers Resümee: »Was immer die Konservative Revolution gewesen sein mag: *konservativ* war sie nicht.« (A. a. O., S. 18.) Begründung: Konservatismus falle weitgehend mit der Geschichte des Adels zusammen. Nach dem Abgang des Adels als herrschender Schicht sei dessen Geschichte bereits im 19. Jahrhundert abgeschlossen gewesen; eine wie immer geartete Mutation habe es nicht gegeben. Breuer verdeutlicht die Abhängigkeit aller Autoren, die er untersucht, von zentralen Merkmalen der Moderne. Eine verbindliche Doktrin kann er bei den so genannten Konservativ-Revolutionären nicht ausmachen, lediglich durchgängige Feindschaft gegenüber dem *politischen* Liberalismus. (A. a. O., S. 180 f.) So schlüssig die Analyse der fehlenden übergreifenden Doktrin, so unzureichend das Kriterium der angeblich längst abgeschlossenen Geschichte des Adels. Breuer umgeht Ewald von Kleist, ja erwähnt nicht einmal seinen Namen. Konservatismus aber war für Kleist nicht an Breuers begrenzte Zeitdefinition gebunden. Die Weltanschauung, der er folgte, blieb ihm zeitlos gültig. Das Wort Revolution bezog er auf die Notwendigkeit, seinen Konservatismus gegen die eigene Zeit durchzusetzen: angesichts des Abfalls dieser Zeit vom Konservatismus kaum nur eine subjektive Vokabel.

17 Ber. A. v. Kleist (20. 3. 1965); auch Arthur Wegner: Ewald v. Kleist-Schmenzin. Dem Führer der Konservativen zum Gedächtnis, in: Briefe für Tradition und Leben, Nr. 16, August 1950, S. 11.

18 Wegner, a. a. O., S. 7.

19 E. v. Kleist: Grundsätze und Aufgaben..., S. 2; auch ders.: Adel und Preußentum, S. 381.

20 Conze, a. a. O., S. 200–226.

21 a. a. O., S. 214 f.

22 E. v. Kleist: Grundsätze und Aufgaben..., S. 3: »Wir wissen wohl, daß wir entmachtet sind und entscheidende Erfolge nicht erzwingen können...«. Mitt. F. v. Schlabrendorff (25./26. 1. 1965, 21. 2. 1967); Protokoll, i. f. zitiert: Prot. (10. 11. 1966).

23 E. v. Kleist, a. a. O., S. 2.

24 a. a. O.

25 Mitt. F. v. Schlabrendorff (25./26. 1. 1965, 21. 2. 1967).

26 a. a. O.

27 Liebe, a. a. O., S. 7, 16, 21, 51, 75–90; Manfred Dörr: Die Deutschnationale
   Volkspartei 1925 bis 1928, Phil. Diss. Marburg 1964, S. 6, 124ff., 149ff.;
   die ständigen Schwankungen der DNVP veranschaulicht auch Michael Stürmer:
   Koalition und Opposition in der Weimarer Republik 1924–1928, Phil. Diss.
   Marburg 1965, S. 92ff., 100ff., 252; zusammenfassende Darstellung bei Friedrich Frhr. Hiller von Gaertringen: Die Deutschnationale Volkspartei, in: Erich
   Matthias/Rudolf Morsey (Herausgeber): Das Ende der Parteien 1933, Düsseldorf 1960, S. 543–546.
28 Mitt. F. v. Schlabrendorff (25./26. 1. 1965), H.-J. v. Kleist-Retzow (24. 11.
   1962).
29 E. v. Kleist: Reformation oder Revolution?, Berlin 1930, S. 4.
30 Seine eindeutige Ablehnung Westarps bezeugen: F. v. Schlabrendorff (a. a. O.),
   H.-J. v. Kleist-Retzow (a. a. O.); Bericht über einen Vortrag Kleists in Hanno-
   versch-Münden:»Herr von Kleist-Schmen(t)zin in Münden«, Mündensche
   Nachrichten, Hann.-Münden, 2. Dezember 1930, Nr. 283, Zweites Blatt.
31 Hiller v. Gaertringen, a. a. O., S. 546; Kleist zu diesem Ereignis:»Bis zum
   Jahre 1928 war die politische Haltung des nationalen Lagers höchst uneinheit-
   lich. Das erste erfreuliche Ereignis war der durch *Hugenberg* vorgenommene
   Kurswechsel …« Zur politischen Lage (1931). Rede auf der Jahresversamm-
   lung des Hauptvereins der Konservativen am 17. März 1931, MHK, Jhrg. 1931,
   März 1931, Nr. 2, S. 2.
32 Hiller v. Gaertringen, a. a. O.
33 a. a. O., S. 547.
34 a. a. O., S. 548.
35 a. a. O.
36 Mitt. F. v. Schlabrendorff (25./26. 1. 1965, 21. 2. 1967), Ber. H. Schwarz van
   Berk (25. 6. 1956); auch Rudolf Pechel: Deutscher Widerstand, Erlenbach/Zü-
   rich 1947, S. 74f.; schließlich Kleist selbst – freilich 1933 –:»… und auch Hugenberg ist überwiegend nicht konservativ…« E. v. Kleist: Glaubt ihr nicht…, S.
   3.
37 Eine zureichende Arbeit über Hugenberg fehlt. Einstweilen erschien Valeska
   Dietrich: Alfred Hugenberg – Das Leben eines Managers, in: Politische Studien, 12. Jhrg., München 1961, S. 236–242, 295–301.
38 Mitt. F. v. Schlabrendorff (25./26. 1. 1965, 21. 2. 1967). Ein weiterer – vielleicht
   nur indirekter – Beleg bei E. v. Kleist: Gegen den Klub der Harmlosen, in: Der
   Nahe Osten, IV, 10, Berlin, 1. Mai 1931, S. 149:»Der von Hugenberg erzwungene Kurswechsel der Deutschnationalen machte den Anfang mit der, zunächst
   parlamentarischen, Säuberung.«

Fünftes Kapitel: Revolution statt Reformation

1 E. v. Kleist: Gegen den Klub…, S. 149.
2 MHK, Jhrg. 1929, April 1929, Nr. 2, S.1.
3 E. v. Kleist: Grundsätze und Aufgaben…, S. 3.
4 MHK, Jhrg. 1929, Mai 1929, Nr. 5, S. 1; auch Neue Preußische Kreuz-Zeitung,
  Berlin, 8. Mai 1929.
5 a. a. O., S. 1.

6 a. a. O.
7 MHK, Jhrg. 1930, Januar 1930, Nr. 1, S. 1–5.
8 Neue Preußische Kreuz-Zeitung, 15. Dezember 1929.
9 E. v. Kleist: Grundsätze und Aufgaben..., S. 2.
10 a. a. O., S. 2f.
11 a. a. O.
12 Mitt. F. v. Schlabrendorff (25./26. 1. 1965), H.-J. v. Kleist-Retzow (24. 11.
   1962), W. Frhr. Senfft v. Pilsach (18. 2. 1964, 25. 3. 1965).
13 E. v. Kleist: Reformation oder Revolution?, S. 12.
14 1930 erschienen. Der Zeitpunkt liegt in jedem Fall vor der September-Wahl (14.
   9.), mit der Hitlers NSDAP ihren ersten großen Erfolg errang.
15 E. v. Kleist: Reformation oder Revolution?, S. 4.
16 a. a. O., S. 5.
17 a. a. O.
18 a. a. O., S. 6.
19 Ber. H.-J. v. Kleist-Retzow (12. 4. 1956).
20 E. v. Kleist: Reformation oder Revolution?, S. 7.
21 Ber. H.-J. v. Kleist-Retzow (12. 4. 1956).
22 E. v. Kleist: Reformation oder Revolution?, S. 13.
23 a. a. O., S. 3.
24 a. a. O., S. 18f.
25 a. a. O., S. 20f.
26 a. a. O., S. 22.
27 a. a. O., S. 16.
28 a. a. O., S. 17.
29 a. a. O., S. 29f.
30 a. a. O., S. 30f.
31 Mitt. F. v. Schlabrendorff (25./26. 1. 1965), H.-J. v. Kleist-Retzow (24. 11.
   1962); auch E. v. Kleist, a. a. O., S. 34f.
32 E. v. Kleist, a. a. O., S. 32f.
33 a. a. O., S. 33.
34 a. a. O., S. 36.
35 Mitt. F. v. Schlabrendorff (25./26. 1. 1965), H. Schwarz (26. 7. 1965), Ber. Arthur Wegner (5. 1. 1956), Ber. H. Schwarz van Berk (25. 6. 1956), Mitt. Harald
   Laeuen (31. 7. 1965).
36 Ber. K. H. Reimer (20. 2. 1956), Mitt. (14. 5. 1965).
37 Mitt. Ernst Niekisch (1. 2. 1963), Ber. H. Schwarz van Berk (25. 6. 1956). Mitt.
   Ernst Jünger (undatiert 1965), der ein Treffen mit Kleist in Berlin bestätigt:
   »Kleist war hochgezüchtet, von sehr empfindlichem, verletzbarem Ethos. Ich
   habe den Typus im Fürsten Sunmyra der Marmorklippen festzuhalten versucht.
   Daß er dem Untergang geweiht war, ließ schon die Aura ahnen.« Über den Fürsten Sunmyra »Auf den Marmorklippen« (Ernst Jünger: Werke, Band 9, Erzäh-
   lende Schriften, Stuttgart o.J., S. 260) heißt es: »Ich hatte den Eindruck, daß
   hohes Alter und große Jugend sich in ihm vereinten – das Alter des Geschlechts
   und die Jugend der Person. In seinem Wesen war die Dekadenz tief ausgebil-
   det; man merkte an ihm den Zug alt angestammter Größe und auch den Gegen-
   zug, wie ihn die Erde auf alles Erbe übt – denn Erbe ist Totengut.«
38 E. v. Kleist, a. a. O., S. 3.

39 Mitt. F. v. Schlabrendorff (25./26. 1. 1965), H.-J. v. Kleist-Retzow (24. 11. 1962), W. Frhr. Senfft v. Pilsach (18. 2. 1964, 25. 3. 1965).

40 a. a. O.

41 E. v. Kleist, a. a. O., S. 35 f.

42 Conze, a. a. O., S. 226 ff.; Fritz Ernst: Die Deutschen und ihre jüngste Geschichte. Beobachtungen und Bemerkungen zum deutschen Schicksal der letzten fünfzig Jahre (1911–1961), Stuttgart 1963, S. 85 f.

43 Conze, a. a. O., S. 228 ff.; Karl Dietrich Bracher: Die Auflösung der Weimarer Republik. Eine Studie zum Problem des Machtverfalls in der Demokratie, 4. Aufl. Villingen (Schwarzwald) 1964, S. 287–309; ferner Andreas Dorpalen: Hindenburg in der Geschichte der Weimarer Republik, Berlin/Frankfurt a. M. 1966, S. 171 ff.

44 Conze, a. a. O., S. 230 f.; Bracher, a. a. O., S. 307.

45 Conze, a. a. O., S. 232.

46 Bracher, a. a. O., S. 341 ff.

47 Mitt. F. v. Schlabrendorff (25./26. 1. 1965), A. v. Kleist (2. 3., 15. 4. 1965).

48 E. v. Kleist: Zur politischen Lage (1931), in: MHK, Jhrg. 1931, März 1931, Nr. 2, S. 1.

49 Mitt. F. v. Schlabrendorff (25./26. 1. 1965); vgl. auch Conze, a. a. O., S. 234.

50 Mitt. F. v. Schlabrendorff (25./26. 1. 1965); Hiller von Gaertringen, a. a. O., S. 550 f.

51 a. a. O.

52 E. v. Kleist, a. a. O., S. 2.

53 a. a. O., S. 1; ferner ders.: Was soll werden?, in: MHK, Jhrg. 1931, September 1931, Nr. 5, S. 1.

54 Bracher, a. a. O., S. 322–332.

55 E. v. Kleist: Zur politischen Lage (1931), S. 1.

56 a. a. O., S. 2.

57 E. v. Kleist: Was soll werden?, S. 1.

58 a. a. O., S. 2.

59 Prot. F. v. Schlabrendorff/H.-J. v. Kleist-Retzow (10. 11. 1966).

60 Unsere Partei (Halbmonatsblatt der Deutschnationalen Volkspartei). 9. Jhrg., 1931, 18–19, 1. 10. 1931, S. 227.

61 Mitt. F. v. Schlabrendorff (25./26. 1. 1965, 21. 2. 1967).

62 E. v. Kleist: Zur politischen Lage (1931), S. 3.

63 a. a. O.

64 a. a. O.

65 E. v. Kleist: Was soll werden?, S. 2; ders.: Die Notverordnung nützlich für die nationale Politik?, in: Deutsche Zeitung, Berlin, 12. April 1931, S. 1 f.

66 Neue Preußische Kreuz-Zeitung, Berlin, 10. Juli 1929; auch Conze, a. a. O., S. 222 ff.; Elisabeth Friedenthal: Volksbegehren und Volksentscheid über den Young-Plan und die deutschnationale Sezession, Phil. Diss. Tübingen 1957, vor allem S. 75–112, 113–147.

67 Neue Preußische Kreuz-Zeitung, Berlin, 10. Juli 1929.

68 Mitt. F. v. Schlabrendorff (25./26. 1. 1965), H.-J. v. Kleist-Retzow (24. 11. 1962). Wie wenig die Zielsetzung der Volkskonservativen der Kleists entsprach, zeigt Erasmus Jonas: Die Volkskonservativen 1928–1933. Entwicklung, Struktur, Standort und staatspolitische Zielsetzung, Phil. Diss. Kiel o. J.,

vor allem S. 71–78. Nicht nur schien ihm ihre Programmatik unkonservativ; vor allem konnte er sich nicht mit dem Gedanken befreunden, daß es Pflicht des Konservativen sei, auch in einem demokratischen Staatswesen mitzuarbeiten.

69 Unsere Partei. 8. Jhrg., 1930, 2, 15. 1. 1930, S. 14.
70 H.-J. v. Kleist-Retzow: Ein konservativer Revolutionär, S. 35 ff.
71 E. v. Kleist: Gegen den Kirchenvertrag (Manuskript), S. 1.
72 Verhandlungen der neunten Generalsynode der Evangelischen Kirche der Altpreußischen Union in ihrer außerordentlichen Tagung vom 20. bis 22. April 1931 (Auszug).
73 Richtlinien der Christlich-Deutschen Bewegung (Original: ein Blatt).
74 Brief E. v. Kleists an W. Frhr. Senfft v. Pilsach (Schmenzin, 19. 2. 1931). Joseph Goebbels erwähnt in seinem Tagebuch (9. Februar 1931) eine Rede von Kleist über die Christlich-Deutsche Bewegung, die »sehr dunkel und sehr arrogant« gewesen sei. Er, Goebbels, habe dieser vor einem privaten Kreis gehaltenen Rede »scharf« mit dem Argument widersprochen: »Die neue Religiosität muß von unten anfangen, nicht von oben. Solange dort der Kampf noch nicht beginnt, hat alles Teegeschwätz keinen Sinn und Zweck.« Die Eintragung läßt völlig offen, was *Kleist* in seiner Rede oder in der anschließenden Debatte gesagt hat, und verwehrt nähere Analysen. Wie so oft verkürzt Goebbels auch hier konträre Positionen, um sich selbst desto mehr herausstreichen zu können. Zudem muß man bezweifeln, ob Hitlers Propagandist Kleist wirklich verstanden hat. (Die Tagebücher von Joseph Goebbels. Sämtliche Fragmente. Herausgegeben von Elke Fröhlich im Auftrag des Instituts für Zeitgeschichte und in Verbindung mit dem Bundesarchiv, München/New York/London/Paris 1987, Teil I, Aufzeichnungen 1924–1941, Band 2, 1. 1. 1932–31. 12. 1936, S. 18 f.)
75 Ber. H.-J. v. Kleist-Retzow (12. 4. 1956); auch Görlitz, a. a. O., S. 356 f.
76 Ber. H.-J. v. Kleist-Retzow (12. 4. 1956).
77 a. a. O.
78 a. a. O.
79 Mitt. F. v. Schlabrendorff (25./26. 1. 1965, 21. 2. 1967).
80 a. a. O.

Sechstes Kapitel: Kampf gegen den Nationalsozialismus

1 Ber. H.-J. v. Kleist-Retzow (12. 4. 1956).
2 a. a. O.
3 Alan Bullock: Hitler. Eine Studie über Tyrannei, Düsseldorf 1953, S. 119–128; Synopsis auch bei Ernst Nolte: Der Faschismus in seiner Epoche, München 1963, S. 409 ff.
4 Stimmenanteil: DNVP (14 Prozent), NSDAP (2,5 Prozent). Conze, a. a. O., S. 219.
5 Conze, a. a. O., S. 232; Bracher, a. a. O., S. 364 ff.
6 E. v. Kleist: Zur politischen Lage (1931), S. 2.
7 E. v. Kleist: Reformation oder Revolution?, S. 22.
8 a. a. O.
9 a. a. O.
10 a. a. O.

11 Mitt. F. v. Schlabrendorff (25./26. 1. 1965), H.-J. v. Kleist-Retzow (24. 11. 1962),
W. Frhr. Senfft v. Pilsach (18. 2. 1964, 6. 1. 1965).
12 a. a. O.
13 a. a. O.
14 E. v. Kleist: Der Nationalsozialismus – eine Gefahr, 2. Aufl. Berlin 1932, S. 8.
Siehe S. 248–257.
15 Mitt. F. v. Schlabrendorff (25./26. 1. 1965), E.-H. v. Kleist (22. 9. 1964).
16 E. v. Kleist: Der Nationalsozialismus..., S. 8.
17 Mitt. F. v. Schlabrendorff (25./26. 1. 1965), M. Lüpke (26. 7. 1965). Kleist hatte
hatte 1932 zu L. gesagt: »Glauben Sie mir: dieser Mann wirft Deutschland um
200 Jahre zurück.«
18 E. v. Kleist: Der Nationalsozialismus..., S. 8.
19 a. a. O.
20 a. a. O.
21 Für Kleists weitere Auseinandersetzung mit dem nationalsozialistischen Programm: Mitt. F. v. Schlabrendorff (25./26. 1. 1965), H.-J. v. Kleist-Retzow (24.
11. 1962); vgl. auch Nolte, a. a. O., S. 392.
22 a. a. O.
23 a. a. O.; auch Mitt. E. Niekisch (1. 2. 1963), W. Frhr. Senfft v. Pilsach (18. 2.
1964).
24 Mitt. F. v. Schlabrendorff (25./26. 7. 1965), H.-J. v. Kleist-Retzow (24. 11. 1962).
25 a. a. O.
26 a. a. O.
27 a. a. O. Eine gute Beschreibung bei Terence Prittie: Deutsche gegen Hitler.
Eine Darstellung des deutschen Widerstandes gegen den Nationalsozialismus
während der Herrschaft Hitlers, Tübingen 1965, S. 61: »Kleist war ein deutscher Konservativer bester Art, ein aufrechter und frommer Christ, der an die
›alte Ordnung‹ Europas in Gestalt eines ›Konzerts‹ zivilisierter Nationen
glaubte, die in gegenseitiger Freundschaft lebten und internationale Verpflichtungen übernahmen.«
28 Mitt. F. v. Schlabrendorff (25./26. 1. 1965); vgl. auch E. v. Kleist: Reformation
oder Revolution?, S. 8. Hier geißelt Kleist herb den deutschen Annexionismus
und die Kriegszielpolitik des Ersten Weltkrieges.
29 Mitt. F. v. Schlabrendorff (25./26. 1. 1965), H.-J. v. Kleist-Retzow (24. 11.
1962).
30 Hans Joachim Sell: Waterloo fand nur einmal statt, in: Frankfurter Hefte,
6. Jhrg., 1951, 10, S. 736; bestätigend: Mitt. H.-J. v. Kleist-Retzow (24. 11.
1962), H. Laeuen (31. 7. 1965).
31 a. a. O.
32 E. v. Kleist: Der Nationalsozialismus... (2. Aufl.: 12 Seiten, gegenüber der
1. Aufl. um 6 Seiten mit illustrierenden NS-Stimmen vermehrt).
33 a. a. O., S. 9 f.
34 a. a. O., S. 11.
35 a. a. O., S. 10.
36 Eindringlich bezeugen derartige Versammlungen in Pommern (1932): Mitt.
H.-J. v. Kleist-Retzow (24. 11. 1962), A. Eggert (13. 12. 1964), W. Frhr. Senfft v.
Pilsach (18. 2. 1964), Alexander Stahlberg (1. 12. 1964).

37 a. a. O.
38 Mitt. F. v. Schlabrendorff (21. 2. 1967).
39 Mitt. F. v. Schlabrendorff (25./26. 1. 1965), H.-J. v. Kleist-Retzow (24. 11. 1962).
40 Vorschlag zur Reform der DNVP (1932) – von Schlabrendorff verfaßt, von
   Kleist inspiriert und ganz auf seine Gedanken abgestellt –, S. 1.
41 E. v. Kleist: Der Nationalsozialismus..., S. 11.
42 Vorschlag..., eine Denkschrift von 12 Seiten (Manuskript).
43 a. a. O., S. 2f.
44 a. a. O., S. 3.
45 a. a. O., S. 3f.
46 a. a. O., S. 7–10.
47 a. a. O., S. 5.
48 a. a. O., S. 6.
49 Conze, a. a. O., S. 234f., 237f.; Bullock, a. a. O., S. 147.
50 Bullock, a. a. O., S. 147f.
51 a. a. O., S. 137; Nolte, a. a. O., S. 361.
52 Nolte, a. a. O., S. 358–361.
53 Mitt. F. v. Schlabrendorff (25./26. 1. 1965), Ber. A. Wegner (5. 1. 1956), H.-J. v.
   Kleist-Retzow (12. 4. 1956), A. Eggert (17. 2. 1956).
54 a. a. O.; auch E. v. Kleist: Der Nationalsozialismus...
55 Ber. A. Eggert (17. 2. 1956).
56 Neue Preußische Kreuz-Zeitung, 1. 3. 1932; Für Hohenzollern, in: Eiserne
   Blätter, 14. Jhrg., 13, München, 27. März 1932, S. 152.
57 Hervorragend herausgearbeitet bei Ernst Niekisch: Politische Schriften, Köln/
   Berlin 1965, S. 41–44.
58 Mitt. F. v. Schlabrendorff (5. 3. 1966, 21. 2. 1967), Ber. H.-J. v. Kleist-Retzow
   (12. 4. 1956).
59 Mitt. F. v. Schlabrendorff (25./26. 1. 1965), H.-J. v. Kleist-Retzow (24. 11.
   1962), W. Frhr. Senfft v. Pilsach (18. 2. 1964, 6. 1. 1965), E.-H. v. Kleist
   (19. 3. 1956, 22. 9. 1964).
60 Ber. H. Schwarz (27. 1., 24. 5. 1956), Mitt. (26. 7. 1965).
61 a. a. O. Das mögen zwei Zeugnisse von Männern illustrieren, die – zehn und
   mehr Jahre jünger als Kleist – ihm mit Wohlwollen gegenüberstanden und
   mehrfach seine Wege kreuzten. Eberhard von Vietsch, der Kleist in der Canit-
   zer-Gesellschaft begegnete, teilte mit (3. 8. 1965):»Mich beeindruckte die
   Reinheit, Konsequenz und auch Aufrichtigkeit seines Strebens, aber er schien
   mir eine versunkene Welt zurückholen zu wollen. Ich hatte das Gefühl, daß wir
   alle wieder in Livree herumlaufen sollten.« Klaus v. Bismarck, der manchen
   Gesprächen der alten Konservativen (Herbert v. Bismarck, Hans-Jürgen v.
   Kleist-Retzow und Ewald v. Kleist-Schmenzin) zuhörte, hat berichtet (Ber., 7.
   6. 1966):»Ewald v. Kleist brachte mich als jungen Mann deshalb im besonderen
   zum Nachdenken, weil jeder Satz und jede Geste ausdrückten, daß es sich bei
   seiner Auseinandersetzung mit Hitler um die Demaskierung des Teufels handelte. Mir erschienen zwar seine Formulierungen und Argumente häufig über-
   spitzt, zugleich aber auch unheimlich wahr. Trotz alledem war mir oft nicht klar,
   ob dieser eckige Preuße primär für die Wiederherstellung der preußischen
   Monarchie, also die Verhältnisse vor 1914, oder gegen Adolf Hitler, den Totengräber der Weimarer Demokratie, zu Felde zog. Ich witterte daher gelegentlich

bei E. v. Kleist einen persönlich zwar hoch achtbaren, aber politisch doch nur bedingt richtig gezielten Widerstand gegen alle Folgeerscheinungen des Zusammenbruchs von 1919. Seine unerbittliche Demaskierung Hitlers selbst leuchtete mir ein und beeindruckte mich in ihrem Ernst. Ich witterte aber zugleich bei ihm, daß er noch an die Vision einer Wiederherstellungsmöglichkeit preußisch-monarchischer Verhältnisse glaubte. Diese hielt ich für utopisch und persönlich auch nicht wünschenswert.« Vorbehaltlose Wertungen: Mitt. W. Frhr. Senfft v. Pilsach (18. 2. 1964), Ber. Burkhard v. der Osten-Warnitz (7. 8. 1965). Vgl. auch Görlitz, a. a. O., S. 372: »Der Hauptverein der Konservativen unter Ewald v. Kleist-Schmenzin blieb innerhalb der alten Deutschnationalen eine Sekte ohne maßgebenden Einfluß.«

62 Mitt. H. Schwarz (26. 7. 1965), H. Laeuen (31. 7. 1965).
63 Kritik Kleists: Vorschlag..., S. 2 f.
64 a. a. O., S. 5 f.
65 Hiller v. Gaertringen, a. a. O., S. 559 f.
66 a. a. O., S. 627–631.
67 Neue Preußische Kreuz-Zeitung, Berlin, 1. 3. 1932.
68 Ergebnis der monarchischen Umfrage, in: MHK, Jhrg. 1932, Nr. 3, Mai 1932, S. 2; auch E. v. Kleist: An einem Wendepunkt, in: MHK, Jhrg. 1932, Nr. 2, März 1932, S. 2.

Siebentes Kapitel: Wider Hitlers Machtantritt

1 E. v. Kleist: Zur politischen Lage (1932), in: MHK, Jhrg. 1932, Nr. 5, September 1932, S. 2.
2 a. a. O.
3 a. a. O.
4 a. a. O.
5 E. v. Kleist: Führung!, in: MHK, Jhrg. 1932, Nr. 6, November 1932, S. 1.
6 a. a. O.
7 a. a. O.
8 a. a. O., S. 2.
9 Mitt. H.-J. v. Kleist-Retzow (24. 11. 1962).
10 a. a. O.; E. v. Kleist, a. a. O., S. 2.
11 Mitt. H.-J. v. Kleist-Retzow (24. 11. 1962).
12 a. a. O.; Mitt. Karl Gronwald (30. 7. 1965), einst Geschäftsführer der DNVP in Pommern; ferner F. v. Schlabrendorff (25./26. 1. 1965).
13 a. a. O.
14 a. a. O.
15 a. a. O.
16 a. a. O.; E. v. Kleist: Führung!, S. 2: »Für konservative Menschen, die die Kraft haben, ihre Entscheidungen aus dem Glauben zu treffen, bleibt aber das Notstandsrecht des Staates als das eigentlich Wichtige. Aus diesem Notstand ergibt sich Recht und Pflicht zu handeln.«
17 a. a. O., S. 1.
18 a. a. O., S. 1 f.
19 a. a. O., S. 2.

20 a. a. O.
21 Mitt. F. v. Schlabrendorff (25./26. 1. 1965, 21. 2. 1967), H.-J. v. Kleist-Retzow (24. 11. 1962).
22 Conze, a. a. O., S. 239f.
23 Thilo Vogelsang: Kurt von Schleicher. Ein General als Politiker, Göttingen/Frankfurt a. M./Zürich 1965, S. 68; ders.: Reichswehr, Staat und NSDAP. Beiträge zur deutschen Geschichte 1930–1932, Stuttgart 1962, S. 178.
24 Conze, a. a. O., S. 243ff.; Heinrich Muth: Zum Sturz Brünings, in: Geschichte in Wissenschaft und Unterricht, Jhrg. 16, 12, 1965, S. 739–759.
25 Bracher, a. a. O., S. 522–525.
26 Mitt. H.-J. v. Kleist-Retzow (24. 11. 1962); Görlitz, a. a. O., S. 381.
27 Ber. H.-J. v. Kleist-Retzow (12. 4. 1956), Mitt. E.-H. v. Kleist (19. 3. 1956, 22. 9. 1964).
28 Bracher, a. a. O., S. 518ff.; Vogelsang: Schleicher, S. 70f.; ders.: Reichswehr..., S. 197; Conze, a. a. O., S. 246.
29 Bracher, a. a. O., S. 533; Conze, a. a. O., S. 247.
30 E. v. Kleist: Gegen Parteiherrschaft!, in: MHK, Jhrg. 1932, Nr. 4, Juli 1932, S.1.
31 a. a. O.
32 a. a. O.
33 Mitt. F. v. Schlabrendorff (25./26. 1. 1965), H.-J. v. Kleist-Retzow (24. 11. 1962), A. Eggert (13. 12. 1964).
34 E. v. Kleist: Führung!, S. 2.
35 a. a. O.; noch schroffer in: Zur politischen Lage (1932), S. 2.
36 a. a. O.
37 a. a. O.; Mitt. F. v. Schlabrendorff (25./26. 1. 1965, 21. 2. 1967), H.-J. v. Kleist-Retzow (24. 11. 1962).
38 Bracher, a. a. O., S. 536–545; ein Stimmungsbild, das erklärt, wie zunächst ein autoritäres, später ein totalitäres Regime aufkommen konnte, zeichnet Joachim v. Dissow: Adel im Übergang. Ein kritischer Standesgenosse berichtet aus Residenzen und Gutshäusern, Stuttgart 1962, S. 179, 182.
39 Vogelsang: Schleicher, S. 86f.
40 Mitt. H.-J. v. Kleist-Retzow (24. 11. 1962); nach F. v. Schlabrendorff (25./26. 1. 1965) habe jedoch Kleist die Methode des Papenschen Vorgehens kritisiert.
41 Mitt. H.-J. v. Kleist-Retzow (24. 11. 1962).
42 Vogelsang, a. a. O, S. 81f.; Bracher, a. a. O., S. 612–617; Dorpalen, a. a. O., S. 358.
43 Mitt. H.-J. v. Kleist-Retzow (24. 11. 1962), F. v. Schlabrendorff (25./26. 1. 1965), K. Gronwald (30. 7. 1965).
44 Mitt. H.-J. v. Kleist-Retzow (24. 11. 1962), F. v. Schlabrendorff (25./26. 1. 1965, 21. 2. 1967).
45 E. v. Kleist: Zur politischen Lage (1932), S. 1.
46 a. a. O.; auch Bracher, a. a. O., S. 608–611.
47 Mitt. H.-J. v. Kleist-Retzow (24. 11. 1962), F. v. Schlabrendorff (25./26. 1. 1965).
48 E. v. Kleist, a. a. O., S. 2.
49 Bracher, a. a. O., S. 612–617.
50 E. v. Kleist, a. a. O., S. 2.

51 a. a. O.; Mitt. F. v. Schlabrendorff (21. 2. 1967).
52 Bracher, a. a. O., S. 646.
53 a. a. O., S. 645.
54 E. v. Kleist: Gegen Parteiherrschaft!, S. 2.
55 Mitt. H.-J. v. Kleist-Retzow (24. 11. 1962). Sprunghaftigkeit und Widersprüch-
   lichkeit offenbart auch Franz von Papen: Der Wahrheit eine Gasse, München
   1952, S. 24, 52, 117, 119, 134 u. a. Eine herbe, zumeist jedoch zutreffende Kritik
   Papens findet sich bei Theodor Eschenburg: Die improvisierte Demokratie.
   Gesammelte Aufsätze zur Weimarer Republik, München 1964, S. 270–286.
56 E. v. Kleist: Zur politischen Lage (1932), S. 2.
57 a. a. O.
58 Bracher, a. a. O., S. 659f., 662–669; Dorpalen, a. a. O., S. 354.
59 Bracher, a. a. O., S. 674f.; Dorpalen, a. a. O., S. 367–371, 373.
60 Bracher, a. a. O., S. 676.
61 E. v. Kleist: Deutschland in Gefahr, in: MHK, Jhrg. 1933, Nr. 1, Januar 1933,
   S. 2.
62 a. a. O., S. 2ff.; das bezeugt auch die Literatur: Bracher, a. a. O., S. 677–685;
   Vogelsang: Reichswehr . . ., S. 335ff., 342ff.; ders.: Schleicher, S. 89ff.
63 E. v. Kleist: Deutschland in Gefahr, S. 2f.
64 a. a. O., S. 2.
65 a. a. O., S. 3.
66 a. a. O.; Bracher, a. a. O., S. 680f.
67 Bracher, a. a. O., S. 681ff.
68 a. a. O., S. 710.
69 a. a. O., S. 710f.; Dorpalen, a. a. O., S. 401f.
70 Bracher, a. a. O., S. 687–694.
71 a. a. O., S. 692ff.
72 a. a. O., S. 704.
73 a. a. O., S. 716.
74 Mitt. H.-J. v. Kleist-Retzow (24. 11. 1962).
75 a. a. O.
76 Mitt. F. v. Schlabrendorff (25./26. 1. 1965, 21. 2. 1967).
77 E. v. Kleist: Selbsterlebte wichtige Begebenheiten aus den Jahren 1933 und
   1934 (i. f. zitiert: Begebenheiten), S. 1. Siehe S. 257–261. Vgl. auch Otto
   Schmidt-Hannover: Umdenken oder Anarchie, Göttingen 1959, S. 316, 334.
78 E. v. Kleist, a. a. O.
79 a. a. O. Wie verfehlt dieser Versuch vor allem auch gegenüber Seldte war, zeigt
   Alois Klotzbücher: Der politische Weg des Stahlhelm, Bund der Frontsoldaten,
   in der Weimarer Republik. Ein Beitrag zur Geschichte der »Nationalen Opposition« 1918–1933, Phil. Diss. Erlangen 1964, S. 232–272, 273–292.
80 E. v. Kleist: Begebenheiten, S. 1.
81 a. a. O., S. 2.
82 a. a. O.
83 Bracher, a. a. O., S. 708f.
84 E. v. Kleist, a. a. O., S. 2.
85 a. a. O.
86 a. a. O., S. 1.

87 a. a. O., S. 2.
88 Bracher, a. a. O., S. 720f.
89 E. v. Kleist, a. a. O., S. 2f.
90 a. a. O., S. 3.
91 a. a. O.; auch Prot. H.-J. v. Kleist-Retzow (10. 11. 1966): Hugenberg sagte am nächsten Tag (30. 1. 1933) zu mir: »Ihr Vetter hat mir vorgeworfen, ich hätte das Vaterland verraten.«
92 E. v. Kleist, a. a. O., S. 4.
93 a. a. O. Papen indes beharrt darauf, daß er – schon um Hindenburgs willen – verpflichtet gewesen sei, zunächst die »verfassungsgemäße« Hitler-Lösung zu versuchen. Dies entsprach gewiß seinen Intentionen, zeigt aber, daß er Kleist nicht verstand. Mitt. Franz v. Papen (5. 8. 1965) und Franz v. Papen: Die Lösung des Herrn v. Kleist-Schmenzin (unveröffentlichtes Manuskript). Im übrigen kann diese Niederschrift Kleists Darstellung, auf die wir uns beziehen, in allen Details nur bestätigen. – In einem autoritären Kampfkabinett ohne Hitler war Kleist als Reichsinnenminister vorgesehen. Vorher hatte G. R. Treviranus als Reichskommissar für die Osthilfe erwogen, nicht Schlange-Schöningen, sondern Kleist als seinen Nachfolger berufen zu lassen. Ber. G. R. Treviranus (undatiert 1956).
94 Bracher, a. a. O., S. 726f.
95 a. a. O., S. 728ff.
96 a. a. O., S. 729.
97 a. a. O., S. 724.
98 Ber. H.-J. v. Kleist-Retzow (12. 4. 1956), Mitt. (24. 11. 1962).
99 a. a. O.
100 a. a. O.; Ber. W. Frhr. Senfft v. Pilsach (2. 1. 1956), Mitt. (18. 2. 1964).
101 a. a. O.; Mitt. F. v. Schlabrendorff (25./26. 1. 1965, 21. 2. 1967).
102 Mitt. F. v. Schlabrendorff (21. 2. 1967).

Achtes Kapitel: Unter der Diktatur

1 Ernst, a. a. O., S. 99; Nolte, a. a. O., S. 419f.; Hermann Mau/Helmut Krausnick: Hitler und der Nationalsozialismus, in: Peter Rassow (Herausgeber): Deutsche Geschichte im Überblick, Stuttgart 1953, S. 668f., 678ff. Wir beziehen uns auch im folgenden auf diese ausgezeichnete Arbeit. Obwohl die Forschung seit 1953 nicht müßig geblieben ist, hat diese Geschichte – namentlich in den von Mau verfaßten Teilen – nichts von ihrer Gültigkeit eingebüßt.
2 Mitt. H.-J. v. Kleist-Retzow (24. 11. 1962), F. v. Schlabrendorff (25./26. 1. 1965, 21. 2. 1967).
3 Arthur Wegner: Ewald v. Kleist-Schmenzin, S. 8.
4 a. a. O.
5 Nolte, a. a. O., S. 420f.; Ernst, a. a. O., S. 99.
6 Ber. W. Frhr. Senfft v. Pilsach (2. 1. 1956), Mitt. (18. 2. 1964).
7 E. v. Kleist: Eine Absage, in: MHK, Jhrg. 1933, Nr. 2, März 1933, S. 3f.
8 a. a. O., S. 3.
9 a. a. O., S. 4.
10 E. v. Kleist: Begebenheiten, S. 4.

11 a. a. O.
12 Mitt. A. v. Kleist (2. 3. 1965); ein Gespräch mit Kleist Ende 1932 bestätigt auch Brüning:»Kleist machte auf mich einen so guten Eindruck, daß ich in der Unterhaltung mit ihm mehr als gewöhnlich aus mir herausging.« Ber. Heinrich Brüning (12. 6. 1956).
13 E. v. Kleist, a. a. O., S. 4f.
14 a. a. O., S. 5.
15 Mitt. H.-J. v. Kleist-Retzow (24. 11. 1962), F. v. Schlabrendorff (25./26. 1. 1965), W. Frhr. Senfft v. Pilsach (18. 2. 1964, 6. 1. 1965).
16 a. a. O.
17 a. a. O.; auch Ber. A. Eggert (17. 2. 1956), Mitt. (13. 12. 1964). Vgl. auch Walter Görlitz: Widerstand gegen den Nationalsozialismus in Pommern, in: Baltische Studien, Neue Folge, Band 48, Hamburg 1961, S. 65. Görlitz nennt seine Arbeit zu Recht nur einen Versuch.
18 E. v. Kleist, a. a. O., S. 5.
19 Mau/Krausnick, a. a. O., S. 673 f.
20 a. a. O., S. 674.
21 A. Wegner, a. a. O., S. 7.
22 Ber. H.-J. v. Kleist-Retzow (12. 4. 1956), W. Frhr. Senfft v. Pilsach (2. 1. 1956).
23 Anning v. Kleist: Erinnerungen von dem Jahre 1933 an (unveröffentlichte Aufzeichnungen, i. f. zitiert: Erinnerungen), S. 4; Mitt. Alice v. Kleist (2. 3., 15. 4. 1965).
24 A. v. Kleist: Erinnerungen, S. 6 f.; Mitt. F. v. Schlabrendorff (25./26. 1. 1965).
25 A. v. Kleist, a. a. O., S. 7.
26 a. a. O., S. 8. Görlitz' Angabe (Widerstand . . ., S. 68), daß Kleist erst nach dem 30. 6. 1934 von mehreren Großgrundbesitzern gedeckt worden sei, ist irrig.
27 A. v. Kleist: Erinnerungen, S. 9; Ber. K. H. Reimer (20. 2. 1956), Mitt. (14. 5. 1965); Pommersche Tagespost, Stettin, 3. 5. 1933 (v. Kleist-Schmenzin in Schutzhaft genommen) und 5. 5. 1933 (»Gewaltsamer Willkürakt«).
28 A. v. Kleist: Erinnerungen, S. 9. Walter Görlitz (Die Junker, S. 390) weiß zu berichten, Kleist habe bei seiner Verhaftung im Mai trotzig erklärt:»Schießen Sie mich über den Haufen, wenn Sie wollen. So wie ich bin, bin ich geboren. Sie können mich nicht ändern.« Obgleich diese Äußerung Kleists Wesen wiedergäbe, läßt sie sich nicht belegen.
29 A. v. Kleist: Erinnerungen, S. 9 f.; Ber. H.-J. v. Kleist-Retzow (12. 4. 1956).
30 Ber. H.-J. v. Kleist-Retzow (12. 4. 1956).
31 a. a. O.
32 A. v. Kleist: Erinnerungen, S. 10 f.
33 a. a. O., S. 11.
34 Mitt. H.-J. v. Kleist-Retzow (24. 11. 1962), F. v. Schlabrendorff (5. 3. 1966).
35 A. v. Kleist: Erinnerungen, S. 13.
36 a. a. O.; Mitt. H.-J. v. Kleist-Retzow (24. 11. 1962).
37 A. v. Kleist: Erinnerungen, S. 13–16.
38 a. a. O., S. 13 f.
39 a. a. O., S. 15.
40 a. a. O., S. 16.

41 a. a. O., S. 14, 16.
42 a. a. O., S. 17. Der sogenannte »Vollstreckungsschutz« für landwirtschaftliche Betriebe sollte deren Existenz mit sichern helfen und war im Rahmen der Osthilfe-Gesetzgebung vorgesehen. Ferner: Mitt. W. Frhr. Senfft v. Pilsach (18. 2. 1964), H.-J. v. Kleist-Retzow (24. 11. 1962).
43 A. v. Kleist, a. a. O.
44 a. a. O., S. 19.
45 Mau/Krausnick, a. a. O., S. 681–687.
46 A. v. Kleist, a. a. O., S. 20f.
47 a. a. O., S. 21f.
48 a. a. O., S. 22ff.
49 Ernst Niekisch: Gewagtes Leben, Köln/Berlin 1958, S. 248.
50 a. a. O.
51 A. v. Kleist: Erinnerungen, S. 27f. Görlitz' Angabe (Widerstand..., S. 68), Kleist sei nach dem 30. 6. 1934 von einem jungen Kommunisten verborgen worden, ist nicht zu belegen. Daß Kleist Unterschlupf bei KPD-Mitgliedern suchte, bleibt unwahrscheinlich.
52 A. v. Kleist: Erinnerungen, S. 29.
53 a. a. O.
54 a. a. O., S. 30.
55 a. a. O., S. 32f.
56 a. a. O.

Neuntes Kapitel: Widerstand aus dem Glauben

1 Mau/Krausnick, a. a. O., S. 677.
2 Mitt. H.-J. v. Kleist-Retzow (24. 11. 1962), F. v. Schlabrendorff (25./26. 1. 1965); auch E. v. Kleist: Eine Absage, S. 3. Über Kleists Einschätzung der Marburger Rede Papens am 17. Juni 1934 liegen keine Mitteilungen vor. Sicher aber hat er die Kritik dieser von Edgar Jung verfaßten Rede an der wachsenden NSDAP-Parteivorherrschaft nicht nur gebilligt, sondern auch als Bestätigung eigener früherer Warnungen empfunden.
3 Mitt. F. v. Schlabrendorff (5. 3. 1966), H.-J. v. Kleist-Retzow (24. 11. 1962).
4 Mau/Krausnick, a. a. O., S. 676; Hiller v. Gaertringen: Die Deutschnationale Volkspartei, S. 605–616.
5 E. v. Kleist: Glaubt ihr nicht, so bleibt ihr nicht, in: MHK, Jhrg. 1933, Nr. 3, Mai 1933, S. 1ff.
6 a. a. O., S. 3.
7 Mitt. H.-J. v. Kleist-Retzow (24. 11. 1962), F. v. Schlabrendorff (25./26. 1. 1965).
8 a. a. O.
9 Eberhard Bethge: Dietrich Bonhoeffer. Theologe, Christ, Zeitgenosse, München 1967, S. 618, 702.
10 Ber. W. Frhr. Senfft v. Pilsach (2. 1. 1956), Mitt. (18. 2. 1964, 6. 1. 1965).
11 Mitt. E. Niekisch (1. 2. 1963), F. v. Schlabrendorff (25./26. 1. 1965).
12 Mitt. H.-J. v. Kleist-Retzow (24. 11. 1962), F. v. Schlabrendorff (25./26. 1. 1965).

13 a. a. O.
14 E. v. Kleist: Begebenheiten, S. 5.
15 Ber. Adolf Kurtz (8. 5. 1963).
16 Mitt. H.-J. v. Kleist-Retzow (24. 11. 1962), F v. Schlabrendorff (25./26. 1. 1965).
17 Ber. Peter-Christian Graf v. Kleist-Retzow (15. 4. 1956).
18 a. a. O.
19 Friedrich Zipfel: Kirchenkampf in Deutschland 1933–1945, Berlin 1965, S. 29–
    40, vor allem S. 30; Walter Conrad: Der Kampf um die Kanzeln. Erinnerungen
    und Dokumente aus der Hitlerzeit, Berlin 1957, S. 10–23.
20 Zipfel, a. a. O., S. 35 f.
21 a. a. O., S. 45 ff.
22 a. a. O., S. 32.
23 E. v. Kleist: Für oder wider Gott (ungedruckter Vortrag), 1934, S. 1.
24 a. a. O., S. 3.
25 a. a. O.
26 Ber. A. Kurtz (8. 5. 1963).
27 Mitt. H.-J. v. Kleist-Retzow (24. 11. 1962), F. v. Schlabrendorff (25./26. 1.
    1965).
28 a. a. O.
29 a. a. O.
30 a. a. O.
31 a. a. O.; Ber. K. H. Reimer (20. 2. 1956), Mitt. (14. 5. 1965).
32 a. a. O.
33 Ber. H.-J. v. Kleist-Retzow (12. 4. 1956), K. H. Reimer (20. 2. 1956), Mitt.
    W. Frhr. Senfft v. Pilsach (18. 2. 1964).
34 Zipfel, a. a. O., S. 42 f.
35 Mitt. F. v. Schlabrendorff (25./26. 1. 1965), A. v. Kleist (2. 3., 15. 4. 1965).
36 E. v. Kleist: Begebenheiten, S. 5.
37 Ber. A. Kurtz (8. 5. 1963). Wie hoffnungslos Kleists Versuche bleiben mußten,
    die Heeresspitzen zu gewinnen, bezeugt auch das Werk: Offiziere im Bild von
    Dokumenten aus drei Jahrhunderten, Stuttgart 1964, S. 100–104, 259–262,
    267–270, 274–277.
38 Mitt. H.-J. v. Kleist-Retzow (24. 11. 1962), F. v. Schlabrendorff (25./26. 1. 1965,
    21. 2. 1967).
39 a. a. O.
40 a. a. O.; Niekisch, a. a. O., S. 248.
41 Ber. K. H. Reimer (20. 2. 1956), Mitt. (14. 5. 1965).
42 Mau/Krausnick, a. a. O., S. 678–681.
43 Offiziere im Bild..., S. 97 f.
44 Mau/Krausnick, a. a. O.
45 a. a. O., S. 678–681.
46 a. a. O., S. 678.
47 a. a. O., S. 690, 692 f.; Karl Dietrich Bracher: Deutschland zwischen Demokra-
    tie und Diktatur. Beiträge zur neueren Politik und Geschichte, Bern/München/
    Wien 1964, S. 181–206.
48 Ernst, a. a. O., S. 104, 108 f. beschreibt eindrucksvoll die Kulisse, die sich aus-
    ländischen Besuchern darbieten mußte.

49 Mitt. H.-J. v. Kleist-Retzow (24. 11. 1962), F. v. Schlabrendorff (25./26. 1. 1965), A. Eggert (13. 12. 1964), K. H. Reimer (14. 5. 1965).
50 Ber. K. H. Reimer (20. 2. 1956), Mitt. (14. 5. 1965).
51 Mitt. F. v. Schlabrendorff (25./26. 1. 1965, 21. 2. 1967).
52 A. v. Kleist: Erinnerungen, S. 37.
53 Ber. H.-J. v. Kleist-Retzow (12. 4. 1956).
54 a. a. O.; ferner Brief E. v. Kleists an W. Frhr. Senfft v. Pilsach (Schmenzin, 13. 5. 1937). Beleg auch: Grabinschrift in Schmenzin, die der Autor dieser Biographie während eines Besuches in Pommern 1965 noch identifizieren konnte.
55 Mitt. F. v. Schlabrendorff (25./26. 1. 1965); seine düstere Angespanntheit bezeugt auch Ber. Elisabeth Sittig (17. 1. 1965).
56 Mitt. E. Niekisch nach dezidierter Erinnerung (1. 2. 1963).
57 Ber. W. Frhr. Senfft v. Pilsach (2. 1. 1956), Mitt. (18. 2. 1964).
58 Mitt. H.-J. v. Kleist-Retzow (24. 11. 1962), F. v. Schlabrendorff (25./26. 1. 1965), W. Frhr. Senfft v. Pilsach (18. 2. 1964, 25. 3. 1965).
59 a. a. O.
60 a. a. O. Wie recht Kleist mit seinen Auffassungen hatte, bestätigt ebenso Hugh Redwald Trevor-Roper: Hitlers Kriegsziele, in: Burghard Freudenfeld (Herausgeber): Stationen der deutschen Geschichte 1919–1945. Internationaler Kongreß zur Zeitgeschichte München, Stuttgart 1962, S. 9–28.

Zehntes Kapitel: Mission in England und Schweden

1 Mau/Krausnick, a. a. O., S. 696.
2 a. a. O.
3 a. a. O., S. 607 ff.
4 a. a. O., S. 699–702.
5 Mitt. F. v. Schlabrendorff (25./26. 1. 1965), H.-J. v. Kleist-Retzow (24. 11. 1962), A. v. Kleist (2. 3. 1965). Bestätigend: Mitt. E.-H. v. Kleist (19. 3. 1956, 22. 9. 1964).
6 Ernst Niekisch: Politische Schriften, Köln/Berlin 1965, S. 65. Dieser These aus Niekischs Schrift »Hitler – ein deutsches Verhängnis«, die Ende 1931 entstand und 1932 erschien, stimmte Kleist mit besonderem Nachdruck zu. Mitt. F. v. Schlabrendorff (25./26. 1. 1965, 5. 3. 1966).
7 Mitt. F. v. Schlabrendorff (25./26. 1. 1965), H.-J. v. Kleist-Retzow (24. 11. 1962).
8 a. a. O. Bestätigend: E.-H. v. Kleist (19. 3. 1956, 22. 9. 1964).
9 Ian Colvin: Vansittart in Office, London 1965, S. 210 f. Obgleich Colvin zumeist dezidierte Erinnerungen an Ewald v. Kleist wiedergibt, sind sie nicht immer zuverlässig und brauchbar. Wir beschränken uns auf die Mitteilungen, die jeweils auch von F. v. Schlabrendorff, einem Kronzeugen, bestätigt werden (25./ 26. 1. 1965, 21. 2. 1967).
10 Colvin, a. a. O., S. 211.
11 Eine ausgezeichnete Darstellung bieten wiederum: Mau/Krausnick, a. a. O., S. 702–705.
12 a. a. O., S. 703.
13 a. a. O.

14 Eberhard Zeller: Geist der Freiheit. Der zwanzigste Juli, 5. Aufl., München 1965, S. 29–33.
15 a. a. O., S. 13.
16 a. a. O., S. 31; Hans Rothfels : Die deutsche Opposition gegen Hitler, Frankfurt a. M. 1961, S. 64.
17 Mau/Krausnick, a. a. O., S. 703.
18 Zeller, a. a. O., S. 31f.; Rothfels, a. a. O., S. 64.
19 Mau/Krausnick, a. a. O., S. 704; eine kritische, aber auch scharfsinnige Darstellung dieser Zusammenhänge bei Hans Bernd Gisevius: Adolf Hitler. Versuch einer Deutung, München 1963, S. 426ff.
20 Zeller, a. a. O., S. 32.
21 Colvin, a. a. O., S. 211.
22 a. a. O.
23 Mitt. F. v. Schlabrendorff (25./26. 1. 1965), H.-J. v. Kleist-Retzow (24. 11. 1962).
24 a. a. O. Kleists England-Mission ist mehr oder minder sporadisch, aber auch unvollkommen und fehlerhaft dargestellt worden bei: Rothfels, a. a. O., S. 66; Gisevius, a. a. O., S. 427f.; Zeller, a. a. O., S. 47; Gerhard Ritter: Carl Goerdeler und die deutsche Widerstandsbewegung, Stuttgart 1954, S. 178f.; John W. Wheeler-Bennett: Die Nemesis der Macht. Die deutsche Armee in der Politik 1918–1945, Düsseldorf 1954, S. 434ff.; Vollmacht des Gewissens, Frankfurt a. M./Berlin 1960, S. 330–333. Die zuverlässigste Darstellung bietet Fabian v. Schlabrendorff: Offiziere gegen Hitler, Zürich/Wien/Konstanz 1951, S. 51f. und – einige Details ergänzend – in: The Secret War Against Hitler, New York/Toronto/London 1965, S. 91–95. Weitere Hinweise bei Colvin, a. a. O., S. 222–229 und ders.: Master Spy, New York/London/Toronto 1951, S. 67–75. Eine anfechtbare Einordnung in größere Zusammenhänge, auf die noch zurückzukommen sein wird, versucht Bernd-Jürgen Wendt: München 1938. England zwischen Hitler und Preußen, Frankfurt a. M. 1965, S. 10–35.
Die inzwischen erschienene weitere Literatur zur England-Mission und zum 20. Juli 1944 bringt im Falle *Kleists* keine Neuigkeiten. Sie zitiert nur das Bekannte und konnte daher beiseite bleiben. Das gilt ebenso für die DDR-Historiographie bis zur Wiedervereinigung. Ihre Autoren verschonten den Hochkonservativen Ewald von Kleist erstaunlicherweise mit Invektiven. Da haben auch heute ostdeutsche Historiker kaum Entstellungen der SED-Zeit zu tilgen. Ob jetzt diesen Historikern sonst ein diskutables Gesamtporträt des deutschen Widerstandes gegen Hitler gelingt, hat man ohne Dünkel abzuwarten. Studien von qualifizierten, undogmatischen Marxisten wären wie je zu begrüßen.
25 Colvin, a. a. O., S. 221f.
26 Colvin: Master Spy, S. 67; Mitt. F. v. Schlabrendorff (25./26. 1. 1965), E.-H. v. Kleist (19. 3. 1956, 22. 9. 1964).
27 Colvin, a. a. O., S. 67.
28 a. a. O., S. 67f.; Mitt. F. v. Schlabrendorff (a. a. O.), E.-H. v. Kleist (a. a. O.).
29 Colvin: Vansittart in Office, S. 222; v. Schlabrendorff: The Secret War Against Hitler, S. 91.
30 Colvin, a. a. O., S. 223.
31 Colvin: Master Spy, S. 68 f.
32 Colvin: Vansittart in Office, S. 222; Documents on British Foreign Policy (i. f.

zitiert: DBFP),Third Series Volume II 1938, London, His Majesty's Stationery Office 1949, S. 683.
33 Colvin, a. a. O., S. 221 f.
34 Colvin: Master Spy, S. 69 f.
35 a. a. O., S. 70.
36 DBFP, S. 684.
37 Mitt. F. v. Schlabrendorff (25./26. 1. 1965, 5. 3. 1966), H.-J. v. Kleist-Retzow (24. 11. 1962).
38 DBFP, S. 684.
39 a. a. O.
40 a. a. O.
41 a. a. O., S. 685.
42 a. a. O.
43 a. a. O.; Mitt. F. v. Schlabrendorff (25./26. 1. 1965).
44 DBFP, a. a. O.
45 a. a. O., S. 683.
46 Mitt. F. v. Schlabrendorff (25./26. 1. 1965, 5. 3. 1966).
47 a. a. O.
48 DBFP, S. 687f.
49 v. Kleist-Retzow: Ein konservativer Revolutionär, S. 66.
50 DBFP, S. 687.
51 a. a. O.
52 a. a. O.
53 a. a. O.
54 a. a. O.
55 a. a. O.
56 a. a. O., S. 688.
57 a. a. O.
58 Colvin: Master Spy, S. 70.
59 a. a. O., S. 70 f.
60 Colvin: Vansittart in Office, S. 231.
61 DBFP, S. 688.
62 a. a. O.
63 v. Schlabrendorff: The Secret War Against Hitler, S. 95.
64 Akten zur deutschen Auswärtigen Politik 1918–1945. Serie D, II, Baden-Baden 1950, S. 562f.
65 Wendt, a. a. O., S. 39ff.
66 a. a. O., S. 41.
67 a. a. O.
68 a. a. O., S. 39.
69 DBFP, S. 686; Wendt, a. a. O., S. 38.
70 Mitt. F. v. Schlabrendorff (25./26. 1. 1965), E.-H. v. Kleist (19. 3. 1956, 22. 9. 1964).
71 Zeller, a. a. O., S. 32. Beck trat bereits am 18. August 1938 zurück – an dem Tag, an dem Kleist in London mit Vansittart sprach.
72 Colvin: Master Spy, S. 72.
73 a. a. O.; Mitt. F. v. Schlabrendorff (25./26. 1. 1965).
74 Zusammenfassung bei Hans Herzfeld: Zur Problematik der Appeasement-

Politik, in: Geschichte und Gegenwartsbewußtsein. Festschrift für Hans Rothfels, Göttingen 1963, S. 161–197, für diesen Zusammenhang besonders: S. 165 ff.; kritische Darstellung bei Martin Gilbert/Richard Gott: Der gescheiterte Frieden. Europa 1933–1939, Stuttgart 1964, S. 91–147.

75 Herzfeld, a. a. O., S. 167; Keith Feiling: The Life of Neville Chamberlain, London 1947, S. 365, 367.

76 Herzfeld, a. a. O., S. 174 f.; Feiling, a. a. O., S. 246.

77 Herzfeld, a. a. O., S. 175, wichtig auch: S. 168.

78 Wendt, a. a. O., S. 26 f.

79 Herzfeld, a. a. O., S. 175. Auch in diesem Punkt ist diese Darstellung emotionsloser als die von Boris Celovsky: Das Münchener Abkommen 1938, Stuttgart 1958, auf die wir uns trotz ihrer Verdienste nicht stützen wollen.

80 Herzfeld, a. a. O., S. 171 ff.

81 Zum Antibolschewismus der britischen Konservativen: Herzfeld, a. a. O., S. 185 f.

82 DBFP, S. 686; Wendt, a. a. O., S. 38.

83 DBFP, S. 686.

84 Allen weiterzielenden Interpretationen bei Wendt (a. a. O., S. 37) fehlt die Quellen- und Analogie-Grundlage. Daß Chamberlain mit diesem Urteil zugleich auch die sozialpolitischen Vorstellungen Kleists verurteilt habe, ist nirgendwo zu beweisen, am wenigsten durch den Abschnitt der britischen Geschichte, auf den sich Chamberlain berief.

85 Wendt, a. a. O., S. 41.

86 Zuverlässige Darstellung wieder bei Herzfeld, a. a. O., S. 179–184.

87 Mau/Krausnick, a. a. O., S. 704.

88 a. a. O.

89 a. a. O.

90 Zeller, a. a. O., S. 45 f., 50.

91 Mau/Krausnick, a. a. O., S. 705.

92 Mitt. F. v. Schlabrendorff (25./26. 1. 1965, 21. 2. 1967), E.-H. v. Kleist (22. 9. 1964). Wie zutreffend Kleist die militärische Stärke der Gegner Deutschlands beurteilte, die nach seiner Auffassung auszuspielen gewesen wäre, zeigt schon hinsichtlich der Tschechoslowakei Christian Willars: Die böhmische Zitadelle, Wien/München 1965, S. 282. Willars weist nach, daß die Tschechen im Herbst 1938 hinter dem stärksten Festungsgürtel Europas 1,5 Millionen Mann aufgeboten hatten.

93 Diese selbstkritische Frage und die nachfolgende Sicht Kleists bestätigen: Mitt. F. v. Schlabrendorff (25./26. 1. 1965) und E.-H. v. Kleist (22. 9. 1964). Bernd-Jürgen Wendt glaubt in seiner Studie (a. a. O., S. 10–28) folgern zu können, daß die Korridor-Forderung in England abgeschreckt habe. Wie Goerdeler, der bereits 1937 in London war, so gehört für ihn auch Kleist zu den Männern des Widerstandes, die durch ihre Ansprüche einen »New Prussianism« verfochten hätten. Damit aber wären sie angesichts tiefsitzender britischer Abwehrgefühle zum Scheitern verurteilt gewesen. Wir bestreiten nicht das Verdienst des Autors, Grundzüge des englischen Deutschland-Bildes verdeutlicht zu haben. Hier gilt es zudem auch künftig Felder zu bestellen. Weiterhin wird niemand bezweifeln, daß 1938 die britische Politik froh war, nicht mit dem Korridor-Problem befaßt zu sein, das Hitler verdrängt, wenn nicht vergessen zu haben schien. Schließlich sprechen wir an dieser Stelle nicht von der Kurz-

sichtigkeit der »Anti-Appeasers«, die Hitler zu kennen glaubten und daher wissen mußten, daß *er* und nicht die deutsche Opposition zu schrankenlosem Imperialismus neigte. Darauf wird – und zwar vor allem von der Optik Kleists her – in der Darstellung eingegangen. An dieser Stelle haben wir nur über die Dokumentation zu sprechen und festzuhalten: Wendt stützt seine Thesen zumeist auf Indizien. Sie vermögen kaum zu überzeugen. Die Quellen erlauben nicht jenes eindeutige Bild, das ihn zu eilfertigen Induktionen verführt hat. Wenn Goerdeler 1937 in England die Sudetengebiete als deutsches Land begehrte (Wendt, a. a. O., S.12), so erklärte Kleist (Colvin: Master Spy, S. 71), Deutschland habe keine historischen Ansprüche gegenüber der Tschechoslowakei. Schon hier zeigen sich erhebliche Nuancen, die kaum einheitliche Restaurationsabsichten innerhalb der deutschen Fronde bezeugen. Vansittart und vor allem Churchill begegneten Kleist nicht mit der Ablehnung, die Wendt feststellen zu können glaubt. Gewiß hat später Vansittart gegenüber Colvin (Master Spy, S. 71) erklärt – und da klingt Widerwillen an –, auch Kleist habe den Korridor gewünscht (He wanted to make a deal). Aber nachdem am 18. August 1938 Vansittart Kleist gesprochen hatte, urteilte er über ihn: »... The lines of the policy he would like to see pursued were essentially reasonable.« (DBFP, S. 685.) Auch Churchill stemmte sich gegen Revisionen im Osten. Da er 1938 glauben durfte, Hitler habe sie fallengelassen, wird er sich Kleist gegenüber aus taktisch-politischen Gründen zur Zurückhaltung bekannt. Konnte indes diese Zurückhaltung immer oder gar grundsätzlich gelten, wo er, Churchill, »had always wished to see this difficulty (das Korridor-Problem) cleared up«? (DBFP, S. 687.) Wendt sucht »Legenden« zu Fall zu bringen, die von einem Dolchstoß in den Rücken der deutschen Opposition wissen wollen. Von einem Dolchstoß zu sprechen, bleibt gewiß abwegig. Englands Politik war 1938 auf die Beschwichtigung Hitlers eingeschworen. Folglich fehlte ihr das Bewußtsein, eines Dolchstoßes schuldig zu sein. Doch von diesem Sachverhalt abgesehen, wird man sagen müssen: Die Thesen, die Wendt verficht, tun nicht nur der Wahrheit Gewalt an; sie werden auch künftig nur unter Mißachtung entgegengesetzter Zeugnisse zu halten sein.

94 Colvin: Master Spy, S. 71: »Kleist had sometimes (sic!) emphasized to me that ... Germany had no historical claims on Czechoslovakia ...«

95 Mitt. F. v. Schlabrendorff (25./26. 1. 1965), H.-J. v. Kleist-Retzow (24. 11. 1962), E.-H. v. Kleist (19. 3. 1956, 22. 9. 1964).

96 a. a. O.

97 Mitt. F. v. Schlabrendorff (25./26. 1. 1965, 21. 2. 1967).

98 Otto Järte: Ein deutscher Widerstandskämpfer (Manuskript), S. 11. Die Aussichten eines Staatsstreiches im Herbst 1938 werden unterschiedlich beurteilt. Erich Kordt spricht ihm (Nicht aus den Akten, Stuttgart 1950, S. 240 ff.; außerdem bei Max Braubach: Der Weg zum 20. Juli. Ein Forschungsbericht, Köln und Opladen 1953, S. 40) die größten Chancen zu. Seine Argumente und Hinweise sind gewichtig, können jedoch nicht alle Zweifel gegenüber den Methoden der Opposition beseitigen, die damals Hitler nur zu verhaften, vor Gericht zu stellen und abzuurteilen beabsichtigte. Skeptisch: William L. Shirer (Aufstieg und Fall des Dritten Reiches, Köln/Berlin 1961, S. 384 ff.). Die Gruppe um Halder scheute Radikalismus, der Reichskanzlei-Stoßtrupp dagegen nicht. Sicher ist, daß im Herbst 1938, wie Kleist glaubte, eine Gelegenheit zum Sturz

Hitlers herangereift war. Das Volk wollte keinen Krieg. So hätte ein entschlossener Staatsstreich veränderte Tatsachen schaffen können. Vgl. auch Rothfels, a. a. O., S. 64. Eine gute Darstellung der britischen Politik im Herbst 1938, die Kleists Gedanken indirekt bestätigt, findet sich bei Ivone Kirkpatrick: Im inneren Kreis. Erinnerungen eines Diplomaten, Berlin 1964, S. 105 ff.

99 Ber. W. Frhr. Senfft v. Pilsach (2. 1. 1956).
100 a. a. O.; Mitt. F. v. Schlabrendorff (25./26. 1. 1965).
101 Mau/Krausnick, a. a. O., S. 706.
102 a. a. O.
103 a. a. O., S. 707.
104 a. a. O., S. 708.
105 a. a. O., S. 708 f.
106 a. a. O., S. 709 f.
107 Järte, a. a. O., S. 12.
108 a. a. O.
109 a. a. O., S. 12 f.
110 a. a. O.
111 a. a. O., S. 13.
112 Mitt. F. v. Schlabrendorff (25./26. 1. 1965), H.-J. v. Kleist-Retzow (24. 11. 1962); Järte, a. a. O., S. 1.
113 Järte, a. a. O., S. 14.
114 a. a. O.
115 a. a. O., S. 15.
116 a. a. O., S. 1.
117 a. a. O., S. 3–11.
118 a. a. O., S. 16.
119 a. a. O.
120 Mitt. F. v. Schlabrendorff (25./26. 1. 1965, 21. 2. 1967), E.-H. v. Kleist (19. 3. 1956, 22. 9. 1964). Wieder war Kleist gut informiert. Das geht auch aus dem Buch von Elisabeth Wagner (Herausgeberin): Der Generalquartiermeister. Briefe und Tagebuchaufzeichnungen des Generalquartiermeisters des Heeres, General der Artillerie Eduard Wagner, München/Wien 1963, S. 94 hervor. Am 25. August 1939 notierte Wagner: »Die Brennstofflage ist im Gegensatz zur Munition befriedigend, reicht wenigstens für 3 (sic!) Monate. Dagegen ist die Ersatzteil- und Bereifungslage katastrophal. Desgleichen der Nachschub an Waffen und Gerät.«
121 Järte, a. a. O., S. 15.
122 Mau/Krausnick, a. a. O., S. 711 ff.

Elftes Kapitel: Gegen den Zweiten Weltkrieg

1 Datum: Mitt. Alice v. Kleist (2. 3. 1965; dezidierte Erinnerung, da der Tag auf einen Familienfesttag fiel). Zum Polenfeldzug: Kurt v. Tippelskirch: Geschichte des Zweiten Weltkriegs, Bonn 1951, S. 21–32; Herbert Michaelis: Der Zweite Weltkrieg, Konstanz 1965, S. 26–46.
2 Ber. W. Frhr. Senfft v. Pilsach (2. 1. 1956), Mitt. (6. 1. 1965).

3 Michaelis, a. a. O., S. 50; außerdem: Erich Kosthorst: Die deutsche Opposition gegen Hitler zwischen Polen- und Frankreichfeldzug, Bonn 1955.

4 Michaelis, a. a. O.

5 Widerstand ist vaterländische Pflicht, in: Politische Studien, 10. Jhrg., München, Juli 1959, Heft 111, S. 435–439 (i. f. zitiert: Widerstand). Wir stützen uns auf diese deutsche Übersetzung des Richert-Berichtes, dessen Originaltext abgedruckt ist in der schwedischen Aktensammlung: Handlingar rörande Sveriges politik under andra väldskriget: Förspelet till det tyska angeppat på Danmark och Norge den 9. April 1940, Stockholm 1947, S. 17–21.

6 Widerstand, S. 435 f.

7 a. a. O., S. 436.

8 a. a. O., S. 437.

9 a. a. O., S. 438.

10 a. a. O.

11 a. a. O.

12 Ber. H.-J. v. Kleist-Retzow (12. 4. 1956), Mitt. F. v. Schlabrendorff (25./26. 1. 1965); ferner: Hans-Jürgen v. Kleist-Retzow/Fabian v. Schlabrendorff: Landesverrat?, in: Deutsche Rundschau, Jhrg. 84, 1958, S. 929 ff.; Hermann Graml: Der Fall Oster, in: Vierteljahrshefte für Zeitgeschichte, 14. Jhrg., Stuttgart 1966, Januar, Heft 1, S. 26–39.

13 v. Kleist-Retzow: Ein konservativer Revolutionär, S. 77.

14 v. Tippelskirch, a. a. O., S. 77–110; Michaelis, a. a. O., S. 76–104; ein eindringliches Stimmungsbild vermittelt Werner Picht: Der deutsche Soldat, in: Bilanz des Zweiten Weltkrieges, Oldenburg (Oldb)/Hamburg 1953, S. 42.

15 Erich v. Manstein: Verlorene Siege, Bonn 1955, S. 119 f., 304.

16 Mitt. F. v. Schlabrendorff (25./26. 1. 1965, 21. 2. 1967), H.-J. v. Kleist-Retzow (24. 11. 1962).

17 Vgl. v. Manstein, a. a. O., S. 147 f.; Picht, a. a. O., S. 43.

18 Ber. K. H. Reimer (20. 2. 1956), Mitt. (14. 5. 1965).

19 a. a. O.; Mitt. F. v. Schlabrendorff (25./26. 1. 1965, 5. 3. 1966).

20 Ber. K. H. Reimer (20. 2. 1956), Mitt. (14. 5. 1965).

21 v. Tippelskirch, a. a. O., S. 131 ff., 136 ff., 198; Michaelis, a. a. O., S. 104–115.

22 Ber. W. Frhr. Senfft v. Pilsach (2. 1. 1956), Mitt. (6. 1. 1965).

23 Mitt. W. Frhr. Senfft v. Pilsach (18. 2. 1964), F. v. Schlabrendorff (25./26. 1. 1965).

24 Mitt. F. v. Schlabrendorff (25./26. 1. 1965), H.-J. v. Kleist-Retzow (24. 11. 1962), A. v. Kleist (2. 3., 15. 4. 1965).

25 v. Kleist-Retzow: Ein konservativer Revolutionär, S. 74.

26 a. a. O.; Ber. A. v. Kleist (15. 9. 1956).

27 Ber. A. v. Kleist (15. 9. 1956), W. Eggert (15. 11. 1964).

28 Ber. A. v. Kleist (15. 9. 1956; auch 14. 4. 1956).

29 Mitt. H.-J. v. Kleist-Retzow (24. 11. 1962), A. v. Kleist (2. 3. 1965).

30 a. a. O.

31 Ber. A. v. Kleist (14. 4. 1956).

32 Mitt. F. v. Schlabrendorff (25./26. 1. 1965), H.-J. v. Kleist-Retzow (24. 11. 1962).

33 Louis Ferdinand, Prinz von Preußen: Als Kaiserenkel durch die Welt, Berlin 1954, S. 367.

34 a. a. O.

35 a. a. O.

36 a. a. O.

37 v. Schlabrendorff: Offiziere gegen Hitler, S. 109–124.

38 Mitt. H.-J. v. Kleist-Retzow (24. 11. 1962).

39 Mitt. F. v. Schlabrendorff (25./26. 1. 1965); Ber. Berndt v. Kleist (undatiert 1965).

40 Mitt. F. v. Schlabrendorff (a. a. O.). Über die Mordbefehle (Kommissar-, Kommando-Befehl) und die Verstrickung der Wehrmacht in andere Verbrechen des NS-Regimes ist inzwischen eine reichhaltige Literatur erschienen. Vgl. Bodo Scheurig, Alfred Jodl. Gehorsam und Verhängnis. Biographie, Berlin/Frankfurt a. M. 1991, passim.
Bislang unbekannt jedoch Details, die ebenso zum Thema gehören und für die Forschung wichtig sind. In seinem Buch »Soldat im Untergang« (Frankfurt a. M./Berlin/Wien 1977) beschreibt Rudolf-Christoph Freiherr von Gersdorff – einer der Verschwörer um Tresckow – Himmlers Rede am 26. Januar 1944 in Posen. (A. a. O., S. 145f.) Die Zuhörer nach dem Bericht Gersdorffs: 300 Generale, Admirale und Generalstabsoffiziere; Stichwort der Rede über »Fragen der inneren und äußeren Sicherheit«: die vom Führer Adolf Hitler (!) befohlene »totale Lösung der Judenfrage«.

Mit bewegter Stimme, liest man, erklärte Himmler, »die SS habe den Befehl trotz ›aller seelischen Belastungen‹ durchgeführt und die Aufgabe total gelöst. Es gebe keine Judenfrage mehr«. »Sonderbarerweise«, so Gersdorff in seinem Buch, »schien die Mehrzahl der Zuhörer nicht begriffen zu haben, wovon Himmler gesprochen hatte. Anders ist es nicht zu erklären, daß man ihm lebhaften Beifall schenkte und sich anschließend zu einem Essen drängte.« (A. a. O., S. 146.)

In der ursprünglichen Manuskript-Fassung Gersdorffs freilich heißt es: »Als Himmler erklärte, 6 Millionen Juden lebten nicht mehr, wurde ich Zeuge einer mich zutiefst beschämenden Szene: Mit wenigen Ausnahmen sprangen die Generale und Admiräle auf und brachen in brausenden Beifall aus. Als ich einen neben mir auf dem Stuhl stehenden und wie wild klatschenden General am Rockzipfel zerrte und ihm sagte: ›Sind Sie sich denn überhaupt klar, wofür Sie hier derartigen Beifall spenden?‹, sah er mich verständnislos an und meinte, das sei doch alles ganz wundervoll!« (Gersdorff, Manuskript 1973, S. 148).

Man kann bezweifeln, ob Himmler von sechs Millionen nicht mehr lebender Juden sprach, aber offenkundige Abschwächungen in Gersdorffs Buch sind nach dem Tod des Autors nun zu korrigieren. Eindeutig in der Manuskript-Fassung die Hinweise des Reichsführers SS auf Mordaktionen. Jeder der Versammelten konnte begreifen, was mit der sogenannten »Gegenrasse« geschehen war und geschah. (Vortragsnotizen Himmlers: »Rassenkampf. Totale Lösung. Nicht Rächer für unsere Kinder erstehen lassen.« Persönlicher Stab RFSS, T-175, Roll 94, Frame 4836, Alexandria/Virginia.)

Wahr nicht der lebhafte, sondern der brausende Beifall, also das tiefste Einverständnis derer, die noch ihr Uniform- und Machtgefieder blendete; wahr auch, daß der Autor seinen begeisterten Generalnachbar vom Stuhl herunterholen mußte, und dessen Verständnislosigkeit und Replik. All das hat Rudolf-Christoph Freiherr von Gersdorff in einem persönlichen Interview eigens und

229

ausdrücklich bekräftigt. Wenn er, so gestand er, die ursprüngliche Manuskript-Fassung abgemildert habe, dann deshalb, »weil sie zu hart für das Ansehen des Offizierskorps wäre«. (Interview in München, 21. 9. 1973.)
Verständlich, daß Gersdorff – damals Oberst – »dieses Posener Erlebnis« als »das erschütterndste seines Lebens« empfand. Mehr denn je, scheint es, hat man denen zuzustimmen, die das Offizierskorps des Dritten Reiches unnachsichtig verurteilen. Hier – nach der Posener Rede – durfte sich Himmler durch den »brausenden« Beifall bestätigt fühlen. Hier konnte er folgern, daß er mit seinem Morden nirgendwo innezuhalten brauchte: selbst nicht im Blick auf hohe und höchste Militärs.
Wie Gersdorff hatten sechs oder sieben Offiziere keine Hand zum Beifall gerührt. Sie ermaßen »die ungeheuerliche Bedeutung der Worte Himmlers« und verzichteten auf das Essen mit dem Reichsführer SS. Das waren, wenn man so will, nicht einmal die zehn Gerechten. Wieder offenbarte sich auch die Problematik des verzögerten Widerstandes. »Halt« gewann die Opposition – besonders bei dieser Himmler-Rede – allein aus dem festen Willen zum raschesten Umsturz.
Hinter ihm standen gewiß nie jene, die in Posen dem Reichsführer SS applaudierten, aber Gewissen und Ehrgefühl nicht nur einer bedeutungslosen Minderheit drängten zum Zug. Dies gilt trotz der peinvollen Wahrheiten, die gerade Gersdorff mitteilte, und es gilt trotz der damaligen Skepsis Kleists, die in Gersdorffs Wahrheiten eine zusätzliche Bestätigung erblickt hätte. Kein Staatsstreich hat unter Frondeuren so viele Opfer gefordert wie der 20. Juli 1944. Daran darf man immer und namentlich heute erinnern, wo der deutsche Widerstand gegen Hitler zu einem entrückten Ereignis geworden ist.

41 Mitt. W. Frhr. Senfft v. Pilsach (18. 2. 1964, 6. 1. 1965).
42 Mitt. H.-J. v. Kleist-Retzow (24. 11. 1962), F. v. Schlabrendorff (25./26. 1. 1965), A. v. Kleist (2. 3. 1965).
43 Mitt. A. v. Kleist (2. 3. 1965), H.-J. v. Kleist-Retzow (24. 11. 1962).
44 a. a. O.
45 Vgl. v. Manstein, a. a. O., S. 70f., 317, 474.
46 Wie recht Kleist hatte, beweist das erschütternde Buch von Ferdinand Prinz von der Leyen: Rückblick zum Mauerwald. Vier Kriegsjahre im OKH, München 1965 mit zahlreichen Beispielen einer geistlosen Subalternität, die man in den höchsten Führungsspitzen kaum vermutet hätte.
47 Für Kleists Einstellung zur »bedingungslosen Kapitulation«: Mitt. F. v. Schlabrendorff (25./26. 1. 1965), H.-J. v. Kleist-Retzow (24. 11. 1962).
48 a. a. O.
49 a. a. O.
50 a. a. O.
51 Bodo Scheurig (Herausgeber): Verrat hinter Stacheldraht?, München 1965, S. 237f.; auch 233–236.
52 a. a. O., S.233–236.
53 v.Tippelskirch, a. a. O., S. 364ff., 378ff.; Michaelis, a. a. O., S. 305–316.
54 Ritter, a. a. O., S. 336–368.
55 Ber. A. v. Kleist (14. 4. 1956, 20. 3. 1965), W. Eggert (15. 11. 1964), Mitt. F. v. Schlabrendorff (25./26. 1. 1965).

56 Mitt. A. v. Kleist (15. 4. 1965), F. v. Schlabrendorff (25./26. 1. 1965).
57 Mitt. W. Frhr. Senfft v. Pilsach (18. 2. 1964, 6. 1. 1965).
58 Ber. W. Eggert (15. 11. 1964).
59 Mitt. F. v. Schlabrendorff (25./26. 1. 1965, 21. 2. 1967).
60 a. a. O. Hinsichtlich Goerdelers Plänen vgl. Ritter, a. a. O., S. 553–595; Wilhelm Ritter v. Schramm (Herausgeber): Beck und Goerdeler. Gemeinschaftsdokumente für den Frieden 1941–1944, München 1965, S. 81–166 (Denkschrift: Das Ziel), S. 167–232 (Denkschrift: Der Weg).
61 Mitt. F. v. Schlabrendorff (25./26. 1. 1965), Karl v. Zitzewitz-Muttrin (30. 7. 1965). Eine *eingehendere* Analyse ist uns verwehrt. Kleist hat keine Aufzeichnungen oder Dokumente hinterlassen, in denen sich seine politischen Zukunftsvorstellungen widerspiegelten. So ist nicht nur ein Vergleich mit Goerdeler, sondern auch mit dem Kreisauer Kreis unmöglich, über den Ger van Roon (Neuordnung im Widerstand. Der Kreisauer Kreis innerhalb der deutschen Widerstandsbewegung, München 1967) ein detailliertes Werk publiziert hat. Fehlende Dokumente erlauben im Falle Kleists auch nicht die »Standortbestimmung« im deutschen Widerstand, wie sie Hermann Graml und Hans Mommsen (Der deutsche Widerstand gegen Hitler, herausgegeben von Walter Schmitthenner und Hans Buchheim, Köln/Berlin 1966) für andere Männer der Opposition mit nicht immer überzeugendem Erfolg versucht haben.
62 Kleists Empfindungen trogen nicht. Am 30. Mai 1944 wurde ihm im Auftrag von Puttkamer-Nippoglense eine Warnung vor Goerdeler überbracht. Er möge seine Verbindung zu ihm schleunigst abbrechen. Goerdeler sei leichtfertig. Er habe Dritten gegenüber offen gesagt: »Oberpräsident von Pommern wird selbstverständlich Kleist-Schmenzin.« Alle Vorbereitungen Goerdelers seien der Gestapo genau bekannt. Himmler werde zupacken und warte nur auf den Moment, der ihm psychologisch günstig erscheine. Kleist nahm die Mitteilung mit finsterem Ernst entgegen. Er sagte nur den einen Satz: »Also so steht es.« Zitiert nach v. Kleist-Retzow: Ein konservativer Revolutionär, S. 60 f. K. v. Zitzewitz-Muttrin erinnert sich, ohne Umschweife von Goerdeler gefragt worden zu sein, ob man Kleist ein Ministerium (Landwirtschaftsministerium?) übertragen könne und solle. Er, Zitzewitz, habe abgeraten, da Kleist nach seiner Auffassung ohne politisches Einfühlungsvermögen gewesen sei. Dies habe sich vor allem auf Kleists Kompromißunwilligkeit bezogen. Dagegen sei man übereingekommen, Kleist zum Oberpräsidenten von Pommern zu machen. Mitt. K. v. Zitzewitz-Muttrin (30. 7. 1965).
63 Ber. A. v. Kleist (14. 4. 1956).
64 Vgl. Zeller, a. a. O., vor allem S. 256–319.
65 a. a. O., S. 333 ff.
66 a. a. O., S. 336 f.; auch Kunrat Freiherr v. Hammerstein: Spähtrupp, Stuttgart 1963, S. 235; Mitt. E.-H. v. Kleist (22. 9. 1964).
67 Mitt. E.-H. v. Kleist (19. 3. 1956, 22. 9. 1964).
68 a. a. O.; andere, jedoch nicht unbedingt widerspruchsvolle Versionen bei v. Hammerstein, a. a. O.; Zeller, a. a. O., S. 337.
69 Zeller, a. a. O.
70 v. Tippelskirch, a. a. O., S. 530–551, 556–565; Michaelis, a. a. O., S. 334 f.
71 v. Tippelskirch, a. a. O., S. 481–496.
72 Zeller, a. a. O., S. 369, 371 f., 378–382.

231

Zwölftes Kapitel: Haft und Tod

1 Ber. A. v. Kleist (14. 4., 15. 9. 1956, 20. 3. 1965).
2 a. a. O.
3 Mitt. H.-J. v. Kleist-Retzow (24. 11. 1962).
4 a.a.O.
5 Mitt. Hansjoachim von Rohr (17. 5. 1956), Ber. (24. 11. 1955).
6 Mitt. E.-H. v. Kleist (19. 3. 1956, 22. 9. 1964).
7 a. a. O.
8 a. a. O.
9 Ber. A. v. Kleist (20. 3. 1965); Mitt. F. v. Schlabrendorff (25./26. 1. 1965).
10 Mitt. E.-H. v. Kleist (22. 9. 1964).
11 Mitt. E.-H. v. Kleist (a. a. O.), Frhr. von Palombini (25. 7. 1965).
12 Hanns Lilje: Im finstern Tal, Nürnberg 1947, S. 55.
13 Ber. Eberhard Bethge (undatiert 1946).
14 Mitt. F. v. Schlabrendorff (25./26. 1. 1965), Frhr. v. Palombini (25. 7. 1965). Vgl.
   auch – freilich für das Zuchthaus Tegel – Harald Poelchau: Die Ordnung der
   Bedrängten, Berlin 1963, S. 67.
15 Ber. E. Bethge (undatiert 1946).
16 Mitt. Frhr. v. Palombini (25. 7. 1965). Über die Organisation innerhalb des Gefängnisses auch: Mitt. Otto Vatterott (8. 8. 1965).
17 a. a. O.
18 Ber. E. Bethge (undatiert 1946); über Kleists Haltung auch eine Notiz bei Theodor Steltzer: Sechzig Jahre Zeitgenosse, München 1966, S. 170.
19 Mitt. Frhr. v. Palombini (25. 7. 1965).
20 Ewald v. Kleist: Letzte Aufzeichnungen aus der Haft (i. f. zitiert: L. A.), 6. 10.
   1944. Siehe S. 265–281.
21 a. a. O.
22 a. a. O., 16. 11. 1944.
23 a. a. O., 6. 10. 1944.
24 Die L. A. konnte Kleist seiner Frau während ihres letzten Besuches im Gefängnis (Lehrter Straße) zustecken.
25 L. A., 10. 11. 1944.
26 a. a. O., 27., 28. 11., 10., 17., 27. 12. 1944.
27 a. a. O., 28. 11. 1944.
28 a. a. O., 2. 12. 1944.
29 a. a. O., 28. 11., 10. 12. 1944.
30 a. a. O.
31 a. a. O., 28. 11. 1944.
32 a. a. O., 7. 10. 1944.
33 a. a. O., 10. 11. 1944.
34 a. a. O., 7. 12. 1944, 19. 1. 1945.
35 a. a. O., 12. 1. 1945.
36 v. Schlabrendorff: Offiziere gegen Hitler, S. 212; auch Mitt. F. v. Schlabrendorff
   (25./26. 1. 1965).
37 a. a. O.
38 a. a. O.
39 Mitt. F. v. Schlabrendorff (25./26. 1. 1965, 21. 2. 1967).

40 Ber. A. v. Kleist (20. 3. 1965); v. Tippelskirch, a. a. O., S. 622, 626 f.; außerdem Jürgen Thorwald: Es begann an der Weichsel, Stuttgart 1951, S. 296.
41 A. v. Kleist: Karte vom 10. 3. 1945 aus Stralsund.
42 Mitt. Frhr. v. Palombini (25. 7. 1965).
43 Vorlage an den Reichsleiter: Verhandlung vor dem Volksgerichtshof gegen weitere Verräter des 20. Juli 1944, S. 1 f.
44 a. a. O., S. 2.
45 a. a. O.
46 a. a. O.
47 v. Schlabrendorff: Offiziere gegen Hitler, S. 213. Auch Krohne lagen als »Beweismaterial« nur Churchills Brief und eine Liste der Fronde vor, in der Kleist als Politischer Beauftragter für Pommern vorgesehen war. (Spiegelbild einer Verschwörung. Die Kaltenbrunner-Berichte an Bormann und Hitler über das Attentat vom 20. Juli 1944, Stuttgart 1961, S. 357.)
48 v. Schlabrendorff, a. a. O.
49 Ber. E. Bethge (undatiert 1946).
50 Ber. Annemarie Cüppers, geb. v. Kleist (14. 1. 1966).
51 a. a. O.
52 L. A., 17. 12. 1944; Lilje, a. a. O., S. 55.
53 Ber. E. Bethge (undatiert 1946).
54 Hermann Freiherr von Lüninck: Gewissenskämpfe und Gewissensentscheidungen der Männer des 20. Juli, in: Deutsches Adelsblatt, Heft 10 vom 15. Oktober 1965, Sonderdruck, S. 4. Den 9. 4. 1945 belegt Peter Paret: An Aftermath of the Plot Against Hitler: the Lehrterstrasse Prison in Berlin, 1944/45, in Bulletin of the Institute of Historical Research, Vol. XXXII, May 1959, S. 93.
55 v. Kleist-Retzow: Ein konservativer Revolutionär, S. 88; vgl. auch Poelchau, a. a. O., S. 49 ff.
56 Mitt. A. v. Kleist (2. 3., 15. 4. 1965), Ber. (20. 3. 1965).

QUELLEN- UND LITERATURVERZEICHNIS

I. Aufsätze, Briefe und Dokumente

Kleist, Ewald v.: Adel und Preußentum, in: Süddeutsche Monatshefte, 23. Jhrg., Heft 5, Februar 1926.

Östliche Agrarrevolution und Bauernpolitik, in: Neue Preußische Kreuz-Zeitung, Berlin, 15. September 1929.

Reformation oder Revolution?, Berlin 1930.

Religiös-konservative Revolution, in: Der Nahe Osten, III, 1, Berlin, 1. Januar 1930.

Grundsätze und Aufgaben konservativer Arbeit, in: Mitteilungen des Hauptvereins der Konservativen (i. f. zitiert: MHK), Berlin, Januar 1930.

Gegen den Kirchenvertrag (Manuskript), 1931.

Zur politischen Lage, MHK, März 1931.

Die Notverordnung nützlich für die nationale Politik?, in: Deutsche Zeitung, Berlin, 12. April 1931.

Gegen den Klub der Harmlosen, in: Der Nahe Osten, IV, 10, Berlin, 1. Mai 1931.

Was soll werden?, MHK, September 1931.

Der Nationalsozialismus – eine Gefahr. 2. Aufl., Berlin 1932.

Innere Umkehr, in: Deutsche Zeitung, Berlin, 1. Januar 1932.

An einem Wendepunkt, MHK, März 1932.

Für Hohenzollern, in: Eiserne Blätter, 14. Jhrg., 13, München, 27. März 1932.

Ergebnis der monarchischen Umfrage, MHK, Mai 1932.

Gegen Parteiherrschaft!, MHK, Juli 1932.

Zur politischen Lage, MHK, September 1932.

Führung!, MHK, November 1932.

Deutschland in Gefahr, MHK, Januar 1933.

Eine Absage, MHK, März 1933.

Glaubt ihr nicht, so bleibt ihr nicht, MHK, Mai 1933.

Selbsterlebte wichtige Begebenheiten aus den Jahren 1933 und 1934 (Manuskript).

Für oder wider Gott (ungedruckter Vortrag), 1934.

Letzte Aufzeichnungen aus der Haft.

Briefe an: Alice v. Kleist (21. 2. 1945), Kurt v. Schleicher (10. 10. 1925), Wolfgang Freiherr Senfft v. Pilsach (19. 2. 1931, 13. 5. 1937).

Akten zur deutschen Auswärtigen Politik 1918–1945. Serie D, II, Baden/Baden 1950.

Dietrich, Valeska: Alfred Hugenberg – Das Leben eines Managers, in: Politische Studien, Jhrg. 12, München 1961.

Documents on British Foreign Policy 1919–1939. Third Series, Volume II 1938, London 1949.

Görlitz, Walter: Widerstand gegen den Nationalsozialismus in Pommern, in: Baltische Studien, Neue Folge, Band 48, Hamburg 1961.

Graml, Hermann: Der Fall Oster, in: Vierteljahrshefte für Zeitgeschichte, 14. Jhrg., 1, 1966.

Herzfeld, Hans: Zur Problematik der Appeasement-Politik, in: Geschichte und Gegenwartsbewußtsein (Festschrift für Hans Rothfels), Göttingen 1963.

Järte, Otto: Ein deutscher Widerstandskämpfer (Manuskript).

Kleist, Anning v.: Erinnerungen von dem Jahre 1933 an (unveröffentlichte Aufzeichnungen).

Kleist-Retzow, Hans-Jürgen v.: Ein konservativer Revolutionär, 1956 (unveröffentlichtes Manuskript).

Kleist-Retzow, Hans-Jürgen v. / Schlabrendorff, Fabian v.: Landesverrat?, in: Deutsche Rundschau, Jhrg. 84, Stuttgart 1958.

Laeuen, Harald: Pommersches Schicksal, in: Ostdeutsche Wissenschaft, Band VIII, München 1960.

Lüninck, Hermann Frhr. v.: Gewissenskämpfe und Gewissensentscheidungen der Männer des 20. Juli, in: Deutsches Adelsblatt, Heft 10, 15. Oktober 1965.

Mündensche Nachrichten Hann.-Münden, 2. Dezember 1930.

Muth, Heinrich: Zum Sturz Brünings, in: Geschichte in Wissenschaft und Unterricht, Jhrg. 16, 12, 1965.

Nachlaß Kurt von Schleicher (Bundesarchiv, Koblenz).

Neue Preußische Kreuz-Zeitung, 81. Jhrg., 1929; 84. Jhrg., 1932.

Papen, Franz v.: Die Lösung des Herrn v. Kleist-Schmenzin (unveröffentlichtes Manuskript).

Paret, Peter: An Aftermath of the Plot Against Hitler: the Lehrterstrasse Prison in Berlin, 1944/45, in: The Bulletin of the Historical Research, Vol. XXXII, May 1959.

Persönlicher Stab RFSS, T-175, Roll 94, Frame 4836, Alexandria/Virginia.

Pommersche Tagespost, Stettin, 3., 5. 5. 1933.

Richtlinien der Christlich-Deutschen Bewegung.

Sell, Hans Joachim: Waterloo fand nur einmal statt, in: Frankfurter Hefte, 6. Jhrg., 1951, 10.

Unsere Partei (Halbmonatsblatt der Deutschnationalen Volkspartei).
  8. Jhrg., 1930, 2, 15. 1. 1930.
  9. Jhrg., 1931, 18–19, 1. 10. 1931.

Verhandlung vor dem Volksgerichtshof gegen weitere Verräter des 20. Juli 1944 (Vorlage an den Reichsleiter).

Verhandlungen der neunten Generalsynode der Evangelischen Kirche der Altpreußischen Union in ihrer außerordentlichen Tagung vom 20. bis zum 22. April 1931 (Auszug).

Wegner, Arthur: Ewald v. Kleist-Schmenzin. Dem Führer der Konservativen zum Gedächtnis, in: Briefe für Tradition und Leben, Nr. 16, August 1950.

Widerstand ist vaterländische Pflicht, in: Politische Studien, Jhrg. 10, München 1959, Heft 111.

Die Tagebücher von Joseph Goebbels. Sämtliche Fragmente. Herausgegeben von Elke Fröhlich im Auftrag des Instituts für Zeitgeschichte und in Verbindung mit dem Bundesarchiv, München/New York/London/Paris 1987, Teil I, Aufzeichnungen 1924–1941, Band 2 (1. 1. 1931–31. 12. 1936).

II. Mündliche und schriftliche Mitteilungen

Ber.: Bericht (schriftlich); Mitt.: Mitteilung (mündlich auf Grund von Befragungen); Prot.: Protokoll (Niederschrift von Aussagen oder Mitteilungen, die dem Autor übersandt wurden).

1. Bethge, Eberhard (Ber., undatiert 1946).
2. Bismarck, Klaus v. (Ber., 7. 6. 1966).
3. Braunschweig , Vollrath v. (Ber., 26. 3., 14. 4. 1956).
4. Brüning, Heinrich (Ber., 12. 6. 1956).
5. Buchrucker, Ernst (Ber., 23. 12. 1956).
6. Cüppers, Annemarie (Ber., 14. 1. 1966).
7. Eggert, Albrecht (Ber., 17. 2. 1956; Mitt., 13. 12. 1964).
8. Eggert, Werner (Ber., 15. 11. 1964).
9. Ehrhardt, Hermann (Ber., 20. 12. 1956).
10. Gerlach-Parsow, Tessen v. (Ber., undatiert 1965).
11. Gronwald, Karl (Mitt., 30. 7. 1965).
12. Grüber, Heinrich (Mitt., 1. 4. 1965).
13. Hagemann, A. (Ber., 22. 4. 1965).
14. Jünger, Ernst (Ber., undatiert 1965).
15. Kleist, Alice v. (Ber., 14. 4., 15. 9. 1956, 20. 3. 1965; Mitt., 2. 3., 15. 4. 1965).
16. Kleist, Berndt v. (Ber., undatiert 1965).
17. Kleist, Ewald-Heinrich v. (Mitt., 19. 3. 1956, 22. 9. 1964).
18. Kleist-Retzow, Hans-Jürgen v. (Ber., 12. 4. 1956; Mitt., 24. 11. 1962; Prot., 10. 11. 1966).
19. Kleist-Retzow, Peter-Christian Graf v. (Ber., 15. 4. 1956).
20. Kurtz, Adolf (Ber., 8. 5. 1963).
21. Laeuen, Harald (Mitt., 31. 7. 1965).
22. Lüpke, Martin (Mitt., 26. 7. 1965).
23. Meier-Rasfeld, Leopold (Ber., 23. 6. 1956).
24. Niekisch, Ernst (Mitt., 1. 2. 1963).
25. Osten-Warnitz, Burkhard v. der (Ber., 7. 8. 1965).
26. Pabst, W. (Ber., 30. 10. 1956).
27. Palombini, Freiherr v. (Mitt., 25. 7. 1965).
28. Papen, Franz v. (Mitt., 5. 8. 1965).
29. Reimer, K. H. (Ber., 20. 2. 1956; Mitt., 14. 5. 1965).
30. Rekowsky, Frau v. (Ber., undatiert 1956).
31. Rohr, Hansjoachim v. (Ber., 24. 11. 1955; Mitt., 17. 5. 1956).
32. Roosen, Oskar (Ber., Juni 1956, 6. 4., 19. 9. 1965).
33. Schlabrendorff, Fabian v. (Mitt., 25./26. 1. 1965, 5. 3. 1966, 21. 2. 1967; Prot., 10. 11. 1966).

34. Schlange-Schöningen, Hans (Ber., 16. 5. 1956).
35. Schmidt, Joachim (Ber., Mai 1956).
36. Schneble, Horst (Ber., 5. 5. 1956).
37. Schwarz, Hans (Ber., 27. 1., 24. 5. 1956; Mitt., 26. 7. 1965).
38. Schwarz van Berk, Hans (Ber., 25. 6. 1956).
39. Senfft v. Pilsach, Wolfgang Freiherr (Ber., 2. 1. 1956; Mitt., 18. 2., 17. 11. 1964, 6. 1., 25. 3. 1965).
40. Sittig, Elisabeth (Ber., 17. 1. 1965).
41. Stahlberg, Alexander (Mitt., 1. 12. 1964).
42. Thadden-Trieglaff, Reinold v. (Mitt., 27. 3. 1956, 2. 4. 1964).
43. Treviranus, G. R. (Ber., undatiert 1956).
44. Vatterott, Otto (Mitt., 8. 8. 1965).
45. Vietzsch, Eberhard v. (Mitt., 3. 8. 1965).
46. Wedel-Fürstensee, Bernd v. (Ber., 29. 4. 1956).
47. Wegner, Arthur (Ber., 5. 1., 28. 2. 1956).
48. Wetzel, Willi (Ber., 29. 4., 3. 7. 1965).
49. Zimmermann, Wolf-Dieter (Ber., 7. 3. 1956; Mitt., 12. 6. 1965).
50. Zitzewitz-Muttrin, Karl v. (Mitt., 30. 7. 1965).

III. Literatur

Barth, Hans (Herausgeber): Der konservative Gedanke, Stuttgart 1958.
Bergsträsser, Ludwig: Geschichte der politischen Parteien in Deutschland, 7. Aufl. München 1952.
Bethge, Eberhard: Dietrich Bonhoeffer, München 1967.
Bilanz des Zweiten Weltkrieges, Oldenburg (Oldb)/Hamburg 1953.
Bracher, Karl Dietrich: Die Auflösung der Weimarer Republik, 4. Aufl. Villingen (Schwarzwald) 1964.
Bracher, Karl Dietrich: Deutschland zwischen Demokratie und Diktatur, Bern/ München/Wien 1964.
Braubach, Max: Der Weg zum 20. Juli 1944, Köln und Opladen 1953.
Braun, Otto: Von Weimar zu Hitler, 2. Aufl. New York 1940.
Breuer, Stefan: Anatomie der Konservativen Revolution, Darmstadt 1993.
Bullock, Alan: Hitler, Düsseldorf 1953.
Carsten, Francis L.: Reichswehr und Politik 1918–1933, Köln/Berlin 1964.
Colvin, Ian: Master Spy, New York/London/Toronto 1951.
Colvin, Ian: Vansittart in Office, London 1965.
Conrad, Walter: Der Kampf um die Kanzeln, Berlin 1957.
Conze, Werner: Die Zeit Wilhelms II. und die Weimarer Republik, Tübingen/Stuttgart 1964.
Der Weltkrieg 1914 bis 1918: Bearbeitet im Reichsarchiv, Berlin 1925 bis 1944.
Dissow, Joachim v.: Adel im Übergang, Stuttgart 1962.
Dorpalen, Andreas: Hindenburg in der Geschichte der Weimarer Republik, Berlin/Frankfurt a. M. 1966.
Dörr, Manfred: Die Deutschnationale Volkspartei 1925 bis 1928, Phil. Diss. Marburg 1964.
Ehrenrangliste des ehemaligen Deutschen Heeres auf Grund der Ranglisten von

Ehrenrangliste des ehemaligen Deutschen Heeres auf Grund der Ranglisten von 1914 mit den inzwischen eingetretenen Veränderungen. Herausgegeben vom Deutschen Offizier-Bund, Berlin 1926.

Ernst, Fritz: Die Deutschen und ihre jüngste Geschichte, Stuttgart 1963.

Eschenburg, Theodor: Die improvisierte Demokratie, München 1964.

Feiling, Keith: The Life of Neville Chamberlain, London 1947.

Freudenfeld, Burghard (Herausgeber): Stationen der deutschen Geschichte 1919–1945, Stuttgart 1962.

Friedenthal, Elisabeth: Volksbegehren und Volksentscheid über den Young-Plan und die deutschnationale Sezession, Phil. Diss. Tübingen 1957.

Gersdorff, R.-Chr. Frhr. v.: Soldat im Untergang, Frankfurt a. M./Berlin/Wien 1977.

Gilbert, Martin/Gott, Richard: Der gescheiterte Frieden, Stuttgart 1964.

Gisevius, Hans Bernd: Adolf Hitler, München 1963.

Görlitz, Walter: Die Junker, 2. Aufl. Glücksburg/Ostsee 1957.

Hammerstein, Kunrat Freiherr v.: Spähtrupp, Stuttgart 1963.

Jonas, Erasmus: Die Volkskonservativen 1928–1933. Entwicklung, Struktur, Standort und staatspolitische Zielsetzung, Phil. Diss. Kiel o. J.

Kirkpatrick, Ivone: Im inneren Kreis, Berlin 1964.

Klemperer, Klemens v.: Konservative Bewegungen zwischen Kaiserreich und Nationalsozialismus, München/Wien o. J.

Klotzbücher, Alois: Der politische Weg des Stahlhelm, Bund der Frontsoldaten, in der Weimarer Republik, Phil. Diss. Erlangen/Nürnberg 1964.

Kordt, Erich: Nicht aus den Akten, Stuttgart 1950.

Kosthorst, Erich: Die deutsche Opposition gegen Hitler zwischen Polen- und Frankreichfeldzug, Bonn 1955.

Kotowski, Georg/Pöls, Werner/Ritter, Gerhard A.: Das Wilhelminische Deutschland, Frankfurt a. M. 1965.

Leyen, Ferdinand Prinz v. der: Rückblick zum Mauerwald, München 1965.

Liebe, Werner: Die Deutschnationale Volkspartei 1918–1924, Düsseldorf 1956.

Lilje, Hanns: Im finstern Tal, Nürnberg 1947.

Louis Ferdinand, Prinz v. Preußen: Als Kaiserenkel durch die Welt, Berlin 1954.

Manstein, Erich v.: Verlorene Siege, Bonn 1955.

Matthias, Erich/Morsey, Rudolf (Herausgeber): Das Ende der Parteien, Düsseldorf 1960.

Michaelis, Herbert: Das Problem der Revolution in Deutschland, Berlin 1964.

Michaelis, Herbert: Der Zweite Weltkrieg, Konstanz 1965.

Mohler, Armin: Die Konservative Revolution in Deutschland 1918 bis 1932, Stuttgart 1950.

Niekisch, Ernst: Gewagtes Leben, Köln/Berlin 1958.

Niekisch, Ernst: Politische Schriften, Köln/Berlin 1965.

Nolte, Ernst: Der Faschismus in seiner Epoche, München 1963.

Offiziere im Bild von Dokumenten aus drei Jahrhunderten, Stuttgart 1964.

Papen, Franz v.: Der Wahrheit eine Gasse, München 1952.

Pechel, Rudolf: Deutscher Widerstand, Erlenbach/Zürich 1947.

Poelchau, Harald: Die Ordnung der Bedrängten, Berlin 1965.

Prittie, Terence: Deutsche gegen Hitler, Tübingen 1965.

Rassow, Peter (Herausgeber): Deutsche Geschichte im Überblick, Stuttgart 1953.

238

Ritter, Gerhard: Carl Goerdeler und die deutsche Widerstandsbewegung, Stuttgart 1954.

Rothfels, Hans: Die deutsche Opposition gegen Hitler, Frankfurt a. M. 1961.

Scheurig, Bodo (Herausgeber): Verrat hinter Stacheldraht?, München 1965.

Scheurig, Bodo: Alfred Jodl. Gehorsam und Verhängnis. Biographie, Berlin/Frankfurt a. M. 1991.

Schlabrendorff, Fabian v.: Offiziere gegen Hitler, Zürich 1947.

Schlabrendorff, Fabian v.: The Secret War Against Hitler, New York/Toronto/London 1965.

Schmidt-Hannover, Otto: Umdenken oder Anarchie, Göttingen 1959.

Schramm, Wilhelm Ritter v. (Herausgeber): Beck und Goerdeler, München 1965.

Shirer, William L.: Aufstieg und Fall des Dritten Reiches, Köln/Berlin 1961.

Sieber, Helmut: Schlösser und Herrensitze in Pommern, Frankfurt a. M. 1963.

Sontheimer, Kurt: Antidemokratisches Denken in der Weimarer Republik, München 1962.

Spiegelbild einer Verschwörung (Kaltenbrunner-Berichte), Stuttgart 1961.

Steltzer, Theodor: Sechzig Jahre Zeitgenosse, München 1966.

Stürmer, Michael: Koalition und Opposition in der Weimarer Republik 1924–1928, Phil. Diss. Marburg 1965.

Thorwald, Jürgen: Es begann an der Weichsel, 4. Aufl. Stuttgart 1951.

Tippelskirch, Kurt v.: Geschichte des Zweiten Weltkriegs, Bonn 1951.

Vogelsang, Thilo: Reichswehr, Staat und NSDAP, Stuttgart 1962.

Vogelsang, Thilo: Kurt v. Schleicher, Göttingen/Frankfurt a. M./Zürich 1965.

Vollmacht des Gewissens, Franfurt a. M./Berlin 1960.

Wagner, Elisabeth (Herausgeberin): Briefe und Tagebuchaufzeichnungen des Generalquartiermeisters des Heeres, General der Artillerie Eduard Wagner, München/Wien 1963.

Wegner, Arthur: Einführung in die Rechtswissenschaft, Berlin 1948.

Wendt, Bernd-Jürgen: München 1938. England zwischen Hitler und Preußen, Frankfurt a. M. 1965.

Wheeler-Bennett, John W.: Die Nemesis der Macht, Düsseldorf 1954.

Willars, Christian: Die böhmische Zitadelle, Wien/München 1965.

Winterfeldt-Menkin, Joachim v.: Jahreszeiten des Lebens. Das Buch meiner Erinnerungen, Berlin 1942.

Zeller, Eberhard: Geist der Freiheit. Der zwanzigste Juli, 5. Aufl. München 1965.

Zipfel, Friedrich: Kirchenkampf in Deutschland, Berlin 1965.

DOKUMENTE

I. Ewald von Kleist-Schmenzin:

GRUNDSÄTZE UND AUFGABEN KONSERVATIVER ARBEIT
(Rede auf der Mitglieder-Versammlung des Hauptvereins
der Konservativen am 10. Dezember 1929)

Der konservative Gedanke ist beinahe über Nacht wieder modern geworden. Von der äußersten Rechten bis weit nach links beschäftigt man sich stärker mit ihm als seit sehr langer Zeit. Wenn dabei manchmal auch recht eigenartige Gebilde entstehen, die wirklich alles andere als konservativ sind, ich erinnere an die sogenannten »Volkskonservativen«, so ist nicht zu verkennen, daß echtes Suchen und Verständnis sich regt und wächst. Allenthalben in Deutschland, auch wo man es kaum vermuten sollte, gibt es wieder Menschen, die wahrhaft konservativ empfinden. Uns, denen, ich möchte sagen, das Amt des Großsiegelbewahrers des Konservatismus obliegt, die wir verpflichtet sind, ihn unverfälscht zu pflegen und vorzuleben, soll diese Erscheinung ein Ansporn sein und die Gewißheit geben, daß der Liberalismus am Ende und im Zusammenbruch ist und die Zeit wieder reif wird für Konservatismus. Unsere Aufgabe ist nicht leicht, denn seit Jahrzehnten ist unverfälschter, lebendiger Konservatismus nicht mehr wirklich herrschend in Deutschland gewesen. Wenn auch zu allen Zeiten wirklich konservative Menschen noch gelebt haben, so machte der Erstarrungsprozeß doch ständig Fortschritte, und die Vorkriegsära trug den Stempel des Liberalismus. Darum erstreben wir auch keine Restauration.

Als konservative Menschen suchen wir den letzten Grund, in dem wir wurzeln müssen.

Konservatismus ist eine Weltanschauung, d. h. eine Gesamtschau allen Lebens und aller Dinge aus einer Wurzel und von einem festen Punkt aus. Die konservativen Führer in der Mitte des vorigen Jahrhunderts haben die konservativen Grundsätze stets vom Christentum aus begründet. Manches allerdings ist etwas eigenartig anmutend. Darin aber hatten sie recht, daß Konservatismus sich nur religiös begründen läßt, also nicht vom Menschen her, sondern von Gott, vom göttlichen Willen her. Daher heißt der Fundamentalsatz unserer Richtlinien, daß es die Aufgabe der Menschen ist, diesen Willen Gottes zu erkennen und zu tun oder, mit anderen Worten, Religion zu leben. Hier setzte nun eine Krisis für den Konservatismus ein mit dem Augenblick, wo ein schwächlich werdendes Christentum Religion immer mehr auffaßte als eine Angelegenheit des kirchlichen und des Privatlebens und die Dinge dieser Welt, die doch die Hauptbeschäftigung der Menschen ausmachen, als etwas, an das zwar auch christliche Maßstäbe anzulegen wären, was aber doch eigentlich nichts unmittelbar mit Religion zu tun hätte. Damit ist natürlich eine religiöse Weltanschauung, d. h. Gesamtschau, preisgegeben und eine gewisse Eigengesetzlichkeit irdischen Dingen zugestanden. Damit verlor natürlich auch der Konservatismus seine sichere, einheitliche Grundlage und Haltung. Diese Krisis dauert bis auf den heutigen Tag.

Daher können sich die Menschen überhaupt nicht mehr verstehen, darum mußte der Liberalismus, der die Dinge eben vom Menschen her sieht, vordringen und eine Verschärfung der Interessengegensätze bis zur Unüberbrückbarkeit hervorrufen. Es ist daher die Aufgabe des Konservatismus, das Bewußtsein wieder zu neuem Leben zu erwecken, daß das Leben ein Ganzes und daß Religion auf allen Gebieten menschlicher Betätigung, also auch in Politik und Wirtschaft, zu leben ist und daß es keine Eigen- oder Doppelgesetzlichkeit gibt.

Es ist vielleicht nicht wunderbar, daß die religiöse Erneuerung in unserem Volk von dem Gebiet, auf dem es am meisten gelitten und noch zu leiden hat, nämlich dem politischen, eingesetzt hat. Was die Wiedergewinnung des politischen Gebiets für die Religion für eine ungeheure Wandlung bedeuten würde, bedarf keiner Ausführung.

Der konservative Mensch sieht alles, also auch sich von seiner Aufgabe her, sieht sein Glück also in der Erfüllung seiner Aufgabe und nicht in einem möglichst großen Anteil an irdischen Gütern. Der konservative Mensch ist für andere da, er erkennt die Weltordnung als göttlich an und empfindet sich daher stets als ein Teil einer Gemeinschaft, von der Familie beginnend bis zum Staat, und sich der Gemeinschaft, als ihm übergeordnet, verpflichtet.

Das ist in allem das Gegenteil der heute herrschenden Anschauung des individualistischen Liberalismus, der alles vom Menschen aus betrachtet, auch die Religion. Der liberale Mensch wird nie die Eigengesetzlichkeit aller Dinge anerkennen, sein Glück kann er sich ohne irdisches Wohlergehen nicht vorstellen. Aus dieser selbstischen Einstellung lehnt er sich gegen die harte göttliche Weltordnung auf, wird zum Weltverbesserer, Philanthropen, Pazifisten, Materialisten, Sozialisten und schließlich Bolschewisten. Seine Nächstenliebe verengert sich auf das ausschließliche Betonen der Johanneischen Linie im Christentum und des Charitativen. Seine Politik wird zwangsläufig zur Interessenpolitik, die zur Auflösung aller Ordnung führt. Alles wird zu einer Zweckmäßigkeitsfrage. Weil er sich auflehnt gegen die göttliche Weltordnung, kann er die Probleme dieser Welt nicht mehr meistern. Bei Vorherrschen des Liberalismus entsteht ein Zustand, wie wir ihn haben.

Aber die Sehnsucht nach echter Religion läßt sich in den Menschen auf die Dauer nicht unterdrücken. Darum haben wir auch in unserem Volk das Streben nach Erlösung aus ausweisloser Hilf- und Hoffnungslosigkeit. Damit ist dem Konservatismus seine große Mission gegeben, eine zusammenbrechende und gemein gewordene Welt durch eine neue abzulösen, in der es wieder Glauben, Überzeugungen und Heldentum gibt.

Als konservative politische Menschen haben wir von unserer letzten Verwurzelung aus unsere Auffassung von Politik und Staat zu gewinnen, von da aus unser Ziel zu setzen.

Uns sind Politik und Staat also etwas ganz anderes als Interessen- und Zweckmäßigkeitsfragen, sondern Gebiete, auf denen der Mensch seine höchsten Aufgaben zu erfüllen, Überzeugungen und Glauben zu leben hat. Das ist etwas ganz anderes, als was die Männer von heute in- und außerhalb des Parlaments sich erkühnen mit Politik zu bezeichnen. Aber ihre Zeit ist abgelaufen. Das Gefühl, daß das Leben auf keinem Gebiet herabgewürdigt werden darf zu einer Interessen- und Zweckmäßigkeitsfrage, läßt sich nicht ausrotten, und es bäumt sich dagegen auf, ein Leben zu führen, das sinnlos geworden ist. Und auch in unserem Volk ist überall, vielfach noch unbewußt, eine Sehnsucht nach Rettung aus dieser Sinnlosigkeit erwacht. Und das ist eben unsere Aufgabe als Konservative, unserem armen, zur Zerrissenheit auf allen Seiten verführten Volk wieder die Botschaft zu bringen, daß alles Leben, auch das politische, einen Sinn hat, für den es sich lohnt, zu hoffen und zu sorgen, zu kämpfen und zu leiden, zu siegen und zu sterben.

Die bisherige nationale Politik in ihrem widerspruchsvollen Gemisch von allem möglichen hat bisher in dieser Hinsicht versagt und kann sich darum über Macht- und Erfolglosigkeit nicht wundern, denn sie lebt ja großen Teils auch noch in der Welt, aus der ein Ausweg gesucht wird. Ein in aller Welt verfälschtes, liberalisiertes, weltabgewandtes Pseudochristentum hat sich für eine Gesamtschau der Welt, hat sich für seine Aufgaben zu schlapp gezeigt. Es ist vom Glauben abgefallen und hat die irdischen Dinge anderen überlassen und damit die Erde, gerade auch in unserem Vaterlande, kampflos zur Domäne widergöttlicher Mächte werden lassen. Unser Zusammenbruch hat die grauenhafte Zerrissenheit, in der sich das Volk zu zerfleischen droht, offenbar gemacht. Alles Bisherige hat sich unfähig gezeigt, der Selbstzerfleischung Einhalt zu gebieten und die Probleme zu meistern. Darum streckt der Konservatismus seine Hand aus nach der Herrschaft in Deutschland. Er ist allenthalben und auf allen Gebieten im Erwachen zu neuem Leben, im Aufbruch und durch Glauben zum Angriff getrieben. Weltliche Macht wird ihn nicht dämpfen. Wir wissen, wie vermessen dieses Wort in diesem Augenblick klingen muß. Und dennoch.

Es ist naturgemäß, daß unsere Stellung zu allen politischen Problemen grundverschieden von der heute herrschenden sein muß. Wir lehnen die mechanische Staatsauffassung ab, die einen gut funktionierenden Verwaltungsapparat bereits für ausreichend hält. Dieser schon in der Vorkriegszeit immer stärker um sich greifenden Einstellung wohnt das Bestreben inne, die Selbstverwaltung zu bevormunden und einzuschränken. Sie läßt das Volk in Unselbständigkeit und ist, was wir besonders bekämpfen, ein Feind bodenständigen Lebens. Wir erstreben aber gerade eine Selbstverwaltung, die diesen Namen verdient, und die Erweiterung ihrer Aufgaben. Wir wehren uns gegen die schematische Uniformierung und Unterdrückung landschaftlicher Eigenart und wehren uns gegen jede Staatsomnipotenz.

Stark betonen wir, daß das Wesen des Staates Macht ist, die er nach innen und außen mit aller Kraft zu wahren hat. Jedoch nicht in erster Linie darum, um die Menschen möglichst in ihrem Erwerb zu schützen und zu stützen – das natürlich auch –, sondern weil er den Bestand seines Volkes zu gewährleisten hat und dabei wie kein anderer berufen ist, auf die innere Haltung seiner Menschen einzuwirken. Darauf wirkt er immer im stärksten Maße, ob bewußt oder unbewußt, denn täglich äußert er tausendfältig seinen Willen und sein Wesen. Dadurch drückt er den Menschen seinen Stempel auf, wenn er auch eine innere Haltung nicht erzwingen kann noch soll. Darum ist es von so ausschlaggebender Bedeutung, wer ihm seinen Charakter gibt.

Aus unserer Grundanschauung ergibt sich eine Abweichung von den herrschenden Anschauungen besonders zur gesamten Wirtschafts- und Sozialpolitik. Gewiß, wir stehen fest auf dem Boden der Anerkennung des Privateigentums und wissen, daß die Unverletzlichkeit des Privateigentums eine Norm ist, die nicht ohne zwingende Not durchbrochen werden soll. Aber gewissermaßen heilig ist uns längst nicht jeder Privatbesitz, sondern nur in dem Maße, wie Gebrauch oder innere Beziehungen ihm Wert verleihen. Das ist in unserer heutigen Wirtschaft nur in beschränktem Maße der Fall. Für uns ist die Wirtschaft nicht Selbstzweck, allerdings auch kein notwendiges Übel, sondern etwas, das zur Weltordnung gehört und daher ordnungsmäßig betrieben werden muß. Aber jedem Ding muß der ihm zukommende Platz angewiesen werden, und bei Konflikten zwischen wirtschaftlichen und inneren Werten haben diese den Vorrang. Darum hat auch die Wirtschaftspolitik sich ihrer dienenden Rolle gegenüber dem Staats- und Volksganzen, im Gegensatz zu der heute fast allgemein herrschenden Praxis, bewußt zu bleiben. Jede Tätigkeit ist Verantwortung gegenüber anderen, also auch jede wirtschaftliche Betätigung.

Dieser Grundsatz gilt besonders für die Sozialpolitik. Dabei ist zu bemerken, daß, was heute als Sozialpolitik bezeichnet wird, diesen Namen eigentlich nicht verdient. Das Wort »sozial« bedeutet nichts anderes als: das Zusammenleben der Menschen in Staat und Gesellschaft betreffend. Eine soziale Frage entsteht, wenn sich hierin ein erheblicher Mißstand zeigt. Sozialpolitik ist zwar die Politik, die diesen Mißstand beseitigen will, aber dem Begriff Sozialpolitik ist ein ethisches Moment beigelegt worden, also kann nicht der Notleidende selber Sozialpolitik treiben, sondern nur andere. Bei uns sind die Träger der Sozialpolitik die Arbeiter und Gewerkschaften, die sehr nachdrücklich ihre eigenen Interessen vertreten. Daher müßte diese Politik als Wirtschafts- oder Arbeiterpolitik bezeichnet werden. Diese krasse Interessenvertretung ist den Arbeitern nicht so zu verdenken, wo auch die Wirtschaft nur Interessenpolitik treibt. Aber sie soll sich nicht auf ethische Stelzen stellen, wie es besonders die sich »christlich« nennenden Gewerkschaften tun. Für sich zu sorgen ist noch kein Zeichen von Christentum, am wenigsten dann, wenn dies über vorhandene Notstände hinaus und auf Kosten anderer, unseres gesamten verarmten Volkes, geschieht. Denn die Kosten müssen Arm und Reich in Gestalt erhöhter Preise tragen. Die Bezeichnung »christlich« ist eine Heuchelei. Es ist Zeit, daß diesen Kreisen die Maske, unter der sie mit Erfolg ihre Geschäfte betreiben, vom Gesicht gerissen wird. Denn geduldeter Mißbrauch mit dem Wort »christlich« ist immer eine Gefahr für das Christentum selbst.

Wirtschafts- und Sozialpolitik, wirtschaftliche und soziale Fragen hängen eng zusammen. Wenn keine auf bodenständige Kräfte wertlegende Raumpolitik betrieben worden ist und kapitalistischer Geist, wie bei uns seit Jahrzehnten, bestimmend gewesen, also Volkswirtschaft Trumpf gewesen ist, dann entsteht eine soziale Frage. Unsere soziale Frage ist nicht zu lösen, solange nicht das Verhältnis der Menschen zueinander sich allerseits ändert, man mag die Verhältnisse selbst ändern, wie man will. Dieses Verhältnis zueinander wird sich nur ändern, wenn die Menschen wieder aus dem Bewußtsein leben, daß sie füreinander verantwortlich sind. Diese Verantwortung trifft besonders die sozial Höherstehenden, deren gesamtes Leben Ausdruck eines Verantwortlichkeitsgefühls sein muß. Erst, wenn die Arbeitgeberschaft die Arbeiter als Menschen, für die sie verantwortlich ist, ansieht und nicht nur als Produktionsfaktor, und für ihre Wirtschaft auch noch ein anderes Interesse hat als nur das des Geldverdienens, kann die soziale Frage gelöst werden. Allerdings auch erst dann, wenn die Arbeiterschaft ihrerseits die Ungleichheit unter den Menschen und in der Besitzverteilung als göttliche und darum gerechte Weltordnung betrachtet. Das mögen sich auch alle Weltverbesserer gesagt sein lassen, die trotz bester Absicht das religiöse Fundament zerstören helfen. Wenn gesagt wird, daß das für Obenstehende leicht gesagt ist, so ist das wohl richtig, aber eine Wahrheit wird dadurch, daß ihre Erkenntnis dem einen leichter gemacht wird, nicht weniger wertvoll. Solange die Menschen ihr Glück gar nicht mehr in der Erfüllung ihrer Aufgaben sehen, werden die unser Volk zerfleischenden sozialen und wirtschaftlichen Interessengegensätze nicht überbrückt werden können.

Daß Mißstände in den Verhältnissen selbst, soweit es möglich ist, beseitigt werden müssen, um eine soziale Frage zu lösen, versteht sich von selbst.

Die soziale Frage läßt sich also durch Gewalt oder durch gesetzgeberische Maßnahmen allein nicht bereinigen, aber die Politik kann durch den Geist und die Männer, von denen sie getragen wird, der notwendigen Wandlung zum Durchbruch verhelfen. Davon weiß aber unsere Zeit nichts mehr, weil sie nicht mehr weiß, was Politik eigentlich ist. Darum wird sie die Frage auch nicht lösen.

Wie stark der Sinn für Politik geschwunden ist, dafür ein Beispiel: Zum Nachweis der Daseinsberechtigung des Großgrundbesitzes wird häufig nur seine in der Mehrproduktion beruhende volkswirtschaftliche Bedeutung angeführt. Das ist wohl unter anderem, aber ganz gewiß nicht in erster Linie seine Daseinsberechtigung. Die liegt in seiner Aufgabe als politischer Führer. Er soll die unverzichtbaren bodenständigen Werte des Landes zur Auswirkung in der Gesamthaltung des Staates und der Politik bringen. Es ist ein verhängnisvoller Irrtum, anzunehmen, daß ihn irgend jemand in dieser Aufgabe ablösen könnte. Der Großgrundbesitz, der diese politische Führeraufgabe vergißt, wird beseitigt werden. Davor schützt ihn auch der zwingendste Beweis seiner volkswirtschaftlichen Unentbehrlichkeit nicht.

Das Hindernis staatspolitischer Notwendigkeiten in Wirtschafts- und Sozialpolitik ist der herrschende Liberalismus, der Geist des Kapitalismus. Das ist der Feind des Volkes und des Arbeiters, dessen natürlicher Verbündeter echter Konservatismus ist. Denn auch er sieht in der kapitalistisch-individualistischen Gesinnung seinen tödlichen Feind.

Nur ein ehrloses Geschlecht nimmt keinen leidenschaftlichen Anteil an den großen außenpolitischen Entscheidungen. Auf dem Gebiet der Außenpolitik zeigt sich sinnfällig die verderbliche Auswirkung der Nützlichkeitseinstellung, des unheldischen Geschäftsgeistes. Dieser bei uns überall, auch auf der Rechten verbreitete Typ, der würde es zwar ganz ehrenwert, aber doch unzweckmäßig gefunden haben, als 1806 zwei Fahnenjunker sich in der Saale ertränkten, um ihre Fahne nicht in Feindeshand fallen zu lassen; sie hätten sich doch lieber gefangennehmen lassen sollen, um sich ihrem Vaterlande für einen späteren Krieg zu erhalten! Nein, diese Sorte weiß wirklich nichts von der gewaltigen Bedeutung des Unwägbaren. Weiß nicht, daß jene Tat vielleicht schon Unzählige begeistert hat und vielleicht noch nach hundert Jahren Entschlüsse von ungeahnter Tragweite auslösen kann. Nicht nur das ist das Verderbnis an unserer Außenpolitik, daß jede Einzelmaßnahme eine Schädigung Deutschlands bis zum Verrat ist, sondern daß die Gesamthaltung jeden heldischen Willen, die stärkste Waffe eines Volkes im Kampfe um seine Freiheit, bis auf den Grund zerstört. Jede Handlung wirkt unabsehbar weiter im guten oder schlechten Sinn. Die Wirkung unserer Außenpolitik sehen wir. Welch ein Sturz von den Tagen, wo noch ein Sozialdemokrat erklärte, die Hand müsse verdorren, die den Versailler Vertrag unterzeichne, bis heute, wo weite Kreise der Volkspartei sich wütend für die Versklavung auf Generationen hinaus einsetzen um einiger, dazu noch illusorischer, Groschen willen. Niemals sei diesen Kreisen vom deutschen Volk ihre ehrlose Geldsackgesinnung vergessen!

Wir wissen wohl, daß wir entmachtet sind und entscheidende Erfolge nicht erzwingen können, aber eine erfolgreichere Politik würde sich doch treiben lassen, eine Politik, die im Volke den Freiheitswillen nicht zerstört, sondern entfacht und sich damit selber wieder eine wirksame Waffe geschmiedet hätte. Wir wissen noch, was es heißt, einen Kampf zu führen um Ehre und Freiheit, und werden die letzte Kraft einsetzen für eine Politik, die diesen höchsten Gütern eines Volkes alles unterordnet.

Dem Staat, den wir im Geiste schauen, kann segensreiche Dauer verliehen werden nur durch die Monarchie der Hohenzollern. Wir wissen, daß dieser große Augenblick erst in schwerem Ringen erkämpft werden muß und daß der Zusammenbruch des heutigen Staates aller menschlichen Voraussicht nach noch nicht gleich die Wiederherstellung des rechtmäßigen Zustandes bedeuten wird.

Die Monarchie der Hohenzollern, und zwar aus eigenem Recht, hat stärkere Stützen als ein formales Prinzip. Nur die über allem Interessenstreit erhabene und von ihr unabhängige Krone ermöglicht eine Politik, die jedem das Seine gibt und Sonderinteressen dämpft. Nur sie kann den leidenschaftlichen Interessenkampf befriedigen, weil mit der größeren oder geringeren Erfolgsmöglichkeit die Sucht nach Sondervorteilen steigt oder sinkt und weil die Gewähr, von anderen nicht vernichtet werden zu können, das Gefühl des Geborgenseins gibt. Damit hört der unselige Zwang zu erbittertem Selbsterhaltungskampf auf. Damit werden wieder die wertvollsten Kräfte freigemacht für bessere Dinge. Keine Staatsform, bei der die Spitze nicht gänzlich der Wahl entrückt ist, vermag der heutigen Selbstzerfleischung ein Ende zu bereiten. Nur sehr mächtige oder gänzlich ungefährdete Staaten können sich lange Zeit Wirtschaftsanbetung ohne Zusammenbruch leisten.

Ein Staat wird durch die Kräfte erhalten, die ihn gegründet haben. Und die Kräfte, der ganze sittliche und politische Ideenkomplex, die einst eine ganz unbegreifliche Machtentfaltung gezeitigt haben, sind nun einmal an die Krone naturnotwendig gebunden. Und sind nur mit ihr dem Staate zu erhalten.

Die Monarchie ist die Voraussetzung eines daseinswürdigen Staates, ist die Voraussetzung der Zukunft unseres Volkes. Darum erkennen wir unsere vaterländische Pflicht dieser erhabenen Idee gegenüber. Von allen Abseitsstehenden wird die monarchische Frage größenteils nach den Monarchisten beurteilt. Die überzeugendste Werbung liegt in unserer Gesamthaltung, in opferbereitem Einsatz für Wohl und Wehe, für die Freiheit des Vaterlandes.

Weil die Monarchie die Schicksalsfrage unseres Volkes ist und wir an seine Zukunft glauben, darum wollen wir die Monarchie und glauben an sie. Darum werden wir mit einer Treue, die nichts, aber auch gar nichts auf Erden erschüttern kann, kämpfen und einstmals siegen oder fallen für die stolzeste Losung der Welt: »Mit Gott für König und Vaterland, mit Gott für Kaiser und Reich!«

Als konservative Menschen müssen wir reale, d. h. handelnde Menschen sein. Wir müssen einen Weg finden und gehen, der uns ans Ziel führt. Eine politische Idee, die nicht verwirklicht wird, ist gar nichts wert.

Zunächst einige kurze Bemerkungen über die Betätigung im Hauptverein selber. Wir glauben nicht an die Wirkungen einer mechanisch arbeitenden Organisation. Das Leben, das von ihr ausgeht, ist das Entscheidende. Darum soll auch die Tätigkeit der Mitglieder in der Vertretung und Durchführung der Ideen liegen und nicht in formaler Organisationsarbeit, die bei so vielen Organisationen über die tatsächliche Erfolglosigkeit hinwegtäuscht. In der Verwirklichung des konservativen Gedankens liegt für jedes Mitglied ein unübersehbares Arbeitsgebiet.

Unter dem heutigen System, unter dem wir als konservative Menschen nicht zuletzt eine Geistesrichtung verstehen, geht unser Volk unrettbar zugrunde. Darum ist seine Beseitigung die höchste vaterländische Aufgabe.

Es ist völlig unmöglich, daß sich dieses System aus sich heraus ändert oder reformiert, so, daß der Untergang vermieden werden kann. Jede Hoffnung, daß durch Parlamentsarbeit, Gesetzgebung oder Verwaltungsmaßnahmen eine Rettung kommen könnte, muß mit den letzten Wurzeln ausgerissen werden. Es muß überhaupt im Herzen des Volkes jede Hoffnung, daß die Rettung anders als durch einen auf eigene Kraft gestellten Kampf kommen könnte, wie eine giftige Natter zertreten werden.

Das bedeutet nicht, daß die Wahlen als nebensächlich vernachlässigt werden dürfen. Durchaus nicht. Denn die Bedrohung nationaler Volksteile durch die Mitte und die Linke ist so groß, daß eine starke Rechte von größter Bedeutung ist. Es soll nur dem Volk klar werden, daß die Parlamente keine Rettung bringen können. Die bestehende Parlamentsmehrheit wird sich nie entscheidend verbessern, und die Mitte, die ja gerade Trägerin des Systems ist, wird immer zu einer entschiedenen und staatspolitischen Haltung unfähig sein.

Die jetzt wieder aufblühenden Hoffnungen, daß durch ein Finanz- und Wirtschaftsprogramm um den Zusammenbruch dieses Staates herumzukommen wäre, sind echt liberal und völlig trügerisch.

Wir verurteilen auf das schärfste den Austritt verschiedener deutschnationaler Abgeordneter aus der Fraktion als unkonservativ, weil sie dadurch die verderbliche Schaukelpolitik der Mitte unterstützen. Im übrigen werden sie dazu beitragen, daß bodenständige Kräfte, nämlich die Landwirtschaft, wieder einmal von der Mitte betrogen werden.

Dieser Staat bricht über kurz oder lang unfehlbar zusammen, und eine gewaltsame Auseinandersetzung ist auf die Dauer auf keine Weise zu vermeiden. Für diesen Augenblick gilt es, reale Macht zu sammeln. Das ist das Eigentliche. Das heißt, der Konservatismus muß eine nationalrevolutionäre Bewegung sein.

Der Feind des Vaterlandes ist das System. Über den Feind muß jeder nationale Mensch Bescheid wissen. Er muß wissen, daß dieses System aus Rechtsbruch entstanden ist. Daß es nichts Daseinsberechtigtes an die Stelle des Beseitigten gesetzt hat. Er muß wissen, daß dieses System daher selber weder rechtlich noch sittlich daseinsberechtigt ist. Daß seine Gesetze nicht Recht und seine Behörden nicht Obrigkeit sind. Das muß dem Volk eingehämmert werden, bis es sitzt. Es ist ja noch immer in falschen Vorstellungen, die eine pflichtgemäße Haltung verhindern, befangen.

Der Kampf ist zu führen nicht als Interessenkampf, sondern als ein Teil des heiligen Freiheitskampfes des deutschen Volkes als vaterländische und religiöse Pflicht. Denn dieses widergöttliche System zerstört ja planmäßig die Religion.

Das Volk muß wissen, daß, durch Hunger und Kommunismus entfacht, der

246

Bürgerkrieg bevorsteht. Darum muß es planmäßig für diese ungewohnten Verhältnisse geschult, muß die psychologische Bereitschaft geschaffen werden.

Mit der Arbeit ist vornehmlich dort zu beginnen, wo der günstigste Boden ist, auf dem Lande. Dort bietet insbesondere die Kommunalverwaltung eine ausgezeichnete Schulungsmöglichkeit für den Kampf gegen Rechtswidrigkeiten des Systems und dafür, wie sie unwirksam zu machen sind. Eine revolutionäre Bewegung darf nicht, wie es bei den meisten der Fall ist, ohne Sachkenntnisse geführt werden. Hier ist eine gute Gelegenheit zur Bildung einer geschäftskundigen Führerschicht zur Ablösung zum Kampf ungeeigneter Persönlichkeiten. Es läßt sich hierüber ein von ganz unten bis ziemlich weit hinauf reichendes System entwickeln, wozu hier leider die Zeit fehlt. Entscheidend ist aber, daß ganz unten, bei den einzelnen Personen anfangend, planmäßig ein sicherer Grund gelegt wird. Das ist bisher stets versäumt worden. Es ist von größter Bedeutung, daß einer Bewegung konkrete Aufgaben, mit kleinen beginnend und allmählich steigend, gestellt werden, damit sie nicht zerflattert.

Weite zusammenhängende Räume gilt es zu schaffen, die einer roten Welle Widerstand leisten können.

Die Landvolkbewegung, beinahe die einzige brauchbare politische Idee der letzten Jahre, hat überall günstige psychologische Vorbedingungen. Es ist die wichtigste Aufgabe des Konservatismus, sie in geeignete Bahnen zu führen. Es ist eine Schande, daß das noch so wenig begriffen wird. Bei den verpflichteten Kreisen hierin mit aller Macht Wandel zu schaffen, und zwar sofort, ist nahezu das Vordringlichste. Wir leben nicht mehr im Schutz einer festen Staatsordnung. Politische Macht bildet sich heute anders als durch Gesetzemachen, Verfügungen schreiben und bieder Kommunalverwaltungsgeschäfte erledigen. »Der alte Urstand der Natur kehrt wieder, wo Mensch dem Menschen gegenübersteht.« Diese Art, Politik zu treiben, stellt freilich höhere Anforderungen an Führereigenschaften.

In der Arbeit von Mund zu Mund liegt das Wichtigste, das gilt insbesondere auch für die Arbeiten in der Stadt. Man wundert sich im nationalen Lager über den geringen Zulauf, aber man kümmert sich ja gar nicht um die anderen. In den festgefahrenen Partei- und Organisationsfronten sind die persönlichen Beziehungen abgerissen. Darum hinein in alle Volksschichten! Es gibt überall Menschen, die zu gewinnen sind. Wir werden sie suchen, wo wir sie finden, freilich nicht in großen Versammlungen. Sie fühlen sich großenteils nur abgestoßen, weil vieles, was sie von nationaler Politik gesehen haben, ihnen zu armselig erscheint, auch als ein Marxismus mit umgekehrten Vorzeichen. Wer jährlich nur einen Menschen gewinnt, hat schon für die Sache etwas geleistet. Allmählich läßt sich auch in die städtische Arbeit System hineinbringen.

Eine Organisation allein wird nie zur genügenden Machtbildung ausreichen, darum gilt es mit aller Macht diese Ideen nicht nur bei allen geeigneten Organisationen und Parteien, sondern darüber hinaus bei allen vaterländischen Menschen durchzuzwingen. Alle, die gegen dieses System sind, die nicht das Chaos wollen, gilt es zu diesem gemeinsamen Kampf zu sammeln, zu dem einen unverrückbaren Ziel. Alle Arbeit ist hierauf einzustellen. Jeder findet hier die Möglichkeit, sich zu beteiligen. Hierin liegt die einzige Rettungsmöglichkeit.

Es ist unerheblich, ob die verschiedenen Kräfte unter sich Meinungsverschiedenheiten und Interessengegensätze haben. Die mögen sie ruhig weiter austragen. Nur in der Kampffront zu diesem einen Ziel sollen sie sich nicht auseinandertreiben lassen.

Daß ein gewaltsamer Umsturz von rechts her nicht in Frage kommt, versteht sich wohl von selbst.

Wer an keine Revolution glaubt, kann doch mindestens die Möglichkeit nicht in Abrede stellen. Niemand kann bestreiten, daß alle Versuche, durch das Parlament Hilfe zu erlangen, durch aktivistische Strömungen auf das wirksamste unterstützt werden. Auf andere Weise ist trotz aller Versuche doch wirklich noch nichts Wesentliches erreicht worden. Es muß also jeder, der noch einen Funken von Verstand und ehrlichem Willen hat, die nationalrevolutionären Bewegungen begrüßen und fördern.

Kann der hier wegen Zeitmangel nur skizzenhaft angedeutete Weg zum Ziel führen? Wir bejahen es. Es hat auch noch niemand in Deutschland einen aussichtsvolleren Weg zu zeigen gewußt. Es ist eine Frage der Entschlossenheit, Zähigkeit, Zielsicherheit und Einsatzbereitschaft. Dieser Staat kracht in allen Fugen und wird bald mindestens eine schwache Stunde haben. Eine rücksichtslos entschlossen geführte Minderheit hat, wie die Dinge bei uns liegen, begründete Aussicht, mehr zu sein als nur das Zünglein an der Waage.

Wir rechnen freilich ganz anders wie die Welt, die im Zusammenbrechen ist. Wir wurzeln in einer anderen. Wir glauben wieder mit unserem ganzen Wesen an die reale geschichtsgestaltende Kraft des Unwägbaren, des Willens und der Idee. Die Idee läßt sich mit Worten nicht beschreiben, aber sie läßt sich zwingend vorleben, wenn man jederzeit bereit ist, für sie zu sterben und alles zu opfern, was der Mensch sein eigen nennt: Besitz, Freiheit, Leben und Familie. »Wer auf die preußische Fahne schwört, hat nichts mehr, was ihm selber gehört.« Nichts mehr.

Wir sind keine Schwärmer; die Unzuverlässigkeit und Erbärmlichkeit der Menschen zu erfahren gab es ja genügend Gelegenheit. Wir kennen die Gefahren und die Schwierigkeit der Aufgabe, die an die Grenze des Möglichen geht. Und doch behalten wir eine Waffe, die keiner unserer Gegner hat: den Glauben an unsere Sache.

Wir gehen den Weg, den wir gehen müssen, weil Pflicht und Gewissen ihn weisen. Wir gehen ihn mit jener stillen, aber gefährlichen, unaufhaltsamen, preußischen Entschlossenheit. Der Geist des friderizianischen Preußens ist nicht erstorben. Die ehrenvollste Geschichte wird nicht in Schanden enden. Denn auch ein tapferer Todeskampf scheint uns noch sinnvoll und begehrenswert.

Wir sind in derselben Lage wie Friedrich der Große vor Leuthen. Wir müssen den Feind schlagen oder uns von seinen Batterien begraben lassen. Darum müssen wir die letzte Kraft daran setzen, damit wir bereit sind, wenn die Stunde schlägt – und sie schlägt bestimmt –, einzutreten in den Entscheidungskampf um die Zukunft unseres Vaterlandes, den Entscheidungskampf um ein Gottesurteil über unser Volk.

II. Ewald von Kleist-Schmenzin:
DER NATIONALSOZIALISMUS – EINE GEFAHR
(Wiedergabe des Textes der zweiten erweiterten Auflage,
erschienen Berlin 1932)

Die Auswirkung des Nationalsozialismus nimmt Formen an, die unsere Zukunft bedrohen.

Bei einer großen Anzahl ursprünglich völlig nationaler Menschen, namentlich aus Arbeiterkreisen, ist durch den Nationalsozialismus ein völliger Gesinnungswandel eingetreten. Diese Menschen, die den sozialistischen Forderungen und Schlagworten der Sozialdemokratie gegenüber unzugänglich waren, haben sich dieselben Forderungen und Schlagworte, nachdem sie ihnen im nationalen Mantel geboten wurden, zu eigen gemacht. Jetzt sind sie von ihrer Richtigkeit fest überzeugt und wenden sich großenteils mit Haß gegen jeden Besitz. Der nationale Gedanke verblaßt zum Schlagwort. Die Partei wird mit der Nation gleichgesetzt und die Treue vom Vaterlande weg und auf die Partei abgelenkt. Der instinktmäßig gefühlte Widerspruch zwischen dem in zahllosen Zeitungen und Reden geschürten Haß gegen die besitzenden Klassen bzw. »Bürgerstaat« und der Religion führt allmählich zur Geringschätzung und sogar zu leidenschaftlicher Ablehnung der Religion. Ähnlich verhält es sich mit der Monarchie, Gehorsamspflicht außerhalb der Partei, Ehrfurcht, Überlieferung usw. Bei der Nennung des Wortes »Religion« haben sich Ausbrüche geradezu hemmungsloser Wut bei Nationalsozialisten ereignet. Ursprünglich zuverlässige Arbeiter vernachlässigen sich unter der Einwirkung des Nationalsozialismus auch im Dienst. Es scheint, als ob die Übertragung dieser jede Ordnung auflösenden Gesinnung auch auf die Kinder beginnt, so wie wir es bisher nur in kommunistischen Großstadtvierteln kannten. Die in der SA geübte Disziplin darf über diese Erkenntnis nicht hinwegtäuschen. Der eingehämmerte Glaube an den alleinseligmachenden, alles erneuernden Nationalsozialismus und Hitler befördert eine kaum begreifbare Unduldsamkeit. In Dörfern, in denen früher Deutschnationale und Andersgesinnte immerhin noch erträglich zusammenwohnten, stehen sich oft Deutschnationale und Nationalsozialisten wie feindliche Völker gegenüber.

Auch bei nationalsozialistischen Bauern, namentlich jüngeren, zeigen sich zerstörende Wirkungen. Arbeiter, kleine Handwerker, kleine Stellenbesitzer und andere mehr werden in absehbarer Zeit bei der Sozialdemokratie, wahrscheinlich aber beim Kommunismus landen. Der absterbende Marxismus erfährt durch Hitler eine Wiederbelebung. Das ist die Frucht seiner Drachensaat, eine Frucht, die nicht beabsichtigt war, die sich aber einstellen mußte bei dem Versuch, Nationalismus und Sozialismus zu verschmelzen.

Die zerstörenden Wirkungen des Nationalsozialismus machen sich auf erschütternde Weise auf jedem Gebiet bemerkbar. Da die fanatischen Parteianhänger sich nur noch der Partei verpflichtet fühlen, werden ordnungsmäßige Beschlüsse, auch unpolitischer Organisationen, mißachtet, Privatbeamte versäumen ihren Dienst, kurz, überall eine Zerstörung der Voraussetzungen menschlichen und staatlichen Zusammenlebens.

Den Zustand der Jugend der gebildeten Schichten, soweit sie dem Nationalsozialismus bedingungslos verfallen ist, kann man als entwurzelt bezeichnen, etwas in unserer Lage für die Zukunft besonders Bedrohliches.

Im allgemeinen muß bestritten werden, daß der Nationalsozialismus jetzt noch in nennenswertem Umfange nationale Erziehungsarbeit an Marxisten leistet. In Einzelfällen gewiß. (Vergleiche Schreiben der NSDAP, Gauleitung Berlin, an die Vertrauensmänner der Betriebszellen. Dort heißt es: »– nicht so das marxistische Lager, trotz seines großen politischen Mißerfolges ... ist es im großen und ganzen unerschüttert geblieben ... Die gelegentlichen Einbrüche der nationalsozialistischen Bewegung in die marxistische Front dürfen uns darüber nicht hinwegtäuschen, daß der Marxismus in seiner Gesamtheit bisher von uns nicht ernsthaft getroffen worden ist.«) Im allgemeinen hat er *die* Marxisten gewonnen, die infolge der getriebenen Mißwirtschaft die Unzulänglichkeit des Marxismus erkannt hatten und die sich früher oder später doch von ihm gelöst hätten. Ein Teil hofft jetzt unter der nationalen Parole seine klassenkämpferischen Forderungen besser durchsetzen zu können als unter der internationalen. Ein anderer Teil war zu wirklich innerer Umkehr bereit und ist nun, durch die nationale Parole angezogen, beim Nationalsozialismus hängen geblieben, der ihn wieder in sozialistisches und marxistisches Denken zurücktreibt.

Gewiß kann das hier Geschilderte nicht auf alle Nationalsozialisten ausgedehnt werden. Unter seinen Wählern sind vielmehr viele sehr wertvolle, vaterländisch gesinnte Elemente, namentlich unter der Jugend und den breiten Volksschichten, die sich mangels Aufklärung kein Urteil über die nationalsozialistische Partei und ihre Ziele bilden können. Die Entwicklung geht aber immer mehr in der angedeuteten Richtung. Der Angriff des Nationalsozialismus auf die Grundlagen allen staatlichen und menschlichen Lebens ist gefährlicher noch als der der Sozialdemokratie. Durch seinen innerlich unwahren Namen und die bewußte Doppelzüngigkeit der Führung verfallen ihm Menschen, die allen offen auftretenden Angriffen auf die genannten Grundlagen Widerstand geleistet hätten. Es genügt nicht, sich an die sich in der Öffentlichkeit vollziehende Agitation der Nationalsozialisten zu halten, obwohl diese, namentlich bei kleineren Veranstaltungen, an gewissenloser Aufhetzung nichts zu wünschen übrig läßt. Die Agitation von Mund zu Mund ist noch viel demagogischer und gewissenloser. Sogar in Gegenden, wo die Nationalsozialisten noch Wert darauf legen, sich national und friedfertig zu zeigen, besteht diese Agitation von Mund zu Mund in weitem Umfange in der Verbreitung rein kommunistischer Haßgesinnung. Das Hetzerische, nur auf Umsturz Gerichtete bleibt hängen und verschluckt alle übrigen bekundeten, auch ehrlich gemeinten nationalen Bestrebungen. Es setzt einen immer wieder in Erstaunen, wie wenig Menschen diese Gefahr sehen oder sehen wollen.

Zum Beleg für das oben Ausgeführte einige Beispiele, die sich beliebig vermehren ließen:

Rolf Becker von der Bundesleitung der »Adler und Falken« schreibt in »Die Kommenden« vom 10. 1. 1930: »Wir verzichten gerne auf die Volksgemeinschaft mit der nationalen Reaktion und Bourgeoisie. Wir sind uns bewußt, daß hier eine Auseinandersetzung mit der Waffe erfolgen muß, denn das international gebundene Besitzbürgertum wird nicht freiwillig zugunsten der Nation zurücktreten, es wird nicht kampflos einwilligen in die soziale Umwälzung, die zur Gesundung des Volkes notwendig ist.«

Im »Angriff« vom 2. 12. 1930 ist die Rede vom »stinkenden Misthaufen verwesender bürgerlicher Klassenparteien«.

Die nationalsozialistische »Niedersächsische Tageszeitung« vom 6. 12. 1931 schreibt: »Nein, wir sind weder national noch stehen wir rechts ... national ist ein bürgerlicher Begriff ... gepachtet durch die alte Oberschicht von Besitz und Bildung. Wenn die Deutschnationalen sich national nennen und wir auch, dann ist der Klang der Worte gleich, aber der Sinn bedeutet einen vollständigen Gegensatz ... Die Nationalsozialisten stellten sich auf die rechte Seite, aber das war *Taktik* ... in Wahrheit, der Idee der nationalsozialistischen Arbeiterpartei entsprechend ist die NSDAP die deutsche Linke. Nichts ist uns verhaßter, ist schärfer bis zur Vernichtung zu bekämpfen als der ›rechtsstehende nationale Besitzbürgerblock‹.«

Im Kampfblatt der N.S.S., Bezirk Dresden, vom 9. 10. 1931 heißt es, daß die große Idee Adolf Hitlers da ist, um »brutal und kompromißlos aus Deutschland den sozialistischen Arbeiterstaat zu machen«.

Nach der »Kasseler Post«, Nr. 126, hat der Abgeordnete Kube gesagt, den Deutschnationalen gegenüber müsse ausgesprochen werden, daß die Nationalsozialisten nicht nur eine soziale Gerechtigkeit wollten, sondern sie blieben nach wie vor Sozialisten.

Der Abgeordnete Dr. Goebbels sagte in »Fragen und Antworten«: »Jawohl, wir nennen uns Arbeiterpartei, das ist der erste Schritt abseits vom Bürgerstaat. Wir nennen uns sozialistisch, das ist der zweite Schritt *gegen* den Bürgerstaat. Wir wollen keine soziale Gesinnung, wir pfeifen auf den Quark, den ihr soziale Gesetzgebung nennt.«

Im offiziellen Parteiorgan der NSDAP, der »Niedersächsischen Tageszeitung« vom 10. 10. 1931 heißt es: »Nationale Opposition ist gar nicht viel, Sozialismus ist unser Ziel.«

In einem Rundschreiben des nationalsozialistischen Gaufachberaters Plesch vom 3. 8. 1931 heißt es: »Es muß heute für jeden Parteigenossen als Grundsatz gelten, jeden als seinen Gegner zu betrachten, nicht nur politischen Gegner, sondern persönlichen Feind, der noch gegen uns hetzt, und auch den, der uns noch *gleichgültig* gegenübersteht.«

Im »Bielefelder Beobachter« vom 8. 6. 1931 heißt es: »Für einen Nationalsozialisten ist es selbstverständlich, daß er der Technischen Nothilfe, die in unseren Augen in erster Linie eine Streikbrecherorganisation bedeutet, nicht angehören darf.«

Im »Nazi-Sozi« schreibt Dr. Goebbels auf S. 8: »Ist der Bürgerstaat nicht seit nahezu 60 Jahren (also etwa seit der Reichsgründung, d. V.) der organisierte Klassenstaat?« S. 10: »Wenn auf der linken Seite 17 Millionen Proletarier im Klassenkampfe die letzte Rettung sehen, so nur deshalb, weil man es sie auf der rechten Seite 60 Jahre lang durch die Praxis lehrte.« – Seite 11: »Jene grüne Jugend hat dann das Wort. Wie Spreu im Winde wird Weisheit und Erfahrung verfliegen, dann lösen wir die Frage des Sozialismus radikal und endgültig, unbekümmert um Tradition, Bildung und Besitz.« – S. 17: »An die Spitze gehört neben dem deutschen Arbeiter der Überläufer aus dem Bürgertum, jener Renegat, der die Bourgeoisie innerlich geistig überwunden hat, den in seinem Kampf nicht Neid leitet, sondern Haß gegen eine Klasse, die Deutschland an den Rand des Abgrunds gebracht hat ...«

In der nationalsozialistischen »Landpost« vom 17. 4. 1932, Schriftleitung München, Brienner Straße 45, Braunes Haus, heißt es in einem Artikel: »Das Gesicht der Reaktion«: »Es soll früher Leute gegeben haben, für die fing der Mensch erst beim Leutnant an. Es gibt heute Leute, die können sich einem einfachen feldgrauen Soldaten nicht unterordnen, die haben dazu mindestens einen Oberstleutnant nötig, man nannte sie bislang Reaktionäre ... Die Reaktionäre sind auch ›sozial‹. Weil es für den eigenen Geldbeutel letzten Endes nützlich ist, kann man den Arbeiter schließlich nicht direkt verhungern lassen – aber was heißt sonst Arbeiter! ... Den einfachen Bauern mögen sie auch nicht, diese Reaktionäre, ... Reaktionäre sind oft kleine Dorfkönige, sie würden es nicht ungern sehen, wenn sie ganz allein wieder befehlen könnten und alle anderen hätten zu gehorchen, ein schöner

Traum, wieder so ein kleiner absoluter Grundherr werden zu können wie Anno dazumal ... So wollen wir über die Leiche der Reaktion hinwegstürmen und auf ihren Trümmern aufpflanzen das Hakenkreuzbanner der Zukunft!«

Der nationalsozialistische bayerische Abgeordnete Streicher sagte lt. »Kölnischer Volkszeitung« vom 12. 11. 1931 in öffentlicher Versammlung: »Die Kraft, den Bolschewismus zu überwinden und Deutschland zu retten, komme nicht aus Häusern, die Menschen dem Gekreuzigten von Golgatha geweiht hätten.«

In der »Deutschen Zeitung« vom 23. 1. 1932 schreibt der Reichstagsabgeordnete Fabricius: »Freilich macht der Nationalsozialismus es keinem Deutschen und keinem Parteigenossen zur Pflicht, sich zum Christentum zu bekennen. Er fragt nicht danach, ob ein Mitkämpfer Christ oder Dissident ist.«

Das Buch des Reichstagsabgeordneten Rosenberg: »Mythos des 20. Jahrhunderts« ist vom »Völkischen Beobachter«, Herausgeber Adolf Hitler, unter dem 30. 9. 1930, wie folgt, besprochen worden: »In diesem Werk ist auch Rosenberg zum Bildner der deutschen Nation geworden. Mit ihm hat er dem deutschen Volk den von seinem Blut vorgezeichneten Weg zu einer angestammten, organischen, seelisch-geistigen und politischen Entwicklung gewiesen.« In diesem Buche hieß es in der 1. Auflage auf Seite 577, daß das Kruzifix ein Dorn im Auge sei, weil es demütig mache, es solle aus Kirchen und von Dorfstraßen verschwinden. In der dritten Auflage heißt es auf Seite 129: »... wobei der treuherzige Bibelglaube der Protestanten heute ebenso unwiederbringlich dahin ist, wie einst der Glaube an die göttliche Berufung der Kirche abgesunken war. Heute erwacht aber ein neuer Glaube, der Mythos des Blutes, der Glaube, mit dem Blute auch das göttliche Wesen des Menschen überhaupt zu verteidigen, der mit hellstem Wissen verkörperte Glaube, daß das nordische Blut jenes Mysterium darstellt, welches die alten Sakramente ersetzt und überwunden hat.« Seite 623: »Voraussetzung jeglicher deutscher Erziehung ist die Anerkennung der Tatsache, daß nicht das Christentum uns Gesittung gebracht hat, sondern daß das Christentum seine dauernden Werte dem germanischen Charakter zu verdanken hat. Die germanischen Charakterwerte sind deshalb die Ewige, wonach sich alles andere einzustellen hat.«

Für diese Volksverhetzung und -vergiftung ist die Führung der NSDAP, ist Hitler voll verantwortlich. Er hat wiederholt erklärt, er sei die Partei, in ihr geschehe nichts ohne seinen Willen. Er duldet also diese Art der Agitation und schreitet nicht dagegen ein. Vergleicht man damit die für die sogenannten besitzenden Klassen berechneten Äußerungen Hitlers und anderer Nationalsozialisten, so ist die Doppelzüngigkeit der Führung schlagend bewiesen.

Der Nationalsozialismus hätte nie seinen bedrohlichen Aufschwung genommen, wenn die nationalen Kreise sich offener von ihm abgesetzt hätten. Die im nationalen Lager geduldete Auffassung, als ob der Nationalsozialismus als eine nationale Partei anzusehen wäre, der lediglich noch einige Mängel anhaften, hat eine Gefahr für unsere Zukunft heraufbeschworen, die nur mit äußerster Kraftanstrengung gebannt werden kann. Die vielleicht durch Unkenntnis des Sachverhalts entschuldbaren, jeden politischen Instinkt vermissen lassenden Parolen des Reichslandbundes, der Vereinigten Vaterländischen Verbände und die bedauerliche Erklärung des Kronprinzen zur zweiten Reichspräsidentenwahl haben mehrere hunderttausend nationale Menschen zu Hitler herübergetrieben und sie der von ihm geduldeten Seelenvergiftung ausgesetzt. Aber auch seitens der Deutschnationalen Volkspartei sind Unterlassungen begangen. Mindestens nach Harzburg oder bei der Aufstellung der Kandidaten zum ersten Reichspräsidentenwahlgang war es klar, daß mit dem Nationalsozialismus und Hitler eine Gemeinschaft niemals möglich sein würde. Daraufhin mußte das, was trennt und immer trennen wird, alle Hitler schwer belastenden Äußerungen würdig, aber rücksichtslos zur Klarstellung verwandt werden. Das ist nur zum Teil und nicht in genügendem Umfange geschehen. Das hat der nationalen Sache viele Anhänger gekostet, weil sie im unklaren über Wesen und Ziel des Nationalsozialismus und Hitlers gelassen worden sind. Die durch die genannten Umstände mitbewirkte Wahlniederlage der Deutschnationalen Volkspartei hat ein Abströmen zu Hitler beschleunigt.

Dieses Abströmen zu Hitler ist zum großen Teil eine Furcht- und Verzweiflungsbewegung. Aus Furcht vor dem, was noch kommen wird, gehen die Menschen in besinnungsloser Verzagtheit zur Nationalsozialistischen Partei, weil sie hoffen, daß die große Masse durch Abgabe des gleichen Stimmzettels das Schwere, was uns droht, abwenden und vor allen Dingen dem einzelnen Menschen den persönlichen Einsatz ersparen kann. Es gibt viele, die ohne politisches Urteil ihre Hoffnung eigentlich nur auf Hitler setzen und darum die Mängel des Nationalsozialismus nicht sehen wollen. Bei den Deutschnationalen hält sie nur noch die Meinung fest, daß ein Gegengewicht nicht ganz entbehrt werden könne. Bei einer derartigen Einstellung ist die eingetretene Verwirrung der Geister kein Wunder. Wenn die politische Arbeit, z. B. auch in der Deutschnationalen Partei, der gerade jetzt, wo ihre parlamentarische Bedeutung abgesunken ist, eine erhöhte vaterländische Bedeutung zukommt, Erfolg für Deutschlands Zukunft haben soll, muß der Kampf gegen die Verirrungen des Nationalsozialismus unverzüglich mit Würde und Ernst, aber mit aller Schärfe geführt werden.

Konservatives Denken trennt und muß immer vom Nationalsozialismus die Einstellung zur Religion trennen. Grundlage konservativer Politik ist, daß der Gehorsam gegen Gott und der Glaube an ihn auch das ganze öffentliche Leben zu bestimmen habe. Hitler und der Nationalsozialismus stehen grundsätzlich auf einem anderen Standpunkt. Hierbei haben natürlich dogmatische Fragen als belanglos auszuscheiden. Hitler erkennt tatsächlich – wenn er gelegentlich etwas anderes sagt, ändert das nichts daran – als höchstes Gesetz des staatlichen Handelns nur die Rasse und ihre Erfordernisse an. Das ist mit Glaube und Christentum unvereinbarer Materialismus. Der Staat hat nach Hitlers Auffassung nicht die Aufgabe, Fähigkeiten zu erzeugen, sondern nur, die rassische Anlage zu pflegen! Damit entwürdigt er den Staat zu einem Zuchtwart und zeigt, daß er unfähig ist, Wesen und Pflichten des Staates auch nur zu begreifen. (Siehe: »Mein Kampf«, 2. Band, Kap. 2.) Er erkennt also auch nicht an, daß jede Rasse Mängel hat, deren Beseitigung Aufgabe des Staates ist. In erster Linie kommt für Hitler die Heranzüchtung gesunder Körper, ausdrücklich betont er, daß erst in zweiter Linie die Pflege des Charakters kommt. (Seite 460.) Zu dieser Auffassung gibt es keine Brücke. Es sei ferner an die bekannten Äußerungen Rosenbergs und vieler anderer erinnert.

Mit dem Nationalsozialismus als einer sozialistischen Bewegung ist untrennbar verbunden ein Grundzug von äußerem Glücksstreben, von liberalem Rationalismus, der auch in seinem Leitspruch – Gemeinnutz geht vor Eigennutz – zum Ausdruck kommt. Die Auslegung dieses Satzes im Nationalsozialismus nähert sich immer mehr der liberalen Auffassung vom größtmöglichen Wohlergehen der größten Zahl. Für uns ist aber nicht der errechenbare Nutzen der Nation das höchste Gesetz, sondern die Verpflichtung, stets für das Ganze, also für die Nation, zu leben als Erfüllung göttlichen Willens. Für uns ist also nicht die Nation als solche der letzte Maßstab, sondern der Wille Gottes, der uns verpflichtet, für die Nation zu leben. Das ist ein grundsätzlicher Unterschied.

Wie die offizielle Stellungnahme des Nationalsozialismus zu Familie und Ehe ist, ist schwer festzustellen. Aus den zahlreichen Äußerungen bekannter National-sozialisten – es sei an Rosenberg, Darré und viele andere erinnert – geht aber zum mindesten hervor, daß der Nationalsozialismus Ansichten für tragbar hält, die wir als Angriffe auf Ehe und Familie rücksichtslos niederkämpfen müssen. Im »Mythos des 20. Jahrhunderts« von Alfred Rosenberg heißt es in der 3. Auflage, Seite 584: »Ein deutsches Reich der Zukunft wird also gerade die kinderlose Frau, gleich ob verheiratet oder nicht, als ein nicht vollwertiges Glied der Volksgemeinschaft betrachten.« In der 1. Auflage war noch hinzugefügt: »– und damit den Ehebruch des Mannes einer Korrektur unterziehen insofern ein solcher mit Kindesfolge nicht als juristisch zu wertender Ehebruch betrachtet werden kann.«

Daß der Nationalsozialismus nicht monarchisch eingestellt ist, steht fest. Man kann sogar sagen, daß er positiv republikanisch eingestellt ist. (Siehe Bekenntnis Feders zur republikanischen Staatsform im Reichstag unter dem Beifall der gesamten Fraktion. Ferner Feder: »Der Deutsche Staat«, Seite 32: »Wir können uns durchaus die Möglichkeit einer gesunden republikanischen Staatsform denken.« Ferner Goebbels, »An DNVP Potsdam«: »Die NSDAP hat entsprechend ihrer Aufgabe der nationalen und sozialistischen Umwälzung des gegenwärtigen sogenannten Staates Besseres zu tun, als für den monarchischen Gedanken zu demonstrieren« und vieles andere mehr.) Wenn Hitler demgegenüber in monarchischen Kreisen zu äußern pflegt, er sei Monarchist und wolle die Monarchie der Hohenzollern wiederherstellen, sage es nur öffentlich nicht aus taktischen Gründen, so ist das ein weiterer Beleg für die Doppelzüngigkeit des Nationalsozialismus und als Leimrute zu werten.

Das innenpolitische Programm der Nationalsozialisten ist in den Kernpunkten, namentlich auf dem Gebiet der Wirtschafts-, Sozial- und Steuerpolitik, gleichlautend mit dem der Sozialdemokratie, in weitem Umfang auch auf dem Gebiet der Agrarpolitik. (Siehe Programme der NSDAP und SPD.) Hitler fordert Fortsetzung der sozialistischen Politik, die unseren Zusammenbruch, nicht zum wenigsten zum Schaden der Arbeiter, herbeigeführt hat. (Vergleiche den »Nationalsozialistischen Pressedienst« vom 4. 2. 1932, wo die Arbeiterschaft in Hitlers Namen zum Kampf gegen jeden Lohnabbau aufgefordert und jeder Abbau der Unterstützungen, Kürzung der Renten usw. abgelehnt wird, usw.) Die über die Grenzen gehende Bekämpfung von Besitz und Kapital und die skrupellose Aufpeitschung der Menschen zu aufrührerischer Gesinnung schlechthin drohen, jede Aufbaumöglichkeit zu zerstören, weil sie Neidinstinkte wachrufen, die nicht wieder zu bändigen sein werden. Nationalismus, das heißt selbstlose, von allen Klassen- und Sonderinteressen freie Vaterlandsliebe, und Sozialismus sind und bleiben unvereinbare Gegensätze.

Hitler hat erklärt, die Bemühungen zur Bildung einer gemeinsamen Front seien überflüssig. Wie ist mit einem solchen Mann eine ehrliche Front aufzurichten?

Die Nationalsozialisten waren bereit, in ein Kabinett mit dem Demokraten Geßler als Reichskanzler und Brüning als Reichsaußenminister einzutreten. Wo bleibt da der so laut angekündigte Kampf gegen das System, mit dem sie ihre Wähler fangen? Hitler hat einem ausländischen Pressevertreter erklärt, der Versailler Vertrag könnte nicht einfach zerrissen, sondern müsse auf einer Konferenz durch einen neuen ersetzt werden. Wo bleibt da der Kampf gegen die bisherige auswärtige Politik? Wo bleibt die Parole vom Freiheitskampf? Hitler hat in Lauenburg sinngemäß gesagt, er sei nicht bereit, ohne weiteres die Grenzen gegen einen polnischen Einfall zu verteidigen, solange das Linkssystem an der Macht sei. Eine sinngemäße Äußerung ist gefallen. Diese Erklärung bedeutet objektiv Preisgabe der deutschen Nation und ermuntert die Polen geradezu, einzumarschieren. Damit stellt Hitler sich und die Partei in aller Öffentlichkeit über das Vaterland. Ist bei solcher Gesinnung auf eine nationale Außenpolitik zu rechnen? (Vergl. Reichstagsverhandlung vom 10. 5. 1932, wo Groener Befehle vorlas, daß kleine polnische Banden abzuwehren seien. Sobald ein Aufmarsch regulärer Truppen erfolge, rücke die SA in die befohlenen Bereitschaftsräume. »Wir wollen unserem Führer unbedingt die SA zur Verfügung halten.«)

Ein Blick in die nationalsozialistische Presse, ihre Wahlflugblätter oder sonstige Agitation beweist jedem, der noch sehen will, die skrupellose Unwahrhaftigkeit der Bewegung und ihrer Führer. Fast zu jedem Punkt lassen sich nationalsozialistische Ausführungen dafür und dagegen nachweisen. Das entspricht Hitlers auf Seite 117 seines Buches »Mein Kampf« aufgestelltem Grundsatz: »Eine Bewegung mit großen Zielen muß deshalb ängstlich bemüht sein, den Zusammenhang mit dem breiten Volk nicht zu verlieren. Sie hat jede Frage in erster Linie von diesem Gesichtspunkt aus zu prüfen und in dieser Richtung ihre Entscheidungen zu treffen. Sie muß weiter alles vermeiden, was ihre Fähigkeit, auf die Masse zu wirken, mindern oder auch nur schwächen könnte.«

Durch bewußte Irreführung ist aber noch nie eine innere Erneuerung eines Volkes erfolgt.

Wenn die Menschen nicht über die Doppelzüngigkeit aufgeklärt werden, ist es kein Wunder, wenn sie aus Unkenntnis dem Nationalsozialismus verfallen. In nationalen Kreisen ist es aber beliebt, auch die stärksten von Hitler geduldeten Entgleisungen als kluge nationale Taktik zu entschuldigen. Wenn die Leitung der NSDAP eines Tages erklärte, im Dritten Reich würde der Diebstahl erlaubt sein, dann würden diese Menschen sagen: das muß die Partei verkünden, denn es gibt soviel Diebe in Deutschland. Deren Stimmen sind für die Machtergreifung durch die nationale Opposition notwendig. Im übrigen können diese Diebe nur so für die nationalsozialistische Idee gewonnen und dadurch allmählich zu guten Deutschen und Christen erzogen werden.

An Hand der aufgeführten Punkte kann und muß klargestellt werden, daß der Nationalsozialismus eine Gefahr für die Nation ist und keine zu begrüßende nationale Partei, wenigstens jetzt nicht mehr. Es soll dabei nicht bestritten werden, daß der Nationalsozialismus die Menschen aufgerüttelt und zum Sturz Brünings wesentlich beigetragen hat. Ebensowenig soll Hitler und vielen anderen Nationalsozialisten der nationale Wille abgestritten werden. Das ändert an dem Gesagten aber gar nichts. Es müssen die positiven Anschauungen von Staat und Politik wirksam herausgearbeitet werden. Hier gilt es, Versäumtes nachzuholen. Mit dem Appell an die Vernunft allein schafft man keine zuverlässige Kampftruppe. Wäre von vornherein die Erbmonarchie der Hohenzollern als nationales Endziel klar und bestimmt herausgestellt worden, so hätten wir dieses Anwachsen des Nationalsozialismus nicht erlebt. Deutschland wäre in seine jetzige Lage nicht hineingeraten. Die mit der Idee der Hohenzollernkrone verbundenen sittlichen und politischen

Vorstellungen hätten die nationalen Menschen vor Verirrungen bewahrt. Der nationale Kampf hätte dann eine Idee gehabt, die den letzten Einsatz fordern durfte, er hätte dann den Stempel des Kämpferischen bekommen und dadurch werbend auf die Jugend gewirkt. Es ist nicht wahr, daß die Jugend für die Monarchie unempfänglich ist; dadurch, daß wir die hohen Werte der Monarchie nicht herausgearbeitet haben, haben wir einen Teil der Jugend erst gleichgültig gemacht.

Es ist nicht mehr tragbar, daß die Vorspiegelung, als ob der Nationalsozialismus die rettende nationale Bewegung sei, weiter geduldet wird. Dieser Wahn muß zerstört werden. Ebenso das völlig falsche Bild, das sich die Menschen von Hitler machen. Nach dem vorher Ausgeführten frage ich: Was haben wir denn eigentlich noch innerlich mit der Nationalsozialistischen Partei gemeinsam? In den entscheidenden Punkten müssen wir doch erkennen, daß sie eine Gefahr für die Nation und Feind selbstloser vaterländischer Anschauungen ist, denn die in ihr zahlreich vorhandenen anständigen Elemente werden das Wesen der Bewegung immer weniger bestimmen. Genau wie in der Französischen Revolution mit ihrer Vereinigung von nationalem Freiheitswillen und Sozialismus, wo die selbstlosen, unklaren Schwärmer die Wegbereiter der Zerstörung waren, werden auch beim Nationalsozialismus die nationalen Elemente wider Willen Wegbereiter eines nationalen Unglücks sein. Das Ende einer nationalsozialistischen Regierung wird auf jeden Fall das Chaos sein. Sehr bald würden die nationalsozialistischen Machthaber von der durch sie begünstigten und nicht mehr einzudämmenden Woge des Umsturzes weggefegt werden. Wir können nicht länger dazu beitragen, daß das Wort »national« und der Nimbus Hitlers wertvolles Material auf einen Irrweg treibt.

Die Hoffnung auf eine gemeinsame parlamentarische Regierungsbildung von NSDAP und DNVP ist abwegig. Selbst, wenn sie möglich wäre, was hat man sich davon zu versprechen? Uns, das heißt die konservativen Kräfte, verbindet der gemeinsame Wille, die Macht nicht wieder in die Hände fallen zu lassen, die bis vor kurzem in Deutschland regiert haben. Wir wollen nur, daß eine das Volk rettende Politik getrieben wird. Die Nationalsozialisten wollen sich nur an die Stelle der jeweiligen Machthaber setzen. Sind sie an der Macht, werden sie sich lösen, sobald sie können und sich notfalls mit irgend jemand anderes verbinden. (Vergleiche das nationalsozialistische »Hamburger Tageblatt« vom 15. November 1931: »Wenn es für unsere Bewegung nützlich erscheint, werden wir uns auch mit dem Teufel verbünden ... Ob Hitler und Hugenberg oder Hitler und Brüning, das sind nur taktische Fragen der Gegenwart.«)

Bei dem zahlenmäßigen Übergewicht der Nationalsozialisten werden sie sachkundigen Leuten die maßgebenden Posten bestimmt nicht überlassen. Es ist kein konservatives Kampfziel, sich an den Schwanz eines durchgehenden Pferdes zu hängen, um etwas bremsen zu können. Man würde nichts anderes erreichen, als einer verhängnisvollen Politik in den Sattel zu verhelfen. Der Hinweis auf die kleinen Länder Mecklenburg, Braunschweig und Thüringen beweist nichts gegen das Gesagte. Es wäre ein verhängnisvoller Irrtum, anzunehmen, daß der Nationalsozialismus jemals von seinen Alleinherrschaftswünschen lassen könnte. Diese sind genau so unabdingbar wie der Anspruch der Römisch-Katholischen Kirche auf Alleinherrschaft. Nur ein geschwächter und darum bescheidener gewordener Nationalsozialismus könnte zu einer gewissen brauchbaren Mitarbeit gebracht werden.

Das uns durch die Revolution aufgezwungene parlamentarische System, in dem anders als in der Monarchie alle Macht in die Hände der Parteien gelegt ist, muß beseitigt werden. Viele, die zusammengehören, werden durch die Parteien getrennt und in scharfe Kampfstellung gebracht. Diese Kampfstellung kann im Parteistaat auch nicht aufgegeben werden wegen der für Staat und Nation gefährlichen Strömungen in der NSDAP, und doch kann niemand bestreiten, daß gerade in den breiten Schichten zahlreiche Wähler sowohl der Deutschnationalen wie der Nationalsozialisten völlig gleichgestimmt sind. Die Aufgabe ist, Zusammengehörendes zusammenzuführen und wieder zu gemeinsamer Arbeit zu bringen. Das ist nur unter einer von den Parteien unabhängigen Regierung möglich.

Zusammenfassend ist zu sagen: Die entschlossene Abkehr von dem gefährlichen Irrtum der Zeitkrankheit des Nationalsozialismus ist Aufgabe aller konservativen Kräfte, der Deutschnationalen Volkspartei und aller nationalen Organisationen, weil wir es um der Zukunft Deutschlands willen nicht dulden dürfen, daß die Reste echter konservativer Haltung, auf denen der neue Staat aufgebaut werden muß, zerstört werden. Wir müssen uns trennen von der irrigen Hoffnung, daß auf parlamentarischem Boden nur durch Wahlen eine rettende Wendung der Politik erzwungen werden kann. Diese Erkenntnis bedeutet eine Verlagerung des Schwergewichts der politischen Arbeit, die zu verdoppeln ist. Das Denken und Handeln der Menschen muß auf das Entscheidende hingelenkt werden. Es sind immer nur wenige, die die entscheidenden, segensreichen Wendungen in der Politik herbeiführen. Hinter ihnen aber müssen einsatzbereite Menschen stehen, deren ganzes Denken und Handeln von selbstloser Vaterlandsliebe bestimmt wird, die durch eine tiefe innere Gemeinschaft zusammengehalten werden, deren ganze Haltung von einem unerschütterlichen Glauben bedingt wird.

III. Ewald von Kleist-Schmenzin:
Selbsterlebte wichtige Begebenheiten aus den Jahren 1933 und 1934
(Niedergeschrieben im Jahre 1934)

Mitte Januar 1933 war ich beim Reichspräsidenten von Hindenburg. Ich führte aus, daß Hitler unter keinen Umständen Reichskanzler werden dürfe. Hindenburg stimmte zu und äußerte etwa einmal: »Sehen Sie, das freut mich, daß Sie das auch sagen. Sagen Sie das doch auch meinem Kanzler (Kanzler war damals Schleicher, aber Hindenburg verstand unter »meinem Kanzler« Papen), *er will ja,* daß ich Hitler zum Reichskanzler machen soll. Das kann und darf ich aber nicht. Das verbietet mir mein Pflichtgefühl und mein Verantwortungsbewußtsein. Er ist doch kein Staatsmann. Na, Postminister meinetwegen.«

Vierzehn Tage später berief Hindenburg den Hitler zum Reichskanzler.

Kurz nach dieser Unterredung hatte ich eine Besprechung mit Hugenberg. Anlaß für mich hierzu war das Gerücht, Hugenberg und Seldte seien bereit, in ein Kabinett Hitler einzutreten. Ich bat Hugenberg, diesem Gerücht, das die eigene Gefolgschaft unsicher mache, entgegenzutreten. Hugenberg lehnte das ab mit der Begründung, vielleicht sei das die letzte Möglichkeit, noch etwas zu retten. Ich erwiderte, wir müßten ein von allen Parteien völlig unabhängiges Kabinett von Monarchisten und ohne Hitler erkämpfen. Wir müßten die andere Möglichkeit durch ein endgültiges, rechtzeitiges »Nein« für immer ausschalten. Dadurch würden Papen und Hindenburg in eine Zwangslage versetzt, es bliebe dann nur ein ähnliches Kabinett wie das von mir erstrebte als einzige Möglichkeit übrig.

Hugenberg lehnte das ab, man könne sich nicht so festlegen, er machte mir den Vorwurf, ich sei zu 100prozentig. Ich erwiderte, mit Halbheit und einem bereits im Herzen schlummernden Verrat an den eigenen Ideen würde er scheitern und uns ins Unglück stürzen. Damit trennten wir uns.

Nunmehr versuchte ich bei verschiedenen anderen maßgebenden Deutschnationalen – auch bei einigen Stahlhelmführern – Alarm zu schlagen. Ich fand vielfach Zustimmung in der Verurteilung der Hugenbergschen Politik. Aber alle verweigerten es, sich an einer Aktion zu beteiligen oder überhaupt irgend etwas dagegen zu unternehmen, meistens mit der Begründung, Hugenberg sei Parteivorsitzender und man könne sich nicht öffentlich zu ihm in Widerspruch setzen.

Seit November 1932 arbeitete Papen am Sturz von Schleicher. Den vaterländischen Kreisen gegenüber tat er immer so, als würde er dann die Kanzlerschaft übernehmen und ein wirklich autoritäres, von allen Parteien unabhängiges Kabinett – ohne Hitler – bilden. Seit Anfang Januar hatte ich starke Zweifel an Papens Aufrichtigkeit. Ich war der Überzeugung, er wollte uns nur zum Sturz von Schleicher benutzen und die Kanzlerschaft Hitler in die Hände spielen, weil ihm selbst dazu der Mut fehlte. Papen vermied es aalglatt, sich eindeutig für ein autoritäres Kabinett und gegen Hitler festzulegen.

Um einen verwertbaren Beweis für seine Unzuverlässigkeit zu haben, richtete ich es nach einem Essen beim Staatssekretär von Bismarck am 25. Januar so ein, daß ich mit Papen allein nach Hause fuhr. Unterwegs überfiel ich ihn plötzlich mit dem Vorwurf, warum er Hindenburg dahin bearbeitet, daß er Hitler zum Kanzler machen solle. Papen ging in die Falle und sagte: »Es bleibt doch nichts anderes übrig, als den alten Herrn dazu zu bewegen.« Damit steht fest, daß Papen alle Welt hintergangen hat, wenn er so tat, als ob er eine wirklich vaterländische, unabhängige Regierung anstrebe. Dabei war mit Papen die Besetzung aller Ministerposten dauernd besprochen worden. Am 28. Januar und auch noch am 29. Januar hat Papen mir und anderen wiederholt erklärt, Hindenburg habe seine Einwilligung zu einem unabhängigen Kabinett, dessen Zusammensetzung für alle Ministerien namentlich feststände, erteilt, für den Fall, daß Hitler sich nicht beteilige. Das Kabinett sollte so zusammengesetzt sein, wie es unter Hitler gebildet worden ist mit folgenden Ausnahmen: an Stelle von Hitler sollte Papen Reichskanzler sein, und an Stelle von Frick sollte ich das Innenministerium übernehmen. Wer an Stelle von Seldte Arbeitsminister werden sollte, kann ich nicht mehr mit Bestimmtheit angeben. Natürlich hätte es auch in der preußischen Regierung keinen Nationalsozialisten gegeben.

Da ich das Schlimmste befürchtete, habe ich seit dem 28. Januar die Wohnung von Papen bis zum 30. Januar vormittags kaum verlassen. In ihr spielten sich alle entscheidenden Vorgänge ab, die zur Regierungsbildung durch Hitler geführt haben. So bin ich Zeuge des größten Unglücks unseres Vaterlandes geworden.

Etwa um * Uhr war Hitler bei Papen. Vorher sagte ich Papen, ich wolle fortgehen, um Mittag zu essen, worauf Papen erwiderte, ich müsse mich aber auf telephonischen Abruf bereithalten. Falls Hitler seine Beteiligung an der Regierung ablehne, müßte das »Papenkabinett« sofort zu Hindenburg zur Amtsübernahme gehen. Er sagte: »Dann muß die Regierung innerhalb von einer Stunde stehen.«

---

* Hier fehlt die Zeitangabe. Offenbar Mittagszeit des 29. Januar 1933.

258

Nach meiner Rückkehr teilte mir Papen mit, Hitler habe zur unabänderlichen Bedingung gemacht: sofortige Auflösung des Reichstages und sofortige Neuwahl. Am Nachmittag müsse sich Hugenberg noch erklären und dann käme Göring, um Hugenbergs Erklärung Hitler zur endgültigen Entscheidung zu überbringen. Papen wollte nicht die Zeit der Besprechung mit Hugenberg nennen. Durch seinen Stab ermittelte ich es. Mit vieler Mühe gelang es mir, Schmidt-Hannover zu erreichen, von dem ich wußte, daß er gegen die Regierung Hitler war. Ich bat ihn, sofort in Papens Wohnung zu kommen, um Hugenberg abzufangen und gemeinsam zu versuchen, ihn umzustimmen. Schmidt kam, fing Hugenberg ab und versuchte, ihn umzustimmen. Dann war ich mit Hugenberg allein. Er war nicht dazu zu bewegen, seine Beteiligung an der Regierung Hitler abzulehnen. Gründe nannte er mir nicht. Was in dem Gehirn dieses Spießbürgers gespielt hat, weiß ich bis zum heutigen Tage nicht. Ich sagte ihm, es sei sicher, daß, wenn er »Nein« sagte, innerhalb einer Stunde das Kabinett im Amt sein würde, das so zusammengesetzt sein sollte, wie oben beschrieben, in dem er zwei Reichs- und zwei preußische Ministerien für seine Person erhalten würde. In wenigen Augenblicken könne er sich hierüber bei Papen und Hindenburg Gewißheit verschaffen. Er blieb dabei, er könne eine Beteiligung nicht einfach ablehnen. Die Mitteilung über die gesicherte unabhängige Regierung hat H. auf dem Vorstand der DNVP verschwiegen. Bis zum heutigen Tage wissen es nur die, denen ich es mitgeteilt habe.

Darauf schlug ich vor, er solle die Bedingung stellen, und zwar als conditio sine qua non, die er schon immer gestellt hätte – darum sei es so einfach für ihn: Sofortige Auflösung des Reichstages und keine Neuwahl. Unter Vorstellung des oben Geschilderten wies ich ihm nach, daß dann das Kabinett Hitler erledigt sei und das Kabinett käme, das er selber immer gefordert hätte. H. war auch in diesem Punkt zu keiner klaren Stellungnahme zu bringen. Da machte sich meine Erbitterung über solche politische Erbärmlichkeit und die Angst ums Vaterland Luft. Ich warf H. Entehrung, Verrat am Vaterland und seine Zerstörung vor. Gegen diese in gedämpftem Ton, aber in ungeheurer Erregung ins Gesicht geschleuderten Vorwürfe fand H. kein armseliges Wort – er schwieg. Dann ging er zu Papen. Als er wieder aus dessen Zimmer kam, fragte ich, ob er nicht doch wenigstens als Bedingung für seine Beteiligung an einer Regierung Hitler genannt habe: Auflösung des Reichstages und keine Neuwahl. H. darauf: »Ja, ich habe es ihm gesagt.« Er vermied also das Wort: Bedingung. Darauf wollte er fortgehen. Ich hielt ihn zurück, denn Göring käme gleich, er müsse sich vergewissern, daß Papen seine, Hugenbergs, Erklärungen richtig übermittle. Ich kannte Papen als unwahr und wäre überzeugt, daß er an Göring kein Wort über die Nichtwiederwahl des Reichstages sagen würde. H. hielt das zwar für undenkbar, blieb aber. Nach der Unterredung mit Göring erschien Papen bei uns. Ich überfiel ihn mit der Frage: »Was haben Sie Göring über Hugenbergs Bedingung: Auflösung und keine Neuwahl des Reichstages gesagt?« P. bekam einen roten Kopf und stammelte: »Ich habe G. gesagt: über die Frage der Neuwahl des Reichstages wollen wir nicht sprechen, das erschwert nur die Regierungsbildung.« Damit verließ er das Zimmer.

Mit Mühe war der schwerfällige Hugenberg dazu zu bringen, sofort noch einmal zu Papen zu gehen und auf vollständiger Übermittlung seiner Erklärung an Hitler zu bestehen. H. ging also zu P. und blieb lange bei ihm. Schließlich erschienen beide, und Hugenberg diktierte in meiner Anwesenheit, ich glaube 5 Punkte, die seine »Bedingungen« wären für eine Beteiligung an einem Kabinett Hitler.

In einem Punkt hieß es: »Auflösung des Reichstages und keine Neuwahl.« In einem folgenden, wenn es aber zu einer Neuwahl käme, dann müsse die kommunistische Partei aufgelöst werden! Echt Hugenberg, der spießbürgerliche, nationalliberale Parlamentarier! Damit war für mich die Endlösung klar, d. h. Diktatur Hitler und qualvoller Zusammenbruch des Vaterlandes. Dieser Weg der Halbheit würde die totale Herrschaft Hitlers auch auf seelischem Gebiet herbeiführen. Das Ende: ein schmachvoller Untergang des Vaterlandes, durch Entseelung, Gottlosigkeit, vielleicht erst nach langer Zeit. Der frivole Papen sagte mir noch, als ich ihm ähnliche Vorwürfe machte wie Hugenberg: »Was wollen Sie denn? Ich habe das Vertrauen Hindenburgs. In zwei Monaten haben wir Hitler in die Ecke gedrückt, daß er quietscht.« Ich entgegnete: »Menschen, die nicht den Mut haben, einen Mann, dessen Partei zusammenbricht, wenn man sie rücksichtslos beiseite läßt, mit seinen wahnwitzigen Forderungen abzuweisen, sondern ihm aus Schwäche und Kurzsichtigkeit zu ungeahnter Macht verhelfen, werden nie die Kraft aufbringen, ihn erfolgreich zu bekämpfen. Nein, er wird sie alle in kurzer Zeit völlig erledigen und durch *ihre* Schuld das Vaterland zerstören.« Damit schieden wir. Es war gegen 8 Uhr abends. Das Vaterland war verloren, die Kanzlerschaft Hitlers sicher. Am 30. Januar besiegelten Deutschnationale und Stahlhelm ihren Verrat an Deutschland. Hitler war Kanzler und sehr bald Diktator. Auch der Stahlhelm hatte es in der Hand, durch ein »Nein« die Regierung zu verhindern. So unwürdig, an solchen Kleinigkeiten entscheiden sich weltgeschichtliche Dinge.

Die Regierung Hitler war gebildet, der Reichstag neu gewählt. Ihm lag das Ermächtigungsgesetz vor, das die Aufhebung des Rechtsstaates und die Diktatur der Nationalsozialistischen Partei bedeutete. Ich war aus der Deutschnationalen Partei ausgetreten. Einige Zeit vor Zusammentritt des Reichstages ging ich zum Abgeordneten Schmidt-Hannover, um zu versuchen, die Grundlagen des Rechtsstaates zu retten, da ich niemand sah, der überhaupt noch einen ernsthaften Versuch machte, den Kampf fürs Vaterland aufzunehmen. Es war ja noch nicht alles verloren, wenn in der Regierung nur ein Mann mit staatsmännischem Blick und Entschlossenheit gewesen wäre. In der Regierung hatten ja die nichtnationalsozialistischen Minister die erdrückende Mehrheit. Ich schlug vor, das Ermächtigungsgesetz solle nur mit sechs Zusatzanträgen angenommen werden. Durch fünf Punkte, die ich im Wortlaut entworfen hatte, sollte der Rechtsstaat gesichert bleiben, in erster Linie sollte eine geheime Staatspolizei mit Schutzhaft usw. verhindert werden, ferner sollte die Knebelung der freien Meinungsäußerung verhindert werden, der Grundsatz sollte gesetzlich verankert werden, daß behördliche Funktionen nur dem Staat, aber nicht der nationalsozialistischen Partei zukommen usw. Der sechste Antrag besagte: Die Reichsfahne ist schwarzweißrot. Für diese Anträge war eine Mehrheit zu erreichen. Schmidt stimmte mir zu. Auf meine Frage bevollmächtigte er mich, vorbehaltlich der Zustimmung Hugenbergs, namens der Deutschnationalen Partei entsprechende Verhandlungen mit dem Zentrum zu führen. Brüning, zu dem ich mich sofort begab, erklärte mir, nachdem er sich mit der Zentrumsfraktion besprochen hatte, das Zentrum würde für die sechs Anträge stimmen, und bevollmächtigte mich, dies offiziell den Deutschnationalen mitzuteilen. In einer weiteren Besprechung waren sich Schmidt und Brüning völlig einig, es fehlte nur noch die Zustimmung Hugenbergs, dann konnte die Grundlage eines Rechtsstaates gerettet werden. Hugenberg hat sich nie zu diesen Dingen geäußert, so fiel diese Aussicht durch seine Schuld ins Wasser.

260

Später hatte ich noch einmal versucht, entscheidend einzugreifen. Anfang Juni 1934, als man wußte, daß Hindenburg bald sterben würde. Ich ging zum General v. Fritsch. Wir waren uns einig, daß die Herrschaft Hitlers ein Verhängnis für Deutschland sei. Er sagte selber: Herrschaft der Minderwertigen und sagte, daß Hitlers Macht gebrochen werden müßte. Ich stellte ihm vor, daß nach dem Tode Hindenburgs Hitler sich zum Alleinherrscher aufschwingen würde und die Armee auf sich vereidige. Fritsch sagte das mir. Ich versuchte, ihn an seinem Pflichtgefühl dem Vaterland gegenüber zu packen, er sollte die obersten Generale anweisen, sich geschlossen der Vereidigung zu widersetzen. Das lehnte er ab, weil das eine Auflehnung gegen Blomberg wäre, und das ginge doch nicht. Den selbstverständlichen Gedanken, Blomberg festzunehmen, lehnte er ab. So ging auch diese große Gelegenheit ungenutzt vorüber, weil überall kleine Seelen waren. Fritsch war persönlich gewiß ein anständiger Mann, aber eine subalterne Natur, der sich nicht über die Auffassung eines Büroschreibers erheben konnte, der blind tut, was ihm befohlen wird, ob es nun der Rettung des Vaterlandes dient oder seiner Vernichtung.

Von all den geschilderten Begebenheiten habe ich mir sofort Aufzeichnungen gemacht, weil sich sonst leicht Ungenauigkeiten einstellen. Ein großer Teil dieser Aufzeichnungen ist zwar bei Haussuchungen verlorengegangen oder ist von denen, die sie zur Aufbewahrung hatten, vernichtet worden. Doch habe ich sie so häufig vorgelesen und mündlich wiederholt, daß ich sie auch heute noch beinahe auswendig kann, so daß obige Schilderungen nicht nur sinngemäß, sondern beinahe wörtlich genau richtig sind.

Vielleicht sind sie später noch einmal von Wert.

IV. Ewald von Kleist-Schmenzin:
GLAUBT IHR NICHT, SO BLEIBT IHR NICHT
(Mitteilungen des Hauptvereins der Konservativen, Berlin, Mai 1933)

Seit vielen Jahrzehnten ist unsere Politik vom Konservatismus kaum und in stets abnehmendem Maße bestimmt worden. Heute steht das konservative Menschenmaterial in den verschiedensten Lagern und hört auf die verschiedensten sogenannten Führer. Das Wissen um die Grundlagen konservativen Seins ist weitgehend verlorengegangen.

Es ist an dieser Stelle schon wiederholt gesagt worden, daß Konservatismus gleichbedeutend ist mit Glauben an Gott. Unter den Einwirkungen des Liberalismus und der kirchlichen Verfälschung des Begriffes »Glauben« in »Fürwahrhalten« ist den Menschen die Fähigkeit abhanden gekommen, überhaupt noch zu verstehen, was das Wort »Glaube« bedeutet. Glaube hat mit Fürwahrhalten nichts zu tun. Glaube ist nichts anderes als unbedingter Gehorsam gegen Gott und unbedingtes Vertrauen. Darum können Dogmen und Bekenntnisfragen nur mittelbar mit Glauben etwas zu tun haben. Für das Leben des Menschen ist das Bekenntnis, das er für richtig hält, an sich ziemlich belanglos, und damit sind Bekenntnisstreitigkeiten überhaupt Fragen zweiter Ordnung. Für denjenigen, der sich mit Recht »Christ« nennen will, kann hieran kein Zweifel bestehen, denn Christus verlangt stets nur Glauben, aber kein Fürwahrhalten. Das ist aber die Gefahr aller Kirchen, daß sie das Bekenntnis, also Menschenwerk, an Stelle des Glaubens in den Mittelpunkt rücken. Das bedeutet aber Abfall vom Christentum, Abfall vom Glauben und ist Pharisäertum. Wenn das Leben der Menschen nicht mehr vom Glauben bestimmt wird, dann geraten alle Dinge in Unordnung, so wie wir es jetzt erleben, und die Menschen werden durch ihre eigenen Handlungen gezwungen, entweder unterzugehen oder umzukehren.

Glaube stellt Gott allein in den Mittelpunkt und erkennt nur ihn als den einzigen Wert an. Der Glaube weiß, daß der Mensch keine andere Aufgabe hat als die eine einzige, den Willen Gottes zu tun, und zwar auf jedem Gebiet menschlicher Betätigung. Das ist das Einzige, was wichtig ist und über den Wert menschlicher Erfolge und Handlungen entscheidet.

Es gibt nur zwei Weltanschauungen seit Anbeginn der Welt an: den Glauben und den Unglauben. Entweder wird Gott allein in den Mittelpunkt gestellt oder etwas Anderes allein oder neben ihm. Der Kampf dieser beiden Welten ist der einzige Gegenstand allen Geschehens und aller Geschichte.

Es gibt aber keinen Menschen und kein Volk, das ganz der einen oder anderen zugewiesen werden könnte. Stets leben in den Menschen beide Welten nebeneinander. Die Zuweisung zu der einen oder anderen Welt, die Bezeichnung »konservativ« oder »nichtkonservativ« sind also stets nur Annäherungswerte und besagen nur, daß die eine oder andere Welt überwiegend das Leben und den Wert bestimmt. Es wird also auch nie eine große Organisation oder Partei sich rühmen können, im Vollbesitz der Wahrheit zu sein. Darum trägt auch jeder Kampf, der durch den Parteigedanken beherrscht wird, den Keim der Unfruchtbarkeit und Schädlichkeit in sich.

Von dem hier Gesagten verstehen die meisten Menschen der heutigen Zeit kein Wort. Die Gebildeten vielleicht noch viel weniger als die Ungebildeten. Da es sich aber um die Grundlage menschlichen Zusammenlebens handelt, ist die völlige Verworrenheit unserer Zustände darum selbstverständlich. Den ewigen Wahrheiten kann man nicht zum Teil zustimmen, sondern nur ganz und unbedingt. Bedingte Zustimmung bedeutet Ablehnung und Entwertung. Erst wenn die ewigen Wahrheiten wieder das Leben bestimmen, wenigstens bei einigen Führern, wird der Weg zum Aufstieg frei sein. Diese wenigen Sätze bedeuten einen so grundlegenden Angriff auf die allgemein herrschenden Ansichten, daß die meisten sie sich nur nach langem, eingehendem Ringen zum geistigen Eigentum werden gewinnen können. Dabei sind wir uns aber klar, daß die zwingende Kraft konservativen Gedankengutes nicht in Worten liegt. Zur überzeugenden Darstellung gelangt es nur, wenn es vorgelebt wird. In der Politik entscheiden insbesondere nicht Worte, sondern Handlungen. Trotzdem ist aber zu fordern, daß die hier mit Stichworten angefaßte Auseinandersetzung mit allen herrschenden Ansichten nicht mehr zur Ruhe kommt und auf allen Gebieten ausgetragen wird. Dieser Kampf ist unausweichliche Pflicht und hat jedem Gegner gegenüber das höhere Recht auf seiner Seite.

Das Gesagte gilt nicht etwa nur oder vornehmlich für das kirchliche Leben, sondern genau so für jede Betätigung, also auch für die Politik. Es handelt sich nicht um verstiegene Ideologien, sondern um die alles Leben bestimmende Realität. Wir müssen endlich wieder begreifen lernen, daß das Leben eine Einheit ist, und zwar eine Gott zur Verantwortung stehende Einheit.

Einige Beispiele mögen das Gesagte verdeutlichen. Zunächst ein Hinweis auf Preußen. Das ist nämlich das Geheimnis des Preußentums, des preußischen Staates und seiner fast unbegreiflichen Erfolge gewesen, daß hier der Glaube die bisher vollkommenste politische Darstellung gefunden hat, von der die Geschichte zu berichten weiß. Es kann nicht oft genug betont werden, daß das Wesen des Preußentums in der das ganze Leben, also auch das Verhalten der Menschen zueinander, gestaltenden Pflicht liegt. Pflichterfüllung aber ist gar nichts anderes als die bedingungslose Unterwerfung des ganzen Menschen unter ein geglaubtes höheres, nicht von Menschen gemachtes Gesetz, d. h. auch die Nation ist nicht der letzte Maßstab, sondern Gott. Jede Nation hat ihre Vorzüge und Fehler. Es ist darum niemals Aufgabe der Menschen, die gesamte Eigenart der Nation unverändert zu erhalten. Die Bekämpfung ihrer Mängel ist ebenfalls gottverordnete vaterländische Pflicht. Es kann keinen unbedingten Glauben an Menschen geben, sondern nur an Gott. Das ist die segenbringende Größe der preußischen Könige gewesen, die wahrlich zu den größten Führern aller Zeiten gehören, daß sie keine Verehrung für sich forderten, sondern auch sich bedingungslos unterwarfen dem göttlichen Gesetz und nur vor ihm Verehrung und Unterwerfung forderten. Bei der Kennzeichnung des preußischen Pflichtgedankens als Unterwerfung unter ein geglaubtes Gesetz setze man statt »Gesetz« »Gott«, und man hat den Begriff des Glaubens. Darum ist Preußentum die bisher nicht wiedererreichte, mit aller Kraft wiederanzustrebende Höchstleistung des deutschen Volkes. Männer wie Friedrich Wilhelm I. und Friedrich der Große haben durch Einprägung des Pflichtgedankens damit auch in religiöser Beziehung mehr geleistet als alle Theologen nach ihnen.

Es kommt nicht darauf an, daß schöne Worte über die unwägbaren Werte Ehre, Pflicht, Königstreue, Vaterlandsliebe usw. fallen, sondern allein darauf, daß diese Dinge ernst genommen werden, d. h. daß die Menschen bereit sind, für ihre Überzeugung jedes Opfer zu bringen und mit dem Leben einzustehen. Wer hohe Werte aber ohne diese Einsatzbereitschaft zu vertreten vorgibt, schadet mehr als er nützt, denn er wirkt unwahr und abstoßend. Hier scheiden sich die Welten: Der eine fragt, was kommt danach, der andre, was ist recht.

Die Vor- und Nachkriegsgeschichte ist ein einziges Beispiel dafür, daß diese Auffassung »Was ist recht?« das Leben nicht mehr bestimmt hat. An dem Mangel an Unbedingtheit, den echter Konservatismus und Preußentum nicht kennen, ist alles zerbrochen. Schon in der Vorkriegszeit haben die verantwortlichen Leiter des Staates über unverzichtbare Dinge Kompromisse geschlossen und nannten das »mit der Zeit mitgehen«. Der Erfolg war der Zusammenbruch des Staates und die Revolution. In der Revolution dasselbe erschütternde Bild der kampflosen Preisgabe von Idealen. Man beugte sich der Gewalt, »um Schlimmeres zu verhüten«. Alle, die so gehandelt haben, haben glaubenslos gehandelt und sind darum schuldig geworden. Viele beugten sich, und zwar nicht nur äußerlich, um ihre Familien vor Not zu bewahren. Den Satz gibt es aber nicht, daß man von der Bewährung des Glaubens befreit ist, wenn sie mit schweren Opfern verknüpft ist, im Gegenteil, dann, und *nur* dann, kann sich Glauben und Überzeugung bewähren. Es gibt keine Grenze des Opfers, wo es um unabdingbare Glaubensfragen geht. Wenn die Gegner der Revolution sich pflichtgemäß entschlossen zur Wehr gesetzt und Überzeugungstreue bewährt hätten, ohne ängstlich nach dem Erfolg zu fragen, dann hätte sich die Revolution nicht durchgesetzt. So aber sind sie fortgefegt worden. »Glaubt ihr nicht, so bleibt ihr nicht.«

Das Verhalten weiter nationaler Kreise nach der Revolution war beschämend und unbeschreiblich kurzsichtig. Durch »positive Mitarbeit« glaubten sie zu einem tragbaren Kompromiß mit der Revolution kommen zu können, d. h. sie waren überzeugungslos bereit, sich im wesentlichen mit dem »Boden der Tatsachen« abzufinden. Weil Ebert und Noske nach ihrer Machtergreifung sich selbstverständlich nicht mehr als Volksredner, sondern gemäßigt gaben und häufig auch ganz vernünftig handelten, hörte man überall die törichte Redensart, diese Männer wüchsen in die Rolle eines Staatsmannes hinein, und man könne auf eine allmähliche günstige Entwicklung hoffen. Namentlich von Noske haben sich weite Offizierskreise in einer nicht zu entschuldigenden Verblendung einwickeln lassen. Das Unsinnige und Schädliche dieser Einstellung liegt mittlerweile zu Tage. Diese unpolitischen »Nationalen« hatten vergessen, daß ganz besonders für die Politik der Satz Bedeutung hat: »Fort mußt du wandeln, fort und fort, nach dem Gesetz, nach dem du angetreten.« Gleich in den ersten Zeiten nach der Revolution zeigte es sich, daß die Führung im nationalen Lager nicht fähig war, den Kampf gegen den Staat von Weimar als aus Glauben notwendig und darum mit rücksichtsloser Schärfe und Einsatzbereitschaft zu führen. Die nationalen Organisationen waren alle demokratisch aufgezogen. Ihre Führer waren daher mehr oder weniger liberal. Konservative Kampfnaturen wurden zurückgedrängt. Der Staat von Weimar war doch wirklich der Todfeind des konservativen Staatsgedankens. Trotzdem standen aber die Kampftaten der nationalen Opposition in einem schreienden Mißverhältnis zu diesem Tatbestand. Der Mißerfolg war beschämend; trotz Unfähigkeit und Unwürdigkeit des Gegners verlor die Opposition fortgesetzt. Die Enttäuschten sammelten sich bei der NSDAP.

Es geht eine gerade Linie von der unzulänglichen Vorkriegspolitik zur seelischen Haltung der Führung der zahlreichen nationalen Organisationen einschl. der Leitung der deutschnationalen Partei. Gegen diese Haltung haben wir Konservativen stets im Kampf gestanden. Wenn jetzt die Führung des Kampfblocks Schwarzweiß-rot durch die Nationalsozialisten an die Wand gedrückt ist und in noch geringere Bedeutung absinken wird, so nehmen wir Konservativen wie folgt Stellung: Es ist unser Wille, daß diese nahezu entmachtete seelische Haltung nicht wieder die Führung in Deutschland erhält. Es war ein Fehler, daß sich konservative Kräfte mit einer liberalen Führung – und auch Hugenberg ist überwiegend nicht konservativ, so groß seine wirtschaftlichen Fähigkeiten und seine Charaktervorzüge sind – abgefunden haben. »Glaubt ihr nicht, so bleibt ihr nicht.«

Es wird uns wohl niemand wegen der vorstehenden Ausführungen im Verdacht haben, daß wir ein Abschwenken zur nationalsozialistischen Partei auch nur für erwägenswert hielten. Wir sind nämlich wirklich der Überzeugung, daß die Parteizugehörigkeit eine sehr belanglose Sache ist und der Parteigeist endlich überwunden werden muß. Uns ist aber darum zu tun, daß die konservativen Kräfte aufhören, diejenigen als ihre geistigen Führer anzuerkennen, die bisher den Kurs der nationalen Organisationen bestimmt haben. Dieses Sichabsetzen ist der erste notwendige Schritt. Die Sorge vor Atomisierung der in den bisherigen Organisationen zusammengefaßten Menschen darf uns nicht davon abhalten, aus unserer Überzeugung die notwendigen Folgerungen zu ziehen. Es muß mit der Praxis gebrochen werden, daß Weltanschauung und Überzeugungen nur in Reden vertreten werden, daß aber Weltanschauung und Taten nicht verquickt werden dürfen. Über den nur noch begrenzten Wert von Organisationen kann wohl kein Zweifel mehr bestehen. Hierbei muß auf die völlige Zwecklosigkeit von Organisationen hingewiesen werden, die mit dem Staate gleichgeschaltet sind. Aus allen solchen Organisationen empfiehlt sich der Austritt, denn es hat keinen Sinn, neben dem Staat noch einen gleichgeschalteten Privatapparat zu unterhalten, der nur unnötige Kosten verursacht.

Es kommt wirklich nicht darauf an, eine Partei der anderen gegenüberzustellen, das ergibt stets eine schiefe Stellung. Wir streben daher eine neue konservative Front an. Wir denken dabei nicht an eine neue Partei oder Organisation. Wir denken an ein Zusammenwirken im großen und kleinen zur Durchsetzung bestimmter Forderungen. Die Erfüllung oder Nichterfüllung muß das politische Verhalten bestimmen. Es gibt Dinge, die zu allen Zeiten die Voraussetzung für den Bestand von Staat und Volk sind und über die es unter Deutschen keine Meinungsverschiedenheiten geben sollte. Dazu gehört, daß Staat vor Partei geht, daß niemals eine Partei dem Staat gleichgesetzt werden darf, ferner unbedingte Gerechtigkeit allen gegenüber, die unterschiedslose Bestrafung aller, die die Gesetze übertreten, ohne Rücksicht auf die Parteizugehörigkeit, sofortige Entfernung aller Beamten, die aus politischen Gründen pflichtgemäßes Einschreiten verweigern, eine Außenpolitik, die mit Festigkeit und sachlichem Können geführt wird, kurz, es gehören alle Voraussetzungen eines Rechtsstaates dazu und überhaupt alle unverzichtbaren konservativen Forderungen. Wir haben keinen Zweifel, daß sich in diesen Forderungen alle vaterländisch Denkenden – gleichgültig, wo sie organisiert sind – finden können und müssen.

Wir wissen, daß es in der Politik nur auf die Erfolge ankommt, von denen dauernder Segen ausgeht. Diese Erfolge werden nur errungen von Menschen, die Glauben bewähren. Daß von solchen Männern in entscheidender Zeit die Geschicke gelenkt werden, ist die Lebensfrage auch unseres Volkes. Wir kennen die ungeheure Gefahr Deutschlands. Wir wissen auch, wie weit unser Volk noch davon entfernt ist, wieder im Gehorsam gegen Gott zu leben und danach sein gesamtes Leben einzurichten. Wir glauben aber, daß es noch genügend Menschen in Deutschland gibt, die die Kraft aufbringen werden, ihre Pflicht zu tun, stets bereit, Gott mehr zu gehorchen als den Menschen, und die sich durch nichts Irdisches von der Pflichterfüllung abbringen lassen werden. Das deutsche Volk sucht ehrlich die Wahrheit, und darum vertrauen wir darauf, daß es wieder auf den rechten Weg zurückfinden wird. Die Bibel berichtet, daß Gott ein von ihm abgefallenes Volk nicht vernichtete um jener Siebentausend willen, die ihre Knie nicht gebeugt hatten vor Baal. Daß sich diese Siebentausend auch bei uns finden, die Glauben halten und nur Gott gehorchen, das ist die Frage nach Sein und Nichtsein der Nation. »Glaubt ihr nicht, so bleibt ihr nicht.«

V. Ewald von Kleist-Schmenzin:
Letzte Aufzeichnungen aus der Haft

6. 10. 1944

Heute, wo die zwölfte Woche meiner Haft beginnt, will ich beginnen, einiges, was mich im Gefängnis bewegt hat, niederzuschreiben, um mir die lange Zeit zu vertreiben, um es mir vom Herzen zu schreiben, aber auch, weil Dir, liebe Alice, diese Zeilen doch einmal vielleicht zu Gesicht kommen werden, Dir, der sie in erster Linie gewidmet sind. Aus naheliegenden Gründen kann ich nur einiges zu Papier bringen, ich hoffe aber, das wird ungeschminkt sein. Ich schreibe hin, was mir gerade in den Sinn kommt.

Die Stimmung hat oft geschwankt zwischen Hoffnung und trübsten Erwartungen, meistens nicht bestimmt durch verstandesmäßige Überlegungen, oft durch ziemlich unbedeutende Dinge. In Stettin hofften wir Leidensgenossen wohl meistens auf unsere baldige Entlassung; diese Stimmung war stark genährt durch die Äußerungen der dortigen Gestapo. In einem Punkt ist aber meine Stimmung bis heute ganz gleichmäßig, ruhig und fest geblieben: Ich habe mich bedingungslos in Gottes Willen ergeben, nicht ein einziges Mal ist mir eine Zweifelsanfechtung gekommen, daß Gottes Wille auch in diesem Falle gerecht und gut ist, nicht einen Augenblick habe ich mit IHM gehadert. Darum ist mir auch trotz sehr trüber Stunden die Verzweiflung ferngeblieben. Geholfen hat mir auch, daß ich nicht der Versuchung nachgegeben habe, mir selbst leid zu tun. Ich habe auch die wehmütigen und sehr sehnsüchtigen Gedanken an meine Lieben, vor allem an Dich, Alice, und an Schmenzin kurzgehalten. Nur manchmal habe ich es mir erlaubt, mir auszumalen, was Ihr tätet, und dann im Geist das Singen bei der Abendandacht gehört, die Stimmen der beiden Kleinen, vorm Haus spielend. Schwer war es auch, in die schönen Herbsttage zu sehen – ich hatte vor meiner ersten Zelle hier einen freien weiten Blick auf Bäume – und an die Brunft zu denken. Ich hatte so gewünscht, noch einmal mit Dir auf der Kanzel zu sein, die Hirsche zu beobachten und sie im schönen herbstlichen Wald schreien zu hören, den ganzen Zauber noch einmal mit Dir zu erleben, vielleicht zum letzten Mal. Aber sich zu tief in diese lockenden, schmerzlich süßen Vorstellungen zu verlieren, wäre nicht richtig gewesen. Vielleicht am stärksten war der Wunsch, beim Adventskranz und in der Weihnachtszeit die alten, lieben Lieder zu hören.

Aber so merkwürdig es klingt, eins habe ich im Gefängnis gelernt: mich zu freuen.

7. 10. 1944

Früher war ich auf das Überindividuelle, Allgemeine eingestellt, ich möchte fast sagen, ich selber wurde meinem eigenen Bewußtsein etwas entrückt. Und so habe ich die kleineren und größeren Freuden meistens nicht so nachhaltig empfunden, wie es hätte sein können und müssen. Dieser Bezirk war eben überschattet. Es war eine zwar ideale und – ich hoffe es wenigstens – selbstlose Einstellung, aber mit der typisch männlichen Einseitigkeit des etwas Unpersönlichen. Wie arm wäre doch das Leben, wenn es keine Ergänzung gäbe, wie ohne Wärme, Liebe, Zartheit und Traulichkeit! In den letzten Jahren, von allem öffentlichen Leben abgekehrt, hat sich wohl eine Wandlung schon angebahnt. Hier in der Trostlosigkeit einer elfwöchigen Einzelhaft hat das rein Menschliche und das Kleine eine ganz andere Bedeutung für mich gewonnen. Ich kann mich über scheinbar Geringfügiges so tief und nachhaltig freuen, wie ich es früher nie gekonnt hätte.

8. 10. 1944

Heute ist Dein Geburtstag. Viele Gedanken und Segenswünsche sind zu Dir gewandert. Möchte Dir doch in Deinem Leben alle die selbstlose Liebe und Güte, die Du für andere hast, vergolten werden! Ich weiß zwar, daß es keine Gewähr gibt, daß auf Erden das Gute belohnt und das Schlechte bestraft wird, ich hoffe aber doch, daß Deine selbstlose Güte auch bei den Menschen, die mit Dir zusammenkommen, die Bereitschaft, Dir das Leben leichtzumachen, wecken wird. Möchte Dir insbesondere die Liebe der Kinder stets eine Quelle der Freude und

des Glücks sein! Eins aber ist mir in aller Ungewißheit der Zeit eine tröstliche Gewißheit geblieben: *einst wird Gott Dir Alles lohnen, und Du wirst glücklich sein.*
Ich war gestern bei dem Sichfreuen stehengeblieben. Die erste große Freude
war Dein erster Brief und Dein Bild mit den beiden Kleinen. Jeden Tag habe ich es
mehrmals in der Hand gehabt, wie oft ist es mir ein Trost gewesen. Dann die Nachricht, daß wir uns am 17. August sprechen könnten. Acht Tage habe ich die Tage und
Stunden gezählt. Als in der Nacht zum 17. der schwere Luftangriff auf Stettin kam,
war mein erster Gedanke, nun werden die Bahnverbindungen gestört sein, und
Du wirst nicht kommen können. So ist es auch gekommen, und wir haben uns nicht
gesehen.

Die ersten Wochen hier in Berlin waren nicht schön, von jeder, aber auch jeder
Verbindung mit der Außenwelt abgeschnitten. Kein Lebenszeichen von Dir, wegen
Deiner Schilddrüse hatte ich die schwärzesten Gedanken, ich nahm an, daß Hermann gefallen sei, mich quälte der Gedanke an Ewald-Heinrich, von dem ich
wußte, daß er auch im Gefängnis saß, da wir beide zufällig im selben Augenblick
eingeliefert wurden und uns dabei gesehen haben. Ich habe immer wieder gebeten, mir eine Nachricht über Dich und Hermann zukommen zu lassen, ob Ihr noch
lebtet. Alles vergeblich, nicht einmal eine Ablehnung meiner Gesuche erfolgte –
nichts. Es war, als ob ich lebend im Sarg läge. Diese Tage waren schwer, aber jetzt,
wo sie hinter mir liegen, möchte ich sie nicht missen, auch in ihnen war die gnädige
Führung Gottes. Ich bin in ihnen meines Glaubens völlig gewiß geworden, er hat
allen Belastungen unerschüttert standgehalten. Es hat nicht einen Augenblick des
Schwankens oder der Verzweiflung gegeben. Ich habe auch in den Tagen Gott danken können. Es war mir manchmal, als ob ich beinahe körperlich die führende und
zu sich ziehende Hand Gottes spürte. Und das war durchaus frei von Exaltation
und Schwärmerei. Die Sicherheit, daß dieses Leben nur eine sehr kurze Prüfung
ist und der Tod uns einst als Freund und Erlöser aus allem Leid in das Glück führen
wird, näher zu Gott, hat über alles sicher hinweggeholfen.

Und dann kam ganz unerwartet der Tag, wo sich die Zellentür auftat und mir der
von Dir geschriebene Gruß und die Lebensmittel gebracht wurden. Ich glaube,
Du kannst es Dir kaum vorstellen, wie ich mich gefreut habe. Und dann täglich die
Sendung. Der ganze Tag, vorher und nachher, erhielt daher einen Schimmer. Der
erste echte Kaffee im Thermos machte den Nachmittag zu einem richtigen Festtag.
Über alles, eine schöne Birne, die Pflaumen, Melonen, die Becher mit allerhand
schönen Dingen usw. konnte ich mich wirklich wie ein Kind freuen. Das Köstlichste an den Dingen war Deine Liebe, die aus allem durchleuchtete, nicht zum
wenigsten, daß Du Dich so lange von den Kindern trenntest, nicht einmal zu
Mechthilds Geburtstag nach Schmenzin fuhrst. Am 19. September schicktest Du
mir die ersten Rosen. Ein Blättchen von diesen Rosen – den Mechirosen – be-
wahre ich noch jetzt auf. An den Blumen habe ich überhaupt viel Freude gehabt.

10. 11. 1944

Lange Schreibpause. – Eins habe ich noch gelernt, dankbar sein, den Menschen
auch für unscheinbare Freundlichkeiten, vor allem aber Gott. Trotz allem Schweren hat er mir doch so viel Gutes gegeben, darunter mit das Beste, was der Mensch
haben kann, vom ersten Lebenstage bis heute hat mich treue, selbstlose Liebe in
ungewöhnlichem Maß begleitet. Ich habe auch immer einige treue Freunde gehabt.

Und das ist wohl mehr als die Erfüllung mancher ins Weite greifenden Wünsche und Pläne. Ich sehe es immer klarer, wir Menschen – gerade wir Weißen, wir Europäer – werten alles falsch, weil wir uns von Gott entfernt haben, die heutige Zeit hat keinen richtigen Maßstab mehr. Die Menschen jagen vergänglichen Zielen nach und wissen nicht mehr, was und wo Glück ist, sie wissen wirklich nicht mehr, wofür sie dankbar sein sollen. Das Köstlichste aber ist die Liebe und Gnade Gottes, der jeden, der da glaubt, erlösen wird aus aller Not, jedem Schmerz und ihm schon auf Erden hilft durch seinen Geist. Gott hat uns alles offenbart, was wir zum Leben und Sterben gebrauchen, ich habe es wirklich erfahren: »Dennoch bleibe ich stets an Dir, denn Du hältst mich an meiner rechten Hand, Du leitest mich nach Deinem Rat und nimmst mich endlich mit Ehren an. Wenn ich nur Dich habe...« Ich habe es erfahren mit unbeschreiblich beseligender Gewißheit. Ich habe es gelernt, Gott zu danken, und was es heißen soll: »Du sollst Gott lieben über alles.« Er hat mich nicht fallen lassen, er hat mich immer wieder zu sich gezogen, aus lauter Güte. –

Auch meine Einstellung zum Gebet hat sich gewandelt. Ich hatte mich dem Standpunkt genähert, daß eigentlich nur für innere Gaben ein inständiges Gebet gesprochen werden sollte, weil Gott in seiner Weisheit, unbeeinflußbar durch ein Gebet, gäbe oder verweigere. Als junger Mensch habe ich über meine Großmutter manchmal etwas gelächelt – in diesem Lächeln war aber immer noch Ehrerbietung und Achtung, damals war man nicht so ehrfurchtslos wie heute –, wenn sie um die geringfügigsten Dinge mit kindlicher Gläubigkeit betete und dafür dankte. Ich denke jetzt doch ganz anders darüber. Ich weiß es nicht und soll es wohl auch nicht wissen, wie weit Gott Gebete erhört. Die Erhörung einfach bestreiten kann nur der dumme Verstand. »Und was kein Verstand der Verständigen sieht, das übet in Einfalt ein kindlich Gemüt.« Sicher aber hat ein Gebet mit dem inneren Zusatz »aber Dein Wille geschehe« Segen in sich und gibt Trost und Kraft. Ich glaube auch, daß ein ernstliches Gebet erhört werden kann, wenn die arme Vernunft es sich auch nicht vorstellen kann. Ich bete wieder ständig für vieles, namentlich für meine Lieben. Der Mensch soll sich mit allen Freuden und Sorgen zu Gott wenden, sonst verliert er die lebendige Verbindung mit ihm. Man soll es tun in gesammelter, ernster Versenkung, es soll ein Sich-Gott-Öffnen sein. In der Bitte soll man hören und hören wollen, und Gott bleibt nicht stumm. Ich weiß es.

Es ist von größter Wichtigkeit, daß Kinder viele Kirchenlieder und gute Bibelsprüche lernen, und zwar so, daß sie sie für das ganze Leben sicher behalten. Das ist wichtiger als die Katechismuserklärungen. Auch Erwachsene sollen sich keine Mühe verdrießen lassen, Lieder und Sprüche nachzulernen. *Sage es doch allen unseren Kindern, auch den Großen.* Sie helfen wirklich.

Ich habe früher immer Glauben, Gehorsam und Vertrauen betont, aber wohl doch zu wenig die Liebe, zu Gott und dem Nächsten. Freilich meine ich nicht die weichmütige Liebe, die sogenannte Wohltätigkeit und »soziale Gesinnung«, die nur diesseitige, materielle Dinge im Auge hat, also Gott gerade entgegenhandelt, indem sie Gedanken, Wünsche und Bestrebungen der Menschen von Gott und den ewigen Dingen weglenkt und die Menschen geradezu lehrt, sich gegen das Gebot »Du sollst nicht begehren« zu versündigen.

16. 11. 1944

Seit längerer Zeit weiß ich, daß ich zum Tode verurteilt werde. Nur der Gedanke an Dich und die Kinder macht es mir schwer, vor allem der Gedanke an Deinen

Schmerz. Daß Gott Dich und die Kinder in Gnaden führen und trösten und stärken möge, ist mein tägliches innigstes Gebet. Sonst aber sterbe ich gern, wenn Gott mich abruft. Denn das Leben wird furchtbar schwer werden. – Du weißt, wie ich immer schon den Tod als einen Freund und Erlöser angesehen habe und nicht als etwas Furchtbares und eine Strafe. Nur die Gewißheit des Todes macht das Leben erträglich. Nur durch den Tod können wir glücklich werden. Glück ist nur und nur bei Gott. Alles Irdische ist vergänglich, ist eitel (Prediger Salomo). Gewiß, wir sollen nicht weltabgewandt leben, sondern mit ganzer Kraft in den irdischen Dingen, sei es Politik, Wirtschaft, Kultur usw. arbeiten, um zu versuchen, nach bester Überzeugung diese Dinge nach Gottes Willen zu gestalten, wir dürfen und sollen uns auch an den irdischen Gaben Gottes freuen. Aber wir dürfen nie unser Herz an irgend etwas Irdisches hängen. Denn all dieses wird vergehen, auch alle Staaten und Völker. Unsere Seele aber ist unsterblich. Wie unendlich klein ist, mit dieser Unsterblichkeit verglichen, die Dauer auch des gewaltigsten Weltreiches! *Nur* das ist wirklich wichtig für uns, daß unsere Seele zu Gott kommt, nur das, und nicht noch etwas anderes. Wir dürfen traurig sein über den Verlust irdischer Dinge, den Untergang dessen, wofür wir unser ganzes Leben gearbeitet haben, aber wir brauchen und dürfen nicht verzweifeln, es ist ja nur ein Verlust für einen so kurzen Augenblick wie das Leben, und unser Glück wird dadurch überhaupt nicht berührt, das ist allein zu Gott, jenseits des Lebens, und die Pforte dazu ist der Tod. Auch der Verlust des liebsten Menschen nimmt uns das Glück *nicht*. Wir werden nach einer kurzen Prüfung mit unseren Lieben ja auch wieder vereint sein in Gottes Herrlichkeit, wo er abwischen wird alle Tränen. Das ist gewißlich wahr. Wir müssen das glauben, müssen uns dazu durchringen, und wenn es noch so schwer wird und wir immer wieder einmal zurückfallen. Gott gibt uns die Kraft dazu, wenn wir darum bitten mit der ganzen Kraft des Herzens, ihm das Herz öffnen: Dein Wille geschehe. Gott bleibt uns stumm, wenn es auch Zeiten gibt, wo wir ihn nicht hören. Gott ist Gnade. Gott ist die Liebe. Alles, was er uns tut und auferlegt, ist gut, alles. Selig ist der Mann, der die Anfechtung erduldet. Fürchte Dich nicht, glaube nur. Fürchte Dich nicht, ich habe Dich erlöst, ich habe Dich bei Deinem Namen gerufen, Du bist mein. Ich habe Dich je und je geliebt, darum habe ich Dich zu mir gezogen aus lauter Güte. Denke zu allen Zeiten an das wunderschöne Lied, das Du mir schicktest: »Weiß ich den Weg auch nicht, Du weißt ihn wohl . . .« Sei darum nicht zu traurig, wenn Gott mich von diesem Leben erlöst und zu sich nimmt. Das ist meine große Bitte, und ich weiß, Du wirst Dir Mühe geben, sie zu erfüllen.

22. 11. 1944

Reinhild's Geburtstag. Gott schütze Reinhild. Heute sollte ich Dich, meine liebe Alice, sprechen. Ich habe mich unbeschreiblich darauf gefreut und mir so vieles dafür zurechtgelegt. Da kam die Nachricht von Wilfrieds schwerer Erkrankung. Wieder, wie in Stettin, kommt unmittelbar vor dem sehnsüchtig erwarteten Wiedersehen etwas dazwischen. Die Enttäuschung war sehr traurig. Die Sorge um den lieben kleinen Wilfried und der tiefe Kummer, Dich nicht zu sehen! Werde ich Dich noch einmal sehen? Gott erhalte Wilfried am Leben. Aber, »Dein Wille geschehe!« Was Gott tut, das ist wohlgetan. Er legt eine Last auf, aber er hilft uns auch. Und dieses so kurze Leben wird Gott zu seiner Zeit beenden und uns in die ewige Heimat aufnehmen, in die Seligkeit. Ja es ist ein trauriger Tag, aber Gott hat mein

Herz still und ruhig gemacht. In allem Kummer konnte ich doch den Psalm lesen »Lobe den Herrn, meine Seele«. Außer der Sorge um Wilfried ist es auch die Sorge um Dich, die mich belastet. Wie werden alle diese Aufregungen auf Deine Schilddrüse wirken? Und dann der Tag, wo Du erfährst, daß ich tot bin! Wie wird dieser Schlag Dich treffen! Dieser Gedanke ist so furchtbar schwer. Möge Dir der barmherzige Gott beistehen! Ja er wird es tun, fürchte Dich nicht, glaube nur.

27. 11. 1944

Gestern bessere Nachrichten von Wilfried. Gott möge weiterhelfen.

Über meine irdische Habe habe ich testamentarisch verfügt. Aber wie vergänglich ist irdischer Besitz. Wird etwas von meinem Gut in die Hände von Euch, Dir, Alice, und Euch, meine lieben Kinder, kommen? Oder werdet Ihr einmal ganz mittellos dastehen in diesen furchtbaren Zeiten? Gott allein weiß es. Aber ein Vermächtnis kann ich Euch hinterlassen, das unvergänglich ist und mehr als alles irdische Gut, das ist mein Einsegnungsspruch: »Trachtet am ersten nach dem Reich Gottes.« Dieses Wort laßt Leitstern Eures ganzen Lebens sein, dann kann Euch nichts Böses widerfahren, dann werdet Ihr selig werden. Wer den Willen Gottes tut, der bleibt in Ewigkeit. Die irdischen Aufgaben sollt Ihr mit allem Ernst nach Gottes Willen erfüllen. In diesen vergänglichen Dingen muß sich der Mensch nach Gottes Willen abmühen. Aber alles dies wird vergehen, unvergänglich ist nur, was Ihr für Eure Seele und die Seelen anderer tut. Und das ist mein Vermächtnis, mein letzter Wille, daß Ihr Euer ganzes Leben Gott vor Augen und im Herzen haben sollt, in Glauben, Vertrauen, Gehorsam und *Liebe*. Gott sollen wir lieben über alles. Ihr müßt Euch ganz frei machen von den Anschauungen, in denen in heutiger Zeit fast alle Menschen leben, die dem Diesseits einen viel zu großen Wert beilegen. Bedenkt doch, diese Erde, auf der wir leben, ist verglichen mit dem kleinen Teil der Welt, den wir kleinen Menschen kennen, und der unzählige Millionen Lichtjahre groß ist, ein unendlich winziges Staubkörnchen nur. Und da sollte, was auf diesem Staubkorn geschieht, in der unendlichen Schöpfung Gottes wichtig sein? Wie kurz ist auch das längste menschliche Leben, gemessen an der Ewigkeit, zu der wir berufen sind! Es ist doch nur ein so unendlich kurzer Augenblick. Auch das Schwerste geht vorüber, und auch das Schwerste ist tragbar für den, der Gott um Kraft bittet. Und wenn der Gehorsam gegen Gott die furchtbarsten Leiden bringt, so dürfen wir doch keinen Augenblick zögern, Gott zu gehorchen um unserer selbst, das ist um unserer Seelen willen. Das irdische Leid vergeht, die Seele aber ist unsterblich. Wenn alle jetzigen Völker vergangen sein werden, werden wir, wird unsere Seele noch sein. Ich weiß, wie schwer es ist, zu glauben, zu gehorchen, das Böse in uns zu bekämpfen, wie schwer es ist, das Herz von allen irdischen Bindungen freizumachen. Immer wieder wird der Mensch fallen und straucheln, immer wieder. Werdet nicht mutlos in diesem Kampf! Gott hilft auch. Von Jugend auf bedenkt, daß Ihr sterben müßt. Immer wieder macht Euch für diesen Augenblick bereit. Öffnet täglich Euer Herz Gott, im Gebet, im Hören. Immer wieder, immer wieder, er hilft, er gibt seine Kraft und seinen Trost. Sucht Euer Glück in Gott, und Ihr werdet es finden. Er hält uns an unserer Hand und führt uns und nimmt uns endlich in Ehren an. Ergebt Euch ganz in Gottes Willen, er wirds wohl machen. Lehnt Euch nie und nie, auch nicht im geheimsten Kämmerchen Eures Herzens gegen das auf, was Gott über Euch verhängt hat, und Ihr werdet es erleben, wie unvergleichlich viel leichter sich alles ertragen läßt. Ich schreibe kein einziges Wort, was ich nicht selber mit Dank gegen Gott erlebt habe. Es ist *die* Wahrheit von Ewigkeit zu Ewigkeit.

Das alles fällt dem Menschen aber nicht in den Schoß. Es muß erkämpft sein, in stetigem Kampf mit sich, täglich, ja manchmal stündlich. Aber der innerlich gefühlte Segen bleibt nicht aus, der Alles aufwiegt. Glaubt es mir. Ich habe es erlebt. Lest und lernt doch auswendig das Lied von Paul Gerhardt »Ich bin ein Gast auf Erden«.

Ihr kennt mich ja und werdet mich nicht dahin mißverstehen, daß Ihr kopfhängerische, kraft- und freudlose Betschwestern und Betbrüder werden sollt. Ihr werdet wissen, daß mir diese ölige, sogenannte Frömmigkeit zuwider ist.

Wir sollen unsern Nächsten lieben. Nehmt dieses Gebot ernst. Vor allem bitte ich Euch, meine lieben Kinder alle, aus tiefstem Herzensgrund: seid lieb zu Mama und ersetzt ihr meine Liebe, wenn ich nicht mehr da bin. Tut, was Ihr könnt, ihr das Leben leichter zu machen. Ihr wißt ja, wie sie Euch alle liebt und mit ganzem Herzen für Euch denkt und sorgt. Macht ihr das Leben nicht schwer durch Unfolgsamkeit, Launen, Empfindlichkeit, Selbstsucht oder anderes. Ich bin eigentlich sicher, daß Ihr Euch alle Mühe geben werdet, diese meine letzte Bitte zu erfüllen.

Dann habt Euch Geschwister alle untereinander lieb. Einer trage des anderen Last. Übt Nachsicht mit den Schwächen des andern, helft ihm, aber entfernt Euch nicht von ihm. Haltet im Leben fest zusammen. Einer helfe dem andern in jeder Not und Gefahr. Vergeßt es nicht.

Das ist der Sinn unseres Lebens, daß wir den Weg zu Gott finden. Das ist unsere Aufgabe. Wir können sie nur so lösen, daß unser Leben dazu dient, auch anderen auf diesem Weg zu helfen. Darin liegt die Nächstenliebe. Das bestimmt allein den Wert eines Menschenlebens und nicht äußere Erfolge. Urteilt nie, wie es die Menschen beinahe alle tun, nach dem Erfolg. »Was hülfe es dem Menschen, wenn er die ganze Welt gewönne und nähme doch Schaden an seiner Seele.« Nehmt diesen Spruch wörtlich, in seinem ganzen, schweren Ernst. Trachtet danach, daß Ihr den Menschen Freundlichkeit erweist. »Ein verzagt und betrübt Gewissen wieder aufrichten, ist viel mehr, denn ein Königreich erobern« (Luther).

28. 11. 1944

Noch einmal: Die Familie ist der Ort, wo sich die Nächstenliebe vor allem bewähren muß. Dort, im eigenen Hause, sind besonders Rücksichten auf den andern zu nehmen, gerade dort soll man sich nicht gehenlassen, nicht die Stimmung durch Rücksichtslosigkeit, Empfindlichkeit usw. leiden lassen. Wer gegen seinen Ehegatten rücksichtslos ist, zerstört sein häusliches Glück. Häusliches Glück ist aber mit das köstlich irdische Geschenk, besonders in Zeiten wie den jetzigen. Vergeßt das nicht. In der Jugend werdet Ihr es noch nicht so klar erkennen. Liebe Kinder, nehmt es ernst mit Gottes Geboten. Seid wahrhaftig. Kämpft mit ganzer Kraft, daß Euer ganzes Wesen tief innerlich wahrhaftig sei. Lügt nicht aus Furcht oder, um Euch Vorteile zu verschaffen oder vor den Menschen einen guten Eindruck zu machen. Ohne Wahrhaftigkeit ist keine lebendige Verbindung zu Gott. Die Wahrhaftigkeit, die Vertrauenswürdigkeit trägt auch einen irdischen Segen in sich. Nur durch sie werdet Ihr, außer der tiefen inneren Ruhe und Befriedigung, Freunde gewinnen, die fest und treu zu Euch stehen, auch in Not und Gefahr und Unglück. Das ist ein köstliches Gut. Ich weiß, daß der Mensch oft in Konflikt kommt zwischen zwei Geboten, wo er das eine um des höheren willen verletzen muß. Denn die Gebote Gottes sind in den 10 Geboten nicht erschöpft. Die Gebote Gottes sind in unzähligen Fällen nicht irgendwo nachzulesen, sondern sind im Gewissen geschrieben. Nur wer in lebendiger Verbindung mit Gott lebt, hört ihre Stimme. So kann es seltene Fälle geben, wo die Unwahrheit zur Pflicht wird. Aber nur dort, wo im ernsten Aufblick zu Gott das in diesem Fall höhere Gebot Gottes gehört wird. Ich denke z. B. an den Fall, wo ein Mensch feierlich etwas versprochen hat, die Erfüllung des Versprechens ist aber eine schwere Sünde gegen Gott. Dann muß der Mensch sein Versprechen brechen. Das Unrecht wird dann vielfach schon in der Abgabe des Versprechens liegen, das Halten des Versprechens würde aber die Sünde vergrößern.

Nehmt es bitter ernst mit dem sechsten Gebot. Ringt unentwegt mit ganzer Kraft um seine Erfüllung. Unzählige Menschen werden schlecht und gehen seelisch zugrunde, weil sie es nicht ernst genug mit diesem Gebot nehmen. Seid keusch und züchtig in Worten und Werken, vor allen Dingen aber in Gedanken. Die Gedanken sind oft noch viel verderblicher und schlechter als eine Tat. Hier setze Euer Kampf ein. Weist sofort alle schlechten Gedanken und Bilder zurück, sofort, seid wachsam. Wer den schlechten Gedanken in sich Raum gibt, kommt nicht zur Reinheit der Seele. Ich kann Euch das nicht eindringlich genug ans Herz legen. Meidet vor allem schlechte Lektüre, sie ist Gift. Werft solche Bücher fort. Hört Ihr? Beteiligt Euch nicht an frivolen Gesprächen. Möge aus dem Grabe noch meine warnende Stimme Euch immer wieder ins Gewissen schlagen und Euch halten. Laßt Euch nicht irremachen durch die frivolen, entschuldigenden Stimmen der Zeit, auch wenn Ihr ganz einsam dasteht. Laßt Euch durch keinen Spott irremachen. Daß Ihr nicht heuchlerische Mucker werden sollt, brauche ich nicht zu sagen.

Noch ein Wort zu Eurer Lektüre. Die Eindrücke, die der junge Mensch bekommt, sind oft bestimmend für sein ganzes Leben. Darum lest nach Möglichkeit keine Bücher, die, wenn auch nicht gerade schlecht, so doch wertlos sind. Lest gute, ernste Dinge, oder, wenn es sich um leichtere Unterhaltungslektüre handelt, Bücher, die sauber sind. *Bevorzugt das, was den Menschen aufwärts zieht.* Ich weiß, daß das Gefallen an dem, was ich Kitsch nenne, beinahe in allen Menschen liegt. Dieses Gefallen müßt Ihr im Zaume halten. Durch ständige Beschäftigung mit guten Dingen wächst auch das Gefallen daran. Man muß aber den festen Willen zur Beständigkeit haben. Ich empfehle unter anderem die eindringliche Beschäftigung mit Schiller, und zwar besonders die Gedichte der dritten Periode, z. B. die Worte des Glaubens, die Worte des Wahns, Licht und Wärme, Thekla, das Mädchen von Orleans, Hoffnung, *das Ideal und das Leben* (nicht leicht zu verstehen, eine gute Einführung ratsam), Sehnsucht und andere. Viele Epigramme sehr beachtlich. Pflegt alles das, was den Menschen über den Staub der Erde erhebt.

Noch etwas: Meidet den näheren Umgang mit minderwertigen Menschen. Haltet Euch an Gute, Edle und Treue. Das glatte Nützlichkeitsdenken ist verächtlich und wertlos. Diese Zeit der Diesseitigkeit, der der Mensch und sein diesseitiger Nutzen Maßstab aller Dinge ist, geht in langen, furchtbaren Zuckungen rettungslos zu Ende. Es wird die Zeit kommen, wo den seelischen Führern wieder Gott Maßstab und Wertmesser aller Dinge, aller Werte, aller Erfolge, aller Menschen sein wird. *Seid Wegbereiter!* Meine Liebe und mein Segen werden Euch begleiten. Aber, was unendlich mehr ist, Gottes Segen wird mit Euch sein und Euch einst die Krone des Lebens geben. Das ist mein tägliches Gebet, das ich mit ganzer Seele bete. An einem Beispiel möchte ich verdeutlichen, was ich unter der notwendigen Umwertung aller Werte verstehe. Du weißt, liebe Alice, daß ich schon häufig die Frage gestellt habe: Wer ist größer, wer hat für die Welt mehr geleistet, Cäsar – man kann auch Napoleon als Beispiel nehmen – oder ein schlichter pflichttreuer, frommer Arbeiter, dessen ganzes Leben Vorbild eines gläubigen Menschen war? Ich meine, der Arbeiter. Es lohnt sich, diesem Beispiel nachzudenken. Hiermit verurteile ich nahezu alle Vorstellungen, in denen die Welt sich tatsächlich bewegt. Auch fast alle Urteile der Geschichtsschreibung werden damit als unzulänglich angegriffen. Zieht man aus diesem Beispiel die Folgerungen, so ergibt sich wirklich ein neues Weltbild. Nicht mehr der Mensch oder etwas Diesseitiges ist dann Maßstab und Wertmesser, sondern allein Gott. Für diese Wahrheit lohnt es sich zu kämpfen und zu leiden. Ich brauche nicht zu betonen, daß man hierbei nicht den Boden unter den Füßen verlieren und nicht vergessen darf, daß wir auf einer unvollkommenen Erde sind und bleiben.

Mit dem Gesagten ist aber u. a. die Frage nach dem Recht beantwortet. Recht ist allein das Gebot, der Wille Gottes. Was recht ist, hat Gott unverrückbar für jeden einzelnen Fall gesetzt. Menschen können kein Recht setzen, sie können nur das göttliche Recht suchen. Es ist beantwortet die Frage nach dem Sinn und Zweck aller menschlichen Tätigkeit in Wirtschaft, Staat, Kunst, Wissenschaft usw. Alle menschliche Tätigkeit hat letztlich nur eine einzige Aufgabe, nur einen Sinn, nämlich die Menschen zu Gott kommen zu lassen. Das ist das Ergebnis meines Lebens.

Bitte sei nicht zu traurig, wenn ich sterbe. Sieh, ich bin dann bei Gott, in seinem Glück. Das soll Dich trösten. Gottes Wille ist heilig und gut. Und das ist mein tröstlicher Glaube, und das muß auch Dir Trost geben, daß wir uns wiederfinden werden bei Gott. Nach einer kurzen Prüfungszeit wirst Du mit mir wieder vereint sein bei Gott. Wir können wirklich durch Gottes Gnade sprechen: Tod, wo ist dein Stachel, Hölle, wo ist dein Sieg? Gott aber sei Dank, der uns den Sieg gegeben hat. Gegen unsern Glauben sind alle Niedrigkeit, alle Menschenmacht völlig ohnmächtig. Alles Leid wird sich wandeln, ganz gewiß, in Seligkeit. Gott gebe Dir Kraft und Trost, ja er wird es tun, Du wirst es fühlen. Er segne Dich und behüte Dich von nun an bis in Ewigkeit, bis auch Du einst durch den Freund und Erlöser Tod gelangst aus dem Glauben in das Schauen, aus der Hoffnung in die Erfüllung. Alles Leben hat nur einen einzigen Sinn, ein einziges Ziel: Näher zu Gott. Gott wird Dir überreich lohnen alle Deine selbstlose Liebe und Güte.

2. 12. 1944

Gestern habe ich Haftbefehl wegen Hochverrat bekommen. Nun wird es wohl nicht mehr allzulange dauern.

Für die guten Nachrichten über Wilfrieds Befinden habe ich Gott von ganzem Herzen gedankt. Es ist mir doch eine Erleichterung, daß ich diese Aufzeichnungen gemacht habe. Ich hoffe doch, daß sie in Deine Hände gelangt. Du kannst sie verwenden, wie Du willst. Manches ist doch auch für weitere Kreise, insbesondere die Ausführungen über die Umwertung aller Werte. Das Beispiel Napoleon und der Arbeiter enthält doch sehr viel. Unter anderem liegt darin auch, daß unsere Bewertung der Kultur viel zu hoch gewesen ist. Nur und nur, soweit Kultur die Menschen zu Gott führt, hat sie Wert. Der Wert eines Volkes wird allein dadurch bestimmt, wie weit es auf Gott gerichtet ist. Es kann ein nichtchristliches Volk Gott viel näher stehen als ein christliches. Die heutigen christlichen Völker stehen Gott sehr fern. Aber es kommt in der Welt eine andere, bessere Zeit. Ich glaube, daß in dem, was ich geschrieben habe, doch vieles ist, was in den Händen von Menschen, die es mit dem Herzen verstehen und von demselben Glauben ergriffen und beherrscht sind, sich weitergestalten ließe zum Segen. Einmal wird dieser Glaube in der Welt siegreich das Haupt erheben. Ich lege alles in Deine Hände. Bitte mache doch auch Mama diese Aufzeichnungen zugänglich. Es wird ihr Freude und Trost sein. Arme Mama, ich denke so viel an sie in tiefer Liebe und Dankbarkeit. Ich verdanke ihr sehr viel. Daß sie nun noch diesen Kummer erleben muß. Aber nach menschlichem Ermessen wird Gott sie in nicht allzulanger Zeit aus dieser Welt erlösen und in sein Reich nehmen. Allen treuen Freunden sende ich einen letzten herzlichen Gruß.

Und nun noch einmal: Liebe, liebe Alice, gib Dich nicht zu stark dem Schmerz über meinen Tod hin. Es ist nicht recht. Denn sieh, das Beste bleibt Dir doch: Gott. Und dann hast Du die Kinder, vielleicht findest Du auch in dem Fingerzeig auf der vorigen Seite etwas, was Dir Befriedigung und Freude schafft. Der Grundgedanke, von dem alles ausgeht, ist ja so außerordentlich einfach, auch dem Ungebildeten verständlich und so gar nicht neu. Aber er ist ohne großen Wert, wenn man nicht heiligen Ernst damit macht. Weil auch die Christenheit es immer weniger getan hat, darum steht sie jetzt hilflos. –

3. 12. 1944

Heute erster Advent. Ich denke viel an Schmenzin und die dortige Adventszeit. Habt Ihr wieder einen Adventskranz? Singt Ihr heute Abend? Sind die Lichter wieder angesteckt? Die kleinen Adventskalender werden wohl fehlen. Ich habe still für mich eine freundliche, schöne Adventsfeier gehalten. Du weißt, wie ich zu dem Dogma stehe. Aber die Adventszeit ist auch für mich eine schöne Zeit, die das Herz erhebt. Mit welcher Liebe denke ich heute an Dich, Alice, wie groß und stark trägst Du alles mit Deinem Herzen voll Güte und Freundlichkeit. Mit großer Liebe denke ich an Euch, meine Kinder. Ewald-Heinrich, Du wirst in diesen Tagen wohl Dein Urteil erhalten haben. Wann werde ich es erfahren? Täglich waren meine Gedanken bei Dir. Die kleinen Bilder, die ich von Dir erhielt, waren mir eine große Freude. Hermann, wo bist Du jetzt? Das letzte Bild von Dir aus Italien nehme ich so oft zur Hand. Annemarie, Du hast es jetzt auch schwer, aber ich freue mich so, daß Du so tapfer und tüchtig bist. Reinhild, Du hast mir so oft von Deinem Nougat geschickt und immer an mich gedacht. Ich danke Dir für diese Freude. Und auch Du, Sigtun, hast mir mit Deinen so lieben Grüßen eine solche Freude gemacht. Ansgar, auch Du machst mir solche Freude, da ich höre, wie Du mit Deinem guten kleinen Herz für die kleinen Geschwister sorgst. Mechthild, wie lieb von Dir, mir Blumen zu pflücken und mir Deine liebste Karte zu schenken. Habe Dank dafür. Mein kleiner Wilfried, was hast Du leiden müssen. Wie viel Freude hast Du mir gemacht mit Deinem sonnigen Wesen. Gott leite Euch alle und segne Euch, heute und immerdar.

Ich habe auch mit Essen und Rauchen mir einen kleinen Festtag gemacht. Dein Adventsgruß, Alice, die Pfefferkuchen sind zu Ehren gekommen. Mit vielen lieben Gedanken habe ich davon gegessen.

Macht hoch die Tür, das Tor macht weit!

Wie schön waren doch im Schmenziner Haus die Feiern und Festzeiten, als Anning lebte, die jetzt segnend vom Himmel auf uns niedersieht. Und wie hast Du,

Alice, diesen Geist erhalten. Es war Liebe, Freundlichkeit, Traulichkeit, Wärme und Friede im Hause. Und ich glaube, daß der Segen, der darin lag, nicht verlorengehen wird.

7. 12. 1944

Gestern habe ich Dich endlich gesehen und gesprochen. Das war mein letzter großer Wunsch. Ich war immer in Unruhe, daß wieder etwas dazwischenkommen würde. Nun habe ich diese letzte große Freude noch erlebt. Ich danke Gott dafür, und daß er Dich in dem schweren Luftangriff behütet hat. Wie glücklich hast Du mich in dieser kurzen halben Stunde gemacht. Nun habe ich Dich wohl zum letzten Mal in diesem Leben gesehen. Der Abschied war mir doch sehr schwer. Ich habe Dich bewundert, wie stark Du Dich in der Hand hattest und Deinen Schmerz nicht zeigtest. Gott hat Dir viel Kraft gegeben. Das ist mir ein so großer Trost. Ewald-Heinrich auf freiem Fuß! Gott sei gedankt.

Nach menschlichem Ermessen werde ich Euch alle nie wiedersehen – nie wieder –. Und dennoch: Dein Wille geschehe.

10. 12. 1944

Zweiter Adventssonntag. Habe wieder eine stille Feierstunde gehalten. Viele Erinnerungen aus meinem Leben tauchen auf. Es sind eigentlich immer freundliche Erinnerungen. Ich kann jetzt auch ganz ruhig an Schmenzin denken und an alles Schöne, was ich dort gehabt habe. Jetzt, wo keine weltlichen Geschäfte und Sorgen den Blick nach innen und oben stören, begreife ich immer besser, worin das Glück auf Erden liegt. Es liegt in der Liebe zu Gott und Menschen, in Selbstlosigkeit, Güte und Freundlichkeit, womit sich Ernst, Strenge, Schärfe, Kampfbereitschaft durchaus vereinigen lassen. Wie viel habe ich daran fehlenlassen. Ich habe immer gedacht, es müßte ein großes Unglück sein, völlig zu erblinden. Das glaube ich nicht mehr. Ich könnte mir vorstellen, daß man auch als Blinder sehr glücklich sein kann. Ich möchte, daß es recht viele hörten und in sich aufnähmen, daß das Glück im Innern liegt und nicht in äußeren Dingen; allein in der lebendigen Verbindung mit Gott. Ein wie langer Weg ist es von der Zustimmung zu diesem Satz bis zu seiner Befolgung! Ich habe es jetzt erst so richtig begriffen, daß es Gottes Güte ist, die uns Not und Trübsal auferlegt. Wenn sich die Menschen doch von Jugend auf einleben wollten in die Wahrheit, daß unser Leben nur kurz und nur eine Vorbereitungszeit für das Jenseits ist, und daß die Erde nur ein winziges Staubkörnchen ist. Dann würden sie begreifen, wie vergänglich und nichtig alles Irdische ist, und daß es wirklich nur darauf ankommt, vor Gott bestehen zu können und seine Vergebung zu erhalten.

Das Schwere in der Lebensaufgabe liegt darin, daß wir gleichzeitig dem Jenseits und dem Diesseits angehören. Das ist eine Spannung, die *nicht zu beseitigen ist.* Nur im Glauben an Gott ist sie zu tragen und zu überwinden, im festen Glauben an die Gnade Gottes.

Wir müssen uns ja auf Erden mit den irdischen Dingen befassen und dürfen sie nicht einfach gehenlassen, wir müssen sie zu gestalten versuchen. Aber wir verlieren dabei so leicht den *letzten* Sinn des Lebens und aller, auch der größten, irdischen Dinge aus dem Auge. Die meisten Menschen wissen davon überhaupt gar nichts; unser öffentliches Leben hatte nur irdische Maßstäbe, also nur falsche. Auch die christlichen Kirchen haben die Menschen nahezu führerlos gelassen.

Jetzt stehen die Menschen vor dem Abgrund. Der Abfall von Gott offenbart sich auch in den äußeren irdischen Dingen als Torheit. Er führt auch die größte irdische Klugheit den Weg des Verderbens. Es kommt der Augenblick, wo die Menschen erkennen müssen, daß sie entweder untergehen oder sich wieder Gott unterwerfen müssen. Was ist überhaupt die vielgerühmte »Klugheit«? Ich habe so oft gesagt, wer nur klug ist, ist unbeschreiblich dumm. Noch einmal das Beispiel von Cäsar und dem Landarbeiter. Wer ist klüger, Cäsar oder ein Landarbeiter mit Dorfschulbildung, der aber im Glauben an Gott lebt, der weiß, daß alles Irdische vergänglich und nur die Rettung der Seele wichtig ist, weil er weiß, daß nicht der Erfolg, sondern nur Gott der Maßstab ist, weil er weiß, daß das Glück nicht außen und diesseits, sondern innen und jenseits liegt? Ich sage, der Arbeiter ist klüger. Die Klugheit liegt nicht nur im Verstand usw., sondern auch in der Seele. Und die letzten und wichtigsten Erkenntnisse sind nicht dem Verstand, sondern nur dem Glauben zugänglich.

Von allen diesen Dingen hätte ich noch viel mehr reden müssen, als ich getan habe. Nun will ich noch versuchen, die kurze Zeit, die ich noch zu leben habe, dazu zu verwenden, um zu wirken, wofür der Mensch wirken soll.

Der Mensch hat es doch sehr stark in der Hand, sich zufrieden und glücklich zu fühlen. Je mehr der Mensch das Glück im Innern, in Liebe, Freundschaft, Freundlichkeit sucht, desto zufriedener und glücklicher wird er sein, und umgekehrt. Das starke Begehren nach sozialem Aufrücken macht unzufrieden und unglücklich. Wie wenig gehört beim Kind, aber auch beim Erwachsenen dazu, um hohes Glücksempfinden auszulösen. Auch hier tut eine Umwertung aller Werte uns bitter not.

Ganz Unscheinbares kann auch in der Erinnerung noch so lange nachwirken und schöne Stunden wieder lebendig machen. Eine meiner schönsten Erinnerungen ist, wie Mama, als ich fünf Jahre war, im Entree in Dubberow Bücher mit Tierbildern besah und die Bilder erklärte. Jetzt nach 50 Jahren weiß ich noch, wie damals das kleine Herz vor Glück und Seligkeit überquoll und noch lange, lange dieser Abend eine selige Erinnerung war. Wie anspruchsvoll wird der Erwachsene, verglichen mit einem Kinde. Wenn das Zeitalter der Zivilisation, des Fortschritts, des Sozialen, des Nutzens, des Erfolges, des Verstandes zerbrochen sein wird und das Seelische wieder seinen Rang haben wird, werden die Menschen wieder glücklicher sein!

17. 12. 1944

Dritter Adventssonntag. Mit Gesangbuch, Bibel und Deinen Sprüchen und Liedern habe ich wieder einen schönen, stillen Morgen gehabt.

Wie sind doch die Menschen in ihren Gedanken an die kleine Erde gebunden, auch die Religionen. Daß Gott der Schöpfer nicht nur der Erde, sondern der unermeßlich großen Welt mit ihren Millionen Himmelskörpern und dem unendlichen Raum zwischen ihnen ist, bestimmt doch so wenig unsere Vorstellungen und Handlungen. Sollten wir nicht gerade in unserer Zeit, wo vor unseren Augen die gewaltigsten Umwälzungen sich vollziehen und uns die Vergänglichkeit aller irdischen Dinge, von Staaten, Völkern und Kirchen predigen, die Stimme Gottes hören? Es ist eine Überhebung des Menschen, wenn er glaubt, daß nur auf der von ihm bewohnten Erde, diesem Staubkorn, als dessen Krone er sich fühlt, das Wesentliche geschieht, daß nur er im ganzen Weltall eine Gott verantwortliche Seele hat. Je

276

weniger ein Mensch von seiner überirdischen Bestimmung durchdrungen ist – und das werden immer nur wenige sein –, desto mehr sieht er daher in irdischen Dingen und Erfolgen seinen Daseinszweck. Auch bei selbstlosem Wollen wird er Unheil anrichten. Jeder Blick in die Geschichte zeigt es. Ich bin überzeugt, daß eine religiöse Erneuerung, die kommen wird und sich jetzt schon vorbereitet, welche mit der Überhebung des Menschen aufräumt, und das Bewußtsein von der Winzigkeit und geringen Bedeutung der Erde den Menschen aufzwingt, von unermeßlichem Segen für die Menschheit sein wird. Nicht, als ob ich glaubte, daß die Menschen grundlegend gewandelt werden könnten. Ach nein, aber auf eine Zeit entsetzlichen Glaubensverfalls wird eine Zeit des Glaubensaufschwungs kommen. Aber wir müssen die Stimme Gottes hören wollen, der sich offenbart und redet, genau so und nicht anders, als er es zu irgendeiner andern Zeit, zu Heiden und Christen, getan hat. Wer da sagt, Gott hat sich früher aber einmal offenbart und jede Offenbarung, alles Reden geht nur durch das Mittel der früher geschehenen Offenbarung, die aufgezeichnet und nachzulesen ist, der stört die lebendige Verbindung der Menschen mit Gott. Die christlichen Kirchen werden sich gegen die in den Vordergrund gerückte Erkenntnis, daß die Erde nur ein Staubkörnchen ist, wehren, weil sie darin eine Gefährdung ihres Dogmas sehen werden, das in schweren, langen Kämpfen entstanden ist, an dem außer dem Glauben in gleicher Weise Dialektik und Verstand beteiligt sind. Und doch wird diese Erkenntnis, die Gott uns geradezu jetzt aufzwingt, mit aller Kraft verbreitet werden müssen. Denn sie lenkt Seele und Verstand von der Erde zu Gott, sie ändert das Handeln des Menschen auf allen Gebieten, sie ist eine gewaltige Waffe gegen die ganze Vorstellungswelt, in der wir leben, unter der wir zugrunde gehen, die alle irdischen Dinge hoffnungslos verwirrt und rettungslos in langen, furchtbaren Zuckungen zusammenbrechen wird. Der Glaube an Gott, den Maßstab und Schöpfer der Welt – und dazu gehört die Erkenntnis von der bedeutungslosen Winzigkeit der Erde, von der Ohnmacht des Menschen – ist die Waffe gegen die bösen Dämonen der Zeit, als da sind unter vielen anderen: die Hochschätzung der Zivilisation, der Prosperität, der Technik, der Maschine, des Welthandels, der Industrie, des sozialen Aufstiegs, des Erfolges im großen und kleinen, des Geldes, das Streben nach Gleichheit, die Überschätzung von Wissen und Bildung, das zügellose Streben nach Macht der Staaten, die Selbstbeweihräucherung der Völker, der Glaube an den Fortschritt der Menschheit, das Begehren, was anderen gehört, der Neid. Daß das Leben nur ein kurzer Augenblick ist, nur eine Vorbereitung für die Ewigkeit, daß wir alles Irdische im Tod zurücklassen müssen, und daß die Erde nur ein Staubkörnchen ist, diese Wahrheiten müssen viel stärker als bisher in den Vordergrund gerückt werden. Dann wird das Leben der Menschen mehr auf Gott gerichtet sein.

27. 12. 1944

Nun liegt das Weihnachtsfest wieder hinter uns. Am Heiligabend erging es mir ganz eigen. Ich habe dem Abend, dem Weihnachtsbaum und dem Aufbau der Geschenke mit einer frohen Spannung entgegengesehen wie sonst nur als Kind. Ich glaube, ich habe mich kaum früher jemals über die Geschenke so gefreut wie diesmal. Es waren natürlich sehr sehnsüchtige Gedanken, die in Liebe zu den Meinigen, besonders zu Dir, wanderten. Aber es kam keine trübe Stimmung auf. Ich habe die Weihnachtsgeschichte gelesen und alle Lieder, die Ihr in Schmenzin singt.

Es wurde so ein schöner, stiller und andächtiger Abend. Die Briefe von Dir und den Kindern taten mir so wohl.

Ich fange jetzt an, die Wahrheit und den Segen der Worte zu erfassen, daß wir nicht unnötig sorgen sollen. Ach, ich habe leider zu viel für den morgigen Tag gesorgt und mich dadurch selbst um manches Glücksempfinden gebracht. Wenn ich auch glaube, daß mein Herz verhältnismäßig wenig an irdischen Dingen haftet, so war es eben doch noch zu viel, und zu wenig Gottvertrauen. Man soll das Seine in irdischen Dingen tun, aber mit mehr Gottvertrauen die Zukunft ihm anheimstellen. Man wird dadurch sehr viel glücklicher – und besser. Ich merke es jetzt so deutlich. Möchten doch alle, die dies lesen, es sich zu Herzen nehmen und weitergeben. Denn dazu sind wir da, daß wir die Wahrheiten, die wir erkannt haben, an andere weitergeben und nicht für uns behalten. Weitergeben können wir sie mit Erfolg dann, wenn wir nach ihnen leben.

> Genieße, was dir Gott beschieden,
> Entbehre gern, was du nicht hast.
> Ein jeder Stand hat seinen Frieden,
> Ein jeder Stand hat seine Last.

Diesen Vers hat mir Mama eingeprägt. Er enthält eine der wichtigsten Wahrheiten. Nur wer in diesem Sinne lebt, kann Zufriedenheit kennen und ohne Zufriedenheit kein Sichglücklichfühlen. Du sollst nicht begehren! Die Sünde gegen dieses Gebot, dessen Befolgung die Voraussetzung allen gedeihlichen Zusammenlebens ist und den Schlüssel zur sogenannten sozialen Frage enthält, ist das Kennzeichen unserer Zeit. Der Mensch, der alles daransetzt, damit er oder seine Kinder wirtschaftlich oder sozial vorwärtskommen, und dem dieses Streben zum Lebensinhalt wird, dessen Gedanken überwiegend hierauf gerichtet sind, kann nie zufrieden sein, also auch nie glücklich. Wenn er bei Erfolgen glaubt, glücklich zu sein, so ist das eine Selbsttäuschung. Immer aber erleidet der Mensch, der leidenschaftlich den sozialen Aufstieg begehrt, innere Verluste. Er wird schlechter, auch wenn sein Leben bürgerlich ehrbar bleibt. Wird aber einer ganzen Schicht der Aufstieg als ihr Recht gepredigt, dann ist ein gedeihliches Zusammenleben bis in die Wurzel zerstört. Der Aufstieg ist nur möglich, wenn andere, die im Besitz der Stellung waren, Platz machen, wenn ihnen diese Stellung genommen wird. Das heißt den Menschen predigen: Du hast ein Recht zu begehren, was nicht Dein ist. Und wenn nicht einmal die Menschen in den Kirchen es wagen, dem entgegenzutreten, dann ist der Zusammenbruch unvermeidlich. Und sie haben es nicht gewagt! Wer aber an Gott glaubt, muß der offenen Verhöhnung seiner Gebote entgegentreten, und zwar nicht in der Verteidigung, sondern in Angriff. Die Beschränkung auf die Verteidigung bedeutet unfehlbar die Niederlage. Je größer die Gefahr, desto schärfer, hundertprozentiger muß die Verurteilung erfolgen. Ein Geschlecht, das aber nicht mehr weiß, was Glauben ist, wird das nie begreifen. Es ist verloren. Eine Besserung, ein erträgliches Zusammenleben wird erst dann wieder möglich sein, wenn die Menschen in ihrem Abfall von Gottes Geboten so fürchterliche Zustände geschaffen haben, daß sie verkommen oder sich wieder unterwerfen müssen. Nur aus einer Erneuerung des Glaubens – ohne Dogmatik und theologische, christologische, dialektische Kunststücke –, die unsere gesamte Anschauungs- und Wertungswelt über den Haufen wirft, wird ein besseres Leben erblühen.

Das Begehren ist auch Grund der so fürchterlich gewordenen Kriege. Die Sucht, wirtschaftlich zu herrschen, hat jedes Maß verloren. Die angelsächsischen Völker sind vornehmlich Träger dieses gemeinsten und niedrigsten aller politischen Gedanken gewesen. England hat unendlich viel dazu beigetragen, daß über Europa hinaus die Menschen diesseitig, das heißt gottlos geworden sind. Daran ändert nichts, daß Kirche und Christentum formal dort betont werden. Formales Bekenntnis ist kein Schutz gegen Diesseitigkeit. Als die Kriege noch Kriege der Fürsten waren, waren sie nicht so unmenschlich und abstoßend wie zu der Zeit, als es Kriege der Völker wurden. Auch die Gemeinheit in der Politik hat viel weitere Kreise verseucht in der Zeit der vordringenden Demokratie. Parlamentarismus ist das sicherste Mittel, ein Volk zu zersetzen, die Unzufriedenheit, die Zwietracht, den Neid, die Unwahrhaftigkeit und Diesseitigkeit in die Politik zu tragen, das Hohe und Edle aus ihr zu vertreiben und ein Volk allmählich zu zersetzen.

Wer Wegbereiter einer glücklicheren und besseren Zeit sein will – und dazu ist jeder verpflichtet –, muß bei sich selbst beginnen. Er soll an der Lösung der Aufgaben dieser Erde arbeiten, aber sein Wollen muß *allein* von Gott bestimmt sein. Das Heil seiner Seele ist der einzige Sinn seines Lebens. Sein Denken und Tun muß beherrscht sein von dem Wissen um die Kleinheit und Vergänglichkeit der Erde und die Kürze des Lebens, das nur Vorbereitung für die Ewigkeit ist. Er muß sein Herz von allem Unwesentlichen, von allem Irdischen lösen können. Er muß sein Glück in den *allen Menschen gleichmäßig zugänglichen* Gütern der Seele suchen, sich das unnötige Sorgen abgewöhnen und sich zur Zufriedenheit erziehen. Es wird mir immer klarer und fällt mir wie Schuppen von den Augen: Die Liebe zu Gott und den Menschen ist des Gesetzes Erfüllung.

Es wird so viel von der Bekämpfung der Landflucht gesprochen und geschrieben. Alle Ausführungen sind nahezu wertlos. Es gibt nur eine Hilfe. Erst wenn der Glaube an Gott wieder herrschend ist und das Leben, Denken und Trachten der Menschen bestimmt, wenn sie nicht mehr begehren, was die Stadt bietet, wenn *Beständigkeit der Zustände* wieder einkehrt, erst dann wird das Streben zur Stadt und die Gefahr des Volkstodes beseitigt sein. Nicht früher. Daran zu arbeiten, ist unsere Aufgabe. Das Gelingen liegt nicht in Menschenhand, sondern allein bei Gott.

Sowie man mit dem Glauben an Gott Ernst macht, wirklich Gott allein in den Mittelpunkt stellt, kommt man immer wieder bei jeder Frage zu demselben Ergebnis: Unsere ganze Anschauungsweise, alle unsere Wertungen müssen von Grund auf gewandelt werden.

31. 12. 1944, Silvesterabend

In Liebe und Dankbarkeit bin ich mit dem Herzen bei Dir, meine liebe Alice, den Kindern, in Schmenzin und denen in der Ferne, und bei Mama. Jetzt werdet Ihr wohl im Salon beim Weihnachtsbaum sein und die schönen Lieder singen. Alle früheren Silvesterabende ziehen an mir vorüber. Ich glaube, ich habe seit 30 Jahren keinem neuen Jahr mit solcher inneren Ruhe entgegengesehen wie heute, »denn Du hältst mich bei meiner rechten Hand, Du leitest mich nach Deinem Rat und nimmst mich endlich mit Ehren an«. »Der Herr ist mein Hirte, mir wird nichts mangeln.« Möchtet Ihr doch alle von allzu trüber Stimmung frei bleiben. Mein ganzes Leben zieht, wie schon so oft, an mir vorüber. Ich sehe es erst jetzt so ganz, wie dankbar ich Gott sein muß. Wieviel Glück und Gutes hat er mir gegeben und gibt er mir täglich. Es sind nicht viele Menschen, die von so treuer Liebe umgeben sind wie ich. Das macht mich immer wieder so glücklich.

Und nun befehle ich mich und Euch alle in Gottes treue Hände. Möge er uns alle einst vereinen in seinem Reich, in unserer Heimat.

6. 1. 1945

Seit langer Zeit ist meine Stimmung zum erstenmal wieder etwas gedrückt. Dazu trägt die Sorge um Wilfried und Mechthild, über die ich gestern die nicht günstigen Nachrichten erhielt, bei. Aber es ist auch eben eine Stimmung, die man sich selber nicht erklären kann. Aber durch Fühlungsuchen mit Gott im Gebet wird diese Stimmung nicht übermächtig. Ich weiß, sie wird auch wieder vergehen. Ich habe es zu oft erfahren: Gott hält einen an der Hand, und er hilft weiter. Ich habe diese Tage aus tiefstem Herzen gebetet – doch immer mit dem Zusatz: Dein Wille geschehe –, Gott möge die beiden Kleinen am Leben erhalten und Dich, liebe Alice, in Gnaden beschützen. Der Gedanke an Dich, alle die Zeichen Deiner Liebe, die mich umgeben, Dein Bild, Deine Briefe, Dein Kalender, alles das ist mir so unendlich viel. Ich glaube, Du weißt gar nicht, was Du mir alles in dieser Zeit mit Deiner selbstlosen Liebe gegeben hast. Vor allem hast Du mir in der ganzen Zeit unserer Ehe eins gegeben: Du hast mich besser gemacht und mir auf dem Wege näher zu Gott vorwärtsgeholfen. Das ist das Höchste, was ein Mensch geben kann.

Dieses Niederschreiben dessen, was mich bewegte, hat mir schon geholfen und eine Erleichterung gebracht. Ja, Gott ist die Liebe, und er ist barmherzig, er hilft denen, die ihn suchen und ihm blind glauben. Er ist so, wie Du in Deinem letzten Brief schreibst: »Fürchte dich nicht, ich habe dich erlöst. Ich habe dich bei deinem Namen gerufen. Du bist mein.« Und: »Es kann uns nichts geschehen, als was Er hat ersehen.« Und sein Wille ist gut. Das ist die Hilfe Gottes, daß ich ihm auch in trüber Stimmung noch danken kann. Die Gewißheit, daß jenseits des Todes in Gottes Reich uns das Glück erwartet, ist der köstlichste Besitz. In dem Gefühl der Verbundenheit mit Gott kann doch schon in diesem Leben Seligkeit liegen. Aber solange wir im Körper sind, bleibt dieses selige Gefühl doch behindert. Wie wird es herrlich sein, wenn wir den Körper verlassen haben. Hier auf Erden müssen wir Geduld lernen, viel Geduld. Aber der Tag kommt, wo Gott abwischen wird alle Tränen. Es ist wirklich so: je williger wir die auferlegte Last tragen, desto leichter wird sie. Je häufiger und inniger wir uns an Gott wenden, desto mehr naht er sich zu uns.

Möchten doch auch die Kinder lesen und zu Herzen nehmen, was ich auf diesen Blättern niederschreibe. Ich weiß, wie schwer es für junge Menschen ist, sich einzuleben in das, was einem in der Regel erst in späteren Lebensjahren, nach vielen Lebenserfahrungen mehr wird als ein Fürwahrhalten. Der junge Mensch hofft und erwartet vom Leben mehr als der ältere und muß seine Erfahrungen machen.

12. 1. 1945

Heute hat mir der Rechtsanwalt gesagt, voraussichtlich würde in etwa 14 Tagen gegen mich verhandelt. Die Todesstrafe wäre völlig sicher. Ich war ja darauf gefaßt, aber ich wundere mich doch, einen wie geringen Eindruck diese Mitteilung auf mich gemacht hat. Es liegt wohl daran, daß mich nur noch die Liebe zu Dir, den

Kindern und Mama mit der Erde verbindet. Sonst glaube ich, hat sich meine Seele von dem Irdischen weitestgehend freigemacht. Nur der Gedanke an Euch ist mir schmerzlich. Sonst bin ich völlig ruhig. Es geht zum Vater. Es ist eigenartig, daß ich mich dabei noch über gutes Essen, Rauchen und ein Buch harmlos und unbefangen freuen kann.

19. 1. 1945

Es war schön, Dich heute zu sprechen. Sehr glücklich darüber. Morgen also Urteil. Ich befehle alles in Gottes Hände.

PERSONENREGISTER

BODO SCHEURIG

HENNING VON TRESCKOW

Ein Preuße gegen Hitler

Biographie

288 Seiten, 8 Seiten Abbildungen, gebunden

Generalmajor Henning von Tresckow war mit Stauffenberg einer der aktivsten Männer des Widerstands gegen Hitler. Im Mittelpunkt dieser fesselnden Biographie steht der Gewissenskonflikt, in den ein Soldat gerät, wenn er sich im Krieg gegen die eigene Staatsführung stellt. Als Tresckow nach dem gescheiterten Attentat vom 20. Juli 1944 erkannte, daß er das Schicksal Deutschlands nicht wenden konnte, setzte er seinem Leben ein Ende.

»Eines der anregendsten, fesselndsten Bücher zur Geschichte des militärischen Widerstands.«

Frankfurter Rundschau

PROPYLÄEN

BODO SCHEURIG

ALFRED JODL

Gehorsam und Verhängnis

Biographie

528 Seiten, 16 Seiten Abbildungen, gebunden

Alfred Jodl agierte als Chef des Wehrmachtführungsstabs in Hitlers engster Umgebung. 1946 wurde er in Nürnberg hingerichtet. Dies ist die erste umfassende Biographie eines Mannes, dem sein Gehorsam zum Verhängnis wurde. Sie entstand nach jahrelanger Forschungsarbeit und gilt als ein herausragendes Werk heutiger Geschichtsschreibung.

»Scheurigs profunde Kenntnis der jüngsten deutschen Geschichte und Militärgeschichte befähigt ihn im besonderen Maße zu einer differenzierenden Darstellung dieses diffizilen Gegenstandes.«

Frankfurter Rundschau

PROPYLÄEN

BODO SCHEURIG

VERRÄTER ODER PATRIOTEN

Das Nationalkomitee »Freies Deutschland« und der
Bund Deutscher Offiziere in der Sowjetunion 1943–1945

288 Seiten, gebunden

Das Buch des Berliner Historikers Bodo Scheurig, umfassend in
seinen Analysen und mit einem dokumentarischen Anhang ver-
sehen, gilt seit seinem ersten Erscheinen (1960 unter dem Titel
»Freies Deutschland«) als Standardwerk zum Thema. Die Neuausgabe wurde vollständig überarbeitet und ergänzt, konnte
jedoch in den Sachaussagen unverändert bleiben.

PROPYLÄEN